快乐读书吧
整本书
可以这样教

王爱华　主编

广西师范大学出版社
·桂林·

本书编委会

顾　问：陆志平　朱家珑　袁　浩　李　亮

主　编：王爱华

副主编（按姓氏笔画排序）：

王　鸣　冯践知　仲剑峰　陆　伟　陆　玮　刘国庆　吴育培

陈　兰　茅萍荷　徐瑞斌　姜　慧　蒋莉莉　瞿德泉

编写人员（按姓氏笔画排序）：

于宏霞　王苏栋　王　鸣　王爱华　王　菁　冯践知　吉忠兰

朱小娟　朱　剑　仲剑峰　刘金平　刘国庆　刘晟楠　陆文琪

陆　伟　陆　玮　陆锦华　朱晓鑫　孙晓玲　何裕琴　佘　娟

李　洁　汤晓霞　吴海丽　吴育培　杨小丽　杨玉林　杨　洋

杨丽美　汪东玮　张小琴　陈　兰　陈　凤　陈　怡　陈　烨

陈　静　陈张燕　陈曙光　周　颖　茅萍荷　徐　薇　徐瑞斌

徐迎梅　倪　莉　姚姝颖　查晓理　袁亚琴　姜　慧　俞丽美

施　琦　施高英　顾祝群　顾颖润　钱栋彬　秦建芳　秦美娟

秦小燕　曹真珍　蒋　红　蒋莉莉　缪薛云　蔡巧燕　薛祖红

戴年明　瞿卫华　瞿德泉

编写说明

　　本书是一部与引导学生阅读的书目——统编版中小学语文教材"快乐读书吧"相配套的教师教学用书，是教师教学的参考用书。

　　编写本书的目的是帮助教师把握"快乐读书吧"的编写特点，领会编写意图，明确教学要求，设计教学过程。本书中呈现的教学过程设计以编写者指导整本书阅读的实践为基础，是结合当时、当地、本人、本班实际情况的创造性的教学成果。

　　本书按照统编版教材"快乐读书吧"的编排顺序，结合不同学段、不同文体设立了12个单元，在每个单元前面编排了"单元导读"，介绍本单元的主要内容及内在联系，为教师理解和整体设计提供帮助。

　　每本书的阅读指导设计一般包括"教学解读""阅读目标""活动安排""读前：激趣导读活动""读中：自主阅读推进活动""读后：分享交流拓展活动"等板块，力图全面展开每本书的阅读教学过程，为教师引导学生阅读整本书提供具体的操作路径与策略，给学生自主阅读实践以启发。

　　其中，"教学解读"是对这本书的作者、作品的内容和语言特点作简要介绍，阐明此书对提高学生阅读素养的独特价值。

　　"阅读目标"是从学生学习、阅读的角度提出，通过阅读此书期望达成的学习结果。

　　"活动安排"是就每个阅读阶段、阅读过程、阅读时间的活动内容提出可操作的任务。

　　而"读前：激趣导读活动""读中：自主阅读推进活动""读后：分享交流拓展活动"这三个板块则是具体的教学过程。

　　为便于教师教学和学生阅读，本书还设计了教学课件，供具体教学时使用。

　　由于水平有限，不当之处，敬请方家指正。

王爱华

（江苏省南通市教育科学研究院小学语文教研员、特级教师）

目录

第一单元 读书真快乐

单元导读
我是快乐的"小蜜蜂"

　　一年级上册"快乐读书吧"的主题是"读书真快乐"。本单元的学习重在激发学生课外阅读的兴趣，让阅读的种子在生命的春天发芽。

　　根据课文提供的四幅场景图以及提示语，本单元选择适切的学习内容，设计了多种有趣、有效的阅读活动。课前导读阶段，让学生在学校阅览室模拟现实书店的情境，结合入学前的亲子共读体验，体会读书的快乐。小组内合作集体参观阅读吧，感受书籍的丰富多彩。接着，让学生在"小书本"生动的自我介绍中了解书本的基本构成。在与同伴共读之后，说一说、演一演，进一步感受阅读的乐趣。让学生在教师的引导下学着制订阅读计划，开展课后的亲子共读、同伴共读、自主阅读等更多方式的课外阅读，并自主进行阅读评价、阅读记录。读中推进阶段，开展"我是故事大王"阅读活动，让学生学会运用"3W"阅读策略将故事讲清楚，再将自己喜欢的故事讲给伙伴听，交流阅读的收获，享受阅读的成就。读后分享阶段，进行多种样态的阅读成果展示、有趣又有益的阅读闯关游戏，为学生保持持续阅读的热情提供动力。

　　需要注意的是，在本单元的教学过程中，对于课外阅读暂时有困难的学生，需要联合家长给予他们更多的关注、帮助和激励。

《读书真快乐》阅读教学设计与实践

教学解读

  《读书真快乐》共设计了四幅图画，配以简明的文字，呈现了"我"在家里、学校、书店、图书馆读书的快乐情景。教材以第一人称"我"的角度表述，给了刚入学的小学生很强的代入感，帮助学生迅速联想真实的阅读情境，对阅读产生亲近感。

  读前开展"我们一起读"，让学生从经常和爸爸妈妈一起读有趣的故事中，从入学前的"听"故事到入学后"读"故事的角色转变中，体会读书的乐趣。读中进行"我是故事大王"的阅读展示活动，让学生在分享自己读过的书、给同学们讲故事的过程中，体验阅读的成就感。其后让学生在书店、图书馆看图画书，读有字书，在阅读中体验"小蜜蜂采蜜忙"的快乐，感受到时时处处都可读书，产生阅读的期待，增强读书的兴趣。

  建议本课教学在学校阅览室进行，可根据需要将阅览室装点成书店环境，模拟书店的童书区，给学生真切的感受。

阅读目标

  1. 和父母、老师、伙伴一起阅读有趣的故事书，从中初步感受到读书的快乐。

  2. 参与"我是故事大王"活动，分享课外阅读成果，获得读书的成就感。

  3. 利用周末到书店读读图画书，借助拼音和已学汉字在图书馆等地自主读书，体验"小蜜蜂采蜜忙"的阅读乐趣。

活动安排

阅读阶段	阅读过程	阅读时间	活动内容
读　前	导读课	1 课时	1. 逛逛阅读吧，在书海中遨游。 2. 亲近小伙伴，开启愉快的阅读之旅。 3. 合作订计划，产生阅读的期待。
读　中	自主阅读 阅读推进	2 个月	1. 我们一起读，感受阅读的快乐。 2. "我是故事大王"，体悟阅读的满足感。
读　后	分享交流	1 课时	1. 分享阅读的感受。 2. 体验阅读的成就。

读前："我们一起读"导读活动

任务一　逛逛阅读吧，在书海中遨游

1. 交流读过的书籍。

（1）导入。

① 小朋友们，来到了学校阅读吧，你们发现这里和教室里有什么不一样？

② 你们和谁一起读书？读过什么书？

③ 和爸爸妈妈一起读书，你的心情怎样？

小结：小朋友们分享的读书趣事，包含着爸爸妈妈对你们满满的爱，所以和爸爸妈妈一起读书，就是这么快乐！

④ 请观察桌上老师为大家准备的"图画书单"，和同桌交流，你都读过里面的哪些书呢？

tú huà shū dān
图 画 书 单

wǒ bà ba 1.《我爸爸》	dà wèi　bù kě yǐ 11.《大卫，不可以》	yīn tiān yǒu shí xià ròu wán 21.《阴天有时下肉丸》
shí tou tāng 2.《石头汤》	dǎ kē shuì de fáng zi 12.《打瞌睡的房子》	cāi cāi wǒ yǒu duō ài nǐ 22.《猜猜我有多爱你》
huā pó po 3.《花婆婆》	xuě rén 13.《雪人》	tián shǔ ā fó 23.《田鼠阿佛》
yā zi qí chē jì 4.《鸭子骑车记》	qiū qiu zhǎo mā ma 14.《秋秋找妈妈》	zhǎng dà zuò ge hǎo yé ye 24.《长大做个好爷爷》
ā qiū hé ā hú 5.《阿秋和阿狐》	bú shuìjiào shì jiè guàn jūn 15.《不睡觉世界冠军》	mǔ jī luó sī qù sàn bù 25.《母鸡萝丝去散步》
zāo gāo　shēn shàng zhǎng tiáo wén le 6.《糟糕，身上长条纹了!》	yé ye yí dìng yǒu bàn fǎ 16.《爷爷一定有办法》	wǒ yǒu yǒu qíng yào chū zū 26.《我有友情要出租》
wǒ de bà ba jiào jiāo ní 7.《我的爸爸叫焦尼》	ā lì de hóng dǒu péng 17.《阿利的红斗篷》	shì jiè wèi shuí cún zài 27.《世界为谁存在?》
mā ma　mǎi lù dòu 8.《妈妈，买绿豆》	dù zi lǐ yǒu gè huǒ chē zhàn 18.《肚子里有个火车站》	mǎ yǐ hé xi guā 28.《蚂蚁和西瓜》
qíng lǎng de yì tiān 9.《晴朗的一天》	yá chǐ dà jiē de xīn xiān shì 19.《牙齿大街的新鲜事》	láng dà shū de hóng mèn jī 29.《狼大叔的红焖鸡》
huán yóu shì jiè zuò píng guǒ pài 10.《环游世界做苹果派》	wán pí gōng zhǔ bù chū jià 20.《顽皮公主不出嫁》	xiǎo wēi xiàng qián chōng 30.《小威向前冲》

（2）同桌互说。

（3）全班交流。

2. 了解书籍的分类。

（1）仔细观察这几本书，猜猜这些书分别会讲些什么？（出示图画书封面，指名说）

提示：从内容上，可以分成科学知识、历史故事、童谣儿歌、童话故事等。了解了书籍的分类，查找书籍就更加方便了。

（2）瞧，阅读吧里有这么多的书，让我们排好队，睁大眼睛，有序地参观，去感受图书的丰富多彩，去发现图书的不同分类吧！

（按照小组，组长带领组员安静地参观。）

任务二　亲近小伙伴，开启愉快的阅读之旅

1. 认识书本的组成。

小朋友们看到许许多多的书，是不是迫不及待地想要和它成为好朋友？它和图画书不太一样，成为朋友前，让书本来做个自我介绍吧！（播放书本介绍的动画）

小朋友们你们好，我是小书本。我的正面叫封面，背面叫封底。和人类一样，我也有脊柱哦，我的脊柱叫书脊，就是连着封面和封底的地方。翻开我，会有一个目录，可以看到这本书里有哪些故事以及所在页码，目录后面就是正文啦！

（1）你们瞧，这就是封面，从封面上你读到了哪些信息？（出示图片，指名说）

（2）图书馆的书都是这样摆放的（出示图片），怎样才能找到你要的书呢？（指名说）

提示：我们通过书脊上的书名，就能找到需要的书。

（3）翻开目录，这本书里有哪些故事？分别在第几页？（指名说）

2. 按照类别找书。

小朋友们真会学习，这么快就了解了书本的组成和分类。掌握了图书分类的方法，到了图书馆也能轻松地找到你要的书啦！请两人一组，根据书籍的类别，找到你们都想读的一本书。（小组合作，有序找书）

3. 体会共读乐趣。

书是我们的好朋友，阅读前要提醒别人注意什么？（指名答）

提示：你们都学会了爱护书籍，安静读书，读完之后把书放回原来的位置。现在，请小朋友们和同伴一起读，开始愉快的阅读之旅吧。

共读提示：

① 读一读目录，你们对哪个故事感兴趣？

② 猜一猜故事，故事中会有什么精彩的内容？

③ 读一读故事，和同伴一起阅读，体会共读乐趣。

4. 交流共读收获。

（1）说一说：故事的哪些内容最吸引你们？

（2）演一演：同伴合作，把故事表演出来。（指名上台展示）

小结：刚才小朋友们通过读一读、猜一猜、说一说、演一演的方法，和同伴一起把故事读懂了，还收获了友情和快乐，你们真棒！

任务三　讨论订计划，产生阅读的期待

1. 学拼音，帮助阅读。

（1）刚才读书的过程中，你遇到了什么问题？（指名说）

（2）请借助拼音读读这首儿歌。（出示《树上落黄莺》，指名读）

shù shàng luò huáng yīng
树 上 落 黄 莺

shù yè lǜ
树 叶 绿，

shù zhī qīng
树 枝 青，

qīng shù zhī shàng luò huáng yīng
青 树 枝 上 落 黄 莺，

huángyīng zhā zhā jiào
黄 莺 喳 喳 叫，

yàn zi mǎn lín zhōng
燕 子 满 林 中 。

提示：陌生的汉字常常成为阅读路上的拦路虎，我们不要害怕它，学了拼音就能读更多的字，读更多的书啦！

（3）齐读儿歌。

2. 订计划，坚持阅读。

刚才的儿歌出自一年级必读书目《和大人一起读》，里面的故事非常有趣呢。读完这4本书，你会有许多的收获哦！

（1）读书要制订计划，每天读多少才合适？先小组讨论，再全班分享。

教师指导建立阅读计划。（每天阅读20分钟）

（2）我们用什么办法了解自己每天的读书情况呢？（指名说）

根据大家的发言，老师总结了以下4条要求：

1	坐姿端正，认真专注地看着书，倾听故事。
2	能讨论书中内容，说出故事名称、主人公和大部分配角名字。
3	能将故事讲完整，根据情节和人物角色改变语气。
4	善于思考提问，还能说出自己的感受。

小朋友们按照顺序，每达到一条可获得一颗星。根据标准，给自己和同伴打打分啦。

书 名	我给自己打星星	我邀共读伙伴打星星
《和大人一起读》第一册		
《和大人一起读》第二册		
《和大人一起读》第三册		
《和大人一起读》第四册		

课后和大人一起制订每本书的详细阅读计划。

读中推进："我是故事大王"

任务一　我们一起读，感受阅读的快乐

导入：小朋友们，我们已经读了一段时间的书了，老师在班级相册里发现了小朋友们记录阅读美好时光的照片。

1. 亲子共读，享受亲情。

（1）教师展示班级相册中亲子共读的照片，配上温情的音乐。

（2）在亲子共读中，和谁一起读？阅读中发生过什么有趣或难忘的事？

2. 同伴共读，收获友情。

（1）教师展示课间同伴共读照片，配上欢快的音乐。

（2）课间你都喜欢和谁一起看书？你为什么喜欢和他一起看呢？

教师提示：（出示和阅读困难学生共读的照片）我特别喜欢和×××一起读，因为他非常努力地想要读好书，我总能看到他专心阅读的样子，我被他的认真感动了，现在他成了我的小书友。

（此处出示阅读困难的学生在老师、同学、家人帮助下共读的视频）

小结：小朋友们，阅读不仅能收获知识，还能收获友情呢！多么令人开心啊！

3. 教师领读，深入体会。

（1）小朋友们这么会读书，老师也想和大家合作！我们一起读读金子美玲的诗《心》。老师来读描写妈妈的部分，小朋友们来读描写"我"的部分。

xīn
心

mā ma shì dà ren
妈 妈 是 大 人 ，

gè zi hěn dà
个 子 很 大 ，

kě shì
可 是

mā ma de xīn hǎo xiǎo
妈 妈 的 心 好 小 。

yīn wèi　　mā ma shuō
因 为 ， 妈 妈 说 ，

mǎn xīn dōu shì xiǎo xiǎo de wǒ
满 心 都 是 小 小 的 我 。

wǒ shì gè wá wa
我 是 个 娃 娃 ，

gè zi hái hěn xiǎo
个 子 还 很 小 ，

dàn shì xiǎoxiǎo de wǒ
但 是 小 小 的 我

xīn hěn dà hěn dà
心 很 大 很 大 。

yīn wèi　　 wǒ de xīn
因 为 ， 我 的 心 ，

zhuāng le mā ma yě bú huì mǎn
装 　了 妈 妈 也 不 会 满 ，

hái kě yǐ xiǎng gè zhǒng gè yàng de shì qing
还 可 以 想 各 种 各 样 的 事 情 。

（2）小朋友们，这首诗很短，你读懂了什么？（指名答）

（3）联系生活，说一说你的妈妈平时都是怎样照顾你的？（指名答）

通过回忆生活中妈妈对你点点滴滴的照顾，更加强烈地感受到妈妈对你的爱。

我们发现把书中的内容和生活结合起来，也能让我们读得更好。让我们带着对妈妈的爱，再来读一读吧。

4. 借助拼音，自主阅读。

过渡：小朋友们阅读的本领越来越强了，相信有不少小朋友能借助拼音自己阅读了，来读一读《自己去吧》。

zì jǐ qù ba
自 己 去 吧

xiǎo yā shuō　　 mā ma　　 nín dài wǒ qù yóu yǒng hǎo ma　　 mā ma shuō　　 xiǎo xī de
小 鸭 说 ：" 妈 妈 ， 您 带 我 去 游 泳 好 吗 ？" 妈 妈 说 ：" 小 溪 的

shuǐ bù shēn　　 zì jǐ qù yóu ba　　 guò le jǐ tiān　　 xiǎo yā xué huì le yóu yǒng
水 不 深 ， 自 己 去 游 吧 。" 过 了 几 天 ， 小 鸭 学 会 了 游 泳 。

xiǎo yīng shuō　　 mā ma　　 wǒ xiǎng qù shān nà biān kàn kan　　 nín dài wǒ qù hǎo ma
小 鹰 说 ：" 妈 妈 ， 我 想 去 山 那 边 看 看 ， 您 带 我 去 好 吗 ？"

mā ma shuō　　 shān nà biān fēng jǐng hěn měi　　 zì jǐ qù kàn ba　　 guò le jǐ tiān　　 xiǎo yīng
妈 妈 说 ：" 山 那 边 风 景 很 美 ， 自 己 去 看 吧 。" 过 了 几 天 ， 小 鹰

xué huì le fēi xiáng
学 会 了 飞 翔 。

（1）故事里出现了哪两个小动物呢？（指名答）

（2）它们分别想要妈妈带它们去干什么？谁来分别读读它们的话？（指名读）

（3）它们的妈妈都是怎么说的呢？（指名读一读）

（4）妈妈们让孩子"自己去吧"，结果怎样呢？（指名读）

故事中的小鸭和小鹰没有妈妈的帮助，也能学会本领。小朋友们没有妈妈的帮助，学会了哪些本领呢？

我们也要像小动物一样，自己去学本领，大胆尝试，独立完成。瞧，你们现在就学会了自己阅读的本领呢！

（5）指名分角色读。

任务二 "我是故事大王",体悟阅读的满足感

过渡:小朋友们,把读过的故事用自己的话再讲出来,也是一种本领。老师教你们一个有趣的方法(出示"Who""Where""What"三个英文单词),这三个英文单词的意思是"谁、在哪里、干什么",用它们就可以概括故事的内容。它们有一个有趣的名字叫"3W"阅读策略,谁愿意用"3W"阅读策略来讲讲这个故事?(出示《和大人一起读》中的故事图片,指名说)

评价:你学会了用"3W"阅读策略简单说故事的方法,要是能把故事讲得更具体,那就更好啦!谁再来试一试?

1. 分享故事,初尝成就。要求:

(1)讲故事:声音响亮,吐字清楚,把故事内容说清楚。

(2)听故事:认真听,有礼貌,会鼓掌。

每组选出一个代表,上台分享故事。提醒其他小朋友认真听。

2. 评选"故事大王"和"最美听众"。

(1)讲故事的小朋友说说自己的收获和此刻的心情,体验阅读的自豪感。

(2)听故事的小朋友比比谁听得最认真,根据要求,投票选出心目中的"故事大王"。

(3)为"故事大王"颁发奖状;其他上台讲故事的小朋友获得"展现风采"奖状。

(4)老师根据听故事的表现,拍摄倾听者的照片,并评选出"最美听众",颁发奖状。

读后分享交流:"小蜜蜂采蜜忙"

任务一 分享感受,体验阅读的充实感

小朋友们,我们一起用了两个月的时间,读完了《和大人一起读》。除此之外,有不少小朋友还读了其他课外书呢!

1. 小组合作,和你的同伴说一说,你在什么时候、什么地方读了什么书?你是怎样读书的?一会儿来分享。(学生合作交流)

2. 学生分享展示。

(1)我们来看图片,这里是图书馆、书店、绘本馆、公园的书屋、亲子餐厅、咖啡吧、面馆、超市书架,你发现了什么?(指名答)

(2)处处可以阅读。那么,你会在什么时间读书呢?(指名答)

(3)"随时随地"读书。在阅读的过程中,你有什么感受?(指名答)

过渡:你们可真是又忙碌又快乐的小蜜蜂啊!一分一秒都不浪费,连秋游、旅行时都要读书,真是"读万卷书行万里路""书籍是人类的精神食粮"呢。

任务二 争当"勤劳小蜜蜂",获得阅读的成就感

1. 借助平台,在线答题。

勤劳的小蜜蜂们,书里的内容是不是变成了你自己的知识花蜜呢?让我们来闯闯关吧!

（出示 PPT，小组竞赛答题）

第一关：选一选（将正确答案的序号填写在括号里）。

1. 阅读指导中，小朋友们可以怎么读？（　　　）

A. 和爸爸妈妈一起读

B. 和高年级的哥哥姐姐一起读

C. 在老师的帮助下读

D. 借助拼音自己读

2.《小猫咪穿鞋子》故事中，小动物们觉得小猫咪的鞋子（　　　）。

A. 好看　　　　　　　　　B. 不好看

3.《周处除三害》故事中，周处最终成了一个（　　　）的人。

A. 人人害怕　　　　　　　B. 受人尊敬

4.《小狐狸买手套》故事中，小狐狸最终买到手套了吗？（　　　）

A. 买到了　　　　　　　　B. 没买到

第二关：朗读《包公审石头（一）》选段。

包公对那块石头说："石头，石头，小孩儿的铜钱是不是你偷的？"

石头会说话吗？不会。

包公又问了："石头，石头，小孩儿的铜钱是不是你偷的？快说，快说！"

石头还是一声不响，它不会说话呀。

包公发火了："石头，石头，你不说实话，就打烂你的头。"

手下的人听包公这么说，就拿起棍子，噼里啪啦地打起石头来，一边打一边喊："快说，快说！"

提示：注意读包公的话，语速一次比一次快，声音一次比一次高。

第三关：想一想（续编故事《乌鸦兄弟》）。

1. 师讲《乌鸦兄弟》的故事（1—9 自然段）。

2. 生自读《乌鸦兄弟》的故事（10—14 自然段）。

3. 续编故事。

第四关：讲一讲（用"3W"阅读策略简要说说故事内容）。

1.《凿壁借光》：匡衡在墙壁上凿了个洞，借着邻居家的灯光看书。

2.《闻鸡起舞》：祖逖听到鸡叫，到院子里舞剑。

3.《画龙点睛》：张僧繇在墙上画龙，给其中一条龙点上眼睛，结果龙飞走了。

第五关：演一演《金斧头银斧头》。

小组合作，表演程实、地主和老爷爷之间的对话，加上动作、表情，评一评哪组表演得更生动有趣。

小结：今天，勤劳的小蜜蜂们都采集到了不少花蜜，也收获了快乐。读书的过程不是一蹴而就的，需要每天坚持不懈，慢慢地，你就会发生变化。让我们看看阅读为×××小朋友带来的变化吧！（出示阅读困难学生坚持阅读发生改变的视频：读得越来越正确、流利、轻松和快乐）

　　阅读，让小朋友们变得越来越好，让我们一起欣赏同伴们的阅读成果吧，看看小蜜蜂们都采集到了什么样的花蜜。（展示阅读记录卡、摘记、读后画以及和父母、同伴共读的精彩片段表演等）

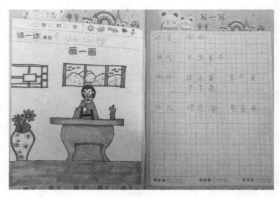

南通市经济技术开发区实验小学教育集团星湖校区 2020 级（4）班　卢雯茜

南通市经济技术开发区实验小学教育集团星湖校区 2020 级（4）班　樊俊喆、徐何祎

南通市经济技术开发区实验小学教育集团星湖校区 2019 级（2）班　孙睿彬

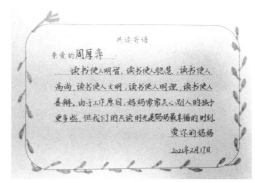

南通市经济技术开发区实验小学教育集团星湖校区 2019 级（2）班　陈瑜露、顾锦洋
阅读记录卡

南通市经济技术开发区实验小学教育集团星湖校区 2019 级（2）班共读寄语

　　小结：孩子们，美味的食物为我们的身体提供营养，让我们觉得快乐；有趣的书籍为我们的头脑提供营养，也会让我们感到快乐。

　　多读书，读好书，可以让你变得更有趣，更优秀。

　　让书成为你最好的朋友，每天 30 分钟，享受阅读的快乐吧！

（编写人：曹真珍、朱剑；指导者：姜慧、王爱华）

第二单元
读读童谣
和儿歌

单元导读

香甜的童年音韵

　　本单元"快乐读书吧"围绕"读读童谣和儿歌"这个主题编排了《读读童谣和儿歌》《儿歌300首》两部作品。在这两部文质兼美、图文并茂的优秀作品中，有《摇摇船》这样传递亲情的中华童谣，也有《颠倒歌》这样俏皮欢快的有趣儿歌。有像《小刺猬理发》这样告诉我们要养成生活好习惯的儿歌，也有像《桃花船》这样描绘大自然美妙景致的歌谣……这些朗朗上口、充满童趣的歌谣，引领学生体会童年生活的芬芳甜美，感受祖国语言文字的优美灵动。

　　本单元的阅读要素是在延续一年级上册《读书真快乐》激活阅读兴趣的基础上，让学生诵读内容丰富、形式多样的童谣、儿歌，联系生活增强阅读体验，产生阅读更多童谣和儿歌的期待。尝试自主开展简单的主题阅读，进一步感受童谣、儿歌的韵律和节奏，了解素材内容，进行模仿创编，享受阅读和分享的快乐。在有滋有味的阅读体验中，逐步养成自主阅读的习惯，不断丰富语言的积累。

　　阅读过程中，组织学生采用多种趣味朗读方式诵读精选的童谣、儿歌作品，让学生在快乐诵读、自由表达中产生阅读的兴趣。指导学生合理制订本次"快乐读书吧"的阅读计划，尝试进行自主阅读评价、模仿创编等"阅读有痕"活动，做好过程性评价。在学生读一读、背一背、演一演等多样化的阅读成果展示中，给予激励性评价，让学生进一步获得阅读的成功感。

《摇摇船》《小刺猬理发》
阅读教学设计与实践

教学解读

　　《摇摇船》是中华民族经典童谣作品中的代表作之一。它用浅显易懂的文字、富有韵律的语言，唤醒童年的记忆，传递温暖的亲情。

　　《小刺猬理发》是一首内容有趣、节奏轻快的儿歌。这首儿歌运用生动的拟声表达和贴切形象的比喻，描绘了儿童生活中"理发"这件小事，让儿童在愉快的吟诵中懂得勤理发使人干净，体悟儿歌的童真童趣。

　　这两首童谣和儿歌分别收集在《摇摇船》《小刺猬理发》两本书中。书中还有很多有趣的童谣和儿歌，和同伴背一背自己喜欢的童谣或儿歌，在轻松愉悦的氛围中展示阅读成果，收获阅读带来的成就，产生阅读期待。和同伴交换自己喜爱的儿歌、童谣书籍，不断扩展阅读范围，开启主题阅读模式，吟诵更多的儿歌、童谣，感受童谣和儿歌优美灵动的语言特点，初步体会生活的乐趣。

阅读目标

　　1. 正确朗读《摇摇船》《小刺猬理发》，在多种形式的朗读中感受童谣和儿歌节奏鲜明、语言生动浅显的特点，产生朗读童谣和儿歌的兴趣。

　　2. 了解更多的童谣和儿歌作品，尝试自主阅读，结合生活实际展开想象，增强阅读体验。

　　3. 乐于展示自己的阅读成果，在交流阅读感受的过程中体验阅读、分享的乐趣。

活动安排

阅读阶段	阅读过程	阅读时间	活动内容
读　前	导读活动	20 分钟	1. 看视频，欣赏童谣《小老鼠》。 2. 聊感受，说说童谣的特点。 3. 听童谣，多种形式读童谣，感受童谣的音韵美。 4. 带着问题读准儿歌字音，知晓儿歌特点。 5. 调动记忆共分享，分享记忆中的童谣和儿歌。
读　中	自主阅读	6 周	1. 做好阅读计划，合理安排阅读进展。 2. 运用童谣和儿歌的阅读方法，有序展开阅读。 3. 分享爱护书籍小妙招，读有关爱书的小儿歌。

续表

阅读阶段	阅读过程	阅读时间	活动内容
读　中	分享交流	20 分钟	1. 展示朗读，演绎童谣和儿歌。 2. 分享发现，读懂作品内涵。 3. 交流方法，感受童谣和儿歌的趣味性。
读　后	延伸活动	2 周	1. 创编童谣和儿歌，创编班级儿歌配画作品集。 2. 评一评阅读达人、创作达人、爱书小达人。

读前：导读活动

任务一　观看视频，欣赏童谣

1. 观看视频，激发兴趣。

小朋友们，今天老师带来了一首有趣的童谣！（播放《小老鼠》视频）

2. 朗读童谣，体会乐趣。

（1）小朋友们都忍不住摇头晃脑地跟着读，那就一起来读读这首有趣的童谣吧！

（2）出示童谣，齐读。

小老鼠，上灯台，偷油吃，下不来。喵喵喵，猫来了，叽里咕噜滚下来。

任务二　聊聊感受，感知童谣

1. 聊聊感受，说说理由。

看过视频，读过童谣，你喜欢这首《小老鼠》吗？为什么？

2. 感知童谣，发现特点。

结合学生的感受，引导概括发现童谣的特点：内容有趣、节奏明朗、浅显易懂。

任务三　朗读童谣，唱唱童谣

1. 一起听童谣。

再听一首经典童谣。听！（播放《外婆桥》视频）

2. 教师示范读。

这首童谣在不同的地方也有不同的版本，我们书上的版本又是怎样的呢？打开书，听老师先来读一读。

摇摇船

摇摇摇，一摇摇到外婆桥，外婆叫我好宝宝。

糖一包，果一包，还有饼儿还有糕。

3. 自主读童谣。

（1）读准字音，读出节奏。

① 借助拼音大声地读一读，读准字音，注意节奏。

② 提醒发现：这首童谣每一句的最后都押 ao 这个韵，读起来朗朗上口。

③ 同桌根据新发现互读童谣，力争读准字音、把握节奏。

④ 全班展示，朗读评价。童谣就是要大声朗读，注意停顿，读出节奏感！

（2）读懂意思。

① 小宝宝摇着船，去哪里呀？（外婆家）

② 你喜欢童谣里的外婆吗？为什么呀？

③ 入情入境，咱们一起读读这首童谣。

4. 创意读童谣。

（1）启发。这么有趣的童谣，你还想怎么读？

（2）尝试。小组创意合作，试着用不同的形式读读这首童谣。

（3）展示。

① 轮读，你一句、我一句。

② 合读，男女生配合共同读。

③ 问读，问个问题，用童谣内容回答。

④ 想象读，边读边想象画面。

⑤ 表演读，加上适当的动作和情境。

5. 这样读童谣可真有趣呀！童谣还可以唱出来呢！一起跟着音乐，来唱一唱这首童谣。

任务四　读读儿歌，学习儿歌

1. 带着问题读准儿歌。

（1）揭题提问。（出示儿歌《小刺猬理发》）读着这个题目，你有哪些问题？

（2）交流预测。

① 小刺猬为什么要去理发？

② 谁给小刺猬理的发？

③ 理完发，为什么不是小刺猬，是个小娃娃？

（3）自读儿歌。

① 读准字音：借助拼音，读准儿歌里的每个字。

② 读通句子：不读破，做到通顺、流畅。

③ 读懂意思：联系生活，想象画面，知道"刺猬"代指不讲卫生的小朋友。

提示：原来儿歌中的小刺猬是个男娃娃，男娃娃的头发这么长、这么乱，看上去就像个小刺猬。

2. 快乐读懂儿歌。

（1）听录音，感受音韵美。

① 播放《小刺猬理发》视频。

② 说说押什么韵，再自己读读，感受儿歌的韵律美。

（2）聊儿歌，感受趣味性。

① 你愿意做不理发的小刺猬吗？

② 读了这首儿歌，你明白了什么？

小刺猬去理发后变干净变漂亮了，我们以后可一定要经常洗头发，经常理发，这样我们才能健健康康、漂漂亮亮的！

3. 带着创意表演儿歌。

（1）教师示范，启发表演。

儿歌不仅可以读，可以像刚才录音里那样唱，还可以用适合的方式进行表演唱。看！（教师配合动作演唱儿歌）

（2）学生加入，创意表演。

① 想一想，你可以加入哪些动作元素进行儿歌表演？

② 演一演、评一评：形式活泼、契合内容均可。

读中：自主阅读推进活动

任务一　做计划，巧安排

有趣的童谣和儿歌可多了。这六周，我们将一起走进童谣和儿歌的世界，读《摇摇船》《小刺猬理发》和其他的童谣儿歌集。如何合理安排时间，保证阅读效果呢？阅读计划少不了，老师推荐两种计划书制作方法。

1. 表格式阅读计划。

《摇摇船》《小刺猬理发》阅读计划安排表

阅读周期	书目安排	每日阅读篇目	每日阅读时长	每日阅读效果
第一、二周	《摇摇船》	周一：	_____分钟	☆☆☆☆☆
		周二：	_____分钟	☆☆☆☆☆
		……	……	……
第三、四周	《小刺猬理发》	周一：	_____分钟	☆☆☆☆☆
		周二：	_____分钟	☆☆☆☆☆
		……	……	……
第五、六周	自选童谣儿歌集，如《读读童谣和儿歌》……	周一：	_____分钟	☆☆☆☆☆
		周二：	_____分钟	☆☆☆☆☆
		……	……	……

2. 时间轴阅读计划。

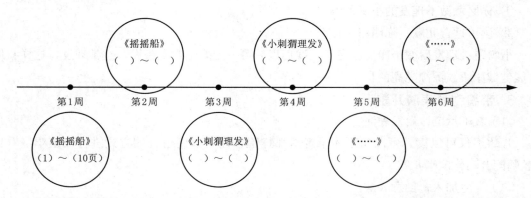

3. 根据自己的喜好，选择喜欢的形式，做一张属于自己的阅读计划表。

任务二 明方法，有序读

小朋友都喜欢童谣和儿歌，读童谣儿歌集时，有哪些好方法呢？

1. 读目录，知大概。

《小刺猬理发》这本书里都有哪些儿歌呢？自由读读目录。（出示目录）

有没有找到自己比较熟悉或感兴趣的篇目？赶紧翻开读一读。

把自己选中的儿歌读给组内的小朋友听，说说为什么喜欢。

教师小结：目录就像一扇窗，可以在浏览时大概了解全书共几篇，也可以留心自己感兴趣的作品，带着期待与猜想走近作品。

2. 读作品，乐积累。

读准字音：自读《太阳公公起得早》，自读后向同桌展示、互评。

言说感悟：喜欢这首儿歌吗？为什么？

想象画面：读着这首儿歌，你好像看到了什么？

拓展迁移：除了锻炼，宝宝还会在早上养成哪些好习惯？试着模仿第二节说一说。

诵读积累：用你喜欢的方式读读、背背、演演。

3. 妙迁移，习方法。

同桌交流童谣集《摇摇船》的目录。

找出自己最感兴趣的一首，自主阅读。

同桌交流读一读。

4. 开眼界，读好书。

童谣和儿歌集还有很多，曹文轩和陈先云主编的《读读童谣和儿歌》内容非常丰富，收集了很多不同类型的童谣和儿歌，很值得一读。

任务三 爱书籍，乐分享

1. 乐于分享。

要是你有好多本关于童谣和儿歌的书，别的小朋友想读你的书，你会怎么做？（评价：

主动分享，快乐共读）

2. 爱书护书。

分享护书小妙招：别的小朋友把他心爱的童谣和儿歌的书借给你了，你应该怎么做？（引导：爱护书籍，尽早归还）借助儿歌明理：

小小书本我爱护，轻轻拿来轻轻放。

轻翻不折不乱涂，不撕不毁我最棒！

3. 评比预告。

六周的读书活动结束后，组织评一评，谁把书保护得最好。

读后：分享交流延伸活动

任务一 分享童谣和儿歌

经过了六周时间的自主阅读，相信你一定积累了不少经典童谣和儿歌，也掌握了不少阅读童谣、儿歌的方法，一起来交流。

1. 温习方法。

你读童谣和儿歌有哪些好方法？（配乐诵读、拍打节奏、想象画面、情境表演……）

补充推荐：看看图画，想象画面。

这些童谣和儿歌书里的插画也特别有意思，都是有趣逼真的儿童画。你可以边读儿歌边赏画，更可以边赏画面边想象！

翻看其中一幅，联系内容想一想，图上表达了什么？

2. 尝试分享。

这么多的童谣和儿歌，你最喜欢的是哪一首？分享一下。

要求：内容表达完整、流畅，尽量做到声情并茂、有声有色。

评价：星级评价，推选儿歌诵读达人。

任务二 自主检测

亲爱的小朋友们，读了那么多的童谣和儿歌，来检测一下你的阅读效果吧！

一、读一读、想一想，联系书本内容判断正误，正确的在括号里打"√"，错误的在括号里打"×"。

1.《摇摇船》里宝宝得到了外婆给他的饼和糕点。（ ）

2.《小猫》里的咪咪很爱卫生，洗脸洗得很干净。（ ）

3.《小刺猬理发》里的小刺猬身上的刺是用来保护自己的。（ ）

4.《木马》里的马儿不吃草，但能满地跑。（ ）

5.《下巴上的洞洞》里提到的小朋友，下巴上真的有洞洞。（ ）

二、读一读、连一连，回忆书里的内容，把题目和相应的道理准确连线。

《好乖乖》　　　　　　　　　　　勤剪头发，讲究卫生。

《下巴上的洞洞》　　　　　　　　不掉米粒，珍惜粮食。

《太阳公公起得早》　　　　　　　孝敬老人，体贴长辈。

《小刺猬理发》　　　　　　　　　尊重农民伯伯，懂得感恩。

《好甜》　　　　　　　　　　　　早睡早起，锻炼身体。

三、想一想、说一说，读了这么多童谣和儿歌，你最喜欢的是哪两首？为什么？

任务三　创编童谣和儿歌

1. 激发兴趣，学习语言。

你发现童谣、儿歌读上去有什么特点呀？

有趣、押韵、简短、易懂……用生活语言记录童年童趣。

我们也可以用儿歌的形式，记录生活中有趣的事。自由组合，选择喜欢的一首童谣儿歌，创造性编排诵读。

2. 举例迁移，创作儿歌。

① 学习儿歌《什么叫》。

奶奶要我闭眼睛，听听那是啥声音？

嘎嘎嘎，鸭在叫；汪汪汪，狗在叫；

喔喔喔，公鸡叫；喵喵喵，小猫叫；

喳喳喳，麻雀叫；呱呱呱，青蛙叫！

什么叫，我知道，偷偷睁开眼睛瞧，

哈——

还是奶奶学着叫！

② 迁移创作。

What's 什么叫

奶奶要我闭眼睛，听听那是啥声音？

咕咕咕，（　　　）叫；哞哞哞，（　　　）叫；

_____，（　　　）叫；_____，（　　　）叫；

什么叫，我知道，偷偷睁开眼睛瞧，

哈——

还是奶奶学着叫！

3. 自主创编。

（1）激趣：看，这是我们同龄的伙伴创作的童谣儿歌！

这些儿歌童谣真有趣，既有文字还有配图，我们也可以创编。每人精编一首儿歌或童谣，形成我们班的《儿歌童谣集》，怎么样？

南通市海门区第一实验小学一（1）班　于子骞、张歆夏

（2）指导：我们可以从以下两个角度展开：

① 选择一首童谣或儿歌，进行模仿创作。

② 观察生活，挑有意思的内容，尝试自己创作。

（3）编册：制作，进行后期加工。

4. 展示评比。

① 评一评创作小达人。

篇　目	主　题	文字内容	配图质量
	☆☆☆☆☆	☆☆☆☆☆	☆☆☆☆☆
	☆☆☆☆☆	☆☆☆☆☆	☆☆☆☆☆

② 评一评阅读小达人。

书　目	字　数	阅读时长

③ 评一评爱书小达人。

封面完好	书页无掉落、完整	书页无卷角	无乱涂乱画
☆☆☆☆☆	☆☆☆☆☆	☆☆☆☆☆	☆☆☆☆☆

（编写人：何裕琴；指导者：姜慧、王爱华）

《儿歌300首》阅读教学设计
与实践

教学解读

  《儿歌300首》是一本儿歌合集，按生活儿歌、童趣儿歌、游戏儿歌、绕口令儿歌、谜语儿歌、数字儿歌、催眠儿歌、教育儿歌等分类编排了300首优秀的儿歌作品。全书加注拼音，并配有精美的趣味插图，有利于激发学生的阅读兴趣，适合一年级学生进行自主阅读。

  所选儿歌有的来自口耳相传的民间传统童谣，饱含着劳动人民的勤劳智慧；有的出自当代作家所写的儿童诗歌，富有时代特点和生活气息。它们题材多样、短小精悍、贴近生活，有着流畅的旋律、动听的音韵以及生动的趣味。阅读儿歌，儿童可以感受大自然的新奇与多彩，体验生活的美好与乐趣，知道什么是勇敢、独立、勤劳、友善……吟唱儿歌，儿童可以积累丰富的语言，感受汉语的美好音韵，形成良好的语感。

阅读目标

  1. 充分阅读童谣和儿歌，感受童谣和儿歌美好的节奏音韵，积累丰富的语言，形成语感，发展思维，对童谣和儿歌产生兴趣。

  2. 继续学习看书的目录，从目录中了解合集类书籍的内容分类，并根据分类查找阅读内容；初步养成独立阅读童谣和儿歌的习惯。

  3. 乐于展示自己的阅读成果，愿意和伙伴分享阅读感受。

活动安排

阅读阶段	阅读过程	阅读时间	活动内容
读 前	导读活动	40分钟	1. 猜读谜语歌。 2. 乐读童趣歌。 3. 赛读游艺歌。 4. 阅读封面、目录，初学制订计划。
读 中	自主阅读	1个月	1. 与大人一起制订阅读计划表，并按计划自主阅读。 2. 圈画标注阅读过程中感兴趣的内容，并练习背诵积累。 3. 小组比赛阅读，把自己喜欢的儿歌与大人或伙伴分享。
	推进活动	2次	1. 小组诵读竞赛，分享阅读的快乐。 2. 指导学生运用多种形式诵读、欣赏儿歌，并习得阅读儿歌的方法。 3. 学习创编儿歌。

续表

阅读阶段	阅读过程	阅读时间	活动内容
读　后	分享交流 延伸活动	40 分钟	1. 班级儿歌诵读、吟唱比赛。 2. 儿歌创编图文展示。 3. 邀请大人与孩子们分享童年熟知的儿歌，并推荐其他优秀儿歌作品。

读前：触摸儿歌的美好

任务一　猜读谜语歌

1. 读谜面，激兴趣。

（1）听儿歌。

出示《十个弟兄》：

十个弟兄住一家，头上各顶一片瓦。

小事分成两边做，大事齐心都不怕。

十个弟兄他是谁？人人身上都有他！

（2）自由读儿歌。（指名读）

2. 抓依据，猜谜底。

（1）猜一猜，这十个弟兄是谁？

（2）说说是怎么猜到的？

3. 诵儿歌，悟智慧。

（1）读着儿歌，你觉得这是怎样的十弟兄？

引导学生从"住一家""齐心""不怕"等词语体会这"十个弟兄"的和睦友爱、团结互助。

（2）指名诵读儿歌，指导读出手指的和睦友爱、团结互助。

（3）读着儿歌，你还发现了什么？

引导学生发现儿歌韵律，从"家""瓦""怕""他"等韵尾中感受谜语歌尾字押韵、句式整齐的语言特点。

（4）儿歌中有着无穷的智慧，一起诵读这则谜语儿歌。

任务二　乐读童趣歌

1. 拍着手读，读出节奏。

老师拍着手读《小猫》，学生跟着一起拍手读。

出示《小猫》：

小猫主意高，跳在柳树梢。

细吹细打唱起来，先唱鱼，后唱虾，再唱公鸡癞蛤蟆。

老虎听见要猫教，小猫树上摇摇头，老虎气得双脚跳，小猫树上哈哈笑。

2. 想象着读，读出形象。

（1）这首童谣中的哪一句让你觉得最有意思？为什么？

（2）你觉得这是一只怎样的小猫呢？

（3）想象着这只神气的小猫的样子，再来读读这则儿歌。

3. 表演着读，读出趣味。

（1）小组合作，加上动作，边表演边朗读。

（2）全班展示。

任务三　赛读游艺歌

1. 自主读，读通文字。

（1）出示数字儿歌《数蛤蟆》：

一只蛤蟆一张嘴，两个眼睛四条腿，扑通扑通跳下水。

两只蛤蟆两张嘴，四个眼睛八条腿，扑通扑通跳下水。

出示绕口令儿歌《我和鹅》：

我是我，鹅是鹅，我不是鹅，鹅不是我。

鹅肚饿，我喂鹅，我爱鹅，鹅亲我。

（2）对照拼音，自己读，争取读通读顺。

（3）指名读，找准节奏，读准字音。

2. 加速读，感受韵律。

（1）发现《数蛤蟆》的特点：这是首数字儿歌，朗读时要数准数字。

（2）发现《我和鹅》的特点：这是首绕口令儿歌，朗读时要把相近的读音读准确。

（3）挑战加速读。

3. 比赛读，体验快乐。

（1）比比谁数的蛤蟆多。

（2）正确读完绕口令，比比谁用的时间短。

任务四　阅读封面、目录，制订阅读的计划

1. 读封面，看目录。

（1）刚才我们诵读的儿歌都出自这本书（出示《儿歌300首》）。这本书里收录了300首有趣的儿歌。

（2）阅读目录，关注目录中的分类。

这么多儿歌，你最想读哪首？要找到自己想读的儿歌，我们要学会看目录（出示目录）。

（3）学生学习根据目录分类找儿歌。

2. 订计划，启阅读。

（1）这么多儿歌，我们怎么读呢？老师建议大家列一个阅读计划。

出示阅读计划：

阅读书目	《儿歌 300 首》	
阅读时限	月　　日 —　　月　　日（共一个月）	
自评标准	☆读准、读通、读出节奏。 ☆读给大人和小伙伴听。 ☆大声地背诵喜欢的儿歌。 ☆和小伙伴一起表演有趣的儿歌。 ☆自己改编儿歌。	
阅读时间	阅读数量	完成任务的满意度自评
第一周	阅读（　　）首儿歌	☆☆☆☆☆
第二周	阅读（　　）首儿歌	☆☆☆☆☆
第三周	阅读（　　）首儿歌	☆☆☆☆☆
第四周	阅读（　　）首儿歌	☆☆☆☆☆

（2）课后与大人一起制订阅读计划。

读中推进：在芬芳的儿歌里徜徉

活动时间： 计划用一个月时间读完 300 首儿歌。阅读期间做两次阅读推进。

任务一　快乐交流，星级挑战

1. 导入：孩子们，我们的儿歌阅读已经进行两个星期了，你读了哪些儿歌？我们一起来展示展示吧！

2. 明确要求，小组推选。

星　　级	要　　求	展示选手
★	读准、读通、读出节奏。	
★★	大声地背诵喜欢的儿歌。	
★★★	和小伙伴一起表演有趣的儿歌。	

3. 星级挑战，小组展示，评价。

任务二　儿歌组读，明晰方法

1. 读儿歌，要感受儿歌的音韵。

（1）出示儿歌一组，听读，你发现它们有什么不同？

桃花船

作者：常福生

桃花瓣，一片片，好像红色的小雨点。

小雨点，漂水面，变成许多桃花船。

桃花船，真好看，蚂蚁坐上去游玩。

盖花楼

盖！盖！盖花楼。

花楼低，碰着鸡。

鸡下蛋，碰着雁。

雁叼米，碰着小孩就是你。

（2）交流发现。

预设1：第一首儿歌从头至尾压的都是同一个韵an；第二首儿歌的韵脚在变换。

预设2：两首儿歌的句子大多是3个字或者5个字，读起来朗朗上口。

预设3：第一首儿歌说的是同一样事物——桃花瓣；第二首儿歌把几样不相干的事物联系在一起，一个连着一个，很有趣。

（3）朗读感受音韵。

不管是哪种儿歌，都有着鲜明的音乐感，让我们读起来更顺口，更有节奏。我们在朗读它们的时候可以怎么读呢？

交流后小结：这两首童谣语言都很活泼，都呈现出鲜明的音乐性和节奏感。第一首儿歌可以一边拍手一边读，读的时候要注意节奏；第二首儿歌是一首连锁调儿歌，首尾相连，可以点着人读，看看最后点到谁。其他的儿歌，我们也可以用上这样的方法，读出儿歌的音韵美。

自主练读，全班展示。

2. 读儿歌，要品读儿歌的语言。

（1）《真稀奇》颠倒之趣。

① 出示《真稀奇》：

稀奇稀奇真稀奇，麻雀踩死老母鸡，蚂蚁身长三尺六，八十岁的老头坐在摇车里。

自由读，这首儿歌好玩吗？好玩在哪里？

② 交流后，发现特点：儿歌把自然规律颠倒过来说，语言夸张，形成反差，充满乐趣。这样的儿歌叫作颠倒歌。

③ 朗读儿歌，感受语言的幽默风趣。

④ 你还读过哪些颠倒歌？读给大家听一听。

（2）《小豆芽》拟人之趣。

① 出示《小豆芽》。小组读，你觉得这是一个怎样的小豆芽？

小豆芽，歪歪嘴，胖嘟嘟儿没长腿。

没长腿，咋走路，蹲在水里打呼噜。

睡一觉，醒来了，伸出小腿踩高跷。

② 交流：儿歌中，豆芽就像一个小宝宝，憨态可掬。儿歌用拟人的手法把小豆芽的生长过程写得形象、生动。阅读儿歌，我们也要关注这样鲜活的语言。

③ 你就是这个小豆芽了，请你加上动作读一读。

（3）《头字歌》文字之趣。

① 出示《头字歌》。你发现了什么？

天上日头，地上石头；嘴里舌头，手上指头；

桌上笔头，床上枕头；背上斧头，爬上山头；

喜上眉头，乐在心头。

交流后小结：儿歌巧妙地把"头"组成的词语编进了儿歌，多有意思啊！

② 你还能给"头"组哪些词？（出示：木头、苦头、甜头、念头……）

③ 接着往下说两句。"_____木头；_____甜头；_____苦头。"

3. 读儿歌，要体悟儿歌的精神。

（1）出示第二组儿歌，同桌互相读，再说说你喜欢哪个儿歌里的小朋友。

小鼓响咚咚

　我的小鼓响咚咚，我说话儿它都懂，我说小鼓响三下，我的小鼓："咚！咚！咚！"

　哎哟哟，这不行！妹妹睡在小床中，我说小鼓别响了，小鼓说声："懂！懂！懂！"

好孩子

　　小珍珍，卷袖子，帮助妈妈扫屋子，忙得满头汗珠子。

　　擦桌子，擦椅子，拖得地板像镜子，照出一个小孩子。

（2）集体交流。

《小鼓响咚咚》中写出了"我"和小鼓玩耍的情景，小鼓发出咚咚声就像小鼓在说话，"我"担心妹妹被吵醒，让小鼓别响了，小鼓说声："懂！懂！懂！"可见，"我"是一个天真、善良的好孩子。

《好孩子》中，小珍珍爱劳动，是个勤劳能干的好孩子。

　小结：儿歌就是用直白的语言描写身边的事情，用真诚的心去记录身边的感动。

（3）儿歌中有着许许多多美好的品质，你读到了哪些？与大家分享分享。

任务三　学习仿写，尝试创编

1. 阅读例文，发现特点。

（1）问答式儿歌。

① 指名读儿歌《比尾巴》。

谁的尾巴长？谁的尾巴短？谁的尾巴像把伞？

猴子的尾巴长，兔子的尾巴短，松鼠的尾巴像把伞。

② 这是问答式童谣，利用一问一答的形式表现出韵律性的节奏感，同时把动物尾巴的特点说得妙趣横生。请同学们模仿这种句式来说一说。

（2）想象类儿歌。

① 读童谣《脚步轻轻》。

走路要学小花猫，脚步轻轻静悄悄。不要像那小螃蟹，横冲直撞真糟糕。

② 这首儿歌有什么特点？

　小结：没有想象，就没有诗歌；没有想象，就没有童谣。在儿歌的创编过程中，不仅会用到比喻，还会用到拟人、夸张、对比、反复等修辞手法。

③ 练说《站如松》。

示例：站着要学小青松，抬起头来挺起胸。不要学那小狗熊，弯腰驼背像老翁。

2. 学习仿写，尝试创编。

（1）回忆童年的快乐时光，写下自己心中的歌谣。

（2）在小组里轻声读一读，互相倾听，仔细斟酌修改。

3. 小组推荐展示，师生相机评价、修改，尽可能做到整齐、押韵。

4. 布置儿歌创作展。

小结：儿歌的创作当然不止这两种形式，我们可以发现生活的乐趣编儿歌，可以观察身边的事物编儿歌，也可以展开丰富的想象编儿歌。我们可以仿写已有的儿歌，也可以自己创作属于自己的儿歌。创作好的儿歌，我们可以用画笔配上图画，参加年级儿歌创作展哦！

读后分享：留驻在"香甜的童年音韵"里

任务一　儿歌诵读会

导入：趣味盎然的儿歌陪伴我们度过了一个月，给了我们很大的快乐。儿歌之美，不仅在于它传达美好的品质，表现淳朴的童真，具有无穷的乐趣，更在于它的节奏和声韵。这节课，就让我们一起诵读儿歌、吟唱儿歌，留驻在香甜的童年音韵里！

1. 接龙读儿歌：两个小组开展比赛，每组 6 人。小组里接龙读儿歌，一人一首，读得流利正确的小组获胜。

2. 小组演儿歌：两个小组分角色演儿歌。

3. 亲子唱儿歌：亲子报名展示儿歌吟唱，最终选 3 组进行全班分享。

任务二　儿歌创作展

1. 展示自编自创的儿歌。

海安市明道小学一（2）班　李沐晨

海安市明道小学一（8）班　吉俊栴

海安市明道小学一（1）班　冒东廷　　　海安市明道小学一（1）班　黄隽博

2. 评选班级最佳创意奖。

任务三　经典永流传

1. 大人分享童年的儿歌。

儿歌的音韵陪伴每个人的童年，爷爷、奶奶、爸爸、妈妈在童年时代又读过哪些有趣的儿歌呢？今天我们把他们请到班上来了，一起听听大人们读过的童谣。

（1）跟着儿歌一起画。

爸爸分享《画丁老头》：一个丁老头，借我俩鸡蛋。我说三天还，他说四天还，不还吃个大鸭蛋。三根韭菜三毛三，一块豆腐六毛六，冰糖葫芦七毛七，这就是个丁老头。

孩子们一起一边说儿歌，一边跟着画。

（2）跟着儿歌一起跳。

妈妈分享《马兰花开二十一》：一二三四五六七，马兰花开二十一。二五六，二五七，二八二九三十一；三五六，三五七，三八三九四十一；四五六，四五七，四八四九五十一……

家长邀请孩子一起边玩边读儿歌。

海安市明道小学一（1）班
杨奕涵

（3）跟着儿歌一起猜。

① 爷爷、奶奶用家乡方言出谜语：

谜语一：**奶奶门口有个碗，落雨落不满。**

谜语二：**身上穿的红褂子，外头穿的麻褂子，里头睡了个肉胖子。**

谜语三：**红梗子，绿叶子，开白花，结黑籽，磨白粉，做黑饼。**

② 孩子猜谜语，图文揭示谜底。

③ 一起跟着爷爷、奶奶学说方言谜语。

（4）跟着儿歌一起玩。

家长与孩子手拉手玩读方言儿歌《翻跟头》：**咯剥咯剥炒蚕豆，咯剥咯剥炒豌豆，咯剥咯剥翻跟斗。**

手拉手玩读方言儿歌《牵磨》：**牵磨带磨，吃咯肚里再磨，请爹爹，爹爹不在家，请奶**

奶，奶奶在门猫儿里打草鞋，打一双，穿不上，打一只，穿不得。

2. 推荐其他经典的儿歌。

好的儿歌滋润我们的心灵，陪伴我们健康成长；好的儿歌涵养我们的情感，助我们领略汉语的美感。课后，我们可以继续体会儿歌之趣，让儿歌香甜的音韵永驻我们的心田，在心中萌芽、生长。

推荐阅读：金波主编《中国传统童谣书系》。

（编写人：薛祖红；指导者：姜慧、王爱华）

第三单元 读读童话故事

单元导读
奇妙的童话王国

本单元"快乐读书吧"引导学生阅读中外经典童话，是在二年级上册"快乐读书吧"读读童话故事和本册"童话世界"单元基础上的提升。

推荐的《安徒生童话》《稻草人》《格林童话》等童话集，编选的都是脍炙人口的经典，贴近儿童生活，趣味性强，想象奇特，言语生动。这些经典故事传递着生命成长的力量，蕴含着纯真、善良、勇敢、诚实、守信等品质，非常适合喜欢幻想、渴望成长的三年级学生阅读。

"快乐读书吧"中的阅读小贴士——"发挥想象""把自己想象成童话中的主人公，和故事中的人物一起欢笑、一起悲伤"，为学生提供了童话阅读的最佳方法。当然，在指导阅读的过程中，还可以细化阅读策略，比如：情节空白处展开想象，对话集中处体验想象，图画阅读中想象预测，导图探寻中想象质疑，故事表演中移情想象……丰富的阅读旅程是对本册教材"童话世界"单元"感受童话丰富的想象"这一语文要素的巩固。

阅读这几部童话集，力求达到以下目标：对阅读童话作品产生兴趣，在老师指导下规划阅读进度，有计划阅读整本书，乐于分享阅读收获；边读边想象，通过列表格、画情节图等方法梳理故事情节、人物关系，感受童话故事中的经典人物形象，感受童话的奇妙；通过预测推断、角色扮演、情境体验等融入故事，设身处地、感同身受地关心作品中人物的命运，感受童话所赋予的美好情感，得到心灵的滋润，情感的熏陶。

《小鲤鱼跳龙门》阅读教学设计与实践

教学解读

《小鲤鱼跳龙门》是著名儿童文学家金近创作的童话故事，曾被拍摄成动画片在莫斯科国际电影节中获奖。他的作品《哈哈笑的小喜鹊》《他有条尾巴》等被翻译成日、俄、英等国文字，给孩子们带来了欢乐。

该故事讲述了原本生活安逸而快乐的小鲤鱼，怀着对外面世界的渴望，听完奶奶的故事后勇敢地去寻找龙门。虽然一路历经艰辛与坎坷，但最终实现了跃过龙门的愿望。

故事贴近儿童生活，小鲤鱼向往外面的世界正是儿童内心对未知世界探索的本能渴望，有利于学生将自己代入，跟着童话人物一起想象、探索、经历。故事情节曲折生动，有机嵌入的插图形象直观，给学生猜测情节与展开想象提供支架。故事中的插图是学生讲述故事的重要凭借，帮助学生讲清楚小鲤鱼"游到哪儿，遇到谁，发生了什么事情"的经过，同时，让学生在简单讲述中感悟做事要有耐心，学会坚持。

阅读目标

1. 学会看封面、找书名和作者，享受童话故事阅读的乐趣，养成爱护图书的习惯。

2. 学会聚焦曲折的故事情节，在猜测、补白、朗读、动画欣赏中体验阅读的快乐。

3. 借助插图简要讲述感兴趣的情节，乐于分享自己的感受和想法。

活动安排

阅读阶段	阅读过程	阅读时间	活动内容
读　前	导读活动	30 分钟	1. 欣赏封面，找书名和作者。 2. 阅读作者简介、目录，找到故事的题目，读读其他故事的题目。 3. 根据《小鲤鱼跳龙门》的插图，猜测故事情节。 4. 指导轻轻翻阅、平整合书等。
读　中	自主阅读	1 周	1. 自主阅读故事。 2. 记录小鲤鱼追梦之旅的场景和表现。 3. 挑选并朗读童话故事中的精彩片段，出一两道赛题。 4. 勾画书中精彩的词语。

续表

阅读阶段	阅读过程	阅读时间	活动内容
读　中	推进活动	3 天	1. 小组围绕小鲤鱼"游到哪儿，遇到谁，发生了什么事情"分角色朗读、合作表演，分享阅读的快乐。 2. 运用猜测、补白、朗读、动画欣赏的方法再次深入阅读。 3. 想象燕子捎信给奶奶的情景。
读　后	分享交流 延伸活动	40 分钟	1. 班级知识抢答赛。 2. 交流展示阅读成果（分组表演、故事续编、观影记录）。 3. 画出自己的梦想，列出行动计划，写一写实现梦想的小故事。

读前：导读活动

任务一　欣赏封面，猜测导入

1. 引新书，读书名。

（1）你知道吗？一本书的封面藏着许多小秘密。仔细看封面，你发现了什么？（书名、作者、出版社……）

（2）对，每本书都有一个名字，它常常提示了书的内容。《小鲤鱼跳龙门》告诉我们这个故事跟小鲤鱼有关。

2. 看插图，读作者。

（1）封面上还有插图，你发现了什么？

观察小鲤鱼的动作，想象它跳时的心情。（它拼命往上跳，跳得尾巴都卷起来了，水花四溅呢！）

凭书名和图画，可以猜一猜这本书讲了什么。

（2）你还发现了什么？

《小鲤鱼跳龙门》是著名儿童文学家金近创作的童话故事，曾被拍摄成动画片在国际电影节中获奖。

金近的作品可多了，《哈哈笑的小喜鹊》《他有条尾巴》等还被翻译成日、俄、英等国文字，给更多的小朋友带来了欢乐。

指点：每次拿到书，看看封面，找到书名和作者，猜一猜书的内容，就可以激发我们的好奇心哦！

任务二　观察插图，猜测情节

1. 读目录，找故事。

（1）这本书有多少个故事？（5 个）

分别是《小鲤鱼跳龙门》《蝴蝶有一面小镜子》《小猫钓鱼》《骄傲的大公鸡》《狐狸打猎人》。

（2）你知道《小猫钓鱼》是从哪一页开始的吗？

读读目录，找到喜欢的故事，翻开相应的页码，就可以开始阅读了！

2. 看插图，猜情节。

这个故事中有很多插图，我们可以边看边猜测故事的情节。

出示插图 1：小鲤鱼听奶奶讲故事

江苏省南通市海门区新教育小学太阳花班　陈泺冰

这是在哪里，小鲤鱼们在干什么？是做游戏，还是说悄悄话？可以把你们的猜想写在表格中。

出示插图 2：鲤鱼们齐心协力跳龙门

猜想一下：这是在哪里，谁在那里，在干什么？

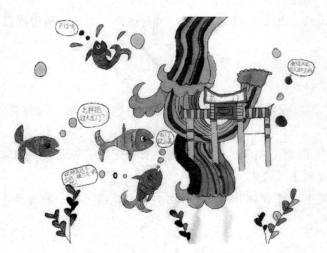

南通市海门区新教育小学太阳花班　林智萱

故事中有许多插图，仔细看看，猜猜故事还会怎样发展，继续填写在表格中。

小鲤鱼追梦之旅

场　景	猜　测
美丽的小山村	遇到了毛毛虫，陪她一起变成了蝴蝶。
小河里	把华丽的海藻做成了帽子。
大河里	同不一样的鱼讨论自己的见解。
大河里	游来游去，好奇地了解每样东西。
龙门旁	望着龙门"啧啧"称赞。
龙门的那一边	开始尝试跃过龙门，实现梦想。

3. 读故事，享乐趣。

小朋友们，鲤鱼、螃蟹、大鱼、燕子和我们一样会说话、会思考，它们会发生怎样精彩的故事呢？赶快去读一读吧，边读书边看看自己的预测对不对，这样你会感受到更多的乐趣哦！

4. 爱护书，我做到。

这么厚的书，你会读多长时间？如果每天翻阅，你有什么办法让书还是这么新呢？

一页一页翻书，动作要轻，不要把书卷起来，看完后轻轻把书合上。

我们一起来读一首小诗。

爱护图书

小图书，真好看，有鲤鱼，有蝴蝶，还有小猫和狐狸。

轻轻翻，仔细看，不卷角，不破损，爱护图书人人赞！

任务三　巧订计划，以读促思

1. 一周为轴，持续推进。

阅读好比旅行，如果拟定好一周读书计划，就会让我们边读边赏风景，留下记忆与感动。一周内，你将如何安排阅读内容？每天坚持阅读多长时间？你的收获会是什么？请根据这些栏目自己设计一张阅读记录表吧！（不局限于表格）

《　　　　　　》阅读计划表			
日　期	故事进度	阅读时间	收　获
周一			
周二			
周三			
周四			
周五			
周六			
周日			

说明：收获一栏，每天记录的重点要不一样哦！

周一，记录三个好词；周二，记录自己看到的一个情节；周三，记录阅读中思考的一个问题；周四，挑选故事中的精彩片段，出一两道赛题；周五，想起身边发生的一件事；周六，阅读后的感受；周日，读完整个故事的收获。

2. 小组内分享自己的阅读记录表，并在同伴的帮助下修改完善。

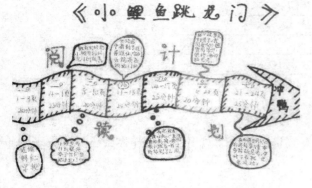

南通市海门区新教育小学太阳花班
朱鹏瑞

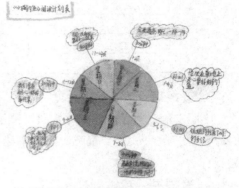

南通市海门区新教育小学太阳花班
李颖佳

南通市海门区新教育小学太阳花班
李颖佳

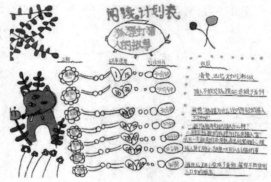

南通市海门区新教育小学太阳花班
徐忆林

读中：自主阅读推进活动

任务一　人物聚会，我来猜猜猜

1. 问一问。

小朋友，最近我们读完了《小鲤鱼跳龙门》，大家根据这本书设计了问题，现在我们先来玩个猜猜猜的游戏！请拿出自己的阅读计划表在小组内互相问一问。

2. 猜一猜。

大组交流，小组内选择一些问题让大家猜主人公。

（1）它们认为自己最美丽，喜欢照镜子，可差点儿被青蛙吞掉，它们是？（蝴蝶）

（2）它跟着妈妈和姐姐去钓鱼，一会儿捉蜻蜓，一会儿追蝴蝶，结果什么也没钓到，它是？（小猫）

（3）它喜欢吹牛皮，要捉两个大蛐蛐。有个小蛐蛐跟它斗，斗得它出了丑，它说："快快放了我，下次再不吹牛皮。"它是谁？（大公鸡）

（4）它扮演成有两颗大牙、三只眼睛、四只耳朵，还有五条腿的大王，吓坏了年轻猎人，它是谁？（狐狸）

（5）它成功跳过了龙门，它是？（小鲤鱼）

任务二　找准线索，梳理故事脉络

1. 引读故事，绘制思维导图。

（1）读故事，会提问，就是会思考。

（2）小鲤鱼为什么要跳龙门呢？

（它们听奶奶说，从这边跳过那个龙门，就能变成一条龙，像云彩一样游到天上去）

它们怎么会有这样的想法呀？（因为它们听奶奶说起龙门）

（3）听录音，想象。

你们听（播放语音）："**那龙门特别特别高，要是鲤鱼能从这边跳过那个龙门，就能变成一条龙，像云彩一样游到天上去。**"

听到这儿，如果你是小鲤鱼，你在想什么？

你真勇敢，敢于挑战！看来，龙门深深吸引了小鲤鱼，小鲤鱼想要挑战一下，它们就去找龙门，最后跳龙门。

（4）围绕龙门，我们就找到了这个故事的线索，谁能看着思维导图用"先……然后……最后……"简单地讲讲这个故事？

2. 细读其他故事，绘制思维导图。

读读其他故事，也学着找找线索，绘制一张思维导图。

南通市海门区新教育小学太阳花班
王昌源

南通市海门区新教育小学太阳花班
李颖佳

任务三 聚焦情节,读演体验入境

1."3W"阅读策略提炼情节。

小鲤鱼们找龙门是一帆风顺的吗?

(1)一路上,谁在哪里发生了什么事?请拿出你们的情节图,边展示边用"3W"阅读策略概括一下!

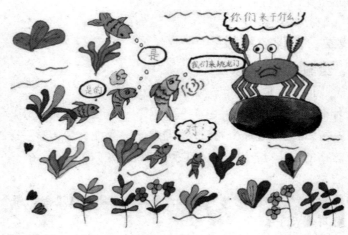

江苏省南通市海门区新教育小学太阳花班 陆怡灵

小鲤鱼在水草丛里遇见了大螃蟹,大螃蟹帮它们剪掉了拦路虎水草。

江苏省南通市海门区新教育小学太阳花班 陆怡灵

小鲤鱼在河面上看到了大铁桥和喷着白烟的火车,非常害怕。

江苏省南通市海门区新教育小学太阳花班　朱鹏瑞

> 小鲤鱼在水草堆后面被大鱼嘲笑。

（2）小鲤鱼在找龙门的过程中困难重重，遇到了水草的阻拦，受到了大火车的惊吓和大鱼的嘲笑，它们有没有放弃呀？没有放弃。因为它们相信，只要耐心地找，一定能找到龙门。

2. 读演展示入情境。

我们来欣赏一下这些坚持、不放弃的小鲤鱼。看，它们在和螃蟹相遇的时候有过这样一个情节。

（1）出示对话。

（2）怎么读好它们的对话呢？谁来做大螃蟹？该怎么读？（粗声地读）

小鲤鱼说话是怎样的呀？谁来做小鲤鱼？（细声细气的）

角色不一样，读出来的声音也是不一样的。

（3）同桌分角色练习并展示。

（4）四人小组合作演一演。

★讲清楚、语言流畅。（所以要记住这些对话哟）

★★语气有变化。

★★★合理想象，配上动作。

演一演真是读书的好方法！

（5）小鲤鱼还会遇到谁？发生什么事情？请展开丰富的想象来画一画。

南通市海门区新教育小学太阳花班　沈麟

3. 举一反三巧迁移

书中的其他四个故事也有精彩的对话，找一找，在小组内合作着读一读、演一演！

任务四　主题探秘，联系生活延伸

过渡：小鲤鱼们克服了一个又一个困难，终于，领头的小鲤鱼看到了龙门，它赶快回到水里对伙伴们说："我看到龙门啦！"

1. 跳法比较，成功探秘。

（1）这样高大的龙门，除了往上跳，谁也游不过去的。小鲤鱼怎么跳的呀？

把书翻到第19页，快速默读"金色的小鲤鱼想试一试"这一段。看看小鲤鱼一开始怎么跳的？后来怎么跳的？试着画一画、比较一下。

一个一个跟着蹦

南通市海门区新教育小学太阳花班　倪浩阳

一条顶一条跳

南通市海门区新教育小学太阳花班　沈麟

（2）朗读：一条小鲤鱼冲过去，跳到半空中，又落下来，另一条小鲤鱼弹得很高，弹到龙门那边去了。这样一条顶一条地跳着，最后，金色小鲤鱼自己也给浪头弹过去了。

（3）那我们去看看这精彩的一幕。

影视阅读鲤鱼跃龙门片段。

小鲤鱼终于跳过龙门了，让我们一起为它们欢呼！

（4）小鲤鱼为什么会成功呀？

聪明、会思考、不怕困难、迎难而上、勇于挑战、勇敢、有智慧、坚持。

2. 设境补白，生活联系。

（1）跃过龙门后，小鲤鱼们遇见了小燕子，当燕子把这个好消息捎给奶奶，奶奶会说什么呢？

南通市海门区新教育小学太阳花班　　沈天尧

（2）像小鲤鱼那样遇到困难坚持下去，聪明、会思考、团结合作的品质，你的生活中有吗？

南通市海门区新教育小学太阳花班　　林志萱

这样有趣的童话还有很多很多，这本书里还有四个故事，边读边想想，你从主人公身上学到了什么？

同学们，童话的创作就是把生活中看到的和幻想结合起来。用一双亮眼睛发现生活中常见的事物，用神奇的想象让它们会说话，这样故事就有趣了。

读后：分享交流延伸活动

任务一　交流成果，展示童话的真

1. 知识抢答赛一赛。

（1）判一判。对的打"✓"，错的打"✗"。

① 大螃蟹嘲笑小鲤鱼是白日做梦。（　　　）

② 蜜蜂不想看蝴蝶舞蹈，它告诉蝴蝶，光滑、硬邦邦的东西是镜子。（　　　）

③ 大青蛙故意将一只烂雨靴挂在猫弟弟的钓钩上，让猫弟弟羞红了脸。（　　　）

④ 小蛐蛐咬着大公鸡的红鸡冠，振动着翅膀，大公鸡却没有答应以后不吹牛了。（　　　）

⑤ 老猎人认为，猎人丢了猎枪，在野兽面前害怕，就算活着也跟死掉一样。（　　　）

（2）选一选。

① 帮小鲤鱼剪掉水草的是（　　　）。

A. 大虾　　　　　　　B. 螃蟹　　　　　　　C. 乌龟

② 鲤鱼们是通过什么方法跃过龙门的？（　　　）

A. 一个一个拼命跳

B. 一条小鲤鱼把另一条弹过去

C. 跳到浪头上再跳过去

③ 鲤鱼们跃过龙门，请谁给它们的奶奶捎信？（　　　）

A. 燕子　　　　　　　B. 大鱼　　　　　　　C. 布谷

④ 小鲤鱼跳龙门告诉我们什么？（　　　）（多选题）

A. 小鲤鱼只有梦想没有行动

B. 做事持之以恒，要努力超越自我

C. 小鲤鱼们团结友爱，会动脑筋想办法

⑤ 狐狸打听到年轻的猎人害怕得不得了，找上门带走了什么？（　　　）（多选题）

A. 子弹　　　　　　　B. 母鸡　　　　　　　C. 猎人　　　　　　　D. 箱子

2. 人物主角画一画。

你欣赏故事中的谁，给它画张像吧！

我喜欢小鲤鱼,因为它们遇事爱动脑思考,不放弃。

江苏省南通市海门区新教育小学太阳花班 朱鹏瑞

3. 精彩情节讲一讲。

读故事列出标题,让自己记清楚故事的主要情节,充分发挥想象,加上动作,就能讲好故事。请小组合作,选择书中一个故事,合作着讲一讲、演一演。

任务二 驰骋想象,表达童话的趣

1. 电影观一观。

影视阅读。

家校影视阅读《鲤鱼跳龙门》

父母 钱爽 孩子 姜毅

电影中最让你难忘的镜头（可以写,可以画,可以贴上剧照）：

看了这部电影,最让你激动的地方是哪里？
它们克服困难,跃过龙门的时刻我很激动。

你发现小鲤鱼跳龙门的成功秘诀是什么？
小鲤鱼们善于观察,勤动脑,它们利用浪头把它们弹得很高,最终跳过了龙门。

小鲤鱼最终跳过龙门,真让人高兴！你从故事中学到了什么？你的梦想是什么？准备如何去实现呢？
我们要善于观察,勤于思考,和要学习小鲤鱼坚持不懈的精神。我的梦想是当上一名医生,与病魔斗到底,给更多人带来健康,所以我要好好学习,努力做好每件事。

看了这部电影,爸妈想对你说：
你是一个懂事聪明的孩子,但在学习上却总是不太理想,妈妈希望你能像小鲤鱼们有梦想,有目标,认真踏实地做好每一件事。

江苏省南通市海门区新教育小学太阳花班 姜毅

2. 故事编一编。

小燕子捎信给奶奶，奶奶、爸爸、妈妈会搬过去吗？它们的生活会变成什么样呢？和同桌接着讲一讲故事，老师等着你们的精彩故事哦！

3. 作品展一展。

分门别类展示学生的各类阅读作品。

任务三　拓展延伸，浸润童话的美

1. 梦想卡制作。

画出你的梦想，列出自己的行动计划。

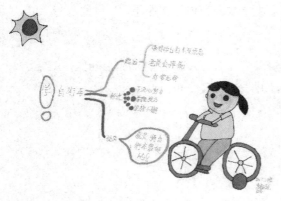

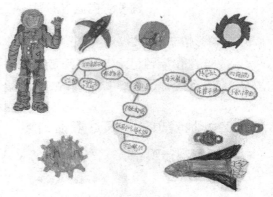

江苏省南通市海门区新教育小学太阳花班　　　　　江苏省南通市海门区新教育小学太阳花班
袁钰涵　　　　　　　　　　　　　　　　王昌源

2. 梦想故事会。

写一写你实现梦想的小故事，与大家分享哦！

3. 金近故事展。

收集金近的其他童话故事，读一读，如《黄气球》《看门的大黑狗》《老鼠和万花筒》等，每天课前三分钟讲一个故事。

（编写人：俞丽美；指导者：陆玮、王爱华）

《"歪脑袋"木头桩》阅读教学设计与实践

教学解读

　　《"歪脑袋"木头桩》是中国著名儿童文学家严文井的代表作。他的童话被誉为"一种献给儿童的特殊的诗体"。

　　《"歪脑袋"木头桩》是一篇充满想象力的童话故事。主人公是一根插在荒地上的高傲的木头桩。因为小男孩在他脑袋上刻了一张脸，他便以"雕像"自居，更是目空一切，然而他的傲慢换来的却是寂寞和孤单。小姑娘们的又一次到来，唤醒了他作为一棵树的记忆，寻找到了久违的快乐……

　　《"歪脑袋"木头桩》浅显的语言，适切的插图，人物丰富的内心变化，能帮助儿童理解故事内容，体验阅读的快乐。场景式的故事情节，让儿童在补全路线图和品味文字时，把自己代入故事中，感受童话神奇的想象力。

阅读目标

　　1. 阅读封面，了解书名和作者，养成爱护图书的习惯。

　　2. 借助图画猜认生字，读懂人物内心的变化，感受童话丰富的想象力。

　　3. 根据故事内容，绘制场景线路图，把自己代入故事中，体验阅读的乐趣。

活动安排

阅读阶段	阅读过程	阅读时间	活动内容
读　前	导读活动	20分钟	1. 阅读封面，了解作者及相关作品。 2. 阅读精彩片段，产生阅读兴趣。 3. 制订阅读计划表，按计划师生共读。
读　中	推进活动	6天	1. 阅读插图，绘制迷宫图。 2. 记录阅读过程中产生的问题。 3. 阅读故事，绘制情节图。 4. 分享故事，交流书中"趣"。
读　后	分享交流 延伸活动	30分钟	1. 指偶剧表演。 2. 完成生命联结表，思考书中人物与身边人物的关联。 3. 设计一张推荐海报。 4. 同一作者，阅读拓展。

读前：导读活动

任务一　图片引入，认识封面

1. 出示"木头桩"的图片。

看，老师给大家带来一位新朋友，它是谁？再仔细看看它，发现了什么？是的，它是一根歪着脑袋的木头桩。请你给它起个名字吧！

2. 出示封面。这本书的名字就叫《"歪脑袋"木头桩》。

3. 阅读封面。仔细读读封面，孩子们有什么发现？

（1）了解作者、编者。

这本书的作者是严文井。谁来介绍介绍他？可以说说他所获得的荣誉或者最有代表性的作品。

这本书是曹文轩和陈先云主编的。什么叫编者？就是把故事收集整理起来，编成一本书的人。

（2）认识出版社。

人民教育出版社你是不是很熟悉？在哪里见过？在我们的语文书和数学书上见过呢。一个优秀的出版社会带给孩子们一系列优秀的书籍，它的功劳可不小。

任务二　猜测故事，聚焦情节

1. 依图据名，预测情节。

瞪大眼睛看看插图，你看到了什么？结合书名，大家猜一猜这本书大概会讲一个什么样的故事？

2. 验证猜测，聚焦情节。

刚才孩子们猜测的故事都很有意思，那封面图片到底讲的什么故事呢？我们看看书中到底是怎么写的。

（1）出示文中故事片段。

有一天，有一个小男孩到草地上来玩儿。这是一个淘气的小男孩……这个淘气的小家伙就跑走了。

（2）从这两段话中，我们知道了在木头桩身上雕刻的是一个小男孩，这是一个怎样的小男孩呢？你从哪里发现的？

（3）木头桩被雕刻成什么样子了？谁来介绍介绍他的样子？你觉得他美吗？

3. 写下问题，期待阅读。看了封面故事，你的小脑袋里又跳出了哪些问题呢？在树桩身上写下你的问题吧！

【问题满树桩】

看了封面故事，你的小脑袋里又跳出了哪些问题呢？在树桩身上写下你的问题吧！

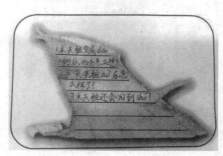

让我们带着木头桩身上的问题，一起走进这个故事吧！

任务三 创意设计，计划阅读

阅读就像一场充满惊喜的旅程，有计划的阅读会让我们的阅读之旅更有意思哦！

1. 欣赏创意，学习制作。

我们来看几种有意思的阅读计划表，也许会对你有所启发哦！

（1）方表格计划单。　　　（2）时间轴计划单。　　　（3）旅程图计划单。

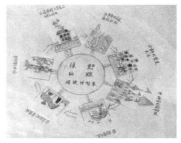

江苏省南通市如东县　　　江苏省南通市如东县　　　江苏省南通市如东县

宾山小学 201 班　张钰符　　宾山小学 201 班　高小雅　　宾山小学 201 班　刘彧

2. 小组合作，共同制订。

你喜欢哪种计划单呢？和你们小组的伙伴们一起制作属于你们的计划单吧！

《"歪脑袋"木头桩》阅读计划单

共读日期	共读进度	完成阅读情况	
		自我评价	父母评价
第一天 9 月 17 日	3—6 页	☆☆☆☆☆	☆☆☆☆☆
第二天 9 月 18 日	7—10 页	☆☆☆☆☆	☆☆☆☆☆
第三天 9 月 19 日	11—13 页	☆☆☆☆☆	☆☆☆☆☆
第四天 9 月 20 日	14—17 页	☆☆☆☆☆	☆☆☆☆☆
第五天 9 月 21 日	18—22 页	☆☆☆☆☆	☆☆☆☆☆
第六天 9 月 22 日	整本书再回顾	☆☆☆☆☆	☆☆☆☆☆

任务四　爱护图书，设计书签

我们不仅要做爱读书的孩子，还要做爱书的小朋友呢。你看木头桩送给我们的爱书小儿歌。

> 小图书，真好玩，
> 有河流，有大山，
> 还有可爱的木头桩。
> 小图书，真有用，
> 有故事，会算术，
> 还有道理把我教。
> 小图书，手中拿，
> 轻轻翻，静静看，
> 不忘夹上小书签。

看书时要轻轻翻，静静看，没看完的书还要夹上小书签。请你以"歪脑袋"木头桩为原型，设计一个"歪脑袋"木头桩的书签。

江苏省南通市如东县宾山小学 201 班
顾尧杰

江苏省南通市如东县宾山小学 201 班
李妍钰

读中：自主阅读推进活动

任务一　阅读插图，绘制迷宫图

1. 观察插图，完成迷宫图。

（1）通过一周美好的共读，我们已经读完了这本《"歪脑袋"木头桩》。读完这个故事，你有什么想说的？

（2）细心的孩子一定发现了这个故事中有许多角色，你还认识他们吗？请大声说出他们的名字吧！

（3）你看，他们藏在这幅迷宫路线图中呢！小组合作，根据他们在故事中的出场先后顺序，用红色的彩笔在书上画出迷宫路线图。

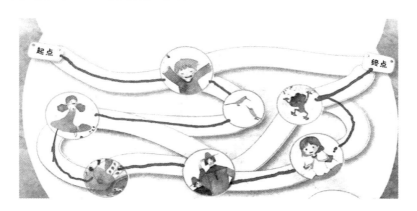

看着迷宫图，你能试着说说这个故事吗？

2. 记录问题，共同解决。

（1）还记得我们在读封面时记录的问题吗？现在的你解决这些问题了吗？

（2）在上一周共读时，不少同学又记录了许多问题，现在把你的问题拿出来和你的同桌商量商量，不明白的我们全班来探讨。

① 同桌商量问题。

② 全班交流问题。

任务二　阅读故事，绘制情节图

1. 借助插图，猜认生字。

在这个故事中藏着不少生字宝宝，你认识这三位生字宝宝吗？

拴　刨　缠

　　小姑娘们谁也没有听见木头桩那唧唧唧唧的声音，她们拿出了一根长长的皮筋，一头拴在木头桩上，一头拴在一棵核桃树上。

（1）借助插图认识生字"拴"。

（2）联系生活认识生字"缠"。

（3）联系上下文认识生字"刨"。

你还用了哪些方法认识了故事中的哪些生字宝宝呢？

2. 细读故事，绘制情节图。

刚才孩子们快速地读了故事，请拿出蓝色的水彩笔，根据故事内容再来连一连。哪一个小组来展示？

请同学们根据刚才所连的故事想一想，"歪脑袋"木头桩在不同的场景他的内心有了哪些变化？试着在故事中的形象旁边写上木头桩不同的心情。

是啊，你看随着故事的不断发展，木头桩的心情也在悄悄地发生着变化呢（如图所示）！

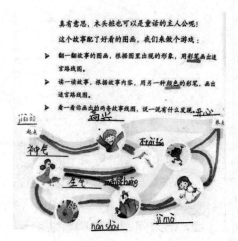

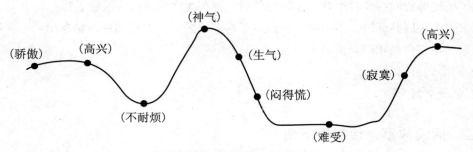

"歪脑袋"木头桩心情曲线图

任务三　分享故事，交流书中"趣"

1. 好玩的"话儿"。

在这个故事中，关于木头桩有一些非常有意思的对话，我们来看一看。

"哎呀，哎呀！不得了，了不得！这是什么呀？"

……

"去，去！你们怎么敢站在我脑袋上？知道吗？雕像脑袋是特别庄严的什么什么东西。"

"什么呀，你摆什么架子！你不就是那个老木头疙瘩吗？"

"呸！去去！"木头桩气得好半天都说不出话来。

这是木头桩和麻雀的对话，和你的同桌读一读、演一演，把木头桩被气得半天说不出话来的样子演出来吧！

故事中还有哪些好玩的"话儿"呢？找一找，和你的同桌读一读。

2. 好玩的 "歌儿"。

小皮球，　　　　　　　　大皮球
香蕉梨，　　　　　　　　西瓜皮，
马莲开花二十一。　　　　石头开花九十一。
二五六，　　　　　　　　一千一百一十一。
二五七，　　　　　　　　一万一千一百一。
二八二九三十一。　　　　摆架子，
　　　　　　　　　　　　没出息；
　　　　　　　　　　　　拴皮筋，
　　　　　　　　　　　　了不起！
　　　　　　　　　　　　唧唧唧，唧唧唧。

女孩子们读前一首，男孩子们读后一首。读一读，比一比，这两首儿歌有什么相同和不同的地方呢？从第二首儿歌中你发现了些什么？猜一猜什么是"摆架子"呢？

找一找，你还从故事中找到了哪些好玩的地方？

读后：分享交流延伸活动

任务一　小组合作，指偶剧表演

1. 阅读故事，制作手指偶。

打开迷宫图，根据插图或你的想象来制作手指玩偶吧！（将角色的样子画在纸上，卷好后，再套在手指上）

江苏省南通市如东县宾山小学 201 班　　　　江苏省南通市如东县宾山小学 201 班
　　　　吉时宇　　　　　　　　　　　　　　　　　　周曼琪

2. 精选情节，和同桌合作演。

选出几个你喜欢的角色和同桌合作演一演木头桩的故事吧。看看谁的故事演得最精彩！

3. 全班展演，师生共评价。

任务二 生命联结，自我发现

1. 找一找。

在你的身边有没有"歪脑袋"木头桩这样的人？他是谁？他和木头桩有哪些相似的地方？

2. 悄悄话。

你想对这个人说些什么呢？你对自己有没有什么想说的？

【说说悄悄话】

玲玲，你的成小很好，但是你有些骄ào，你要学会qiān xū，这样才能有更大的进步。

悄悄对他（她）说

江苏省南通市如东县宾山小学 201 班
冒吴恒

我可不可néng xiàng木头桩一样jiāo ào自大，我要做个dǒng得qiān xū的好孩子。

我对自己说

江苏省南通市如东县宾山小学 201 班
李妍钰

任务三 自我检测，家校共评

认识了一个有意思的"歪脑袋"木头桩，还懂得了其中的道理，这真是一本好书。这本好书你真的看明白了吗？挑战一下自己，一起来测一测。

1. 判一判。 对的打"√"，错的打"×"。（每题 10 分）

（1）《"歪脑袋"木头桩》的作者和编者都是严文井。（　　　）

（2）小男孩走后，木头桩就认为自己是一尊美丽的雕像了。（　　　）

（3）木头桩很喜欢麻雀在他的身上，可以帮他挠痒痒。（　　　）

（4）木头桩被工人叔叔改成了一把长椅子。（　　　）

2. 选一选。（单选每题 10 分，多选每题 20 分）

（1）木头桩长在哪里？（　　　）

A. 田野　　　　　B. 荒草地　　　　　C. 山上　　　　　D. 小河边

（2）小姑娘们用木头桩来干什么？（　　　）

A. 荡秋千　　　　B. 过家家　　　　　C. 跳皮筋　　　　D. 捉迷藏

（3）让木头桩骄傲的原因是（　　　）。（多选题）

A. 满身皱纹，又脏又丑　　　　　　　B. 有尖尖的脑袋，脑袋老是歪着

C. 比谁都高，觉得比谁都高明　　　　D. 年纪大

（4）木头桩最后也学小姑娘唱歌是因为（　　　）。（多选题）

A. 他忘记了自己是"雕像"　　　　　B. 他唱歌好听了

C. 他不再骄傲了　　　　　　　　　　D. 他喜欢小姑娘

用爸爸妈妈的手机扫一扫这个二维码，认真完成 8 道阅读检测题。相信你的表现一定很棒！

任务四　设计海报，推荐阅读

1. 欣赏海报，学习借鉴。

一本好看的书，我们要把它分享给更多的人，我们除了用嘴巴去介绍，还可以为它们设计一份精彩的海报，这样就可以让更多的人看到并喜欢上了。

2. 设计海报，班级展评。

请你也试着给《“歪脑袋”木头桩》设计一份海报吧！

3. 相同作者，拓展阅读。

推荐阅读严文井的《小溪流的歌》和《丁丁的一次奇怪旅行》。

（编写人：张小琴；指导者：陆玮、王爱华）

《孤独的小螃蟹》阅读教学设计与实践

教学解读

　　《孤独的小螃蟹》是著名儿童文学作家冰波的作品。他创作了一百八十多本童话故事书，其中，《蓝鲸的眼睛》《月光下的肚肚狼》等特别受大家欢迎。

　　该故事讲述了小螃蟹因为孤独独自上路寻找好朋友小青蟹的经历。一路上，他为千纸鸟画上心脏，为救小乌龟断了一只钳子，为小狮子理了新发型……每一个好玩的故事背后都隐藏着深沉的内涵，每一段有趣的经历都折射一个温暖的主题：折断的钳子见证着他的勇敢；添画的小鸟传递着他的温情；咚咚的鼓声化解着他的孤独；树的眼泪里包裹着思念的痛苦……每一个故事都带着成长的阵痛，在一次次的磨砺中，小螃蟹不再感到孤独，甚至享受起了孤独。在阅读中，孩子们与小螃蟹合二为一，他们对友情、温暖产生了更丰富的理解。

　　一段经历就是一个场景，每一个场景都能让学生在生活中找到自己的影子，通过"讲一讲""读一读""演一演""画一画"，让学生代入故事，产生共鸣。故事中的插图是每一个场景的情境呈现，帮助学生展开想象，勾连起整个故事情节，从而感受童年生活的有趣和珍贵。

阅读目标

　　1. 能初步根据书名猜测书的主要内容，通过读封面、读作者、读目录、读插图等方式，学习阅读整本书的方法。

　　2. 初步学会自主制订阅读计划，制作阅读记录卡，乐于与人分享阅读收获，养成爱护图书的好习惯。

　　3. 借助插图尝试制作人物卡片、绘制故事情节图谱，通过"讲一讲""读一读""画一画""演一演"，代入故事情境，补白故事情节，感受人物形象，在角色体验中学习战胜孤独。

活动安排

阅读阶段	阅读过程	阅读时间	活动内容
读　前	导读活动	30 分钟	1. 玩猜图游戏，引共读好书。 2. 引读引言、封面、目录。 3. 品读题目、内容，学习预测故事情节。 4. 根据故事内容自主制订阅读计划表。 5. 学习爱护图书的好方法。

续表

阅读阶段	阅读过程	阅读时间	活动内容
读　中	自主阅读	1 周	1. 按阅读计划自主阅读。 2. 每日填写阅读分享记录单。 3. 聚焦故事中的"声音"，体会童话语言的趣味。
	推进活动	1 周	1. 运用还原人物情境、描绘故事情节图谱、想象故事留白的方法推进阅读。 2. 朗读展示精彩片段，分享交流读书收获。 3. 评选最喜欢的故事主人公。 4. 学习"3W"阅读策略，尝试简单地讲故事。
读　后	交流分享 拓展延伸	40 分钟	1. 展示分享阅读成果（猜故事人物、绘故事图谱、讲述故事、话剧表演等）。 2. 品味语言文字、感悟童话特点。 3. 推荐阅读。

读前：导读活动

任务一　识新书，激兴趣

1. 导读封面。

（1）同学们，我们一起来玩个游戏，叫"我猜我猜我猜猜猜"。请根据封面，猜一猜它是哪本书，快速报出它的名字。

（出示《我爸爸》《好饿的毛毛虫》《小猪唏哩呼噜》等书的封面）

（2）读书都是从读封面开始的。你知道封面包含哪些信息吗？（书本中精选的插图、作者、主编、出版社、适用年级等）

（3）封面上既有主编，又有作者，这两者之间有什么区别呢？（作者是撰写文章的人；主编是将作者创作的故事编辑成书的人）

（4）仔细看看封面上的插图，想一想它是哪个小故事呢？（《小火车的梦》）封面上的图画都是从书本的插图中精心挑选的，也是书本里最精彩的故事。

2. 走近作者。

（出示冰波简介，带着学生一起走近作者）

冰波从 1979 年开始创作童话故事，一直在写孩子们都能读懂的童话故事，到现在已经超过 40 多年了。他一共创作了 2 000 多个童话故事，写的书堆起来比他的人还高。他创作的故事获得了 50 多个国家大奖，包括"宋庆龄儿童文学奖"和"国家图书奖"等。

3. 认读目录。

（1）《孤独的小螃蟹》这本书里一共收录了几个故事呢？请自己翻开目录，认真读一读，说说你读到了哪些信息。

（2）目录告诉我们书里有两个故事：《孤独的小螃蟹》和《恐龙鲁鲁》，第 1 至 52 页是

《孤独的小螃蟹》，第 53 至 106 页是《恐龙鲁鲁》。

（3）师生共同小结：读书要学会读目录，它能帮助我们了解书的主要内容。

4. 爱护图书。

（1）阅读整本书可能需要两三天，也可能需要更长的时间。怎样做才能保护图书不变旧呢？（爱护图书不折角，读书之前将手清洗干净，不能一边吃东西一边读书……）

（2）共读爱书小儿歌。

爱书歌

小图书，真神奇，学知识，长能力。

轻轻翻，细细看，不乱画，不乱涂，

爱护图书大家赞。

任务二 读童话，学预测

1. 根据书名学习预测。

《孤独的小螃蟹》是一个大故事，其中还包含了不少小故事。快速打开书，找一找第一个故事。

有的文章题目会提示故事的重要内容，读着"小青蟹不见了"这个题目，你会忍不住猜些什么？（小青蟹是不是丢了？小青蟹是不是不辞而别了？小青蟹是不是遇到什么危险了？）

2. 结合上下文学习预测。

读读下面这段话，结合故事内容想一想，小青蟹接下来会做什么呢？

"快晒会儿太阳吧，"小螃蟹说，"多好的太阳啊。"

"嗯。"小青蟹很乖地说，和小螃蟹一样，在洞口坐着。

太阳就照着他们两个。

小螃蟹睡着了，小青蟹却在想：干吗每天都要晒太阳呢？傻乎乎的……

小螃蟹和小青蟹是一对好朋友，经常相约晒太阳。但是有一天，小青蟹不想再这样傻乎乎地生活了。小青蟹的下一站会在哪儿呢？她是否会在远行的途中收获成长呢？我们可以边读故事边猜猜故事。

3. 结合生活经验学习预测。

小螃蟹在路边捡到了一只空可乐罐。每次只要用大钳子敲它，都会发出"咚！""咚！"的声音，你在生活中听到过这样的声音吗？这是什么东西发出的声音呢？

小螃蟹和可乐罐之间会发生什么故事呢？

4. 结合插图学习预测。

观察《咔嚓咔嚓剪头发》中的插图：大狮子安静地躺着，小螃蟹高举着钳子。不妨猜想，此时正在发生什么呢？可能会是个怎样的故事呢？

小结：读故事的过程就是想象的过程，边读边想，边读边预测，能够使故事的阅读更有意思、感受更丰富。

任务三 依内容，订计划

1. 数故事，说计划。

（1）《小青蟹不见了》《咚咚鼓》都是书本中的小故事，你知道书本里一共有几个这样的故事吗？快去数一数。（8个）

（2）这么多有意思的故事，你准备花多长时间读完呢？

（3）交流点拨。

① 制订阅读计划可以规定一天读几页，也可以规定一天读几个故事。

② 每天不仅要按计划阅读，如果读完了还可以将故事讲给自己或者家人听一听，那样阅读会更有品质。

2. 依内容，订计划。

在阅读之前，我们可以设计一张阅读计划表。在表上规定阅读的时间、内容，这样可以督促我们每天坚持阅读。

（1）请大致地翻看每一个故事，预测自己阅读每一个故事所需要的时间是多少。

（2）制订阅读计划表时，不仅要安排每一天阅读的内容，还可以安排很多丰富的内容。请阅读老师设计阅读计划表，再想一想自己的计划表该怎么制订。

阅读书目		《孤独的小螃蟹》		
阅读时限		月 日— 月 日（共 天）		
阅读时间	阅读章节（页码）	完成任务的满意度自评		
		能主动阅读，不需要大人催促	能尽量默读，不指读	会默读，会简单地介绍故事
第一天		☆☆☆☆☆	☆☆☆☆☆	☆☆☆☆☆
第二天		☆☆☆☆☆	☆☆☆☆☆	☆☆☆☆☆
第三天		☆☆☆☆☆	☆☆☆☆☆	☆☆☆☆☆
……		☆☆☆☆☆	☆☆☆☆☆	☆☆☆☆☆

小结：阅读计划表不仅是关注每天读了几页，更应该对自己的阅读情况进行反馈，按要求进行评价。这样才能帮助我们每天坚持阅读，坚持从阅读中寻找成长。

读中：自主阅读推进活动

任务一 解密书中声音

1. 读故事，找声音。

小朋友，童话中既能读到有趣的故事，也能听到丰富的声音。在这本书里，隐藏着许多不同的声音，根据出示的声音，说说故事的题目。

"咚！""咚！""咚！"——《＿＿＿＿＿》

"咔嚓咔嚓"——《＿＿＿＿＿＿＿＿》

"扑扑扑，啪啪啪"——《＿＿＿＿＿＿》

"轰隆隆，轰隆轰隆"——《＿＿＿＿＿》

2. 听声音，想内心。

（1）池塘边的泥洞里，住着小螃蟹和小青蟹，他们是一对好邻居。每个清晨、每天中午，他们都会热情地打招呼。小螃蟹会举起大钳子在墙壁上敲起来，小青蟹也会马上回应他。同桌二人合作读拟声词对话。

小螃蟹：咚咚；小青蟹：笃笃。

想象说话：通过这一声"咚咚"和"笃笃"，小螃蟹和小青蟹在说些什么呢？可是有一天，小青蟹不见了，小螃蟹还是会每天敲墙，和小青蟹在的时候一样。你能走进小螃蟹的内心，猜猜他想说什么？

（2）聪明的小螃蟹把空可乐罐当成了鼓，每天都会找一个没有人的地方敲个痛快，只有这时候他才能忘记一切烦恼。小螃蟹会在什么时候悄悄地敲鼓呢？

想象说话：咚咚咚，咚咚咚……鼓声引来了小青蛙，也引来了小乌龟。他们喜欢鼓声吗？他们想对小螃蟹说点什么呢？

（3）"扑扑扑，啪啪啪"，小纸鸟扇动翅膀，它会飞向哪儿去呢？

提示：文字是无声的，但是故事有声音。故事中那么多不同的声音，使故事中的情节不仅有趣味，而且有画面。

任务二　分享精妙词句

1. 分享书中积累的精妙词句。

（1）在学习小组内分享。

（2）朗读展示精妙词句。

2. 展示丰富的人物卡片。

3. 评选故事中最喜欢的主人公。

> 《孤独的小螃蟹》人物卡片
>
> 画一画：小螃蟹在寻找小青蟹的旅途中，遇见了不少的新伙伴，你最喜欢的是谁？你能把他画下来吗？
>
> 写一写：你为什么最喜欢他呢？请写下来吧。
>
> ＿＿＿＿＿＿＿＿＿＿＿＿＿＿＿＿＿
>
> 读一读：读读发生在他身上有趣的事吧。

任务三　学习"3W"阅读策略简单讲故事

1. 小螃蟹寻找小青蟹的一路上共发生了 6 个故事。在小组里交流自己最喜欢的那个故事。

2. 把最喜欢的故事讲给家人、同学听一听，让他们一起感受故事带来的快乐。请你按照小螃蟹的经历，完成作业纸上的情节梯。

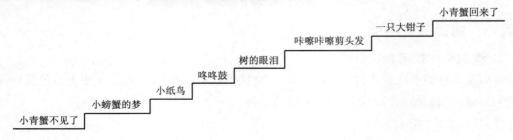

3. 你最喜欢哪个故事？说说你的理由。

我最喜欢＿＿＿＿＿＿＿＿这个故事，因为＿＿＿＿＿＿＿＿。

4. 学习"3W"阅读策略，简单讲清一个故事。

（1）出示：Who　　Where　　What

Who 表示的是谁；Where 表示在哪里；What 表示的是发生了什么事。讲清故事就是要讲清谁在哪里做什么，这三个单词的第一个字母正好都是"W"，就叫它"3W"。"3W"阅读策略能够很好地帮助我们简单讲清故事内容。

（谁）（在哪里）（做什么）。

（2）请大家用上"3W"阅读策略讲讲《树的眼泪》，记不清的地方可以先翻开书看一看。（小螃蟹在树洞里发现了一颗蚂蚁琥珀，后来他幻想自己也变成了一颗琥珀）

（3）尝试用"3W"阅读策略讲讲最喜欢的一个故事。

谁	在哪里	做什么

小螃蟹在泥洞里做了一个梦，梦见自己开了一列小火车。

小螃蟹在小纸鸟的心里画上了一只鸟，从此以后，小纸鸟再也不乱飞了。

小螃蟹在路边捡到了只可乐罐，天天把它推到没人的地方敲可乐罐鼓。

小螃蟹在池塘边为狮子大王理了个满意的发型。

小螃蟹在土坑里为了救小乌龟，失去了一只大钳子。

读后：分享交流延伸活动

任务一　童化展示，趣味盎然

1. 书中人物猜一猜。

（1）根据词语漂流瓶，猜猜他是谁。

① 呆头呆脑　晒太阳　大钳子（　　　　　）

② 不害怕　水淋淋　小尖嘴（　　　　　）

③ 老松树　眼泪　沉睡（　　　　　）

2. 童话达人比一比。

《孤独的小螃蟹》是一本非常有意思的童话书，书中有许多充满想象和趣味的情节，找到这些异想天开的奇妙内容，在小组里说说它妙在何处。

3. 有趣故事讲一讲。

阅读精彩的童话故事，能给自己带来愉悦；讲述有趣的童话故事，能给别人送去快乐。

学习了"3W"阅读策略后，很多孩子成为班级里的"故事大王"。请小朋友们结合自己绘制的情节图谱，讲讲书中的有趣故事。比比谁的思路最清晰，谁的情节图谱最有创意。

南通市海门区育才小学二（3）班　　　　南通市海门区育才小学二（3）班
　　　　赵梦馨　　　　　　　　　　　　　　　　吴张睿

4. 童话剧场演一演。

童话是给孩子的礼物，每个孩子都是童话中的天使。小螃蟹的成长历程让我们一起开怀、一起悲伤；也让我们一起自豪、一起成长。请从书中挑选一个故事，和你的伙伴们一起排演，去感受小螃蟹的孤独与欢喜。

任务二　品味语言，感悟成长

1. 冰波爷爷写的童话流淌着淡淡的忧伤和浓浓的诗意，美妙极了。同学们在阅读的过程中还做了摘录，把你最喜欢的段落用最美的声音读给大家听一听吧！

（1）水里站着一只长脚鹭鸶，脚上悄悄地散开来一圈圈的水纹。鹭鸶望着天上的月亮，好像在等着谁。——《小螃蟹的梦》

这是小螃蟹梦中的情景，这只鹭鸶仿佛就是小螃蟹，它一直在等待小青蟹回来。

（2）这鼓声，好像是这静静的大地在说着什么，好像是这淡淡的月亮在说着什么，好像是这凉凉的风在说着什么……

草叶上，有一滴露珠掉了下来。小草是因为感动。——《咚咚鼓》

小螃蟹用鼓声说出了心里话，这鼓声就是他自己的心声。你们听懂了吗？

（3）以后，到了夜深人静的时候，小螃蟹就会从洞里悄悄地出来，去那个石头小屋看那只从他身上掉下来的大钳子。——《一只大钳子》

小螃蟹为什么会在夜晚悄悄地去看那只大钳子呢？

书中这样的句子还有很多，我们可以边阅读边摘录，相信你会有更大的收获。

2. 我们跟着小螃蟹一起成长。你觉得他是孤独的还是快乐的呢？请与伙伴分享你的感受。

小结：小螃蟹寻找小青蟹的路程，也是自己成长的历程。一路上，他帮助了很多人，收获了很多快乐与温暖。

任务三　自评自测，及时反馈

1. 选一选。

（1）小螃蟹的邻居是谁?（　　　）

A. 小青蛙　　　　　　　　B. 小青蟹

（2）《小纸鸟》中小纸鸟为什么不能好好飞?（　　　）

A. 它特别调皮　　　　　　B. 它没有属于自己的心

（3）《咚咚鼓》中"咚咚咚"的鼓声是谁敲的?（　　　）

A. 小螃蟹　　　　　　　　B. 小乌龟

（4）《一只大钳子》中，小螃蟹断了的大钳子到哪儿去了呢?（　　　）

A. 留在土坑里了　　　　　B. 摆在石头搭起的小屋里

2. 讲一讲。

《孤独的小螃蟹》这个故事中有8个小故事，你最喜欢哪一个呢? 把这个小故事讲给爸爸妈妈听，请他们为你送颗星吧。

故事名称	声音响亮、吐字清晰	仪态大方、动作恰当	故事完整、语言流畅
	☆☆☆☆☆	☆☆☆☆☆	☆☆☆☆☆
评价人:＿＿＿＿＿＿＿＿＿			

3. 想一想。

故事的最后，小青蟹回来了，她和小螃蟹又过上了快乐的日子。在寻找小青蟹的路上，小螃蟹也慢慢长大了。他的身体在长大，他的心灵也在成长着。他帮助纸鸟画了颗真心，使纸鸟拥有了飞行的方向；他总在没人的时候敲起咚咚鼓，向伙伴们传递着力量；他失去了最喜欢的大钳子，却救回了小乌龟的命……他正在被越来越多的伙伴们需要。如果故事里的火车是真的，他会开着小火车去哪儿呢? 会和小青蟹一起经历哪些有趣的事儿呢? 请展开想象的翅膀，尽情地畅想吧。

任务四　拓展延伸，推荐阅读

1. **阅读延伸。**

书本中还有一个故事叫《恐龙鲁鲁》，快去读读吧。

2. **推荐阅读。**

冰波爷爷童话故事中的主人公都有一颗纯洁、善良、柔软的心灵，小朋友们可以读一读《月光下的肚肚狼》《花背小乌龟》，从一个个有趣的故事中感受生活的美好，寻找成长的滋味。

（编写人：汤晓霞；指导者：王爱华、陆玮）

《小狗的小房子》阅读教学设计与实践

教学解读

　　《小狗的小房子》的作者是孩子们熟悉的孙幼军爷爷。他被誉为"一代童话大师"，是中国首位安徒生奖提名者。其代表作《小布头奇遇记》《小猪唏哩呼噜》等深受大家的喜爱。

　　该故事讲述了女主人家的小狗和小猫一起去河边玩儿，为了不让小猫扫兴，小狗独自扛着小房子，还和小猫抓蝴蝶、钓小鱼、修椅子……甚至为了不让小猫失望，他竟冒险爬树并因此受伤。而在小狗受伤后，小猫细心照顾，还想尽办法把小狗和小房子推回家，表现出不一样的智慧和勇气。故事旨在告诉孩子们：与小伙伴相处要乐于付出、愿意包容，甚至在必要时改变自己。

　　作品洋溢着儿童的天真、稚美的气息，利于激发学生阅读童话的兴趣；故事生活气息浓郁，可以启发学生思考该如何与小伙伴相处；人物角色有鲜明的性格特征，易于学生展开想象，把自己代入故事。

阅读目标

　　1. 产生阅读童话故事的兴趣，能自主阅读《小狗的小房子》，乐于与大家分享课外阅读的成果。

　　2. 认识书的封面，了解书名、作者等基本信息，学会从封面上猜测故事内容，了解故事的主要内容。

　　3. 阅读时把自己代入故事，感受童话故事的想象，产生对童话人物的喜爱之情，学习如何与伙伴相处。

活动安排

阅读阶段	阅读过程	阅读时间	活动内容
读　前	导读活动	20分钟	1. 阅读封面，了解书名、作者等基本信息。 2. 观察封面插图，猜测故事内容。 3. 听读故事，初识人物，产生阅读兴趣。
读　中	自主阅读推进活动	1周	1. 找拟声词、品动作词、赏颜色句，感受有趣的童话故事。 2. 分享童话故事的奇妙想象，引发遐想之旅。 3. 阅读时把自己代入故事，引导质疑，感知人物特点。

续表

阅读阶段	阅读过程	阅读时间	活动内容
读　后	分享交流 延伸活动	40 分钟	1. 分享"阅读记录卡"，感知人物美。 2. 画图画，感受童话的美；演小剧，体会童话的情；做 　　实验，发现童话的趣。 3. 自评自测。 4. 延伸拓展阅读《小老虎粗尾巴》。

读前：导读活动

任务一　初相见，览全貌

1. 引故事。

　　小朋友们都读过孙幼军爷爷的童话故事《小猪唏哩呼噜》吧？有趣的小猪唏哩呼噜逗得我们哈哈大笑，可有意思呢！孙爷爷又送童话故事来了，让我们一起来阅读。

2. 读封面。

　　① 观察封面：一本书就像一个人，封面就是它的名片。仔细观察，从封面上能发现些什么？同桌间找一找，指一指，再说一说。

　　小结：拿到一本新书，我们首先要看书的封面，在封面上找一找书名、作者，看封面画的是什么，了解书的出版社，这样能够让我们对这本书有大致的了解。

　　② 了解作者：知道《小狗的小房子》是孙幼军爷爷写的，有的小朋友就很想读一读这个童话故事了。因为孙幼军爷爷是讲童话的高手，被誉为"一代童话大师"。

3. 猜内容。

　　① 书的封面上藏着许多小秘密呢！每本书都有一个名字，它常常会悄悄地告诉我们书的内容。《小狗的小房子》，读读这个书名，猜猜会讲什么样的故事？

　　② 封面上的图画也会告诉我们故事的内容，和好朋友交流猜测的故事内容吧！有兴趣的小朋友还可以写下"《小狗的小房子》封面之旅"哦！

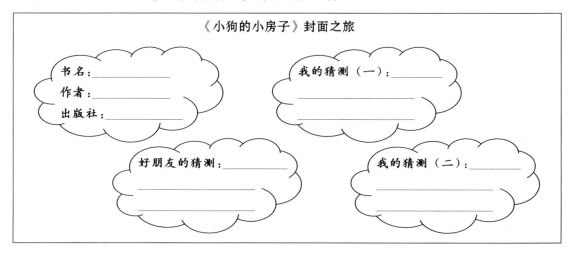

任务二 学范例，订计划

1. 赏计划。

这么有趣的书，老师忍不住先睹为快啦！这个长长的故事是由好几个小故事连起来的呢！女主人家的小猫和小狗带着小房子一起经历了许多有趣的事儿，"搬房子""抓蝴蝶"……他们还一起做了什么呢？留给喜欢阅读的你们边读边发现！

你准备多久读完？刘畅和潘梦航小朋友打算每天读一个有趣的事儿，每天坚持阅读30分钟，如果有时间就把这个有趣的事儿多读几遍，他们准备用一周左右的时间读完这本书。

欣赏创意"阅读计划"

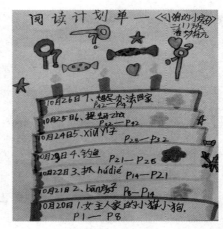

江苏省南通市城中小学二（1）班　刘畅　　江苏省南通市城中小学二（1）班　潘梦航

2. 订计划。

请根据自己的阅读速度，每天坚持阅读30分钟，制订一份阅读计划表，可以按小故事的顺序，也可以根据自己的阅读喜好来重新安排。

出示阅读计划表示例，思考：你看懂了什么？自己的阅读计划又该怎样做呢？与同桌交流。

阅读计划表

阅读书目	《小狗的小房子》		
主要内容	页码	时间安排	完成任务的满意度自评
女主人家的小猫小狗	（1）—（8）	（　）月（　）日	☆☆☆☆☆
搬房子	（8）—（14）	（　）月（　）日	☆☆☆☆☆
抓蝴蝶	（14）—（21）	（　）月（　）日	☆☆☆☆☆
（　　　　　）	（　）—（　）	（　）月（　）日	☆☆☆☆☆
（　　　　　）	（　）—（　）	（　）月（　）日	☆☆☆☆☆
（　　　　　）	（　）—（　）	（　）月（　）日	☆☆☆☆☆
（　　　　　）	（　）—（　）	（　）月（　）日	☆☆☆☆☆

交流点拨：制订阅读计划不仅要考虑每天阅读的时间、页码，也要考虑故事的完整性，每天尽量阅读一个完整的小故事。

任务三　激兴趣，学记录

1. 先听为快。

封面的图画，除了小狗、小房子，还有小猫。那故事是怎样发生的呢？听老师读一读。

（开头……小狗没说话，心想：小猫可真是个奇怪的东西！）

2. 初识人物。

故事中的女主人喜欢小狗还是小猫？说说为什么？

学生畅所欲言，说说自己的想法。

小结：女主人不喜欢小狗瞎叫唤，叫声嘈杂；小猫让女主人搂抱着睡觉，比较温柔。

在女主人眼里完全不一样的小猫、小狗，他们相约外出，接下来会发生什么有趣的事儿呢？继续读故事！

3. 制订记录卡。

像这样边阅读边猜测边思考，每天都会有收获哦！有位小朋友还制订了一份属于自己的阅读记录卡。出示阅读记录卡示例，思考：你看懂了什么？有兴趣的小朋友也可以制作自己的阅读记录，和同桌交流你的想法吧！

阅读记录卡					
书　名		作　者		阅读时间	
阅读收获	阅读页码：＿＿＿＿＿＿＿＿＿＿＿＿＿＿＿＿＿＿＿＿＿＿ 阅读故事：＿＿＿＿＿＿＿＿＿＿＿＿＿＿＿＿＿＿＿＿＿＿				
	我的积累 （词语、句子）				
	我的思考				

交流点拨：制订阅读记录卡，可以用自己喜欢的方式做一些简单的记录，也可以在故事书上圈圈画画做记号。要有分享和交流，这样每天就有收获。

读中：自主阅读推进活动

活动时间：晨读每次 10 分钟，一次分享交流一个主题。

任务一　感受趣味表达

1. 交流分享一：找拟声词——有趣的故事有声音。

① 故事中有很多表示声音的词语，边阅读边找找这些词儿，可以用笔圈一圈，也可以做成一张有特色的阅读记录卡。

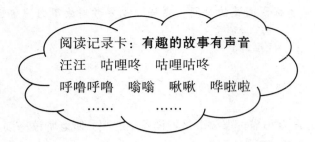

阅读记录卡：**有趣的故事有声音**

汪汪　咕哩咚　咕哩咕咚

呼噜呼噜　嗡嗡　啾啾　哗啦啦

……　　……

② 读着这些词儿，你听见了谁的声音？用上这样的句式和同桌的小朋友互读互说。

"_____"，这是_____。

你还知道哪些表示声音的词语？也用这个句式说一说。

③ 继续读故事，你还能发现更多的声音，可以在故事书上圈一圈，做成读书记录卡的小朋友可以继续记录。

小朋友们发现了吗？如果没有这些表示声音的词儿，故事会怎样呢？是呀，有了这些词语就像我们真的听见了这些奇妙的声音，故事就更有趣了。

2. 交流分享二：品动作词——有趣的故事有动作。

不会爬树的小狗在小猫的要求下居然爬树了，真让我们为他捏了把汗！拿笔圈一圈小狗爬树的动作，还可以边读边做做动作（有危险的动作千万不要模仿哦！），一定更有趣！

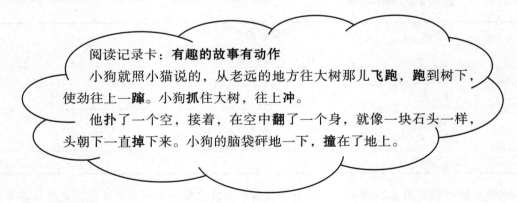

阅读记录卡：**有趣的故事有动作**

小狗就照小猫说的，从老远的地方往大树那儿**飞跑**，**跑**到树下，使劲往上一**蹿**。小狗**抓**住大树，往上**冲**。

他**扑**了一个空，接着，在空中**翻**了一个身，就像一块石头一样，头朝下一直**掉**下来。小狗的脑袋砰地一下，**撞**在了地上。

小狗受伤后，小猫想尽办法用"轮子"将小房子推回家，可"轮子"总不"听话"，这部分动作词的运用也非常精彩哦！

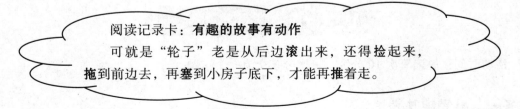

阅读记录卡：**有趣的故事有动作**

可就是"轮子"老是从后边**滚**出来，还得**捡**起来，**拖**到前边去，再**塞**到小房子底下，才能再**推**着走。

有了表示动作的词，我们仿佛就真的看到了小狗爬树、小猫推小房子回家的情景。

3. 交流分享三：赏颜色句——有趣的故事有色彩。

故事中还有丰富的色彩，读着这些描写色彩的句子，仿佛是在欣赏大自然的美景。边读边想象美丽的画面，让小组的小朋友听一听！

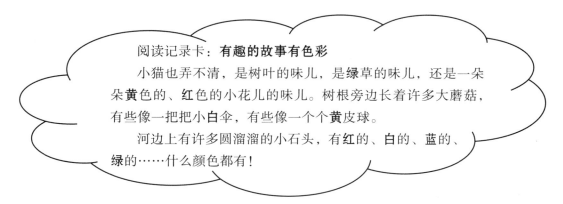

阅读记录卡：**有趣的故事有色彩**

小猫也弄不清，是树叶的味儿，是**绿**草的味儿，还是一朵朵**黄**色的、**红**色的小花儿的味儿。树根旁边长着许多大蘑菇，有些像一把把小**白**伞，有些像一个个**黄**皮球。

河边上有许多圆溜溜的小石头，有**红**的、**白**的、**蓝**的、**绿**的……什么颜色都有！

有了这些表示色彩的词语，读着读着，我们眼前仿佛出现了一幅幅优美的图画。

任务二　感受奇妙想象

1. 分享"奇妙之旅"。

我们外出游玩会带些什么？故事中的小狗到河边玩却带上小房子，甚至还有房子里的小椅子，多么奇妙啊！像这样的奇思妙想在故事中有不少，你在阅读时感受到了吗？和好朋友交流、分享。

2. 遐想"尾巴钓鱼"。

在小猫的要求下，小狗居然用尾巴钓鱼，他把尾巴尖儿放在水里当虫子，等着小鱼来咬，真好玩儿！如果水里的小鱼儿发现了这样的食物，他们会想些什么、说些什么呢？发挥你的想象，和同组的小朋友聊一聊，你一定会觉得特别有意思！

任务三　思考小小疑问

1. 引导质疑。

阅读故事的过程中你有什么疑问吗？可以随时在书上写下"？"，也可以记录在阅读记录卡上。看看这位小朋友记录下哪些有疑问的地方？

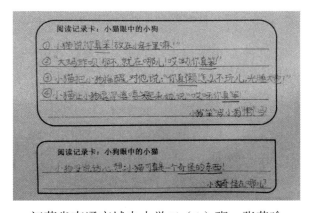

江苏省南通市城中小学二（1）班　张若瑜

2. 思考交流。

阅读时，找出上面的句子，边阅读故事边想象：

① 小猫眼中的小狗真笨，真懒。你赞成小猫的看法吗？

② 小狗眼中的小猫是个奇怪的东西。你怎么看？

③ 你眼中的小狗、小猫是什么样儿的？和爸妈交流，也可以做成自己独特的阅读记录卡！

读后：分享交流延伸活动

任务一　分享展示，走近人物

1. 分享"我眼中的小狗"。

① 你眼中的小狗是什么样儿的？和好朋友交流，也可以写一写！

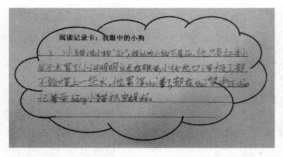

江苏省南通市城中小学二（1）班　康珍妮

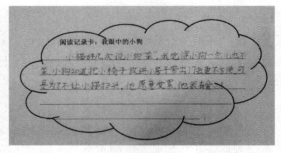

江苏省南通市城中小学二（1）班　戴欣雨

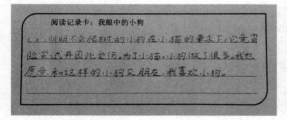

江苏省南通市城中小学二（1）班　杜锦蕙

江苏省南通市城中小学二（1）班　孙梓豪

② 小结：一路上，为了不让小猫扫兴，小狗辛苦地扛着小房子、带着小椅子，和小猫抓蝴蝶、钓小鱼、修椅子、捉蚂蚱……甚至为了不让小猫失望，它竟冒险尝试自己不擅长的爬树并因此受伤。这样的小狗大家都喜欢，因为他和小伙伴相处时乐于付出、愿意包容。

2. 分享"我眼中的小猫"。

① 小狗眼中的小猫是个奇怪的东西！你觉得小猫奇怪吗？和小组小朋友交流，也可以写下来。

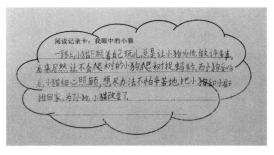
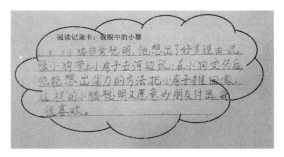

江苏省南通市城中小学二（1）班　程申睿　　　江苏省南通市城中小学二（1）班　蔡星霖

② 小结：小狗受伤后，小猫勇于担当，充满智慧，也很棒！

③ 带着问题边阅读边思考，小朋友们收获满满。小狗、小猫成了大家身边可爱的小伙伴，大家都乐意和他们交朋友，也乐意在和伙伴交往中变成"小狗""小猫"。

任务二　同伴合作，读"活"童话

1. 画图画，体会自然之美（童话中有美）。

① 孙幼军爷爷的童话故事把我们带进了美丽的大自然，把书上描写美景的文字变成一幅美丽的画儿。

② 画之前，老师有个小建议，可以再读读故事中描写色彩的句子，相信你会画得更棒！

江苏省南通市城中小学二（1）班　刘畅　　　江苏省南通市城中小学二（1）班　李懿扬

2. 做实验，体会科学有趣（童话中有趣）。

① 小狗受伤后，小猫想了什么巧妙办法把小狗和小房子推回了家？读读下面这张阅读记录卡，借助铅笔和铅笔盒，动手做一做。

阅读记录卡：科学有趣

　　小猫想起树林边上，锯成一段一段的小树了。她跑去拖来一段，塞到小房子底下，又跑去拖来一段，也塞到小房子底下。小猫一推小房子，两段小树就在房子底下滚，小房子好像有了轮子，咕噜噜，咕噜噜，往前走了。

　　小猫想了想，又拖来一段木头。这样，"轮子"滚出来的时候，小房子底下还有两段木头，小房子就不再往前歪了。

② 实验成功后，展示给班级的小朋友看，可以一边做一边讲哦！

3. 演小剧，体会友情感人（童话中有情）。

① 小狗和小猫一路上有趣且曲折的经历一直吸引着我们，小狗乐意付出、愿意包容；小猫关键时刻勇于担当，充满智慧，把小狗和小房子推回了家。让我们为他们的友情点赞！

② "小狗的小房子"剧场就要开演啦！和小组小朋友商量选择哪段小故事，把自己变成小猫小狗，小组合作演一演。

像这样演一演，就能把故事读活了！

任务三　自评自测

1. 选一选。

① 女主人为什么要骂小狗？（　　　）

A. 小狗欺负小猫　　　B. 小狗偷懒　　　C. 小狗乱咬人　　　D. 她不喜欢听小狗叫声

② 小狗和小猫去河边玩儿为什么背着小房子？（　　　）

A. 碰见老狼可以钻进小房子。

B. 下雨了可以钻进去避雨。

C. 在小房子里玩儿过家家的游戏。

D. 小猫坚持要背着小房子去河边，不背着去，小猫就不去了。

③ 小狗是用（　　　）钓鱼的？

A. 尾巴　　　　　　　B. 耳朵　　　　　　　C. 爪子　　　　　　　D. 渔竿

④ 小狗摔伤是为了帮小猫（　　　）。

A. 追蝴蝶　　　　　　B. 捉蚂蚱　　　　　　C. 钓小鱼　　　　　　D. 修椅子

2. 讲一讲。

《小狗的小房子》这个长长的故事是由好几个小故事连起来的，你最喜欢哪个小故事？把这个小故事讲给好朋友听一听，分享阅读的快乐吧！

3. 想一想。

故事的最后，小狗又在院子里蹦蹦跳跳了。小猫再次邀请小狗去小河边玩儿，小狗要给小房子安上四个轮子——四个真正的轮子！他是怎样安上的呢？这次，他们会带着小房子一起经历哪些有趣的事儿呢？插上想象的翅膀，在童话的王国里奇思妙想！

任务四　拓展延伸

1. 阅读推介。

《小老虎粗尾巴》是孙幼军爷爷写的另一个童话。该故事想象大胆、新奇，主要讲述了小老虎和小伙伴日常相处中发生的有趣的事儿，是由《名字惹的麻烦》《气球和雪糕》《比上树》《钓鱼》《活汽艇》5个小故事串起来的。故事中出现了几个可爱的动物形象：宽宏大度、温和善良的小老虎粗尾巴；有些霸道但不乏友善的小熊白白；爱拔尖、爱漂亮的小猫花花；胆子很小的兔子红眼睛；十分搞笑的鳄鱼……这几个小动物就是生活中的我们，我们平时和小伙伴相处要互相关心、互相帮助、互相分享，遇到危险时更要团结一致、共渡难关。

2. 方法提示。

① 阅读前，读读每个小故事的标题，猜一猜每个小故事的内容；可以根据小故事的标题制订阅读计划。

② 阅读时，随时在故事书上圈画喜欢的词句、奇妙的想象、产生的疑问；也可以在自制的阅读记录卡上写下自己的感受、遐想、疑问。

③ 阅读后，与小组的小伙伴分享、交流自己的感受、遐想；有不理解的还可以向爸爸、妈妈、老师请教。

故事中，小老虎和伙伴们有不少有趣的对话，你可以和家人一起，分角色读一读喜欢的片段，还可以把朗读的内容录下来，让好朋友听一听，分享阅读的快乐；在 5 个小故事中选择最喜欢的一个，小组合作排演后在全班表演，将快乐分享给全班小朋友。

（编写人：周颖；指导者：陆玮、王爱华）

《一只想飞的猫》阅读教学设计与实践

教学解读

　　《一只想飞的猫》是我国著名的儿童文学作家、翻译家、教育家陈伯吹创作的优秀儿童文学作品。陈伯吹把毕生精力献给了儿童文学事业，是中国儿童文学的一代宗师。

　　这个故事叙述了一只喜欢自吹自擂的猫厌恶劳动、顽皮无礼，不切实际地一心想飞，最终摔了跟头的经过。故事新奇有趣，文字浅显易懂，适合二年级学生阅读。

　　作者将幻想与现实巧妙地结合起来，情节非常生动有趣，有利于激发阅读兴趣，培养丰富的想象力。故事主人公"想飞的猫"身上巧妙地表现了淘气儿童的性格，有利于提升学生的审美能力。故事中的许多细节准确地表现了儿童在特定状态下的微妙心理，值得引领孩子细读文本，启迪智慧，培养积极的人生态度，促进身心的健康成长。

阅读目标

　　1. 结合观察封面、阅读书名、了解作者、故事猜测等，对童话故事产生阅读兴趣。

　　2. 学会制订阅读计划，并按计划阅读故事，了解故事的主要内容。

　　3. 感受故事中的人物形象，尝试将自己代入故事中，与同学及时分享自己的阅读收获。

　　4. 掌握基本的阅读方法，能在阅读中做好简单记录，初步养成爱护图书的好习惯。

活动安排

阅读阶段	阅读过程	阅读时间	活动内容
读　前	导读活动	30 分钟	1. 阅读封面，了解书名和作者等基本信息。 2. 预测故事情节，做好简单记录。 3. 制订阅读计划。 4. 学会爱护书本。
读　中	自主阅读	1 周	1. 记录阅读收获，验证阅读预测。 2. 借助书中插图，梳理情节，练习讲故事。 3. 感受书中儿歌、对话、动作的趣味性。

续表

阅读阶段	阅读过程	阅读时间	活动内容
读　后	分享交流 延伸活动	30分钟	1. 闯关挑战，感知人物形象，养成阅读习惯。 2. 亲子测评，检查阅读成效。 3. 多种形式推荐好书。 4. 推荐其他童话故事。

读前：导读活动

任务一　初相见

1. 引新书。

（1）游戏：火眼金睛。只凭借动物的尾巴，你能猜出动物名称吗？老师出示兔、牛、猪、鸡和猫等动物尾巴的图片让学生猜名字。

（2）说说你平时见到的猫是什么样子的？

（3）今天我们要认识一只很特别的猫，看看他和普通的猫不一样在哪儿呢？

2. 读封面。

（1）读书名，想想这只猫有什么不一样？（要点：这是一只想飞的猫）

（2）读封面。你知道吗？一本书的封面上藏着许多的小秘密呢！在封面上，你会发现些什么呢？（要点：书名、作者、主编、出版社等）

3. 读作者。

陈伯吹，原名陈汝埙，曾用笔名夏雷。江苏省宝山县（今属上海市）人。我国著名的儿童文学作家、翻译家、教育家。著有童话集《一只想飞的猫》，评论集《儿童文学简论》等。他把毕生精力献给了儿童文学事业，是中国儿童文学的一代宗师，被誉为"东方安徒生"。

4. 读寄语。

时间老人匆忙地在我面前过，不断地送来了童话的幻想性，浪漫感，惹动了我的模仿心，何况作为一个大孩子，我"常常想到星月以上的境界，想到地面以下的情况，想到花卉的用处，想到昆虫的言语……"自然而然地心驰在幻想世界，而手中的笔杆则习作童话了。——陈伯吹

任务二　猜故事

1. 预测神奇经历。

（1）根据书名预测。

看到题目《一只想飞的猫》，猜一猜它讲了一个怎样的故事呢？

（2）根据插图预测。

看看封面上的插图都有谁呢？猜一猜它们之间会是怎样的故事呢？

江苏省南通市如东县宾山小学二（1）班　吴佳兴

（3）根据开头预测。

一只猫从窗子里面猛地跳出来，把窗台上摆着的一个蓝瓷花盆碰落在台阶上，摔成两半。

每个故事的开头都包含着故事的线索，读一读故事的开头，猜一猜接下来会发生什么故事呢？

（4）预测故事结局。

想不想知道故事会有什么有趣的结局呢？和你的小伙伴一起猜一猜吧！

孩子们，把你们的预测写下来，等你们读完故事再来比一比，看谁猜得最准。

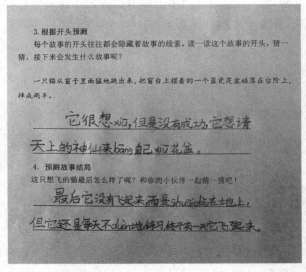

江苏省南通市如东县宾山小学二（1）班　高小雅

任务三　订计划

1. 赏计划。

这么有趣的书，你准备多久读完呢？有计划的阅读，才会让我们的阅读之旅更加充实有趣哦！让我们先来欣赏这两种阅读计划表，你一定会有收获！

欣赏创意阅读计划表

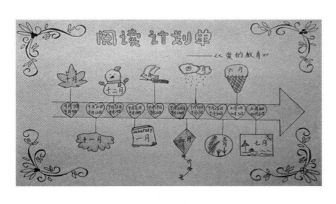

《我们会在地上跑》共读进度单

	共读日期	共读进度	共读规划	完成情况
1.	第一天 3.24	灰狼日记	共读任务单	
2.	第二天 3.25	犬獾窝日记		
3.	第三天 3.26	大熊猫日记		
4.	第四天 3.27	老虎日记		
5.	第五天 3.28	猫豹日记		
6.	第六天 3.29	犀牛日记		
7.	第七天 3.30	骆驼日记		
8.	第八天 3.31	野山羊日记 考拉日记		
9.	第九天 4.1	长颈鹿日记 狮子日记		
10.	第十天 4.2	小猫日记 袋鼠日记		

江苏省南通市如东县宾山小学二（1）班　高小雅

2. 订计划。

请翻一翻目录，预估自己阅读所需的时间，制订一份阅读计划表。短的故事一般读三至五天，长的故事时间安排可以稍微长一点。制订阅读计划时可以考虑页码，每天阅读进度尽量相近。

借助下面的表格，思考一下，自己的阅读计划又该怎样做呢？与同桌交流。

阅读书目	《一只想飞的猫》		
阅读时限	月　　日一　　月　　日（共　　天）		
阅读时间	阅读（页码）	自我评价	父母评价
第一天		☆☆☆☆☆	☆☆☆☆☆
第二天		☆☆☆☆☆	☆☆☆☆☆
第三天		☆☆☆☆☆	☆☆☆☆☆
……		☆☆☆☆☆	☆☆☆☆☆

任务四　养习惯

1. 爱护图书有办法。

制订了详尽的阅读计划，我们就要开始读书了。一本好书就是一位好朋友，阅读时我们要学会爱护它们。你有什么好办法吗？和你的小伙伴说一说。

把大家的方法总结一下，可以编成这首小儿歌。我们一起读一读这个护书小儿歌吧！

2. 爱护图书共行动。

等读完这本书，咱们来评选"爱书小明星"，比一比谁的书最干净、最整洁。

读中：自主阅读推进活动

任务一　做记录

1. 学习范例。

孩子们，你们的阅读计划完成了吗？你有哪些阅读收获呢？缪畅同学做了这样的记录。看看，你读懂了什么？

江苏省南通市如东县曹埠镇曹埠小学 201 班　缪畅

在阅读过程中，我们需要每天对自己的阅读情况进行反馈，记录自己的阅读收获，这样才能保证阅读进度和阅读质量，这个好方法你学会了吗？

2. 验证猜测。

一边阅读一边猜测，可以让我们的阅读过程其乐无穷！你的猜测都正确吗？你发现了哪些预测小窍门呢？快给大家介绍一下吧！

内　　容	我的猜测	书中故事	预测自评
故事题目			☆☆☆☆☆
封面图片			☆☆☆☆☆
故事开头			☆☆☆☆☆
故事结尾			☆☆☆☆☆
……			
我的发现：			

我们发现，猜测也是要有依据的。阅读时，可以从题目、插图、故事的开头等发现线索，再结合自己的生活和阅读经验进行大胆猜测。只要有理有据，对相同的内容可以有不相同的预测。

任务二　理情节

1. 走迷宫。

细心的孩子一定发现书中有很多有趣的插图。看，它们组成了一个迷宫，试一试走迷宫，根据插图出现的先后顺序，你一定能从起点走到终点。

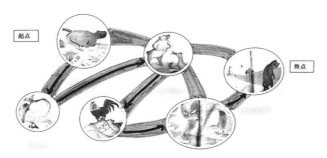

江苏省南通市如东县宾山小学 201 班　沙钇霖

2. 讲故事。

恭喜孩子们穿过了迷宫！现在的你一定能看着这幅迷宫图讲讲这个故事了吧？试一试，相信你能行。

任务三　感受趣

1. 有趣儿歌"读一读"。

这学期，咱们一起学习了《场景歌》《树之歌》《拍手歌》等好多有趣的儿歌。细心的小朋友一定会发现故事中的猫和公鸡也会编儿歌，我们一起来读一读。

呱呱叫，呱呱叫，

我是一只猫，

天下最好的猫！

叮叮当，叮叮当，

耗子见我不敢抬头望，

老虎见我称声"猫大王"！

……

喔喔啼！喔喔啼！

该睡的时候要好好睡，

该起的时候要快快起。

太阳啊，他在招呼你！

书中还有好多他俩编的儿歌呢，和你的小伙伴们一起来读一读吧！

2. 好玩的话儿"说一说"。

这里有几段有趣的话儿，你知道这分别是谁说的话吗？猜出来，再和同桌说一说吧！看谁说得最有趣！

（1）"昨天夜里，我一伸爪子就逮住了十三个耗子！"

（2）"不管扁嘴也好，圆嘴也好，叫绰号总是不好的。你可看见谁对待朋友这样没礼貌的？"

（3）"不过，如果下个星期日她仍旧起不来床，我主张甭等了，我干两份工作得了。"

（4）"喂，亲爱的猫先生！我请教你，你的尾巴上挂着的是什么？可是一朵大红花？今天是什么日子，你打扮得像个姑娘似的？"

（5）"让我们大伙儿帮帮他。眼睛还是长在鼻子两边的好。"

3. 精彩的动作"做一做"。

看，这是小麻雀的表演——

他把尾巴向上一翘，缩起两只脚，张开翅膀，拍了两拍，身体就在空中腾起来，随后脖子向前一伸，飞了出去。

只见他用尾巴摆一摆，就转了个弯儿飞回来。

接着松开尾巴，慢慢地敛下翅膀，轻轻地降落在树枝原来的地方，面不改色。

（1）试着用笔把表示小麻雀动作的词圈一圈。

（2）"腾"和"敛"这两个字认识吗？在哪里见过它们呢？你能猜出它们的意思吗？查查字典，看你猜得对不对！

（3）读懂了麻雀的动作，我们也来飞一飞。

（4）书中还有哪些有趣的动作呢？找一找，读一读，做一做吧！

读后：分享交流延伸活动

任务一　闯关挑战

1. 第一关：人物"奖一奖"。

人物颁奖典礼开始了！给故事中的人物颁个奖吧，说说你为什么要把这个奖颁给他。

江苏省南通市如东县宾山小学
201 班　吴佳兴

江苏省南通市如东县宾山小学
201 班　高小雅

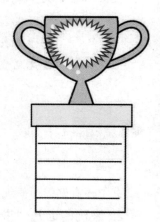

2. 第二关：故事"演一演"。

（1）挑选情节。

书中有许多有趣的情节，比如猫在花圃里被两只蝴蝶戏弄，猫不愿大扫除假装睡觉，挑一个情节，在小组内和你的伙伴演一演。

（2）全班展示。

3. 第三关：心得"说一说"。

（1）找一找：读书，不仅要读他人的故事，还要能从故事中读出自己。读完故事，想一想，在你的身边有故事里的人物吗？他们有什么相似的地方？

（2）说一说："_____，我想对你说，_____。"用这样的句子对身边的人悄悄说一说。

4. 第四关：收获"晒一晒"。

一个人的收获与大家分享了，就是大家的收获。就像快乐一样，与别人分享了，你将会收获更多的快乐。瞧，会读书的缪畅小朋友带来了他的读书记录卡。

读书记录卡	
阅读书目	《一只想飞的猫》
阅读者	缪 畅
作家介绍	陈伯吹，是我国著名的儿童文学作家。
好词佳句	微弱 得意 恼火 劳苦 唠叨 慢腾腾 衣裳 静悄悄 冷冰冰 若无其事 张牙舞爪 谈天说地 东倒小歪 头昏脑胀 一本正经 没精打采 垂头丧气 晃来晃去
我的收获	这只小猫的身上有很多缺点，特别jiāo ào自大。我们可不能向它学习。

江苏省南通市如东县曹埠镇曹埠小学 201 班　缪畅

读完《一只想飞的猫》，你有哪些收获呢？也来与大家分享吧！

任务二　自主测评

1. 选一选。

（1）一只猫把窗台上摆着的一只（　　）碰落在台阶上。

A. 蓝瓷花瓶　　　　B. 白瓷花瓶　　　　C. 绿瓷花盆

（2）大扫除前，（　　）生病了。

A. 母鸡　　　　　　B. 公鸡　　　　　　C. 鸭子

（3）（　　）的眼睛很灵，想揭穿猫的鬼把戏。

A. 小麻雀　　　　　B. 鹅　　　　　　　C. 公鸡

（4）喜鹊把一本（　　）看完了。

A.《建筑学》　　　　B.《美术学》　　　　C.《教育学》

2. 想一想。

这只猫摔了重重的跟头，他会怎么想呢?

3. 编一编。

如果你是这只猫，故事的结尾会是怎样呢? 请你来当小作家，把故事的结尾改一改吧!

任务三　拓展延伸

1. 评选"爱书小明星"。

每位小朋友都把自己的书带来了，请你把它放在桌子上，咱们来评一评，谁的书最干净、最整洁，谁就是"爱书小明星"。

小组评比; 全班展示。

2. 推选"荐书小能人"。

一本好书，就像一位好朋友，我们可以把这位"好朋友"介绍给更多的小朋友呢。你准备用什么好方法来推荐呢?

（1）海报宣传。

一张小小海报，就能让人们更全面地了解一本书。

江苏省南通市如东县宾山小学 201 班　陈彦舟

（2）网络宣传。

网络让世界变得触手可及，孩子们，和父母一起把这个"好朋友"发在朋友圈展示展示吧!

有这样一只猫，它是一只想飞的猫。它为什么想飞？它飞了吗？哈哈，你一定很想知道吧，那就来看这本《一只想飞的猫》吧！

推荐人：宾山小学二（1）陈曦然

江苏省南通市如东县宾山小学 201 班　陈曦然

孩子们，你也来把这本《一只想飞的猫》推荐给朋友们吧！相信经过你的推荐，一定会有很多的朋友爱上这本书的！

3. 延展"新阅读"。

这只猫骄傲自大、目空一切。他盲目地逞强好胜，吹嘘自己是赛跑健将、歌唱家和打鱼专家，甚至幻想能够飞上天去，可他却不愿学习，认为"我要飞，就能飞！"这世上哪有不劳而获的事情啊！让我们插上想象的翅膀，继续搭上童话王国的列车，阅读《阿丽思小姐》，看看那里发生了什么。

（编写人：刘金平；指导者：陆玮、王爱华）

《安徒生童话》阅读教学设计
与实践

教学解读

　　《安徒生童话》的作者是汉斯·克里斯汀·安徒生（1805—1875），丹麦19世纪童话作家，被誉为"世界儿童文学的太阳"。他借用童话的"儿童"视角透视现代人的复杂生活，文笔诙谐灵动，饱含浓重的忧伤和哀婉。他一生创作了160多篇童话作品，被译成150多种语言，深受各国儿童喜爱。

　　《安徒生童话》选编了11篇安徒生的经典作品，其中《丑小鸭》是他的自传式作品，《野天鹅》是一场善与恶的斗争，《卖火柴的小女孩》以天国的美好映射现实的黑暗……这些故事传递着生命成长的力量，反映了安徒生丰富的人生经历，讴歌了人类灵魂的真善美。

　　《安徒生童话》优美、抒情，富于哲理和诗意，值得从精读的角度，帮助学生运用预测、想象、提问、角色体验等阅读策略进行文本细读，从而丰富学生的语言积累，感受童话人物形象的丰富性，体会童话故事想象的奇特与细节的夸张，帮助学生获得人生启迪，开阔文化视野，促进学生对优秀文化的传承与理解。

阅读目标

　　1. 对阅读童话作品产生兴趣，自主规划阅读并根据阅读要求做好记录。

　　2. 画情节图梳理故事情节，学会概括故事大意。

　　3. 尝试运用预测、想象、质疑、体验等阅读策略感知人物形象，感受童话丰富的想象，提升阅读思考力和感受力。

　　4. 在品味语言、角色扮演中感悟故事蕴含的哲理，多角度体会安徒生童话的艺术魅力。

活动安排

阅读阶段	阅读过程	阅读时间	活动内容
读　前	导读活动	30分钟	1. 出示诗歌，猜人物。 2. 引入新书，导读封面，浏览目录。 3. 多种方法预测，猜想故事情节。 4. 制订阅读计划表，按计划师生共读。
读　中	推进活动	2周	1. 梳理磨难，绘制情节图，概述故事。 2. 品味语言，想象画面。 3. 学会多角度提问，讨论问题清单。 4. 走近作者，领悟故事蕴含的作家情怀。

续表

阅读阶段	阅读过程	阅读时间	活动内容
读　后	分享交流 延伸活动	40 分钟	1. 交流阅读成果（答题闯关、读书小报、区域展示）。 2. 朗读展示，感悟哲理。 3. 自评自测，挑战自我。 4. 推荐阅读，拓展延伸。

读前：激趣导读活动

任务一　忆童话，激兴趣

1. 猜猜人物。

（1）她划亮了手中的一大把火柴，却没能把奶奶留住；当新年的太阳升起时，她两腮通红，嘴角带着微笑……（《卖火柴的小女孩》）

（2）你披着鸭子鄙俗的羽毛，却有一颗天鹅的心；当你的身心得到了统一，也没忘记最初的外形。（《丑小鸭》）

2. 引入新书。

同学们，小女孩擦亮火柴能看到幻想中的事物，丑小鸭也能变成白天鹅。童话王国里有那么多奇妙的事情，在那里，一切都有可能发生，一切都妙不可言。今天就让我们一起走进《安徒生童话》，去感受童话世界的奇妙。

3. 导读封面。

（1）回顾方法。

这本书曾温暖和照亮了全世界一代又一代儿童以及大人的心灵。当你拿到它时首先会读什么呢？从封面上你了解了哪些信息？（书名、作者、插图、主编、出版社）

（2）认识作者。

本书的作者是丹麦作家安徒生。可利用网络或其他资源查阅资料，制作作家卡片。

《安徒生童话》作家卡片

照片：　　　　作家姓名：_____　　国籍：_____　　出生地：_____

他具有影响力的作品：_____

他被誉为：_____　作品被译为 _____ 种语言

他给我的印象：_____

名家对他的评价：_____

我的资料来源：_____

（3）关注插图。

看看这本书的封面画的是什么？

是呀，《野天鹅》《拇指姑娘》《丑小鸭》这三个故事是《安徒生童话》中较为经典的故事。用这些故事的内容作为封面，能够更好地吸引读者。

4. 浏览目录。

（1）了解内容。

我们一起翻开书，看看目录，你发现了什么？（小故事的名字、页码、数目）

这里共有多少故事？哪些故事是我们熟悉的？说说熟悉的故事的大致内容。

（2）学生交流。

小结：读书要学会看目录，它既能帮助我们了解书的主要内容，又能帮我们快速找到关键信息。课后继续读下去，你会发现更多奇妙的故事。

任务二　学预测，猜情节

1. 借助题目预测故事内容。

故事的题目如同故事的眼睛，为读者提示了作品的核心内容。你从《坚定的锡兵》中能预测到故事的内容吗？

题目中的"坚定"就道出了故事的主旨，《丑小鸭》的"丑"也暗示了人物将会遭遇的不公。

2. 联系内容预测人物命运。

（1）读读下面这段话，根据对人物的了解，结合自己的生活和阅读经历猜一猜丑小鸭的命运。

"'啪！啪！'又是一阵响声。整群的大雁都从芦苇里飞起来……枪管冒出的蓝烟像云雾似的笼罩着这些树，慢慢地在水面上飘着。"

（2）再看看其他同学是怎么猜的，你觉得他们说的有道理吗？我们看看书中到底怎么写的。

（3）《安徒生童话》中的人物经历大多一波三折，在一次次对情节的预测中我们可以认识到人物成长的艰难和不易。

3. 结合插图预测关键情节。

（1）观察《拇指姑娘》中的那幅图：小女孩睡在胡桃壳做成的小船里，小船停在睡莲叶上。猜想此时发生了什么？可能讲的是个怎样的故事？

《野天鹅》中有 9 幅精美的插图，在读之前试着根据自己对故事的预测给它们进行排序。

（2）孩子们，边读边猜想后面发生的故事，这样阅读会更有意思。

任务三　看范例，订计划

1. 欣赏计划。

这么有趣的故事，你一定很想读吧？看看目录，一共 11 个故事，分为三组，看看这两位同学制订的太阳花和小脚丫阅读计划表。

江苏省南通市如东县掘港小学 304 班
陈俞熹

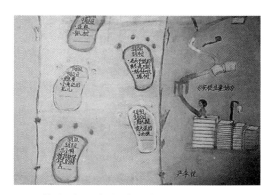
江苏省南通市如东县掘港小学 304 班
严李悦

2. 制订计划。

翻看目录，预估自己阅读每个故事所需的时间，制订一份阅读计划表。可以按书上的故事顺序，也可以根据自己的阅读喜好来重新排序。

阅读计划单

阅读书目	《安徒生童话》		
阅读时限	月　　日—　　月　　日（共　　　天）		
阅读时间	阅读章节（页码）	完成任务的满意度自评		
		能主动阅读，会默读，大致讲出故事内容	能主动阅读，做到默读不出声、不指读	能坚持阅读，尽量做到默读不出声、不指读
第一天		☆☆☆☆☆	☆☆☆☆	☆☆☆
第二天		☆☆☆☆☆	☆☆☆☆	☆☆☆
第三天		☆☆☆☆☆	☆☆☆☆	☆☆☆
……		☆☆☆☆☆	☆☆☆☆	☆☆☆

3. 交流点拨。

制订阅读计划不仅要考虑页码，也要考虑章节，每天尽量读完一个故事。每天要对自己的阅读情况进行反馈，以保证自己的阅读进度和阅读质量。

读中：自主阅读推进活动

任务一　梳理情节，讲述故事

1. 梳理磨难，绘制情节图。

（1）最近咱们在读《安徒生童话》，说说你最喜欢书中的哪个故事？为什么？

（2）看，这是班级阅读调查统计图表，大部分同学都喜欢《丑小鸭》这个故事。下面就让我们走进这个故事，再次感受丑小鸭经历的那些磨难。

（3）快速浏览故事，根据地点，看看发生了什么事？多读几遍，做好讲故事交流的准备。

江苏省南通市如东县掘港小学 307 班阅读调查表

（4）我们根据地点梳理了丑小鸭经历的磨难，把故事的情节像一颗颗冰糖葫芦一样串了起来，就成了一个"冰糖葫芦串"情节图。

2. 小组合作，迁移运用。

（1）再读读《安徒生童话》中的其他故事，你会发现有很多丑小鸭的影子。他们都是通过自身的坚持与努力实现了梦想，获得了成功。

（2）哪些故事中的主人公与丑小鸭有着相似的成长经历呢？让我们小组合作，试着用这样的方法画画情节图，了解他们的经历。

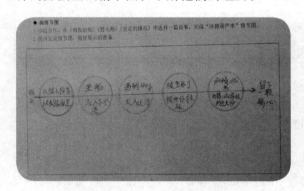

江苏省南通市如东县掘港小学 307 班
王艺陆

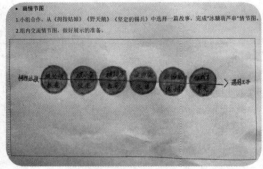

江苏省南通市如东县掘港小学 307 班
龚雨泽

（3）看来，把阅读的思维成果在纸上画出来，是很好的阅读方法。借助情节图可以帮助我们概括故事，将长故事读短。有些故事情节一波三折，是反复式的结构，我们也可以这样串起来。《老头子做的事总是对的》中的老头子将一匹马换成羊……反反复复换东西，《卖火柴的小女孩》中的小女孩五次擦燃火柴……感兴趣的同学课后可以试着画一画。

任务二　品味语言，想象画面

1. 品读文字想象。

（1）《安徒生童话》吸引你们的除了曲折的故事情节，还有什么呢？

（2）好的文字是有画面感的，容易引发读者的共鸣。自由朗读《小意达的花儿》中的片段："*大朵的罂粟花和牡丹花使劲地吹……它们看起来真是美极了。*"你的眼前出现了怎样的画面？听到了怎样的声音？你的心中是否为之一动？在旁边写下自己的感受。

（3）安徒生是个即兴的诗人，他的童话洋溢着感人的诗情和意境，又被称为"诗的童话"。请你选择几处充满诗情画意的语言，反复品读。

（4）边读边想象画面，会让你有身临其境的感受。我们要朗读、积累优美的语言，让它成为自己的语料。

2. 根据内容想象。

（1）《拇指姑娘》由主人公的出生引发了一连串的想象，随之而来的人物外形特点、生活环境及经历都是不同寻常的。你能从书中找到这些奇特的想象吗？

（2）原本幸福快乐的拇指姑娘被癞蛤蟆抓走，又被金龟子丢弃，最后被鼹鼠逼婚。婚礼马上举行，拇指姑娘能够绝处逢生吗？

（3）注意想象内容的合理性和关联性，能营造出神奇又美妙的意境。

3. 角色体验想象。

（1）我们还可以把自己想象成童话中的主人公，融入故事，设身处地、感同身受，和故事中的人物一起欢笑，一起悲伤，更好地体验角色的心理。

（2）请你选择一个故事，发挥想象，与主人公一同体验悲喜。同桌练说。

任务三　学会提问，列出清单

1. 多角度提问。

（1）读童话我们还要学会提问，并尝试解决问题，这样能帮助我们更好地理解故事内容，感悟故事中蕴含的哲理。

（2）问题的提出是多方面的，我们可以从以下四个方面进行提问。

① 根据写作背景。作者为什么要塑造丑小鸭这一形象？如果丑小鸭在养鸭场里长大，它会变成一只白天鹅吗？

② 针对人物事件。这类问题的提出可以帮助我们读懂作品。如：主要人物是谁？故事发生的时间、地点是什么？主人公做了些什么？故事是怎样结束的？主人公是如何想的？

③ 聚焦存在矛盾。明明是很痛苦的、难受的事情，为什么亚麻却觉得幸福、幸运？

④ 关注写作手法。《老头子做的事总是对的》中为什么要写他反反复复换东西？

（3）用上这样的方法，在书旁记录下自己的疑问，或列出问题清单，在小组内讨论尝试解决。

2. 讨论问题清单。

阅读时你们一定提出了不少问题吧，咱们来晒一晒你的阅读清单，还没解决的问题提出来大家一起讨论。

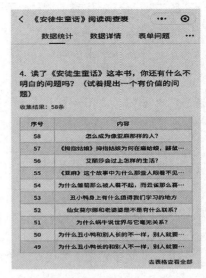

_____ 的问题清单

我的疑问	出自故事	解决方法	寻求到的答案

如东县掘港小学 307 班阅读调查表

任务四 走近作者，领悟情怀

1. 聚焦主题。

安徒生在自传的开篇中写下这样一段话："我的一生是一部美丽的童话，童话的情节曲折动人，主人公幸福无比。"从这段话你看出了什么？

对美好幸福生活的憧憬，是安徒生童话永恒的主题。

2. 探寻幸福。

（1）把这几个故事的结局读一读，你们发现了什么？

谁也不知道她曾经看到过多么美丽的东西，她曾经多么幸福，跟着她奶奶一起走向新年的幸福中去。（《卖火柴的小女孩》）

他感到太幸福了，但他一点儿也不骄傲，因为一颗善良的心是永远不会骄傲的。（《丑小鸭》）

在它一生中最幸福的晚上，这颗金星曾经装饰在它的树顶上。（《枞树》）

你知道他们是因为什么而感到幸福呢？

（2）对照目录回顾一下，你觉得还有谁也是幸福的呢？他们的幸福是什么？（拇指姑娘、锡兵、老头子、老太婆、艾丽莎……）

3. 走近作者。

（1）为什么安徒生在他很多的童话故事里都是在写主人公经历的磨难，最终都让他们有一个幸福完美的结局呢？关于这个问题，我们还要走近安徒生。

（2）交流作家卡片，了解安徒生的人生经历。

安徒生出身贫寒，在成长的道路上历经磨难，但面对挫折，他坚持不懈、自我激励。他一生坎坷，却把欢乐洒向人间。人们叫他"童话大王"，他却说自己是一只"丑小鸭"。

（3）安徒生的成功印证了他在《丑小鸭》中写的那句话："只要你曾经在一只天鹅蛋里

待过，就算你生在养鸭场里也没有什么关系。"

正如苏联作家巴乌斯托夫斯基所说："安徒生童话的文字善于为人们的幸福和自己的幸福去想象，而不是为了悲哀。"

（4）孩子们，在成长的道路上我们难免会遇到磨难，但不要惧怕磨难，因为磨难会让幸福闪闪发光！

读后：分享交流延伸活动

任务一　交流成果，体会童趣

1. 答题闯关赛一赛。

《安徒生童话》创造了一个奇妙的童话王国，这是安徒生送给全世界孩子和大人共同的礼物。这些故事里的主人公一定给你留下深刻的印象。我们来玩个"答题闯关"游戏。

（1）《野天鹅》中艾丽莎用什么救哥哥？（荨麻织成的披甲）

（2）丑小鸭冻死在湖面上，谁救了他？（一个农民）

（3）《坚定的锡兵》中只有一只脚的锡兵最后变成了什么？（小小的锡心）

（4）小意达把花儿放到谁的床上，用小被子把它们盖好？（玩偶）

（5）在枞树一生最幸福的晚上，什么曾经装饰在它的树顶上？（一颗金星）

2. 读书小报晒一晒。

安徒生用他的故事向人们传递着真善美。带着思考去阅读，老师相信你们会有更多的发现。课前同学们还分组制作了读书小报，大家可以互相欣赏。

3. 区域展示秀一秀。

除了读书小报，我们还可以现场展示我们的读书收获，自主选择展示区域。

异想天开区——找到书中充满奇特想象和异想天开的内容。

故事旅行区——借助阅读地图（或思维导图），绘声绘色地讲述一个最打动你的故事。

童话剧场区——阅读童话要展开丰富的想象，把自己想象成童话中的主人公。演一演丑小鸭，感受它被兄弟姐妹及别的动物嫌弃的遭遇，感受它变成白天鹅的欣喜，一起悲伤，一起欢笑；演一演卖火柴的小女孩，感受她的贫困与凄苦，以及对美好世界的向往。（表演照如下所示）

江苏省南通市如东县掘港小学 308 班表演的童话剧《丑小鸭》剧照（佘俣瑶、陆雨溪等）

学生自主布置各自区域。（包括区域立牌、宣传语、故事和作者简介、表演者名单、擂主等）

任务二 分享交流，感悟哲理

1. 展示朗读。

（1）分角色朗读。

选择一组人物对话，小组展示分角色朗读。注意把自己想象成童话故事中的主人公哦！

（2）看图配乐朗读。

出示插图，字幕显示故事内容，学生配乐朗读。把自己想象成童话中的人物，与他感同身受，会有独特的阅读体验哦！

其他同学猜一猜这段内容出自哪个故事，议一议谁的朗读让人有身临其境之感。

2. 分享阅读。

和组内小伙伴分享你的读书记录卡。

《安徒生童话》读书记录卡		
阅读日期：	阅读章节：	阅读时长：
我的积累：（有新鲜感的词语和句子）		
我最喜欢的一个故事：		
我最喜欢的一个人物：		
我的一句话感想：		
我的疑问：		

3. 感悟哲理。

《安徒生童话》中有许多富有哲理的句子，其实是在告诉我们另一个生命密码。你找到相关句子了吗？

"只要你曾经在一只天鹅蛋里待过，就算你是生在养鸭场里也没有什么关系。"

"他感到太幸福了，但他一点儿也不骄傲，因为一颗善良的心是永远不会骄傲的。"——《丑小鸭》

"如果一个太太相信自己丈夫是世上最聪明的人和承认他所做的事总是对的，她一定会得到好处。"——《老头子做的事总是对的》

书中像这样的句子还有很多，阅读时我们可以摘抄下来，作为"安徒生语录"，相信你会有很多的收获。

任务三 自评自测，挑战自我

《安徒生童话》不仅有曲折的情节，有优美的语言，还有鲜明的人物，这真是一本好书。这本好书，你真的读懂了吗？挑战一下自己，一起来测一测。

1. 判一判。对的打"√"，错的打"×"。(每题10分)

（1）小锡兵有两条腿，很威武。(   )

（2）《卖火柴的小女孩》中的小女孩在圣诞节前夜冻死了。(   )

（3）《野天鹅》中的妹妹不说话是为了救自己。(   )

2. 选一选。(每题10分)

（1）拇指姑娘非常有爱心，她救了(   )。

A. 老田鼠　　　　　B. 小燕子　　　　　　　C. 癞蛤蟆

（2）《小意达的花》中小意达最好的朋友是一个(   )。

A. 会唱歌的学生　　B. 会剪纸的学生　　　　C. 会跳舞的学生

（3）丑小鸭来到一个简陋的农家小屋，老太太同意暂时收留它的原因是(   )。

A. 同情丑小鸭　　　B. 想给母鸡找个伙伴　　C. 想知道丑小鸭是公还是母，能否下蛋

3. 连一连。(每题5分)

向往阳光，永不屈服　　　　　　　　　卖火柴的小女孩

生活悲惨，向往美好　　　　　　　　　拇指姑娘

善良勇敢，意志坚定　　　　　　　　　亚麻

面对挫折，乐观坚强　　　　　　　　　锡兵

4. 说一说。(每题10分)

如果有一天你有幸走进童话王国，让你成为蜗牛、玫瑰树、亚麻、枞树中的一个，你还会选择这样过一生吗？选择一个角色，说说你的打算，注意说清楚理由哦！

5. 辨一辨。(每题10分)

有人说，丑小鸭变成白天鹅是他自己追求和努力的结果。也有人说，他如果不被善良而又软弱的妈妈赶走，就在最初生活的地方也会变成白天鹅的。你同意哪种看法呢？为什么？

任务四　推荐阅读，拓展延伸

1. 延展阅读。

读读《安徒生童话》中的其他故事，可以按励志、哲理、苦难、为爱执着、傻人有傻福、特别的"树"等主题进行归类。让安徒生童话成为照耀我们一生的阿拉丁神灯！

2. 推荐阅读。

走进叶圣陶的《稻草人》的世界，你会知道，在夜间的田野星星怎样眨眼，月亮怎样微笑。你还会知道，田野里的人们有着怎样的辛苦和悲伤。

翻开《格林童话》，你能从一个个妙趣横生的故事中感悟生活的真谛和做人的道理。

童话王国中充满了爱与美，等待着你去漫游，去发现。

（编写人：蒋红；指导者：蒋莉莉、王爱华）

《稻草人》阅读教学设计与实践

教学解读

　　《稻草人》的作者是叶圣陶，是中国现代作家、教育家、文学出版家和社会活动家。他在语文教育方面有着杰出的贡献，被誉为"一代宗师"，是中国现代童话创作的拓荒者。

　　叶圣陶一生著述丰富，《稻草人》是他创作的一篇童话故事的题目，也被用作他的童话集的书名。《稻草人》是 20 世纪中国第一本为儿童而写的童话集，鲁迅曾评价说："《稻草人》是给中国的童话开了一条自己创作的路。"

　　叶圣陶用散文的形式来写童话，诗意盎然，富有听觉、视觉的美和冲击力，震撼力强。《稻草人》这本童话集将现实事件引进童话创作的领域，真实而深刻地描写了当时中国民众的生活，旨在启迪孩子们认识、关心周围发生的事，了解现实生活中成人的悲哀。单篇童话故事《稻草人》在童话题材主题的挖掘上体现了鲜明的民族色彩，以稻草人的眼目，观照可怜的农妇、渔妇、鲫鱼等惨痛的世情。然而对于人世间的悲剧，稻草人却什么都挽救不了、改变不了，最终，在内疚与无力中"倒在田地中间"，与悲剧同眠。

　　茅盾曾说："你要从他作品中寻找惊人的事，不一定有；然而在初无惊人处，有他那种净化升华人的品性力量。"阅读叶圣陶的这些作品，我们可以欣赏到简练明快的语言、新颖独特的构思、细腻逼真的描写，感悟字里行间的自然之美、人性之爱，对当时的社会现实产生深深的思考。

阅读目标

　　1. 通过阅读 20 世纪中国第一部为儿童写的童话集，对阅读童话产生强烈的兴趣，在老师指导下，规划阅读进度，有计划阅读整本书。

　　2. 借助思维导图等方法梳理故事内容、人物关系；边读边圈画自己喜欢的语句，尝试分类摘抄；边读边想象，感受童话的奇妙。

　　3. 学会潜心阅读，把自己代入故事当中，感同身受地阅读童话，能用自己的语言说出故事的大意，初步感受童话人物鲜明的形象。

　　4. 体会童话故事抒发的情感和营造的意境，尝试联系时代背景，感悟童话故事的深层内涵，乐于和同伴分享自己的阅读感受。

活动安排

阅读阶段	阅读过程	阅读时间	活动内容
读　前	导读活动	30分钟	1. 制作卡片，了解作家生平。 2. 阅读目录，把握全书内容与结构。 3. 制订本书阅读计划。 4. 学习阅读指导。
读　中	自主阅读	2周	1. 设计思维导图，理清故事脉络。 2. 走进作家生平，了解创作背景。 3. 品悟文字，做语言鉴赏者。 4. 布置任务，做想法记录者。
读　后	分享交流	40分钟	1. 交流分享，争快乐读书娃。 2. 自评自测，做最美采蜜人。 3. 拓展延伸，酿最佳读书果。

读前：导读活动

任务一　初见面，总览全貌

1. 引新书，传递精神火炬。

鲁迅先生曾经说过，它"给中国的童话开了一条自己创作的路"。我们想要了解中国的童话，自然要从这一部作品开始。这就是著名的叶圣陶爷爷创作的《稻草人》。在这本书的背后，还有一个感人的故事呢！

播放录音：

孩子们，叶圣陶爷爷的《稻草人》是20世纪的中国第一本为儿童写的童话集，被誉为中国儿童文学的开山之作。叶圣陶生于1894年，当时社会黑暗，他在念完中学后，迫于生计，无奈之下到了一所学校当小学教师。一天，叶圣陶在课堂上教书，随口给孩子们讲了个童话故事，发现孩子们都很欢喜，一双双渴望的眼睛一眨不眨地盯着他。这一幕给叶圣陶很深的触动，于是他便开始找国内已有的童话故事材料，希望讲更多的童话给孩子们听。可在当时的中国，还没有真正属于我们自己的童话，许多儿童读物，如《安徒生童话》《格林童话》大都是从西方翻译过来的。这可怎么办呢？要不然，我就自己写。叶圣陶这样想着，便开始了童话故事的创作。没过多久，他写的第一篇童话作品《小白船》就诞生了。

这篇故事赢得了孩子们的一致好评，叶圣陶开始继续写故事，没过多久就写了20多篇童话。他把这些小故事结集成册，但是叫什么名字呢？有了，就选其中一篇最有代表性的童话作为这个故事集的书名吧！这样就有了这本《稻草人》。

2. 制卡片，走进作家生平。

叶圣陶爷爷是中国现代童话创作的拓荒者。《稻草人》是中华人民共和国第一本为儿童而写的童话集。茅盾这样评价叶圣陶："你要从他作品中寻找惊人的事，不一定有；然而在初无惊人处，有他那种净化升华人的品性力量。"有兴趣的同学可以想办法搜集叶圣陶爷爷的相关资料，精心设计一张作家卡片。

南通市崇川学校三（4）班　叶戴波

3. 读封面，揭开神秘面纱。

在之前的"快乐读书吧"的学习中，我们已经学习了通过封面获取信息的读书方法，读一读《稻草人》的封面，说说你得到了什么信息？

提示：封面上有三幅插图，最中间一幅画着一个稻草人竖立在田野中；左边是两个孩子在小溪上泛舟；右边图上画着一个穿着马褂、戴着一顶礼帽、鼻梁上架着一副圆眼镜的绅士。

每幅插图都由两个圆圈组合而成，就像望远镜的镜头，似乎我们正端起了望远镜，打探着叶圣陶爷爷的童话世界呢！

4. 读目录，学会按图索骥。

（1）翻开书本到目录看一看，你发现了什么？

提示：

① 目录的背景图是可爱的夜空。

② 这本书是由 13 个故事串起来的，第一个故事就是《稻草人》。

③ 目录用星星将 13 个故事分成了三组，每组都配有"阅读指导"，帮助同学们有方法地阅读故事。

（2）读一读目录，说说最感兴趣的是哪个故事，运用预测的方法猜一猜它可能写了一个什么故事。

任务二　订计划，有条不紊

1. 赏计划，学习优秀范例。

《稻草人》这本有趣的童话集你打算用多长时间读完它呢？每天读多久？每天读几页？下面一起来欣赏一下这位同学制订的阅读计划表，也许会给你启发哦！（南通市崇川学校三（4）班　葛雅楠）

2. 订计划，养成良好习惯。

根据自己的阅读兴趣、阅读习惯和阅读速度，合理制订一份自己的阅读计划表。

出示范表，同桌讨论：我可以怎样制订我的计划表？

阅读书目	《稻草人》	
阅读时限	月　　日—　　月　　日（共　　天）	
阅读时间	阅读章节（页码）	完成任务的满意度自评
第一天		☆☆☆☆☆
第二天		☆☆☆☆☆
第三天		☆☆☆☆☆
第四天		☆☆☆☆☆
……		☆☆☆☆☆

任务三　理脉络，畅读故事

读故事，设计思维导图。

在阅读时，为了能够理清故事内容，我们可以根据故事内容设计思维导图，或者完成下面的故事卡片。

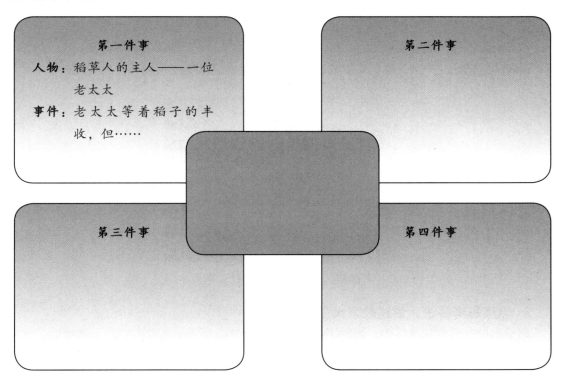

《稻草人》的故事发生在农村夜间的田野里。让我们来想象一下夜间田野的样子：微风吹拂着大地，月亮对着我们微笑，花草树木在酣睡，还有田间的稻草人在摇着蒲扇……在童话故事《稻草人》中，那里到底发生了些什么？同学们想不想读一读呢？下面两个方法也许

会帮到你：①边读边想象画面；②把自己代入故事。带着这两个小锦囊，开启《稻草人》阅读之旅吧！

读中：自主阅读推进

任务一　梳理脉络，做小小说书人

1. 借助思维导图，梳通故事情节。

《稻草人》这篇童话故事以"稻草人的所见"为主线，描述了一件件接连不断的悲惨事件。稻草人在夜间都看到了哪几件事情？分别涉及哪些人物呢？

完成思维导图，了解故事梗概。示例如下：

南通崇川学校三（4）班　张骁睿　　　　南通崇川学校三（4）班　夏郁谨西

南通崇川学校三（4）班　花炎

2. 默读思考并进，讲述故事大意。

同学们已经借助思维导图，厘清了故事的基本情节，形成了文章内容的大体框架。请再仔细默读一遍文章，往框架里填补一些必要的内容。让我们来做小小说书人，把故事的大概内容讲给大家听，听听谁讲得最有趣，最引人入胜！

《稻草人》在我国儿童文学史上具有开创性意义，是历经岁月磨洗的经典之作，列选其中的每一篇童话故事都很精彩，课后，挑选你最喜欢的一篇讲给父母或者同伴听。讲的时候可以加上自己的想象，也可以配上动作，当然也可以配上音乐，那样会更有气氛。

讲的时候可以加上自己的想象，也可以配上动作，当然也可以配乐，那样会更有气氛。

3. 走近作家生平，了解创作背景。

（1）叶圣陶爷爷的这本书里有 13 篇童话故事，为什么偏偏以《稻草人》来命名呢？

（2）要回答这个问题，我们要先走近 100 多年前，看看那时候的中国人民是怎么生活的。（播放视频）

（3）孩子们，看完这些图片，听完介绍，你们有什么想说的吗？

稻草人就像是叶圣陶自己。虽然看到了人民的苦难，但是没有办法去改变现状，只能对受苦受累的劳动人民表示同情。这篇故事反映了人们的真实生活，反映了那时的社会现实，所以，它具有非常深远的影响。

任务二　品悟文字，做语言鉴赏者

1. 解密心理，探究人物精神世界。

看着大家完成的思维导图，我们清楚地看到了稻草人的内心一次比一次受煎熬。作者又是怎样让我们有如此深切的体会的呢？

仔细体会故事中对稻草人的心理描写的语句。

例：**"他恨自己，不该像树木一样，定在泥土里，连半步也不能动。见死不救不是罪恶吗？自己就正在犯着这种罪恶。这真是比死还难受的痛苦哇！"**

提示：目睹了小蛾、鲤鱼、孩子、渔妇等一件件悲剧后，稻草人内心是焦急的、心痛的，他对他们充满了无限的同情，很想去改变现状，但更多的却又是无可奈何！稻草人可以看作是作者自喻了，表达了作者心有余而力不足的无奈，以及对受苦受累的劳动人民的同情。

心理描写能够揭示人物复杂的内心世界，展示人物丰满的形象和个性特征。课后同学们可以将这些描写稻草人心理活动的文字摘抄下来，再细细品读。

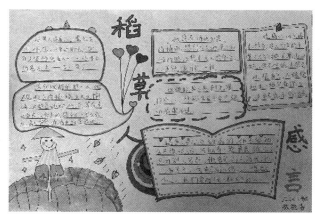

南通崇川学校三（4）班　张骁睿

2. 聚焦排比，感受文字韵律之美。

叶圣陶爷爷的语言就是这样生动，打动人心，耐人寻味，难怪他有优秀的语言艺术家之称。他运用了反复、对比等表达手法，非常细腻地写出了稻草人痛苦的内心活动。品读这些语言，我们好像也成为故事中的主人公，感受到了他的无奈和绝望。

排比也是一种修辞手法，它将三个或三个以上结构相同或相似、内容相关的短语或句子排列在一起，从而达到加强语势、强调内容、深化感情的作用。故事中有好几处排比句，试着找一找，从这些排比句中，你读出了什么？

例1："他知道露水怎么样凝在草叶上，露水的味道怎么样香甜；他知道星星怎么样眨眼，月亮怎么样笑；他知道夜间的田野怎么样沉静，花草树木怎么样酣睡；他知道小虫们怎么样你找我、我找你，蝴蝶们怎么样恋爱：总之，夜间的一切他都知道得清清楚楚。"

提示：是的，在田地中一动不动的稻草人，能够敏锐地观察到、感受到世间万物一点一滴的变化，这一组排比就将田野里夜间的风景和情形更加清晰鲜明、形象生动地展现出来了！

例2："他恨不得自己去作柴，给孩子煮茶喝；恨不得自己去作被褥，给孩子一些温暖；又恨不得夺下小肉虫的脏物，给渔妇煮粥吃。"

提示：看到可怜的孩子不住地咳嗽，渔妇辛苦地捕鱼，稻草人恨不能活动，为他们送上自己的关心。三个"恨不得"，一个比一个着急，一个比一个迫切，稻草人的急切与无能为力便跃然纸上了。

3. 圈画美文佳句，尝试分类摘抄。

这篇童话故事的字里行间处处流淌着作者诗一般的美妙语言。它们有的是写景的，有的是写人的，有的是写心理活动，有的是写人物对话的……你最喜欢哪一段？它属于哪一类？

试着把它们归归类，再认认真真地摘抄下来，时不时拿出来读一读，品一品，只要这样我们才能够感受得更充分、更有条理！示例如下：

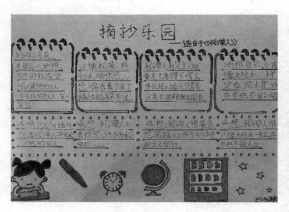
南通崇川学校三（4）班　吴卓熹

南通崇川学校三（4）班　吴宣颐

任务三　布置任务，做想法记录者

1. 启发想象，幻想照亮现实生活。

在叶圣陶爷爷的童话里我们常常能读到这样的语句：

"鸟儿为什么要唱歌？"

"他们要唱给爱他们的人听。"

姊妹就和芳儿一同跳起绳来。月亮从头顶上射下来，院子里一片银光，他们俩全身浴在银光里，两个短短的影子在地上舞动……四只小小的脚像燕子点水似的，刚着地又离开了地面。绳子在脚底下一闪而过，几乎分辨不清。他们俩好像被包在一个透明的大圆球里。

这些充满想象力的语句，让我们看到了美好的画面，感受到了纯真的快乐。读完这组童话故事，你也找找能够激发你想象的句子，做成一张"小书签"，送给你的好朋友。

2. 品读故事，完成想法记录单。

在第三组故事中，一个寻找眼泪的人，一只寻找唱歌意义的画眉，一朵永远进不去的花……读完这组童话故事，你或许会有困惑，或许会感到伤心，或许会想到生活中的人和事……把你阅读时的想法随时记录下来，做一个想法记录单。选其中一两个和同学交流，相信你会有不一样的收获。

南通市崇川学校三（4）班
喻亚璇

我的想法记录单

故事名称：
故事情节：
我想到了：
我听听周围人的想法：
我的收获：

读后：分享交流

任务一　交流分享，争快乐读书娃

1. 读书卡片秀一秀。

同学们，大家制作好的读书卡片，读读你最喜欢的段落，把它赠送给你的好朋友吧！小组内交流你的阅读心得。

2. 典型场景演一演。

同学们读了《稻草人》童话集，一定被里面精彩的故事吸引了吧！那些动人的故事无不营造出美好的情境。比如，《小白船》中的男孩、女孩乘船漂到离家二十里的地方，遇到小白兔和面貌可怖的高个子，他们之间有了一大段对话，读着读着，一切仿佛就发生在眼前似的。选择喜欢的故事，约几个小伙伴，分好角色演一演，能更好地帮助我们理解故事中的人物，走进他们的内心，体会美好的情感。类似的典型场景在童话中还有很多，同学们可以在班上举行一次《稻草人》精彩故事展演会，再现那些生动的场景、美好的情境。

3. 精彩片段品一品。

尽管叶圣陶爷爷深切地同情劳动人民，但他的童话作品风格也不都是像《稻草人》一样展现社会悲惨的一面。让我们拿出学习单，读一读这几个选段，品一品作者的语言，试着写一写你的感受，在小组里和同伴交流交流。

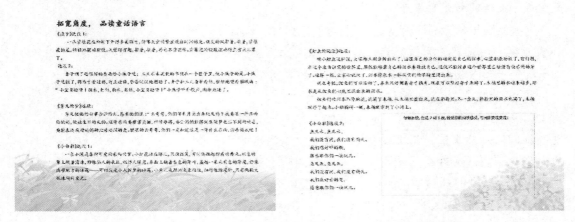

在这本童话集中这样的语句比比皆是。叶圣陶爷爷怀着美好的希望，创造了一个天真烂漫的童话王国，用美好的大自然、美好的心灵，为我们营造出了真善美交融的梦境。

任务二　自评自测，做最美采蜜人

1. 人物形象连一连。

叶圣陶爷爷借助童话给我们塑造了许多个性鲜明的人物，你认识哪些？试着连一连。

《古代英雄的石像》	小男孩	善良纯洁
《鲤鱼的遇险》	富商	爱慕虚荣
《芳儿的梦》	祥哥	坚持不懈
《画眉》	芳儿	向往自由
《祥哥的胡琴》	鲤鱼们	善良勇敢
《一粒种子》	石像	狂妄自大
《小白船》	画眉	懂事乖巧

2. 故事情节判一判。

你还记得童话集《稻草人》里讲了哪些有趣的故事吗？试着回忆回忆，判断对错。

（1）《画眉》故事中盛水的罐儿是碧玉做的，盛栗子的罐儿是玛瑙做的。（　　）

（2）《鲤鱼的遇险》里的鲤鱼们一直抱着一种信念：凡是有太阳光、月亮光、星光照到的地方，都和它们所住的那条河一样，天天有极浓的趣味，天天经历都是新鲜的。（　　）

（3）在《古代英雄的石像》这个童话故事里，石像因为长久受到人们的观摩和崇拜，变得骄傲自大起来。它越来越看不起自己的基座，和乱石块们发生了争吵。半夜里，乱石块们摇动，整座石像轰然倒塌，碎成了千万块大大小小的石块，堆在了地上。（　　）

（4）《眼泪》讲的是一个男人在无穷无尽地寻找着同情之泪，他去了许多地方，后来他来到一个农舍，看见一个老妇人为了庆祝节日而杀鸡。他不忍心看到鸡被杀，流下同情的眼泪。那个寻找眼泪的人终于找到了他失去的——同情的眼泪。

任务三　拓展延伸，酿最佳读书果

1. 走进故事，品味百味人生。

叶圣陶写作《稻草人》之际，中国国内军阀割据，外则列强环伺，妄图瓜分中国，中华民族处在危险之中。因此，叶圣陶在其作品中融入了对现实社会的思考，试图通过创作这些童话启迪孩子们认识、关心周围发生的事，了解现实生活中成人的悲哀。比如，作者在《稻草人》这篇童话中通过老妇人、渔家女、弱女子三者的不幸遭遇，映射出社会底层人民普遍的辛酸困苦，让读者感受到 20 世纪 20 年代工农大众的苦难命运。

2. 品析写法，感悟艺术魅力。

那么如何看待叶圣陶的《稻草人》呢？儿童文学研究专家刘绪源对此作了分析，并提出了自己的观点，他认为：《稻草人》在构思上有《坚定的锡兵》（安徒生）的影子，"稻草人"和"锡兵"这两个形象都是不能动的，但是"稻草人"的形象是中国式的，是本土的、原创的，写出了现实生活的不公平、不合理，且能把黑暗融入完整的故事中……

《稻草人》是一个悲剧，反映的是惨烈的社会现实。作者将"稻草人"设定为夜间生活的旁观者，它可以把一切看在眼里。这样的构思其实是把人间惨祸集中到一起，全堆在读者的眼前。这些惨祸没有相互间的关联，只给人一种同时发生、处处发生之感，作者借以说明世间黑暗已到了严重的地步……

3. 置身其中，创编童话故事。

其实在我们身边就有这样一个童话王国，我们每天都住在这个童话王国里。也许你是池塘里一朵娇艳欲滴的荷花，也许你是一只辛勤工作的小蚂蚁，也许你是一只自由飞翔的小鸟……只要你展开想象的翅膀，让自己化身为故事中的主人公，你也可以像叶圣陶爷爷一样，创编出精彩的童话故事。在创作前，我们可以先列一列思维导图，理清故事的脉络，再想一想人物的语言、动作和心理，用上反复、排比的手法，相信你的童话创作一定会打动别人！

（编写人：王菁、吴海丽；指导者：蒋莉莉、王爱华）

《格林童话》阅读教学设计与实践

教学解读

《格林童话》是由德国语言学家雅各布·格林和威廉·格林兄弟搜集整理的德国民间文学，是世界童话的经典之作，它的影响超越国界、超越时代。

格林兄弟以其丰富的想象、优美的语言讲述了一个个神奇而又浪漫的童话故事，令全世界的儿童长久地为之着迷。在书中，你会邂逅许多的童话人物，美丽善良的白雪公主、真诚待人的灰姑娘、机智勇敢的小裁缝……在奇妙美丽的意境和神秘的氛围中穿梭，在曲折精彩的故事情节中徜徉。

这部犹如精美小魔盒一样的文学经典，吸引学生展开想象，将自己代入故事，把握故事情节，感受人物形象，初步了解阅读童话故事的基本方法。故事充满了原汁原味的民间文学韵味，蕴含着丰富的人生哲理，播撒纯真、善良，呼唤勤劳、勇敢，推崇诚实、守信，对儿童养成真善美的良好品质有着积极的意义。

阅读目标

1. 对阅读《格林童话》产生兴趣，自主规划阅读并根据阅读要求做好记录，乐于与他人分享阅读的成果。

2. 能边读边想象，感受《格林童话》中灰姑娘、小裁缝等经典的人物形象；能把自己融入故事中，设身处地、感同身受地关心作品中人物的命运，体会民间故事惩恶扬善的特点。

3. 选择自己喜欢的故事，运用画故事情节图的方式梳理故事情节，再将这个故事讲给别人听。

活动安排

阅读阶段	阅读过程	阅读时间	活动内容
读　前	导读活动	40 分钟	1. 看图猜图片，交流对《格林童话》的了解。 2. 感知《格林童话》神奇的想象、有趣的描写。 3. 关注目录，猜测故事内容，制订阅读计划。 4. 结合具体片段，学习阅读方法。 5. 指导做好阅读记录，留下阅读痕迹。

续表

阅读阶段	阅读过程	阅读时间	活动内容
读　中	自主阅读	1 周	1. 学生根据阅读计划表进行阅读，并完成阅读记录单。 2. 在阅读过程中，有意识地运用一定的阅读方法。
	推进活动	2 周	1. 交流阅读进度和执行阅读计划表的情况。 2. 分享积累的新鲜词句并交流使用到的阅读方法。 3. 绘制故事中性格鲜明的有趣的人物。
读　后	分享交流 延伸活动	40 分钟	1. 多种形式展示阅读成果（猜猜他是谁、童话达人大比拼、有趣故事我来讲）。 2. 回顾边阅读边想象等阅读方法，分享阅读收获。 3. 发现《格林童话》惩恶扬善的特点，推进深度阅读。

读前：激趣，习得方法

任务一　经典再现，激发阅读兴趣

1. 看图片，猜人物。

（1）看图猜《格林童话》中的人物（依次出示白雪公主、灰姑娘、青蛙王子、拇指姑娘、勇敢的小裁缝图片），引出《格林童话》。

（2）关于《格林童话》你们了解多少？

这部童话集是德国语言学家雅各布·格林和威廉·格林兄弟搜集整理的，雅各布·格林和威廉·格林是一对彼此之间非常友爱的兄弟，后人习惯称呼他们格林兄弟，因此，书就取名为《格林童话》。

2. 看视频，知影响。

（1）出示知识链接，学生快速读，体会《格林童话》的价值。

1812 年，格林兄弟将一些故事结集成《格林童话》的第一卷，于圣诞节前夕在柏林问世，大受欢迎。此后直到 1857 年，格林兄弟不断补充故事，并一再修订，共推出七个版次。第七版后来成为在各国流传的原著版本，至今已译成数十种语言，许多故事都广为流传。

《格林童话》获选为世界文化遗产，被联合国教科文组织称赞为"欧洲和东方童话传统划时代的汇编作品"。

《格林童话》还被列入联合国教科文组织"世界记忆"项目中。

在中国，《格林童话》至少有 100 种以上的译本和改写本。

小结：格林兄弟以其丰富的想象、优美的语言讲述了一个个神奇而又浪漫的童话故事，不少故事还被拍成电影，令全世界的儿童乃至成年人长久地为之着迷。

（2）播放《灰姑娘》中灰姑娘变身公主的片段，说说这段视频是出自哪个故事？

小结：《灰姑娘》是《格林童话》中的经典篇目，书中脍炙人口的篇目还有很多很多。

3. 读片段，品趣味。

（1）出示《亨塞尔和格莱特》中的片段。

于是，他们跟着小鸟走去，一直到了一幢小屋前面。小鸟降落在屋顶上，他俩到了跟前才发觉，小屋竟是面包做的，屋顶上铺着蛋糕，窗户是明亮的糖块。

"这下该咱们美美吃一顿啦！"亨塞尔说，"我要吃一块屋顶，格莱特，你可以吃窗户，它一定很甜。"说着，男孩便举起手掰下一小块屋顶来，尝尝味道怎么样。

（2）学生自由读，边读边关注文字中有趣的部分。

（3）学生交流：这段文字中，哪些地方让你觉得特别有趣？

任务二　关注目录，制订阅读计划

1. 阅读目录，猜故事内容。

读读目录，说说自己猜测的故事内容。

提示：从题目我们就可以发现，《格林童话》中有不少故事都是与社会底层的小人物有关，也有一些动物故事。

2. 问题引导，说计划思路。

（1）学生交流。这么一本有趣的书，你准备怎么去读呢？

（2）交流点拨。

① 制订阅读计划不仅要考虑页码，也要考虑章节，每天尽量阅读到一章节结束的地方。

② 每天要对自己的阅读情况进行反馈，以保证自己的阅读进度和阅读质量。

3. 联系实际，制订阅读计划。

（1）在阅读之前制作阅读计划表不仅能规划阅读时间、速度，还会督促我们每天坚持阅读。

（2）欣赏同学制作的阅读计划表。

（3）请翻一翻目录，预估自己阅读每一章所需的时间，制订一份阅读计划表。可以按书上的章节顺序，也可以根据自己的阅读喜好来重新排序。

（4）出示阅读计划表示例，思考：你看懂了什么？自己的阅读计划又该怎样做呢？与同桌交流。

阅读书目	《格林童话》	
阅读时限	月　日一　月　日（共　天）	
阅读时间	阅读章节（页码）	完成任务的满意度自评
第一天		☆☆☆☆☆
第二天		☆☆☆☆☆
第三天		☆☆☆☆☆
……		☆☆☆☆☆

特色阅读计划欣赏

江苏省南通市实验小学三（7）班　黄伊一

任务三　紧扣重点，指导阅读方法

1. 阅读片段，感受神奇之处。

（1）出示《莴苣》的内容片段。指名朗读。

莴苣长大了，成了世界上最漂亮的孩子。她十二岁的时候，女巫把她锁进一个塔屋。塔在树林当中，没有梯子，也没有门，只是顶上有一个很小的窗户。巫婆要进去，就站在下面叫道："莴苣，莴苣，放下你的头发让我上去。"

莴苣有一头又长又漂亮的头发，细得像纺好了的金丝。每逢她听到巫婆的声音，就解开辫子，缠在窗户钩上，把头发放下二丈来，给女巫攀着上去。

几年之后，有一天，一个王子骑马穿过森林，从塔旁边走过。他听到悦耳的歌声，就停下来静听。那是莴苣因为太寂寞，想消磨时光，于是唱出的甜蜜歌声。王子想上去看她，于是找塔的门，但是找不着。他骑马回去，但是歌声深深打动了他的心，他每天都走到森林里去听。——选自《莴苣》

（2）交流。这段文字中，什么地方让你感觉到很神奇？（头发能当梯子，头发放下来有二丈①长，没有楼梯没有门、只有小窗的高塔……）

2. 预测情节，张开想象翅膀。

（1）王子被莴苣姑娘的歌声打动，天天去听。你觉得他们会见面吗？

（2）如果他们见面，王子会用什么办法见到公主呢？（模仿女巫的声音让莴苣姑娘放下发辫，魔法师念咒语让他飞上去，巨鸟带他飞到塔顶上……）

（3）预测一下故事的发展和结局。（王子救出了莴苣姑娘，女巫发现了王子……）

3. 代入角色，说说内心感受。

如果你是莴苣姑娘，被关在高塔上生活，你会有怎样的感受？会想些什么？（寂寞、孤独，思念亲人，向往自由、幸福……）

---

① 1丈约等于3.3米。

4. 揭示贴士，体会阅读方法。

（1）童话最大的特征就是充满着想象。在阅读童话时，要一边阅读一边想象，读读想想，读读猜猜，比一下子翻到最后看结尾有意思多了，阅读就像探险一样充满着乐趣。

相机出示阅读小贴士（一），学生齐读。

> **阅读小贴士（一）：**
>
> 　童话世界无奇不有。阅读时，只有发挥想象，才能真正领略童话的魅力。

（2）最高级的阅读者会把自己放进童话故事中，体会故事主人公的经历，感受他们的喜怒哀乐，这样的阅读才会有滋有味。

出示阅读小贴士（二）。

> **阅读小贴士（二）：**
>
> 　我们可以将自己想象成童话里的主人公。和故事中的人物一起欢笑，一起悲伤。

任务四　总结提升，做好阅读记录

1. 巩固读书方式。

在阅读经典作品时，有哪些方式可以让阅读更加深入，更有成效？

2. 班级汇报。

（1）圈画：边读边圈画，将好词好句画下来。

（2）批注：边读边思考，在相关内容旁边写下自己的疑问、猜测，边阅读边做批注。

（3）摘录：制作阅读记录表，边读边做记录。借助阅读日记的形式来记录，在日记里可以写写当天所读的内容、读后的感受、产生的联想和疑问，摘抄自己觉得有新鲜感的句子。

3. 小结

俗话说，不动笔墨不读书。在阅读的过程中圈圈点点，把读书的感想、疑难问题用笔墨追录，随手批写在书中空白的地方，可以帮助理解，深入思考。阅读后如果还能注意记录、积累所读内容，对这本书的理解会更加透彻。

读中：自主阅读推进

任务一　交流进程，培养阅读好习惯

1. 汇报阅读进程。

同学们阅读《格林童话》已经一个多星期了，大家读到哪儿了？有没有按照阅读计划表的进度推进？

小组内汇报个人阅读计划执行情况，组长小结本组成员阅读计划执行情况。

提示：要在阅读计划中增加执行情况一列，可以督促我们按计划完成阅读任务。在阅读过程中如果出现了困难，可以根据实际情况对计划进行调整。

2. 查看阅读记录卡。

大家的阅读记录卡做得怎么样？认识了哪些新的人物呢？哪些童话故事给你留下了深刻的印象？是怎么读的？

提示：不断强化"一边阅读一边想象"和"阅读时将自己想象成主人公"两种阅读方法。

阅读记录卡示例：

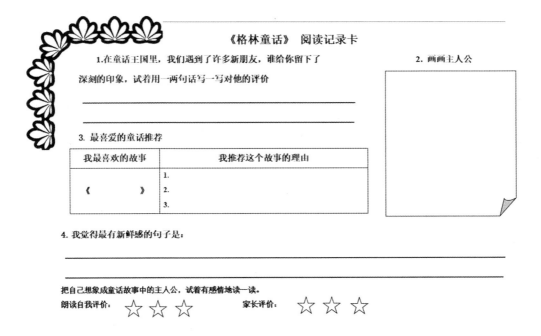

任务二　分享记录，习得阅读好方法

1. 分享积累的新鲜词句。

小组内交流，并推选代表准备全班展示。

2. 交流使用到的阅读方法。

同桌相互聊一聊，在阅读的时候采用了哪些阅读的方法？有什么收获？

3. 绘制有趣的人物卡片。

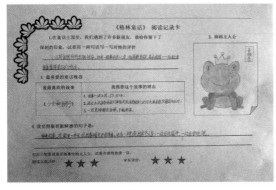

江苏省南通市实验小学三（7）班　温雅

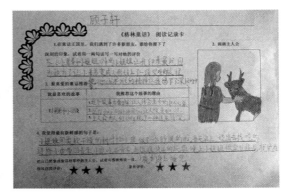

江苏省南通市实验小学三（7）班　顾子轩

任务三　绘思维图，讲述喜爱的故事

童话故事多有趣呀！同学们在阅读的过程中还可以将自己喜欢的故事讲给家长、弟弟妹妹或是同学听一听，分享你阅读的快乐。

1. 画一画，理清故事的脉络。

根据情节，绘制故事情节图，再根据情节图，讲讲这个故事。（情节图示例见右图）

2. 讲一讲，分享喜欢的故事。

将自己喜欢的故事和他人分享，请他们做出中肯的评价。

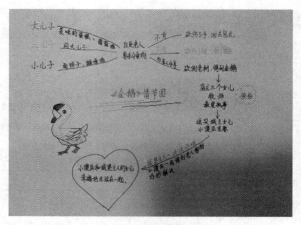

江苏省南通市实验小学三7班　蔡欣彤

"小小故事大王"评选活动单

得 ☆ 标准：

1. 普通话标准，吐字清楚、字音准确。☆
2. 故事完整，表达流畅。☆
3. 语言生动，语气、语调、声音、节奏富有变化，娓娓动听。☆
4. 能用姿态、动作、手势、表情、眼神等来表现故事内容，表现力强。☆

> 做到一点得一颗星，故事讲完后，请听故事的人将星记录在下表中。

得 ☆ 之旅：

给_____讲《　　　　》　评价：___颗 ☆
给_____讲《　　　　》　评价：___颗 ☆
给_____讲《　　　　》　评价：___颗 ☆
给_____讲《　　　　》　评价：___颗 ☆
给_____讲《　　　　》　评价：___颗 ☆
……
共计_____颗 ☆

读后：交流，分享提升

任务一　形式多样，展示阅读成果

1. 回顾阅读经历。

（1）谈话。这段时间，无论课间、午读还是家里，常常能看到同学们手捧一本《格林童话》，津津有味地阅读着。这些画面深深地感动着老师。（播放学生认真阅读、记录的图片）

（2）说说看到这些画面的感受。通过阅读，相信大家都认识了更多的童话人物，积累了更多的童话故事，今天这节课我们一起来分享阅读的收获。

2. 活动一：猜猜他是谁。

（1）同学们在阅读《格林童话》这本书时，绘制了不少人物卡片。我们玩一个"猜猜他是谁"的游戏，请大家根据卡片中的人物插图、关键词和关键事件，来猜一猜这个人物是谁。

（2）出示人物卡片，猜测。

（3）小结：阅读中，我们邂逅了许多的童话人物，美丽善良的白雪公主、真诚待人的灰姑娘、机智勇敢的小裁缝……在《格林童话》中，大量的作品选择了士兵、渔夫、裁缝、樵夫等普通人作为主人公，他们诚实、善良、勤劳、勇敢，是真善美的化身。

3. 活动二：童话达人大比拼。

《格林童话》的故事情节特别有意思，以小组为单位根据童话的内容抢答问题，题目读好后第一个举手的人获得抢答权，说出正确答案视为抢答成功。最后统计得分最高的一组胜出。

①《大拇指》这个故事中，大拇指先进了母牛的胃，侥幸逃脱，后来又被吞入谁的肚子中？（饿狼）

②在《三根金发》的故事里，鬼奶奶把少年变成什么，躲进自己的衣袖里？（蚂蚁）

③在《渔夫和他的妻子》这个故事中，渔夫的妻子是一个怎样的人？（贪心的人）

④在《勇敢的小裁缝》中，国王为了赶走小裁缝，向小裁缝提出了几个要求？（三个）

⑤在《小红帽》中，妈妈让小红帽带什么给生病的外婆？（蛋糕和葡萄酒）

⑥《青蛙王子》中小公主将青蛙关在门外，国王知道事情的真相后，让公主去给青蛙开门，并教育公主要做一个怎样的人？（言而有信的人）

⑦《金鹅》这个故事中，第几个儿子善良慷慨，最终得到别人的帮助，过上了幸福的生活？（第三个儿子）

⑧《灰姑娘》这个故事里，是谁帮助灰姑娘从灰堆里挑出两盘豌豆？（鸟雀们）

4. 活动三：有趣故事我来讲。

（1）有趣的故事不仅要自己读，还要和其他人一起分享。在前期阅读的过程中，同学们积极参加"小小故事大王"评选活动，根据自己绘制的思维导图将故事讲给家长、朋友、同学听，多名同学踊跃展示自我，收获了多枚故事小星星，获得了"小小故事大王"的称号。现在我们一起来看一看，哪些同学榜上有名？

（2）出示获评"小小故事大王"称号的学生名单。

（3）推荐获奖代表展示自己绘制的思维导图并讲故事。

任务二　回顾方法，分享阅读收获

1. 阅读记录展示，畅谈"边读边想象"的乐趣。

（1）阅读的记录"晒一晒"。

边阅读边记录，让我们将童话故事读得更加透彻，阅读的收获也更大。（展示学生完成的阅读记录单）

（2）想象的乐趣说一说。

① 小组内说一说：在读《格林童话》时，你是怎样一边阅读一边展开想象的，结合自己最喜欢的一个故事说说自己具体是怎么想的？

② 推选优秀组员代表小组作班级分享。

提示：一边阅读一边想象，能将故事读得有滋有味。阅读时，只有充分发挥想象，才能真正领略童话的魅力。

2. 趣味画外配音，感受"代入故事里"的奇妙。

（1）出示《小弟弟和小姐姐》中的插图（见图）。知道这是哪个故事中的插图吗？图上这个小女孩是姐姐，这只小鹿是谁呢？（弟弟）

（2）看图，回忆故事情节。

（3）巫婆继母迫害姐弟俩，姐姐三次劝说弟弟不要喝水，前两次弟弟都忍住了，第三次却没有忍住，被巫婆变成了一只小鹿。假如你就是文中的姐姐或者弟弟，此时此刻，你会想些什么？又会说些什么呢？

（4）想象姐弟对话，趣味画外配音。

（5）你们看，阅读时如果能像这样将自己当作故事中的一员，快乐着他的快乐，着急着他的着急，该是一件多么有趣的事情呀！

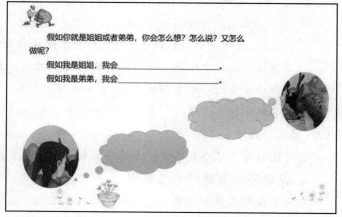

任务三　自评自测，检验阅读效果

1. 选一选。

（1）下列人物不是出自《格林童话》的一项是（　　　　）。

A. 画眉鸟国王　　　B. 灰姑娘　　　　C. 海的女儿　　　　D. 勇敢的小裁缝

（2）王子是靠（　　　）找到灰姑娘的。

A. 南瓜马车　　　　B. 水晶鞋　　　　C. 漂亮的衣服　　　　D. 绿色的橄榄枝

（3）"但是，每天早上，国王发现公主们的鞋子都是破的，是什么原因呢？"《跳舞跳破的鞋子》中这句话的作用是（　　　　）。

A. 格林兄弟自己也不知道，希望读者能告诉他。

B. 格林兄弟想用一个问句引起读者的阅读兴趣，引出下文。

2. 连一连。

美丽善良　　　　　　　　　　　　渔夫妻子

机智勇敢　　　　　　　　　　　　白雪公主

贪得无厌　　　　　　　　　　　　巫婆

阴险恶毒　　　　　　　　　　　　小裁缝

3. 比一比。

《格林童话》这本书中出现了很多位公主，选择你印象比较深刻的几位进行比较阅读，将她们的相同点和不同点记录在下表中。

公主名字	故事名	相同点	不同点

4. 说一说。

《格林童话》中很多故事都能给我们启发，例如《金娃娃》这个故事告诉我们做人要诚实。还有哪个童话故事给了你什么启示呢？试着说一说。

任务四　总结提升，推进深度阅读

1. 总结提升，发现《格林童话》的特征。

引导。《格林童话》作为最受人们喜爱的书籍之一，具有独特的艺术魅力。这些故事作者不同，描写的主人公不同，阅读、交流之后，你觉得《格林童话》里的童话故事有什么共同的特点呢？

提示：故事篇幅短小，内容浅显易懂，一读就明白。《格林童话》中的主人公除了王子公主之外，也有很多是普普通通的劳动者。《格林童话》故事的结局都是善有善报，恶有恶报。好人最后的结局都是圆满的，坏人最后都是没有好结局。

2. 阅读延伸，讲述书本之外的《格林童话》。

除了我们读的这本书上的故事外，还知道哪些《格林童话》呢？

3. 教师荐读，激发进一步阅读的兴趣。

《格林童话》于 1812 年出版第一集，其中包含了 86 篇童话故事，第二集增加了 70 个故事，到第七版时故事达到 200 多个。我们读的都是作品选集，没有包括所有的故事。比如《布勒门镇上的音乐家》，讲述的是一头驴、一条狗、一只猫和一只公鸡因为年老体弱而受到了主人们的厌弃和迫害，它们没有消极地等厄运的降临，而是从无情的主人家逃离出来，结伴而行，怀着美好的希望，准备到布勒门市去当音乐家。它们团结合作，战胜了一群强盗，过上了美好的生活。

此外还有《一只眼两只眼和三只眼》《纺锤、梭子和针》等故事，同学们课后还可以找来读一读，别忘了边读边想象，读的时候将自己想象成故事中的人物，去感受，去体会。

（编写人：秦建芳；指导者：蒋莉莉、王爱华）

第四单元 读读儿童故事

单元导读
陪我们一起长大

　　本单元"快乐读书吧"由四篇儿童故事组成，即洪汛涛的《神笔马良》，苏联作家卡达耶夫的《七色花》，印度诗人泰戈尔的《愿望的实现》，还有金波的《一起长大的玩具》，分别讲述了少年马良用神笔帮助穷人，小姑娘珍妮拥有一朵能实现七个愿望的七色花，调皮的儿子苏西和要求严格的父亲老苏巴互换身份，还有传统手工制作的不起眼的玩具，伴随着主人公长大的故事。

　　这些故事里的儿童形象鲜明，有的顽皮、可爱，有的懂事、善良。作品中传达的惩治恶人、关心他人等主题教会了儿童真善美。有的作品贴近儿童的日常生活，让儿童感到熟悉和喜爱。有的会有意想不到的奇遇，曲折的情节、反复的结构、大胆的想象，激发了儿童浓厚的阅读兴趣。有的故事童趣中充满哲理，留给儿童极大的想象空间。

　　阅读这几部作品可以达成以下目标：产生阅读兴趣，能主动阅读自己喜欢的故事，知道主要内容；初步学会看书的目录，能从目录中大致了解书里主要写了什么，要读的内容从哪一页开始；学会用山型图梳理故事内容，学会利用"3W"阅读策略试着讲故事；通过做阅读卡等活动与别人交流和分享。

《神笔马良》阅读教学设计与实践

教学解读

　　《神笔马良》是洪汛涛先生创作于 20 世纪 50 年代的作品，据其改编的木偶电影《神笔》是中华人民共和国第一部参加国际电影比赛的儿童片，屡获大奖。

　　故事讲述了一个叫马良的孩子非常喜欢画画，却连一支画笔都没有。后来，神仙给了他一支神笔，他就用这支神笔给老百姓画需要的东西。财主知道后逼马良画金元宝，于是他画了骏马和梯子逃走了。皇帝知道后逼马良画摇钱树，他就画了大海、大船、大风，惩治了皇帝。故事篇幅虽短小，但其中蕴含的美好愿望感染着一代又一代的读者。

　　对于二年级的学生来说，这个故事的情节曲折，引人入胜，从开始到发展到高潮，线索非常明确，是练习梳理故事各情节点的主要内容、感受故事情节"起伏跌宕"的极好的文本。故事中"马良"的形象非常鲜明，字里行间能让人感受到其有志气、有恒心、勇敢、善良、冷静、为民造福、疾恶如仇的特点，因此非常适宜指导学生运用"抓住关键词句感受人物品质"的阅读方法，对人物特点进行分析、概括。

阅读目标

　　1. 做好阅读规划，能分清人物主次；能用山型图梳理故事内容，用"3W"阅读策略说清故事各部分的主要内容。

　　2. 感知从人物、情节、主题三个方面阅读民间故事型童话的基本方法。

　　3. 能利用策略单，结合具体故事内容，概括马良的性格特点和精神品质。

　　4. 感受本书在中国文学发展史上的特殊地位，激发对文学阅读的持续热情。

活动安排

阅读阶段	阅读过程	阅读时间	活动内容
读　前	导读活动	30 分钟	1. 猜测笔之奇。 2. 分清人物主次。 3. 自主阅读。
读　中	自主阅读推进活动	40 分钟	1. 利用山型图来梳理故事情节。 2. 抓住细节来复述故事。 3. 运用策略单来感受人物形象。

续表

阅读阶段	阅读过程	阅读时间	活动内容
读　后	分享交流 延伸活动	90 分钟	1. 通过分析神笔的"神奇"来感悟故事主题。 2. 在分享策略单的过程中感悟马良形象。 3. 在自评自测中深化阅读效果。 4. 通过观看影片来拓展学习。

读前：导读活动

任务一　出示书名，猜测笔之奇

1. 看图想象。

（1）出示各种笔的图片，说说它们的名称。

（2）集中到其中一支毛笔的图片上：如果这是一支神笔，你会有怎样的想象？

（3）交流。

2. 引入新书。

（1）今天开始我们要一起读《神笔马良》这个故事，看了这个题目，你有什么样的猜想？

（2）交流对故事内容的猜想。

3. 介绍作者。

洪汛涛爷爷出生在 1949 年以前，他的童年是在贫困和战乱中度过的，他喜爱文学、勤学苦练、立志报国，20 岁不到就出版了一部诗集。《神笔马良》这个故事于 1955 年发表在《新观察》杂志。1956 年，少年儿童出版社出版了《神笔马良》一书，后一版再版。洪汛涛爷爷一生写了大量脍炙人口的童话，被后人尊称为"童话大师"，是"中国童话十大家"之一。

任务二　初读文本，分清人物主次

1. 教师引读。

（1）教师读故事的开头（从开篇到得到神笔部分）。要求：边读边想象故事的情境。

（2）回忆这部分故事中出现的人物：马良、学馆画师、白胡子老人。

（3）在人物名称第一次出现的地方，用圆圈圈出来。

2. 自主阅读。

（1）边读边想象故事的情境，可以结合书中的插图展开想象。

（2）人物名称第一次出现的地方，用圆圈圈出来。

（3）完成整个故事阅读的时间为 25 分钟。

3. 分清主次。

（1）交流故事中出现的所有人物。

提示：马良、画师、白胡子老人、穷苦人、恶财主、家丁、官员、皇帝、卫士、兵士。

（2）说说故事的主要人物是谁？

提示：主要人物是马良，因为故事就是围绕着他展开的，写他的篇幅也最多，而且题目中就有他的名字，显然是主要人物。

（3）说说剩下的人物中哪一组是次要人物，哪一组是更次要的一般人物？（课件出示已分为两组的人物。次要人物：画师、白胡子老人、恶财主、皇帝；一般人物：穷苦人、家丁、官员、卫士、兵士）

（4）小结。分清主要人物、次要人物、一般人物最简单的方法是什么？

提示：根据书中描写这个人物的篇幅的长短。文字越多说明这个人物越重要。

任务三　制订计划，明确阅读要求

1. 安排阅读时间。

完整地读完这个故事大概需要 25 分钟，计划把这个故事再读 3 遍，合理安排自己阅读这个故事的时间。

2. 明确阅读要求。

（1）出示阅读要求。

第一遍：默读，边读边展开想象。遇到不认识的字，不理解的词语，用笔画出来。读完后查字典或询问家长、伙伴，解决自己的疑惑。

第二遍：默读，边读边展开想象。有疑问的句子，用笔画出来。读完后，再联系上下文进行思考，争取自主解决，不能解决的可以留待全班交流。

第三遍：结合故事中的插图，想想每幅插图对应的是哪些文字，试着用简洁的话说说这部分故事的主要内容。

（2）自主开展阅读。

读中：自主阅读推进活动

任务一　利用山型图，梳理故事情节

1. 了解情节。

人物和人物之间会发生不同的故事，这就产生了不同的"情节"。一个故事的情节，往往会按开始、发展、高潮、结尾的顺序来展开，就像一座山一样，我们可以利用山型图来梳理故事情节。

2. 标注情节点。

小组合作，在卡纸上画一个山型图。按照老师提示，标注 8 个情节点。（形成山型图 1）

3. 给情节点配图。

利用老师给每组提供的缩小版的插图，组员一起合作，找到和每一个情节点相关的图片，并摆放正确。（形成山型图 2）

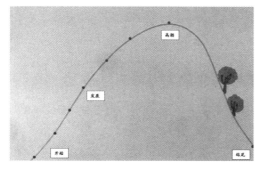

山型图 1

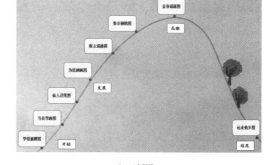

山型图 2

4. 用"3W"阅读策略了解内容。

边组织交流，边用"3W"阅读策略（即谁在什么地方发生了什么事）概括各个情节点上的主要内容。

提示：

马良在学馆想要跟画师学画，却被撵了出去。

马良在沙地、岸石、窑洞壁上学画画。

马良在梦中得到白胡子老人送他的神笔。

马良在村里给穷苦人画他们需要的各种东西。

马良在财主家被逼画金元宝，他不答应，就画了梯子和骏马逃走了。

马良在市镇里以卖画为生，画鹤时滴了滴墨水，白鹤睁眼飞走了。

在皇宫里，马良画了大海、大船、大风，惩治了皇帝。

马良远走他乡。

5. 给情节取名。

用四个字概括各情节点的主要内容。

提示：画师讽刺、勤学苦练、仙人赠笔、为民造福、财主逼画、画鹤飞走、皇帝逼画、远走他乡或为民画画。

任务二　抓住细节，练习复述故事

1. 复述片段。

再读马良在皇宫里的片段，进行复述。重点指导好几个典型细节的复述。

"贪心不足的皇帝，画了一座又一座，画了一座又一座，重重叠叠地画了许多。画好了一看，哪里是金山，却是一堆堆大石头！上面压得太多，就塌下来，差一点儿把皇帝的脚也砸伤了。"

"他画了一块嫌小，画了一块还嫌小，最后画成长长的一大条。画好一看，哪里是金砖，分明是一条长长的蟒蛇！蟒蛇张开血盆大口，向他扑来。幸亏卫士们救得快，不然，皇帝早被大蟒蛇吃掉了。"

"蓝蓝的海水，没有一丝波纹，亮闪闪的像一面大玉镜……海水皱起密密的波纹……海动荡起来了，船上的帆鼓得满满的，急速向海中央驶去……海不安地吼叫起来，卷起汹涌的浪涛……浪更猛了，海水像一堵倒塌的高墙，接连不断地往船上压去。"

2. 结合山型图，练习整个故事的复述。

3. 小组展示。

4. 班级展示。

任务三　运用策略单，提炼人物形象

1. 说喜欢理由。

《神笔马良》这个故事从诞生到现在已经有 60 多年了，大家都喜欢读这个故事，都喜欢马良这个人物，你喜欢吗？理由是什么呢？

2. 用上策略单。

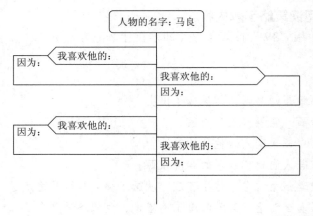

3. 自主填写。

再次深入阅读，自主完成策略单的填写。

读后：分享交流延伸活动

任务一　分享策略单，感悟马良形象

1. 展示完成后的策略单。

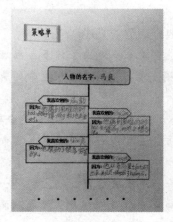 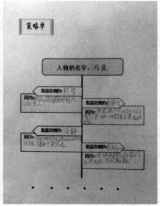 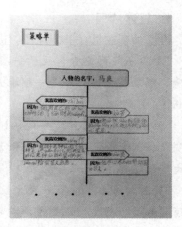

南通市海门实验学校附属小学二（6）班　张铂铱、包景怡、陆倪轩

2. 体会人物品质。

交流过程中台下的同学进行补充。结合汇报，相机出示相关文字内容，多形式朗读、体会。

提示：有志气、用心苦练、坚持不懈、为民造福、机智聪明、沉着镇定、疾恶如仇、不畏权贵、惩恶扬善……

相关文字内容：

段落①马良是个很有志气的孩子，他想："为什么穷孩子不能拿笔，连画也不能学呢？我就是要学画！"

段落②他到山上打柴时，捡起一根枯树枝，在沙地里学着描飞鸟。他到河边割草时，用草根蘸蘸河水，在岸石上学着描游鱼。晚上，回到家里，他拿一块木炭，在窑洞的壁上，又把白天描过的东西，一件一件再画一遍。

一年一年过去，马良学画没有一天间断过。他窑洞的四壁，画上叠画，麻麻花花全是画了。

段落③谁家没有犁耙，他就给他画犁耙；谁家没有耕牛，他就给他画耕牛；谁家没有水车，他就给他画水车；谁家没有石磨，他就给他画石磨。

段落④眼看就要追上了，马良不慌不忙，用神笔画了一张弓，一支箭。箭一上弦，"嗖"的一声响，正射中财主的马，马一颤动，财主翻身跌下马去了。

段落⑤马良年纪虽小，却生来是个硬性子。他看透这财主的坏心肠，任凭财主怎样哄他、吓他，要他画金元宝，他就是不肯画。

马良听过许多这个坏皇帝欺侮平民百姓的事，心里恨透了，哪肯给皇帝画呢！皇帝叫他画一条龙，他却画了一只大壁虎；皇帝叫他画一只凤，他却画了一只大乌鸦。

段落⑥马良一心想夺回神笔，他装作答应下来……

马良心里打定了主意，不说什么话，提起神笔一挥，一片无边的大海，出现在眼前了……

马良装作没听见，不歇手地画着风……

马良还是不住手地画风……

船翻了。

任务二　分析笔之"神"，感悟故事主题

1. 悟神笔之神。

（1）马良的这支神笔，究竟"神"在什么地方呢？

（2）学生交流。

（3）小结：这支笔在正义的人手上，"画什么，有什么"；在邪恶的人手上，"画什么，没什么"，真"神"啊！

2. 思神笔之来。

（1）提问：白胡子老人为什么不早一点把神笔送给马良呢？

（2）学生交流。

（3）小结：只有勤学苦练，坚持梦想的人才能得到神笔，功夫不到家的话，他的画就画得不像，即使变成真的，也和真的东西不一样。

任务三　自评自测，深化阅读效果

1. 选择题。

（1）下列哪项不是马良的特点？（　　　）

A. 沉着镇定　　　B. 机智勇敢　　　C. 精打细算　　　D. 勤奋善良

（2）皇帝让马良画凤凰和龙，他却画了乌鸦和壁虎。下列哪个说法是不正确的？（　　　）

A. 马良被皇帝的威严吓到了，一紧张，把凤凰画成了乌鸦，把龙画成了壁虎

B. 乌鸦和壁虎都是外表比较丑陋的东西，马良这样画是为了羞辱皇帝

C. 凤凰和乌鸦有相似之处，龙和壁虎有相似之处，等皇帝发现时，马良基本已画成了，再制止也来不及了

2. 实践题（仿写句子）。

"他在村口画了只小母鸡，村口的上空就成天有老鹰打转。"

"他在后山画了只黑毛狼，吓得牛羊不敢在后山吃草。"

"＿＿＿＿＿＿＿＿＿＿＿＿＿＿＿＿＿＿＿＿＿＿＿＿＿＿＿＿＿＿＿＿＿"

"＿＿＿＿＿＿＿＿＿＿＿＿＿＿＿＿＿＿＿＿＿＿＿＿＿＿＿＿＿＿＿＿＿"

3. 想象题。

（1）马良后来怎样了？故事中的结尾是："有的说，他回到自己的家乡，和那些种地的伙伴们在一起。有的说，他到处流浪，专门给穷苦的人们画画。"你还能想象怎样的结尾呢？

（2）假如你有一支神笔，你想用它来画什么？

任务四　观看影片，延伸学习

1. 介绍影片。

由《神笔马良》这个故事改编的木偶剧《神笔》先后获得五个国际大奖，是中华人民共和国第一部参加国际电影比赛的影片，也是百年中国电影在国际上获奖最多的影片之一。

2. 静心欣赏。

结束后说说影片和故事略有不同的地方。教师适时引导，虽然有些细节不一样，但表达的主题是一样的。

（编写人：陆锦华；指导者：王鸣、蒋莉莉、王爱华）

《七色花》阅读教学设计与实践

教学解读

《七色花》这本书是三个童话故事的合集。故事一《七色花》是苏联作家瓦·卡达耶夫的作品。故事讲述了小姑娘珍妮得到一朵神奇的七色花，她用其中的六片花瓣实现了6个属于自己的心愿，用最后一片花瓣帮助一个跛脚的男孩恢复了健康，在分享和奉献中获得了真正的快乐。故事二《十二个月》是苏联作家萨·马尔夏克根据斯拉夫民族（斯洛伐克和捷克）的民间传说写成的，讲述了一个可怜的小女孩遇见十二个月，十二个月用四季的变幻帮助小女孩，用大自然的魔力惩罚了狠毒的后妈和妹妹。故事三《渔夫和金鱼的故事》是俄国普希金用叙事诗写成的童话故事。渔夫放生了一条会说话的金鱼。金鱼满足了渔夫妻子的一个又一个的要求。老太婆无比贪婪，从最初的清苦，继而拥有辉煌与繁华，最终又回到从前的贫苦。三个故事都告诉人们要求真、求善、求美。

故事中奇幻色彩的宝物"七色花"、可爱的小女孩、神奇的十二个月、会说人话的金鱼等形象，让读者置身于纯真、美好的童话世界。生动有趣的故事情节，夸张的手法，有利于激发低年级学生的阅读兴趣。《七色花》《渔夫和金鱼的故事》呈现明显的反复结构，如小女孩每一次许愿都会伴随着一段神奇的魔法咒语，如老太婆一次又一次的要求都伴随着大海的变化。反复结构利于学生把握故事内容，为学生自制目录提供条件。故事里的美好人物形象，传递的真挚情感，呈现的优美意境必将对学生的精神世界产生积极的影响。

阅读目标

1. 对故事感兴趣，能自主阅读自己喜欢的故事。按照计划主动阅读并根据阅读要求做好记录。

2. 学会看整本书的目录，并尝试根据单篇《七色花》故事内容，自己制作阅读目录。尝试根据故事情节，绘制情节图。

3. 借助故事结构反复的特点进行阅读，试着讲故事；通过讲一讲、演一演、猜一猜等活动，感受童话故事的丰富多彩，体验阅读的快乐；通过阅读记录展示、交流分享，养成乐于阅读、乐于分享的习惯。

4. 通过阅读故事，感受童话的真善美。

活动安排

阅读阶段	阅读过程	阅读时间	活动内容
读 前	导读活动	20 分钟	1. 看封面，猜故事，激发阅读兴趣。 2. 读目录，知作者，识译者，对外国童话充满期待。 3. 听故事，初步交流感受故事的有趣。 4. 制订阅读计划表，按计划师生共读。
读 中	推进活动	6 天	1. 梳理故事内容。 2. 和同学分享故事中神奇、有趣的地方。 3. 阅读故事，完成发现图。 4. 走近童话人物，感受人物形象。
读 后	分享交流 延伸活动	30 分钟	1. 讲故事。 2. 创编故事。 3. 分享自制的目录。 4. 同一主题，阅读拓展。

读前：导读活动

任务一　看封面，猜故事

1. 看封面，知相关信息。

小朋友们，今天老师向你们推荐一本新书。这本书是由三个小故事组成，以其中一个故事的题目作为书的题目。封面上没有标明各个故事的作者，而是呈现了编者的名字。

（曹文轩，著名作家，获得 2016 年度国际安徒生奖。这是中国作家首次获此奖项。陈先云，统编版小学《语文》教科书执行主编。）

2. 看插图，猜故事内容。

这本书里一共有三个故事，封面上的这幅图和其中的一个故事有关。你能看图猜猜故事的内容吗？

（1）猜猜故事的主人公。

猜猜这是一个怎样的小女孩。

（2）猜猜故事的内容。

封面上的小女孩手里拿着一朵花，这朵花和小女孩有什么关系呢？

任务二　读目录，知内容

1. 看目录，识童话。

（1）读读目录。

读了目录，我们知道这三个故事分别是《七色花》《十二个月》《渔夫和金鱼的故事》。一起读一读故事的题目。

你能读懂每个故事分别是第几页到第几页吗？自己看看目录，再对照目录上的页码，翻一翻书。

（2）再识童话。

这三个故事都是童话。我们以前读过哪些童话？

学过的课文：《小蝌蚪找妈妈》《雪孩子》《狐狸分奶酪》……

二年级上册"快乐读书吧"中提到的：《小鲤鱼跳龙门》《"歪脑袋"木头桩》《孤独的小螃蟹》《小狗的小房子》《一只想飞的猫》……

你有没有发现童话故事和一般故事不一样的地方呢？

（童话故事里的想象特别神奇，情节特别有趣，语言特别生动……）

2. 知作者，识译者。

（1）认识作者。

《七色花》的作者是苏联作家瓦·卡达耶夫。他是一位小说家、剧作家、诗人，创作了许多作品，其中《七色花》深受全世界儿童的喜爱，成了童话中的经典作品。

《十二个月》的作者是苏联作家萨·马尔夏克。他是一位儿童剧作家、诗人。这个故事是他根据斯拉夫民族（斯洛伐克和捷克）的民间传说改写而成的。

《渔夫和金鱼的故事》的作者是俄国的普希金。他是俄国著名的文学家，被认为是俄国最伟大的诗人，被誉为"俄国文学之父"。

（2）了解译者。

童话故事《七色花》创作于1940年，多次再版，多位翻译家翻译过。我们读的这一版本是著名翻译家曹靖华翻译的，他是北京大学教授，早年在莫斯科东方大学学习，获得苏联授予的各国人民友谊勋章。

《十二个月》《渔夫和金鱼的故事》都是著名翻译家戈宝权翻译的。他是中华人民共和国首任驻苏联的外交官，曾荣获苏联文学基金会授予的"普希金文学奖"。

任务三 听故事，说趣味

1. 听故事，知情节。

（1）教师讲故事第3—10页第一小节，珍妮得到七色花以及用第一朵花瓣实现了愿望部分。

（2）提问：你听懂了什么？

（3）交流：珍妮为什么会迷了路？

谁给了珍妮七色花？七色花什么样？七色花不平常在哪里？

相机出示：老婆婆说着这话，就把一朵像甘菊似的非常美丽的小花，从花坛里摘下来，送给了珍妮。这朵花有七片透明的花瓣，每片花瓣的颜色都不一样：黄的、红的、蓝的、绿的、橙色的、紫的和青的。你想要什么它就能做什么。

2. 读故事，赏片段。

（1）自己读读这一部分故事，把自己觉得神奇、有趣的部分画出来。

（2）交流觉得神奇、有趣的部分。

① 小狗吃面包圈的过程很有趣：一个一个吃着，先吃……后来吃……再吃……最后……

② 珍妮迷路的部分很神奇：她想回到小花园里，请求老婆婆把她送到附近的警察那儿去。可是小花园没有了，老婆婆也不见了。

③ 珍妮的表情很有趣：……甚至连鼻子都皱得好像手风琴似的了……

（3）读好神奇的魔法咒语。

① 指名读。

② 齐读。

出示：飞呦，飞呦，小花瓣儿呦，飞到西来飞到东，飞到北来又到南，绕一个圈儿呦，打转来。等你刚刚挨着地——吩咐吩咐如我意。吩咐吧，随便做什么都可以。

任务四　学范例，订计划

1. 学范例。

珍妮到底用这些花瓣实现了哪些愿望呢？你一定迫不及待地想把故事读完。有一位小朋友根据自己的阅读习惯，制订了他的阅读计划表，我们来看看。

江苏省南通师范学校第二附属小学
二（8）班　殷樾

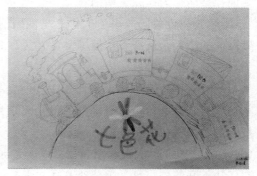

江苏省南通师范学校第二附属小学
二（8）班　季怡瑾

2. 订计划。

你准备多长时间读完这个故事呢？

阅读书目	《七色花》	
阅读时限	月　　日—　　月　　日（共　　天）	
阅读时间	阅读章节（页码）	完成任务的满意度自评
第一天		☆☆☆☆☆
第二天		☆☆☆☆☆
第三天		☆☆☆☆☆
……		☆☆☆☆☆

3. 明方法。

（1）我们可以怎样去读这几个故事呢？故事前面的导语给我们指明方向。

（2）分别读一读每个故事前的导语。

（3）明晓阅读方法。

《七色花》——绘制愿望清单，制作我的《七色花》小目录。

《十二个月》——边读边想象，体会故事的神奇。

《渔夫和金鱼的故事》——读故事，联系老太婆的愿望和大海的变化，说说自己的发现。

读中：自主阅读推进活动

任务一 梳理故事内容

1. 回顾愿望清单。

珍妮用七色花实现了哪些愿望？

2. 自制愿望清单。

江苏省南通师范学校第二附属小学
二（8）班 尤钰涵

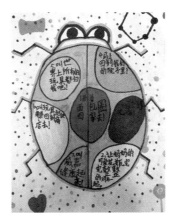

江苏省南通师范学校第二附属小学
二（8）班 易诚

3. 阅读《十二个月》，选择合适的方式画出十二个月帮助小女孩的过程。

4. 阅读《渔夫和金鱼的故事》。

（1）老太婆一次又一次地提出要求，每一次的要求对应着大海的变化。在书上画出老太婆的愿望和大海的变化，试着填写表格。

老太婆的愿望	大海的变化
木盆	大海在轻微地起着波浪

（2）说说自己的发现。

老太婆的愿望	大海的变化
木盆	大海在轻微地起着波浪
木房子	蔚蓝的海水发起浑来
世袭的贵妇人	蔚蓝的海水不安静起来
自由自在的女皇	蔚蓝的海水变得阴暗起来
海上的女霸王	海面上起了黑色的大风浪

提示：老太婆的愿望越来越过分，大海越来越汹涌。

任务二　感受故事里的神奇

想象神奇。

童话故事最吸引我们的就是故事里丰富的想象。找出故事里有趣、神奇的地方，和同桌交流交流。

示例1：全世界的玩具从四面八方蜂拥而至。（书第23—26页）

（1）读一读，说一说。

从哪里读出了玩具的多，玩具的闹，玩具带来的烦恼？

"洋娃娃真多呀，它们一下子就堆满了全院子，一条胡同，两条街和半个广场。……四下里除了洋娃娃唧唧哇哇的声音以外，什么也听不见了。五百万会说话的洋娃娃，有多么吵人呢……城里的交通停止了。站岗的警察，都爬到电线杆子上，不知道做什么好了……"

（2）想象。

在你的想象中，全世界的玩具们一起赶来，还会出现怎样的情况呢？

示例2：十二个月的咒语带来的神奇变化。（书第57页、59页、64页）

示例3：金鱼给渔夫和老太婆的生活带来神奇的变化。

小结：想象让童话故事变得多么的精彩，多么的有趣。

任务三　走近童话人物

1. 趣说珍妮。

读故事，品特点。

童话故事中的人物各有各的特点。《七色花》中的珍妮是个怎样的小女孩？联系故事里的内容，结合表格说说自己的看法。

遇到的事情	怎么做的	特　点
迷了路	大哭起来	胆小
拿花瓶	数乌鸦	三心二意

2. 我想对珍妮说。

你眼里的珍妮是一个怎样的孩子？你想对珍妮说什么？

遇到的事情	怎么做的	特　点
迷了路	大哭起来	胆小
拿花瓶	数乌鸦	三心二意
想和男孩玩，男孩不同意	说男孩的木板是"猫尾巴"	天真可爱
只剩一片花瓣	思来想去	不断长大
遇到跛脚的威嘉	把最后一片花瓣给威嘉	善良、乐于助人

3. 评说愿望。

珍妮用七色花瓣实现了七个愿望，你最喜欢她的哪个愿望？为什么？

4. 猜猜月份。

看看书中的插图（第 50 页），结合故事内容，你能猜猜他们分别是哪个月份吗？

> 三个年老的，三个中年的，三个年轻的，而最后的三个——差不多还是小孩子。

你喜欢十二个月吗？为什么？

5. 辨辨人物。

人们为什么不喜欢《渔夫和金鱼的故事》中的老太婆呢？

读后：交流分享延伸活动

任务一　自制故事目录

1. 讨论目录。

《七色花》篇幅较长，没有目录。如果请你来当小编辑，给它编写目录，你准备根据什么来确定目录？（故事中不同的愿望）

2. 制作目录。

自己尝试为《七色花》制订目录，目录的内容最好能简洁明了。

3. 展示目录。

江苏省南通师范学校第二附属小学二（8）班
姚伊浓

江苏省南通师范学校第二附属小学二（8）班
许宸煊

任务二　展开想象，创编故事

1. 选择一个故事小组讨论。

（1）如果你也有一朵七色花，你想用它来实现什么愿望呢？

（2）如果你遇到了十二个月，你希望他们帮助你实现什么愿望？

（3）如果小金鱼就在你身边，你希望它满足你什么愿望？

2. 交流分享。

3. 创编故事。

选择一个愿望，发挥你的想象力，自己编一个小故事吧！

任务三　自评自测

1. 讲一讲。

选择一个故事，试着把你觉得最有趣的一部分讲给大家听。注意声音响亮，情节完整，如果能够讲得生动就更棒了！

声音响亮	☆ ☆ ☆
情节完整	☆ ☆ ☆
生动有趣	☆ ☆ ☆

2. 演一演。

和小组成员合作，试着演一演你们最喜欢的一部分内容。

3. 看一看。

观看动画片《七色花》《渔夫和金鱼的故事》，尝试着给短片配音。

4. 判断。对的打"√"，错的打"×"。

（1）《七色花》《十二个月》《渔夫和金鱼的故事》都是外国童话。（　　　）

（2）《七色花》中一位仙女送给了小女孩一朵神奇的七色花。（　　　）

（3）《十二个月》中帮助小女孩的是正月、二月、三月。（　　　）

（4）《十二个月》和《渔夫和金鱼的故事》都是著名翻译家戈宝权翻译的。（　　　）

（5）《渔夫和金鱼的故事》中的老太婆最后成为女皇。（　　　）

（6）《七色花》中的小女孩和《十二个月》中的十二个月都有一颗善良的心。（　　　）

（7）我们可以根据故事的情节，自己制作故事的目录。（　　　）

（8）童话故事非常有趣，我们要学会边读边想象。（　　　）

任务四　归纳主题，拓展阅读

1. 归纳相似点。

三个故事都和"愿望"有关，这些"愿望"有什么相同的地方？有什么不同的地方？

2. 说一说。

你有什么愿望吗？你希望怎样实现？

3. 读一读。

拓展阅读《彩虹色的花》。彩虹色的花帮助大家实现愿望，从彩虹色的花身上感受分享和爱带来的幸福。

（编写人：戴年明；指导者：王鸣、王爱华）

《一起长大的玩具》阅读教学设计
与实践

教学解读

　　《一起长大的玩具》是著名儿童文学作家、诗人金波创作的一本关于童年游戏与玩具、发现与想象的散文和童话集。

　　全书分三部分。第一部分介绍了抽陀螺、兔儿爷、脸谱、快乐鸡毛、泥泥狗、老鸹枕头这六种玩具，生动展现了玩具和游戏带给自己的无限乐趣；第二部分介绍作者儿童时期的奇妙发现：站着睡觉的马儿，会伪装的枯叶蛱蝶，会走动的红玛瑙……第三部分主要写作者有趣灵动的想象，想象自己在蜗牛壳中安静地读书，把自己想成一条鱼参观水下游乐园……全书洋溢着童真、童趣。

　　全书内容贴近儿童生活，一些玩具的介绍激发了儿童的阅读兴趣；作者有趣的发现和灵动的想象通过文字潜移默化地影响着孩子的观察力和想象力。作者语言亲切自然，如诗般优美流畅，学生能够在阅读中充分感受童年的纯真与美好。

阅读目标

　　1. 初步学会阅读全书的目录，能从目录大致了解主要内容，要阅读的内容从哪一页开始。

　　2. 学会利用"Who\Where\What"（"3W"）阅读策略图概括故事主要内容，提高提取信息和整体感知的能力。

　　3. 学会边读边记录，分享交流阅读感受和疑问。

　　4. 体会童年乐趣，产生继续阅读儿童故事的兴趣。

活动安排

阅读阶段	阅读过程	阅读时间	活动内容
读　前	导读活动	20 分钟	1. 出示玩具，激发阅读兴趣。 2. 了解作者及相关作品。 3. 观察封面，学看目录。 4. 介绍阅读方法，制订阅读计划。
读　中	推进活动	6 天	1. 展示阅读记录卡并交流。 2. 分享并朗读精彩段落。 3. 使用"3W"阅读策略介绍故事情节。 4. 拓展与分享，激发继续阅读的兴趣。

续表

阅读阶段	阅读过程	阅读时间	活动内容
读 后	分享交流 延伸活动	30 分钟	1. 班级组织问答小游戏。 2. 推荐阅读作者的其他作品。 3. 后续完成阅读记录表。

读前：导读活动

任务一 看封面，知作者

1. 看封面。

今天，老师给小朋友带来一本书。一看到这本书，首先吸引你的是什么？

插图。插图上的人在干什么？你看到这个图画想到了什么？

书名。书名的字体很有意思，和其他字体都不一样！

书脊。你看这里直直的，像人的脊背一样，这就是书脊，这里一般都会写上书的名字。

2. 知作者。

（1）自由谈话。

这本书的作者是金波。说起金波，小朋友对他有哪些了解？

（学生自由交流关于金波爷爷的已知信息）

（2）补充资料。

五十多年来，金波一直辛勤耕耘，一直为小朋友们写作，写出了许多优秀的儿童作品。人们称他是"白发里住着小精灵"！

金波爷爷小的时候，他的母亲一有空就给他念童谣，他父亲离家参加革命，留下一本杂志，里面有个栏目叫《河北童谣一束》。母亲拿着它一首一首地念，金波爷爷全记住了。"拉罗罗，扯罗罗，收个麦子蒸馍馍，蒸个黑的揣在盒里，蒸个白的揣在怀里"。读到第四句，母亲都会这样，一下子把金波抱在怀里。母亲的启蒙给金波爷爷播下了文学的种子。

小结：在阅读前，我们充分地了解作者对我们读好他的作品很有帮助！

现在，让我们一起走进这本书吧！

任务二 读目录，识玩具

1. 读目录。

（1）打开书本，首先看到的是书的目录。叶圣陶爷爷说过：读书先看目录，看一遍至少对全书有了概括印象。

观察一下，目录由哪几个部分组成？（一部分是故事的标题，另一部分是故事所在的页码）

（2）寻找页码。如果我想读《兔儿爷》这个故事，我应该翻到哪一页呀？

小结：了解目录可以让我们快速知道我们要读的那部分从哪一页开始，提高了阅读效率。

2. 识玩具。

金波爷爷在书中写了哪些和自己一起长大的玩具呢？

出示玩具的图片，将玩具与名称相联系。

你们知道这些玩具是什么样子的，又是怎么玩的吗？那就读读这本书。

任务三 忆方法，订计划

1. 回忆读书方法。

我们怎么读这本书？

（按照篇目顺序往后读；挑选感兴趣的篇目先读；同伴互读，自主阅读，交流讨论）

2. 制订计划表。

你准备花多少时间读完这本书？那就列个计划吧！

《一起长大的玩具》阅读计划表

共读日期	共读进度	完成阅读情况	
		自我评价	父母评价
第一天	_____页	☆☆☆☆☆	☆☆☆☆☆
第二天	_____页	☆☆☆☆☆	☆☆☆☆☆
第三天	_____页	☆☆☆☆☆	☆☆☆☆☆
第四天	_____页	☆☆☆☆☆	☆☆☆☆☆
第五天	_____页	☆☆☆☆☆	☆☆☆☆☆
第六天	整本书再回顾	☆☆☆☆☆	☆☆☆☆☆

读中：自主阅读推进活动

任务一 做阅读记录卡，提出疑惑

1. 选玩具，做记录卡。

选择两个最吸引你的玩具，写出玩具的名称，从颜色、造型等方面记录玩具的外形，了解玩具的玩法或者名称来历，知道玩具的制作方法。

阅读记录卡

江苏省南通市北城小学二（13）班 顾昕悦

2. 给玩具画个像。

读读书中的描写，想象这个玩具的样子，给玩具画个像。

3. 我的疑惑。

读读书中的故事，你对玩具有什么疑问？一并记录下来。

任务二： 朗读精彩语段，体味玩具乐趣

1. 画出精彩语句，自由朗读。

找到你最喜欢的玩具那一部分，想想这个玩具最吸引你的地方是什么？试着用横线画出来，把精彩语句和同桌相互读一读吧！

2. 小组展示，同伴互评。

（1）你读我听。

（2）你读我评。

任务三： 学习"3W"阅读策略，介绍故事情节

1. 自由介绍精彩片段。

（1）书中的故事这么精彩，假如让咱们向别人讲讲书中你感兴趣的这些故事，我们该怎么介绍呢？比如说这一段（教师 PPT 出示），谁来说一说这一段写了什么？

（2）同伴评价：他说的怎么样？谁来做小评委评一评？（引导学生发现问题：这位同学说得有点啰嗦了，跟读书似的）

2. 运用策略介绍。

这是一张"3W"阅读策略图。"3W"分别代表：谁 / 在哪里 / 做什么。

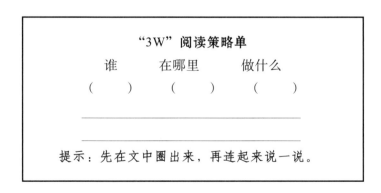

用了这个法宝，我们就能有序完整地讲清楚一个故事情节啦！一本厚厚的书，就可以通过几句话了解到主要内容。用上手中的"3W"阅读策略图，先填写出"3W"，再连起来，用简洁的语言说说你感兴趣的情节。"3W"阅读策略帮助我们概括内容，进一步复述，太了不起了！希望你们能把这个策略使用到之后的阅读中去。

读后：分享交流延伸活动

任务一　展示阅读记录卡，同伴解惑

1. 玩玩泥泥狗。

（1）观察实物，试着玩玩。

老师把泥泥狗带来啦！看看，他们的色彩多独特啊！和你们在书上读到的一样吗？猫拉猴去哪里？

这么多的奇思妙想，你们就是小诗人！你们就是小金波！书上说泥泥狗吹得响，你来吹吹看！

（2）提出疑惑，同伴解答。

读完这部分，你的疑惑是什么？

谁来帮他解开心中疑问？

2. 玩玩快乐鸡毛。

（1）拿出玩具，现场操作。

快乐鸡毛欢乐多，快把你们准备的鸡毛拿出来，用金波爷爷告诉我们的方法玩一玩！把鸡毛平贴在手上，拇指按住鸡毛根部，另一只手一下一下抚摸鸡毛，使他发电，让鸡毛贴在你的手心。看谁贴的时间长！

（2）教师引导，展开想象。

老师对《快乐鸡毛》这篇很感兴趣，想起小时候我们女生用鸡毛做毽子，一起比赛踢毽子，毽子就像一朵绽开的花儿，在空中上下翻飞。老师不是踢的最好的那一个，但是一样觉得开心。想象一下，鸡毛还能怎么玩儿？

（3）提出问题，同伴解答。

3. 遛遛兔儿爷。

（1）观察实物，直观感受。

这个小朋友真是多才多艺！他把兔儿爷画下来了！快看！他画的兔儿爷还施着淡淡的胭脂，样子太可笑了！为了满足你们的好

江苏省南通市北城小学二（13）班　顾昕锐

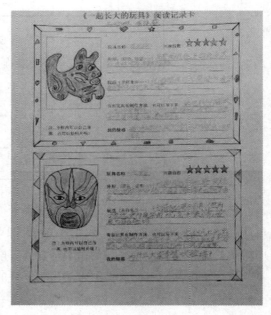

江苏省南通市北城小学二（13）班　李晓薇

奇心，老师也带了个兔儿爷来，你们看，和他画的像不像？看看他的外貌，再看看他的穿着打扮，多威风！

（2）提出问题，同伴互助。

4. 抽陀螺。

（1）观看视频，融入情境。

其实，咱们班就有一个小陀螺王，想知道他是谁吗？看了视频你就知道了！我想采访一下小陀螺王，你什么时候开始玩陀螺的？

虽然我们有些小朋友不会玩陀螺，但是跟着金波爷爷的文字，我们也能感受到抽陀螺的乐趣！

（2）提出问题，同伴互助。

5. 小结。

通过刚才的展示和交流，老师发现我们从文字中不仅感受到金波爷爷童年的快乐，也品味到了自己童年的快乐。阅读过程中我们产生的疑问，在大家的集思广益下得到了解答，还有一些未解决的问题，课后我们通过请教同伴、上网搜索、查阅资料等办法继续解决。

江苏省南通市北城小学二（13）班 马伊书

任务二 分享精彩语段，朗诵体味乐趣

1. 画出精彩语句，同桌互读。

翻到你最喜欢的玩具那一部分，想想这个玩具最吸引你的地方是什么？试着用横线画出来，把精彩语句和同桌相互读一读吧！

2. 展示朗诵，师生共评。

（1）指名展示朗读。

（2）教师评价。

（3）同伴评价：你觉得他读得怎么样？好在哪里？哪里还需改进？

3. 教师小结。

这样美好的文字，确实值得我们美美地一读再读，课间可以读给身边伙伴听，回家可以读给爸爸妈妈听。

任务三 你问我答，自主测评

1. 你问我答。

班级内以小组为单位进行"你问我答"游戏。竞赛方案：以小组为单位，每个小组根据书本出题，提供给主持人，由主持人读题，小组抢答。本小组不可以抢答自己出的题。答对一题得一分，看看哪个小组得分最多？

（1）为了让陀螺转得更快，作者常常去哪里玩抽陀螺？（冰面上）

（2）兔儿爷一般都骑着哪些坐骑？（狮子、老虎、麒麟等）

（3）妈妈为我画了一个怎样的脸谱？（孙悟空脸谱）

（4）快乐鸡毛游戏是把鸡毛贴在哪里？（门上）

（5）老鸹枕头是一种小石头，两寸来长，是什么形状的？（圆柱形）

（6）泥泥狗的身体一般是以什么颜色为底色？（黑色）

2. 判断题。

（1）我之前之所以没买过二三尺高的兔儿爷是因为抱不动而且没地方摆。（　　　）

（2）泥泥狗身上的哨子声通常能声振屋瓦，响彻云霄。（　　　）

（3）兔儿爷虽然被称为"爷"，但是孩子们却不惧怕它，反而觉得它是亲近的。（　　　）

（4）泥泥狗的造型虽然都不同，但本质上都是狗。（　　　）

（5）兔儿爷一般是用塑料做成的。（　　　）

3. 填空题。

（1）《一起长大的玩具》作者是谁？（　　　）

A. 巴金　　　　　　B. 金波　　　　　　C. 冰心　　　　D. 老舍

（2）《一起长大的玩具》这本书中，作者一共提到几种玩具？（　　　）

A. 三种　　　　　　B. 四种　　　　　　C. 五种　　　　D. 六种

（3）兔儿爷的坐骑不包括以下哪种？（　　　）

A. 麒麟　　　　　　B. 大象　　　　　　C. 老虎　　　　D. 狮子

（4）"我"买过最大的兔儿爷有多高？（　　　）

A. 一尺　　　　　　B. 两寸　　　　　　C. 三寸　　　　D. 三尺

（5）"我们"通常在什么时候买兔儿爷？（　　　）

A. 大年三十　　　　B. 元宵　　　　　　C. 初春时节　　D. 中秋节

4. 问答题。

说说你最喜欢的玩具是什么样子的？怎么玩的？它给你带来怎样的快乐？

任务四　课后拓展延伸，激发阅读兴趣

1. 设计玩具。

金波爷爷的儿时玩具，陪伴着他度过了美好快乐的童年。一块石头、一根鸡毛……这些看似平常的东西，却因为孩子们的奇思妙想，被赋予了与众不同的玩法，从而变得有趣、好玩了起来。

请同学开动脑筋，发挥你们无限的创造力与想象力，把你们身边看起来普通的事物或者儿时的旧玩具设计一些新的玩法，比比谁的设计最新颖、最有趣，再和你的小伙伴试着玩一玩，让它们再一次为我们带来欢乐！

2. **总结启发。**

童年不仅是陪伴我们长大的玩具，也是一个人记忆的开始。实际的童年过去了，金波爷爷用文字将心灵的童年永远保留了下来。

在《一起长大的玩具》这本书中，童年不仅有一起长大的玩具，还有多彩的生活以及奇妙的幻想。你觉得这是一本怎样的书？

3. **拓展延伸。**

课后，让我们在课余时间利用今天老师教给你们的阅读策略读一读《纸牌国》《十二个月》《七色花》等故事。

（编写人：刘晟楠；指导者：姜慧、王爱华）

《愿望的实现》阅读教学设计 与实践

教学解读

《愿望的实现》的作者是印度著名诗人、文学家、哲学家泰戈尔，著有《飞鸟集》《眼中沙》《园丁集》等深受读者喜爱的作品，和纪伯伦并称为"站在东西方文化桥梁的两位巨人"。

《愿望的实现》主要讲述了老苏巴和小苏希父子俩，一个想变小，回到童年，再也不浪费时间，好好学习；一个想变大，变得像父亲一样成为一个自由自在的大人的故事。在"愿望仙子"的帮助下，父子俩实现了心愿，回到了彼此向往的年龄。可没想到他们的生活却变得一团糟。于是，父子俩在"愿望仙子"的帮助下又变回了原来的样子。

本书厚薄适中，书中还有精美的插画，利于激发学生的阅读兴趣，帮助学生借助直观的图画理解故事内容，适合二年级的孩子阅读。借助阅读指导提供的"愿望"及"许愿后"的表格梳理能让学生清晰地发现"愿望"与"现实"的差异，有利于学生更好地理清故事情节。书中儿童化的语言，让学生从儿童的视角畅游在丰富想象的奇幻世界里。故事里的人们像极了生活中的我们，给读者以思考与启迪。期待着某一天，故事和知识也会帮助学生实现属于他们的梦想和愿望。

阅读目标

1. 学会从目录中找到自己喜欢的故事所在页，猜测故事讲述的内容。

2. 借助表格梳理"愿望"和"许愿后"发生的变化，感受情节的趣味性。能借助书中的图画进行阅读，并试着讲述故事中觉得好玩的故事情节。

3. 能联系自己的生活对感兴趣的人物和事件与伙伴分享自己的感受和想法。

活动安排

阅读阶段	阅读过程	阅读时间	活动内容
读 前	导读活动	30 分钟	1. 读读小诗，介绍作者。 2. 聊聊趣事，引出"愿望"。 3. 看看封面，提出问题。 4. 查看目录，找找故事。 5. 听有趣的故事，尝试制订阅读计划。

续表

阅读阶段	阅读过程	阅读时间	活动内容
读　中	自主阅读	1 天	1. 找找愿望，把心愿填写到表格上。 2. 边读边猜，找找好玩的故事情节。
	推进活动	2 天	1. 借助表格，梳理愿望前后的变化。 2. 结合图片，讲好玩儿的故事情节。
读　后	分享交流 延伸活动	40 分钟	1. 给图片排排队，借助图片把故事讲精彩。选择一个神奇的情节，分角色演一演。 2. 读表格说"变化"，感受变化带来的烦恼。 3. 对照父子生活，联系生活说"我们"的故事。 4. 谈自己的心愿，想象愿望实现后的"改变"。 5. 用所学方法阅读《纸牌国》《校庆日》。

读前：走进童年，导读激趣

任务一　趣读儿歌，初识作家

1. 读趣味小诗。

老师给小朋友们带来了一首儿歌，一起来读读。

> 我人很小，因为我是一个小孩子。到了我像我爸爸一样年纪时，便要变大了。
>
> 我的老师要是走过来说道："时候晚了，把你的石板，你的书拿来。"
>
> 我便要告诉他道："你不知道我已经同爸爸一样大了吗？我决不再学什么功课了。"
>
> ——泰戈尔《小大人》

这首小诗很有趣，它的作者是一位大作家，让我们一起去了解一下他。

2. 看作家卡片。

泰戈尔，印度著名的诗人、作家。他还擅长绘画和作曲，留下了许多的绘画和歌曲作品。1950 年创作了歌曲《人民的意志》，被确定为印度国歌。他是历史上第一个获得诺贝尔文学奖的亚洲人。

任务二　初读目录，习得方法

1. 搜索心仪的故事。

这本书的书名叫《愿望的实现》，其实书中可不止一个故事呢。让我们一起来看看目录。说说你有什么发现。

提示：关注《愿望的实现》《纸牌国》《校庆日》三个故事后面的页码，根据页码快速翻到故事的所在页，找到想读的故事。

2. 交流彼此的"愿望"。

我们先来看第一个故事《愿望的实现》。你们知道什么是"愿望"？"愿望"的"愿"由"原""心"组成，意思是原心的期望。这里的"原"是指原来，"心"是指心灵。每个人都应该是有愿望的，而愿望多是儿时原有的纯净心灵对未来的期望。

你们的愿望是什么呢？和大家分享一下。

3. 提出脑中的"问号"。

一开始看到这个题目，你们的脑海里是不是冒出来好几个小问号呢？

提示：可以从"愿望"的内容、"愿望"是否实现、许愿的主人公、"愿望"的数量等方面展开想象，激发兴趣。

任务三　初读故事，感受趣味

1. 读片段，品趣味。

刚才提的问题真有意思。想知道答案那就到书中去找找吧！打开书从第3页看到第9页，结合书上的两幅图，看看能否赶走脑海里的几个小问号。

提示：交流时结合图片理清主人公"苏巴""苏希"的父子关系，讲述苏巴和苏希在"逃学"这件事中的不同表现，体会人物心理，感受趣味。

2. 填图表，订计划。

刚才我们已经初步阅读了这对父子间发生的第一个故事，并知道他们在愿望仙子的帮助下实现了愿望。他们的生活从此以后会发生怎样的变化呢？相信小朋友们一定很期待吧。那么你们打算花多长时间看完这个故事呢？不如我们来制订一个小计划吧！

阅读书目	《愿望的实现》	
阅读时限	月　　日—　　月　　日（共　　天）	
阅读时间	阅读章节（页码）	完成任务的满意度自评
第一天		☆☆☆☆☆
第二天		☆☆☆☆☆
第三天		☆☆☆☆☆
……		☆☆☆☆☆

读中：多管齐下，读思并进

任务一　图文结合，猜测情节发展

1. 借助图片，猜猜情节。

书中有很多精美的图片，你们能根据图片猜猜图上的人是谁，他的身上发生了什么样的故事吗？

（1）读的过程中我们可以通过外貌、着装等特点先来确定一下人物的身份。

（2）看图时要想清楚谁（Who）在哪里（Where）做了什么（What），结果怎么样。

故事猜猜猜

图片页码	我猜他是	在哪里	做了什么	结　果
第 13 页	苏希	坐在席子上	发呆	
第 14 页	苏希			从树上摔了下来
第 15 页				
第 21 页				
第 22 页				
第 23 页				

2. 读读故事，找找愿望。

他们经历的这些事都是因为他们向愿望仙子许下了"愿望"。书中他们父子有哪些愿望呢？读的时候我们可以尝试着去找一找，圈一圈，画一画，并在表格上填一填。

愿望大搜索

苏希的愿望	书中对应的页码	苏巴的愿望	书中对应的页码

任务二　读画结合，找有趣的情节

1. 边读边画，找好玩的情节。

（1）读读画画：我们在读的时候还可以边读边用笔画一画自己觉得好玩的情节。

（2）读读找找：对照图片找一找，哪些文字对应的是哪幅图片，读读文，看看图，你会发现这个故事真的很好玩。

2. 借助图片，读好玩的情节。

把图片从书中"请"出来，你能不能在书中快速找到对应的文字，把故事内容读给小伙伴听一听呢？

任务三　借助表格，愿望前后对比

1. 读思结合，记录"变化"。

在书中苏希和苏巴许愿后如愿以偿了吗？对照愿望树完成表格，想想愿望实现后哪些地方让你觉得很"神奇"。

主人公	愿 望	许愿后
儿子苏希	尽情玩耍，爬树、游泳	从树上摔下来
父亲苏巴	返老还童，专心读书	找借口逃学

2. 借助图片，讲述故事。

借助图片，根据书中的内容，结合自己的想象，绘声绘色地把其中的一些图片内容讲给同伴听，也可以讲给爸爸妈妈、爷爷奶奶听。

提示：讲故事的时候我们要尽量将故事讲述完整，也可以发挥想象，联系自己的生活实际把故事讲丰满，如果能加上动作边讲边演那就更好了！

读后：分享交流，拓展提升

任务一　我能理清故事情节

1. 借助图片，理清情节。

（1）说一说：出示书中第一幅插图和最后一幅插图。讲述故事的开头和结尾。

（2）排一排：在小组内按照故事的发展顺序将图片排排序。

2. 借助图片，复述故事。

（1）讲一讲：根据理好的图片用自己的语言将故事简单地讲述完整。

（2）分一分：按照图片上故事发生的不同主人公帮图片分分类。

任务二　我能把故事讲精彩

1. 借助表格，展示"变化"。

（1）看上文表格，讲述故事。

（2）讲清楚谁（Who）在哪里（Where）做了什么（What），结果怎么样。

2. 借助图片，讲述精彩。

借助图片，发挥想象，联系自己的生活体验讲一讲自己最喜欢的故事情节，比比谁的故事讲得最能吸引人。

3. 借助图片，表演故事。

小组内选择一个让你们觉得最神奇的情节分角色演一演。

任务三 自评自测

1. 选一选。

（1）一个星期六的早上，苏希不愿意去上学的原因是（ ）

A. 他想吃卢比棒棒糖，苏巴不给他买

B. 那天要考地理，他想去鲍斯家混一天

C. 他爬树摔了下来，被苏巴责怪了

（2）如果愿望仙子再给苏巴父子一次机会，他们还会想变大或者变小吗？（ ）

A. 会　　　　　　　　B. 不会

（3）以下属于苏巴变小后遇到的麻烦有（ ）

A. 看老头打牌、聚会，听他们说话，被赶跑

B. 上课向老师要烟抽，被罚站

C. 像以往一样打苏希，还无缘无故挨欺负

D. 以上都是

2. 连一连（将图片和对应的文字连起来）。

　　他抓住下面的一根小树枝，刚想往上爬，树枝就因为承受不住他身体的重量而折断了。老苏希扑通一声掉在地上，路过的行人看见这个老头像孩子一样爬树并摔下来，都捧腹大笑。

　　上课的时候，苏巴常常不自觉地突然对老师说："给我点儿烟抽吧！"为此老师常常罚他用一只脚站在凳子上。

3. 说一说。

（1）读了《愿望的实现》这个故事，听老师讲讲泰戈尔小时候的故事，你有什么想说的？

补充介绍泰戈尔的小故事：他母亲去世很早，父亲又经常在外边旅行。他童年的保护者

是几个男仆，他们为了免除看护的麻烦，就把泰戈尔关在一间屋子里，不准自由行动。有一个仆人常常叫泰戈尔坐在一个指定的地点，用粉笔在地上画一个圆圈，把他围起来，并且吓唬说如果迈出这个圆圈就会有危险。幸亏泰戈尔坐的地方靠近窗口，可以窥视花园的景色，使他忘却"囚禁"的痛苦。有一天哥哥去上学，他不禁哭起来，闹着要到学校里去。哭声使他的目的达到了，家人把他送进"东方学校"。在学校里，凡是不会背诵功课的儿童都被罚站在木凳上，两臂伸开，手掌上还要堆上石片。泰戈尔厌恶这个学校，不久就转入师范学校。他专心读书，年终考试得了班上的第一名。

_____

（2）生活中，你们有没有想变成"大人"的时候呢？你们有没有什么想对爸爸妈妈说的吗？

_____

_____

任务四　拓展延伸

1. 畅谈我们的"心愿"。

现在愿望仙子就在我们面前，她想问问你们有没有想要实现的愿望？请把你们的愿望写在愿望树上。

2. 想象愿望的实现。

（1）你们的愿望实现后你的生活又会发生怎样的变化？是惊喜还是烦恼？展开想象，先自己想一想，再和小组内的伙伴交流交流。

主人公	愿　望	许愿后

（2）画一画：用图片的形式记录自己的变化前后。

（3）写一写：尝试写一写发生在自己身上的一个小故事。

3. 阅读《纸牌国》《校庆日》。

《愿望的实现》这本书里还有两个小故事，分别是《纸牌国》和《校庆日》。小朋友们可以运用我们读《愿望的实现》这个故事的方法，先去看看图片，猜猜故事内容，再图文对照读读故事，并结合自己的生活实际进行画面想象，把故事绘声绘色地讲出来，相信你们一定能享受到阅读带来的快乐。

（编写人：蔡巧燕；指导者：王鸣、王爱华）

第五单元
走进寓言故事

单元导读
小故事大道理

　　本单元"快乐读书吧"由《中国古代寓言》《伊索寓言》《克雷洛夫寓言》三部作品组成。《中国古代寓言》题材源于生活，内容广泛，形式活泼，读来轻松有趣。《伊索寓言》是古希腊的民间故事集，是世界上最古老的寓言，比喻恰当，情节生动，就像一个奇妙的动物王国。每个故事的结尾，都以一句话揭示蕴含的道理，可谓画龙点睛。《克雷洛夫寓言》是俄国寓言家克雷洛夫的作品集，讲了很多关于动物和植物的故事，内容丰富，包罗万象，富有韵味。不管是中国的寓言故事还是外国的寓言故事，都有着相同的特点——小故事大道理。阅读这些作品，我们自然能联想到生活中的许多人和事，并从中获得启发。

　　本单元"快乐读书吧"的编排是在统编版小学语文三年级（下）第二单元学习中外寓言故事以及学生初步体悟寓言这面"生活的镜子"的魅力的基础上进行的拓展与延伸。

　　在阅读过程中，学生将迁移本单元所学的阅读寓言的方法，走进一本本寓言作品，去遇见那一个个鲜活的故事形象，感受寓言短小精悍、幽默风趣的语言特点，理解故事中所蕴含的深刻道理，发现寓言代代相传、历久弥新的奥妙。读书吧要素"读寓言，先要读懂故事内容，再体会故事中的道理""寓言是现实生活的'投影'，联系生活中的人和事，可以帮助我们更深入地理解故事中的道理"等阅读策略也为学生提供了非常有效的方法指导。阅读这些寓言故事，不仅能进一步激发孩子们阅读寓言的兴趣，提升语言品质，更能让孩子们在不知不觉中，运用自己从故事中所体悟到的道理，指导自己的生活。

　　阅读这几本寓言故事作品，力求达成以下目标：对阅读寓言作品感兴趣，自主制订阅读计划；初步尝试运用预测、比较、整合、辨析等阅读策略，读懂故事内容，体会故事中所包含的道理，并能由此联想到生活中的人和事，分辨是与非，深入理解故事中的道理；感悟寓言故事特点，领略寓言故事的魅力，练习讲述自己印象最深的故事，学会与人分享阅读收获。

《中国古代寓言》阅读教学
设计与实践

教学解读

中国古代寓言是我国古代劳动人民智慧的结晶。它往往通过一个小故事讲述一个深刻的道理。

《中国古代寓言》这本书中的故事语言简练，情节生动，富有趣味性，值得引导学生关注文本表达，通过读故事、讲故事、续编故事等方式提高学生语言表达能力。

书中的故事寓意丰富且耐人寻味，多数带有讽刺或劝诫性质。比如：《朝三暮四》以猴子的可笑行径告诉我们看待问题时不能被表象所迷惑，应该看清事物的本质。《鱼目混珠》则讽刺了那些弄虚作假的人……故事中蕴含的道理涵盖了学习态度、生活智慧、是非善恶和为人处世的方法等多方面，对学生培养良好的学习态度，树立健康的价值观、人生观有指导意义。值得从精读角度，帮助学生运用提问、比较、联结等阅读策略进行文本细读，联系生活中的人和事，深入理解寓意，使学生明是非、知善恶、长智慧，给人生以指导与启迪。

阅读目标

1. 对阅读寓言故事产生兴趣，能自主规划阅读并根据阅读要求做好记录。

2. 尝试运用比较、整合等阅读策略，对同主题寓言进行简单归类。

3. 感受阅读寓言故事的快乐，能生动地讲述自己喜欢的寓言故事，尝试和伙伴合作表演故事。

4. 了解寓言故事的主要内容，能联系生活中的人和事，深入理解其中的道理。

活动安排

阅读阶段	阅读过程	阅读时间	活动内容
读　前	导读活动	30 分钟	1. 阅读封面、序言，了解寓言的基本特点。 2. 阅读目录，猜测故事内容。 3. 借助例子，学习和归纳阅读寓言故事的方法。 4. 制订阅读计划表，并按计划自主阅读。

续表

阅读阶段	阅读过程	阅读时间	活动内容
读中	自主阅读	1 周	1. 交流阅读计划表，根据实际情况合理调整阅读计划。 2. 画出脑海中印象最深的故事。
	推进活动	2 周	1. 谈谈故事中的人物，填写"寓言故事人物之'最'"图表。 2. 制作寓言归类图表，填写联结图。 3. 讲讲喜欢的寓言故事。 4. 自由组合，彩排喜欢的寓言故事。
读后	分享交流 延伸活动	40 分钟	1. 寓言猜猜猜。 2. 交流阅读策略单，展示阅读成果（图画单、颁奖单、联结图）。 3. 寓言推荐会。 4. 寓言小剧场。 5. 自评自测。 6. 拓展延伸。

读前：导读活动

任务一　初览新书，整体感知

1. 引新书，激兴趣。

看图猜成语。这些成语都出自寓言故事，你还知道哪些出自寓言故事的成语？

今天我们要读的《中国古代寓言》不仅收录了大家刚才说到的这些故事，还收录了许多我们没有读过的有趣的寓言故事。

2. 观封面，解书名。

仔细观察封面，交流关键信息。《中国古代寓言》，顾名思义，就是我国古代劳动人民创编的寓言故事，是我们祖先智慧的结晶。

3. 读序言，知体例。

读一读"全书导读"，说一说你的收获。

寓言是文学体裁的一种，常通过一些短小的故事说明一些意味深长的道理。

4. 看目录，猜故事。

浏览一下目录，选择一个最吸引你的题目，猜想一下它会是一个怎样的故事？

任务二　借助例子，明确方法

1. 阅读指导。

读寓言《滥竽充数》。先讲一讲这个故事，注意说清楚故事的起因、经过和结果。再想一想自己从这个故事中明白了什么。最后，联系生活中的人和事说说自己的收获。

提示：在理解寓言中的道理时，如果你觉得有一定的难度，可以参考书中每个故事下方的"寓意感悟"和"成长启示"。

2. 归纳方法。

学习寓言的方法：（1）讲清故事；（2）体会道理；（3）联系生活。

任务三　统筹安排，制订计划

1. 赏计划。

这么有趣的书，你打算多久读完？

2. 订计划。

请翻一翻目录，预估自己阅读一个故事所需的时间，制订一份阅读计划表。

出示阅读计划表示例，思考：你看懂了什么？自己的阅读计划又该怎样做呢？与同桌交流。

《中国古代寓言》阅读计划表			
阅读时限	月　　日—　　月　　日（共　　天）		
阅读时间	页　　码	故事名称	满意度自评
月　　日			☆☆☆☆☆
月　　日			☆☆☆☆☆
月　　日			☆☆☆☆☆
……			☆☆☆☆☆

交流点拨：制订阅读计划表不仅要考虑整本书篇目的平均分配，还要考虑故事寓意理解的时长。如果寓意比较难理解，当天看的故事篇目可以少一些，如果寓意很好理解，当天看的篇目就可多一些。每天要对自己的阅读情况进行记录和自评，以保证自己的阅读进度和阅读质量。

读中：自主阅读推进活动

活动时间：每次 10—15 分钟，一次围绕一个主题。

任务一　我的阅读计划单

1. 分享阅读计划。

学生先在四人小组内交流各自的阅读计划，再推选几位小组代表进行全班展示。

2. 调整阅读计划。

在阅读过程中，如有同学发现自己的阅读跟不上自己的阅读计划，或者超前于自己的阅读计划，都要及时调整。注意，一定要坚持完成自己的计划哦！

任务二　我脑海中的故事

1. 说一说，印象最深的情节。

在阅读过程中，你一定有印象特别深刻的情节，请把你印象最深的情节讲给同桌听一听。

2. 画一画，脑中浮现的画面。

精彩的情节不仅可以讲述，还可以通过画面呈现出来，让精彩的故事看得见！

画出你脑海中的故事

从你读的故事中选取一个最精彩、最喜欢的段落，然后画出阅读过程中，你脑海中呈现的图画。

你选择的段落 _____

_____

_____

_____

画出脑海中的图画

任务三　形形色色的他们

1. 谈一谈故事中的人物。

交流故事中让你印象最深刻的人物或动物是谁？为什么？

2. 填一填"寓言故事人物之'最'"图表。

书中人物众多，如果我们要评选"寓言故事人物之'最'"，你会想到哪些人呢？注意把理由说清楚。

任务四　联系生活，理解寓意

1. 给寓言归归类。

书中的寓言有的告诉我们相同的道理，有的有同样的人物，请你按照一定的方式给它们归归类。

2. 联系生活事例。

（1）学生展示自己制作的归类图表，说一说归类理由。

（2）这则（些）寓言或寓言中的道理，让你想到了生活中的哪些事？

3. 填写联结图。

任务五　内化语言，提升素养

1. 讲一讲。

跟同学或家人讲一讲你最喜欢的一则寓言，做到声情并茂。

2. 演一演。

邀请你的小伙伴，共同选择一则寓言故事，合理分工，进行彩排。

读后：分享交流延伸活动

任务一　猜猜寓言故事，激活阅读记忆

1. 看图猜猜猜。

出示图片，猜猜这是哪则寓言故事？

寓言猜猜猜

亡羊补牢　对牛弹琴
叶公好龙　囫囵吞枣

2. 词语猜猜猜。

逐一出示关键词，根据关键词猜猜这是哪则寓言？（见下表）

关键词1	关键词2	关键词3	寓言
演奏	吹竽	南郭先生	《滥竽充数》
珍珠	盒子	还	《买椟还珠》
马			《老马识途》《二人相马》《心不在马》《马价十倍》《塞翁失马》《伯乐识马》《千金市骨》《按图索骥》……
变通			《郑人乘凉》《刻舟求剑》《郑人买履》《长竿入城》《按图索骥》《表水涉澭》……

任务二　交流阅读策略单，展示阅读收获

1. 利用图画单，关注故事情节。

阅读时，书中一个个精彩的故事在头脑中"活"了起来，变成了一个个生动的画面。

分享阅读记录：

① 谁愿意向我们介绍一下你脑海中的故事？

② 学生展示并介绍自己的图画单。

江苏省南通市北城小学三（5）班　万禹岑　　　　江苏省南通市北城小学三（2）班　蔡婧涵

小结：一边读故事，一边想象画面，有助于我们理解故事情节，读懂故事内容。

2. 借助"寓言故事人物之'最'"图表，感受人物形象。

书中的人物很多，每位同学都已评选出自己心中的"寓言故事人物之'最'"。

分享阅读记录：

① 小组内交流评选理由。

② 全班交流。

江苏省南通市北城小学三（5）班　陈何宇　　　江苏省南通市北城小学三（5）班　蒋凝

小结：书里150多个主要人物各有各的性格，各有各的特点，大家都言之有理。阅读时借助故事情节分析人物形象，对于我们准确理解寓意起到关键作用。

3. 借助联结图，串联故事与生活。

寓言的特点是小故事大道理。这本书中的寓言故事是我国古人智慧的结晶，里面有的故事距今已经2 000多年了，但其中的道理对我们现在的学习和生活还是有很多的启迪。在阅读过程中，我们用联结图，串联故事与生活，谁愿意来分享一下你的联结图？

学生分享阅读记录：

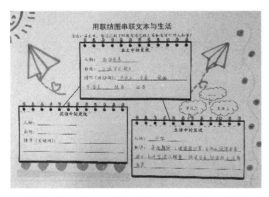 

江苏省南通市北城小学三（5）班　陈慕白　　　江苏省南通市北城小学三（5）班　严夏槿

① 联结故事。你为什么把这两个故事串联起来？书中有些寓言告诉我们的道理是相似的，你还找到了哪些？

小结：古人用多篇小故事写同一个道理，就是为了让我们更好地理解故事中的道理。我们第一遍阅读这本书的时候可以按照顺序读，也可以选择自己喜欢的跳着读。第二次阅读的时候就可以把揭示同样道理的寓言关联起来读，这样我们理解道理时会觉得更简单、更轻松。

② 联结生活。你举的事例和书中寓言的相同之处在哪里？谁能举个生活中的事例让我们猜猜与哪个寓言相关？

③ 拓展：看看这几个事例，请你想一想它们与哪些寓言相关？

李明因为经常趴着看书，眼睛有些近视了。他听取了医生的建议，每日都进行远望练习，也纠正了看书姿势。在最近一次视力检查中，他的视力有所恢复。

林林看书只是一味求快，（　　　），一点也没有理解书中的意思。

小结：联系生活中的人和事能帮助我们更深刻地理解寓意。寓言就是这样一个小怪兽，当它朝你走来时，分明是一个故事，生动活泼；而当它转身走开的时候，却突然变成了一个哲理，意味深长。

任务三　开展寓言大舞台，提高表达能力

1. 寓言推荐会。

《中国古代寓言》好看、好读、好画、好玩！这么有意思，又能告诉我们这么多道理，真是一本值得看的好书！邻居家的小妹妹不爱看书，她周末来找你玩，你正在看这本书，怎么向小妹妹推荐这本书呢？

学生活动：

① 同桌相互说一说，注意把理由说清楚。

② 全班交流。

2. 寓言小剧场。

寓言故事大多有鲜活的人物形象和清晰的故事内容，我们可以通过表演再现故事内容，演出对故事的理解。课前同学们自由组合排练喜欢的一个故事，哪个剧组愿意演给大家看一看？

学生活动：

① 学生表演。

② 学生评价。引导学生从故事的完整性，演员的神情、动作、语言，表演的编排等方面进行评价。

③ 学生投票。颁发"最佳剧组""最佳导演""最佳编剧""最佳演员"等四个奖项。

任务四　自评自测

1. 连一连。

《买椟还珠》 　　　　　　课间，张明与别的班同学抢乒乓球桌，互不相让时，被高年级大哥哥占到了球桌。

《鹬蚌相争》 　　　　　　姐姐把一个漂亮的发卡用礼品袋装起来送给妹妹，妹妹很喜欢这个礼品袋，就把袋子留下，把发卡还给了姐姐。

《画蛇添足》 　　　　　　李亮的裤子有松紧带，不会往下掉，可是他还是系了一根腰带。

2. 填一填。

（1）"宁可相信尺码，也不相信自己的脚。"出自＿＿＿＿＿＿＿＿。

（2）"自己丢了一件黑衣服，就要扒下别人的衣服。"出自＿＿＿＿＿＿＿＿。

（3）"做事要把握正确的方向，如果方向错误，即便有再多便利的条件也无济于事。"出自＿＿＿＿＿＿＿＿。

（4）"比喻不必要的、没有根据的担忧。"出自＿＿＿＿＿＿＿＿。

（5）"比喻生活中的好事和坏事都不是绝对的，在一定条件下，坏事有可能引出好结果，好事也有可能会带来坏隐患。"出自＿＿＿＿＿＿＿＿。

（6）寓言＿＿＿＿＿＿＿＿告诉我们不能只看到事物的一部分，而应看全局，只有了解事物的全面情况，才能做出正确的判断。

（7）教育孩子要讲诚信的寓言故事是＿＿＿＿＿＿＿＿。

（8）讽刺那些虚有其表、没有真才实学的人的寓言故事是＿＿＿＿＿＿＿＿。

3. 写一写。

如果你是《亡羊补牢》中的养羊人，修补羊圈，发现羊再也没有丢后，你会对街坊说些什么呢？

＿＿＿＿＿＿＿＿＿＿＿＿＿＿＿＿＿＿＿＿＿＿＿＿＿＿＿＿＿＿＿＿＿＿＿＿＿＿＿

＿＿＿＿＿＿＿＿＿＿＿＿＿＿＿＿＿＿＿＿＿＿＿＿＿＿＿＿＿＿＿＿＿＿＿＿＿＿＿

4. 辩一辩。

同学们对《愚公移山》的故事已经很熟悉了。你觉得故事中的愚公是应该"搬家"，还是应该"移山"呢？

正方：移山

反方：搬家

我选择（　　　）方。理由如下：

（1）_____

（2）_____

（3）_____

任务五　拓展延伸

1. 设计腰封。

给《中国古代寓言》设计一条腰封。腰封是裹在书封面的纸带，上面印着一些可以让读者最快了解书的内容和特点的文字。除了文字，你还可以画上一些图画，让腰封更美观。

2. 推荐阅读。

除了《中国古代寓言》外，世界上还有许多寓言故事，推荐大家阅读《伊索寓言》《拉封丹寓言》《克雷洛夫寓言》。

（编写人：王苏栋、杨洋；指导者：吴育培、王爱华）

《伊索寓言》阅读教学设计与实践

教学解读

　　《伊索寓言》是世界上最古老的寓言故事集。现存的《伊索寓言》是古希腊、古罗马时代流传下来的故事，经后人汇集，统归在古希腊人伊索名下。

　　伊索善于讲动物故事，《农夫与冻僵的蛇》鞭挞了恶人的残忍本性，《狐狸和装病的狮子》讽刺懦弱、懒惰，赞美智慧，《青蛙找水》告诉人们做事要三思而后行……故事以平直的叙述和对比展示了前人的智慧和经验，是古希腊人留给后人的一笔宝贵的精神遗产。

　　《伊索寓言》故事中的动物像人一样，会思维，能说话，妙趣横生，令人百读不厌。动物们身上映射出人的品质，值得从精读的角度帮助学生运用联结、对比、辨析等阅读策略分析人物形象，明辨善恶美丑。

　　《伊索寓言》文字简洁凝练，篇幅短小，饱含着丰富的哲理。有的直接在文末用一句话点出，有的则暗藏于人物言行之中，需要学生细细品读并联系生活经验体会深刻寓意，从中辨别是非，学习处世做人，获得人生启迪。

阅读目标

　　1. 对阅读寓言作品感兴趣，自主规划阅读并根据阅读要求做好记录。

　　2. 感悟寓言故事特点，领略寓言故事的魅力，练习讲述自己印象最深的故事，尝试改编故事。

　　3. 尝试运用比较、整合、辨析等阅读策略，借助思维导图等可视化方式呈现自己对寓言中经常出现的某个动物形象的看法。

　　4. 能读懂故事内容，体会故事中所包含的道理，并能由此联想到生活中的人和事，深入理解故事中的道理。

活动安排

阅读阶段	阅读过程	阅读时间	活动内容
读　前	导读活动	30 分钟	1. 回忆读过的《伊索寓言》故事，了解作者。 2. 阅读封面及目录，发现故事题目构成特点。 3. 封面故事抢鲜读，发现小故事大道理的特点。 4. 听故事，发现讲好寓言故事的要领。 5. 欣赏范例，学习制订阅读计划。

阅读阶段	阅读过程	阅读时间	活动内容
读　中	自主阅读	1 周	1. 制订阅读计划表，并能按计划自主阅读，学习做简单的读书笔记。 2. 每日练讲一个小故事。
	推进活动	2 周	1. 讲寓言故事，分享阅读的快乐。 2. 开展比照阅读，发现同一对象在不同故事中的不同形象，并以思维导图的形式呈现自己的阅读所得。 3. 为书中故事续上结尾，揭示寓意。
读　后	分享交流 延伸活动	40 分钟	1. 交流手绘故事插图，根据插图猜故事。 2. 交流展示阅读成果（读书卡、思维导图等）。 3. 自评自测，检查整本书阅读情况；由故事想开去，说说身边的人和事，练习用讲寓言故事的方式规劝他人。 4. 改编故事结尾；选择主要人物，创编寓言故事。

读前：导读活动

任务一　忆故事，引新书

1. 忆故事。

出示《龟兔赛跑》《乌鸦喝水》《狐狸与乌鸦》《鹿角和鹿腿》等故事插图，你知道这些图画分别出自哪些故事吗？它们有一个共同的名字《伊索寓言》。

2. 知作者。

播放介绍伊索的动画短片。

伊索是公元前 6 世纪的古希腊寓言家，曾经是一个奴隶。他机智幽默，聪颖过人，是世界公认的故事大王，是世界四大寓言家之一。

3. 引新书。

出示曹文轩、陈先云主编的《伊索寓言》，接下来的一段时间，我们将一同走进伊索的寓言世界。

任务二　抢鲜读，知特点

1. 读封面。

不同版本的《伊索寓言》封面各不相同，这本封面上都有些什么？

提示：从封面上我们不仅可以看到图画，还可以读到作者、主编、出版社等信息。

2. 读目录。

打开书，读读目录，你有什么发现？

小结：《伊索寓言》的主人公有人，有神，也有植物，但最多的是动物，狐狸、狮子、狼、狗等动物都出现在故事的题目中。伊索特别擅长讲动物故事，在他的笔下，动物像人一样会讲话，会思考，它们都有人性。

再读目录第一页，你又发现了什么？

提示：这16个故事题目中，出现最多的是哪个字？

小结：这些故事题目大多都是"××和××"的形式，我们读故事题目就能很快知道故事的主人公是谁。

3. 读故事。

（1）看封面图，猜一猜这个故事的题目。

提示：根据刚才总结出的题目构成规律，看封面图，猜一猜故事的题目。

（2）找出封面故事读一读，这个故事主要讲了什么？

（3）《农夫和鹰》这个故事很短，只有195个字。故事虽然很短，但却十分精彩。再读一读这则故事，画出你觉得生动的语句，全班交流。

提示：看插图，再读读句子"农夫连忙起身追赶，边跑边恼怒地大喊道：'你这个忘恩负义的家伙，你就是这样报答我吗？'"体会故事语言的生动传神。

（4）伊索讲这个故事是想告诉我们什么呢？从故事中找出一句话说一说。

小结：和中国寓言一样，《伊索寓言》也不长，而且很有趣，很好懂。故事的最后一个自然段常常会直接告诉我们一个道理。小故事大道理也是《伊索寓言》的主要特点。

（5）读书中最短的故事《狐狸和豹》，数数这个故事有多少个字？讲了个什么故事？又告诉了我们什么道理？

小结：这个故事只有69个字，却把狐狸和豹对美的不同看法写得十分清楚，豹看重外表的斑驳美丽，而狐狸则追求心灵美。故事的最后告诉我们智慧的美优于形体的美。

（6）这本书里有一个故事是以伊索为主人公的，赶紧找出这个故事读一读。

提示1：通过读目录快速检索到故事《伊索在造船厂》，读一读，想一想，伊索是个怎样的人？

提示2：这则故事后面没有直接告诉我们寓意，根据故事推想一下故事的寓意吧。

小结：这则故事告诉我们：嘲弄比自己高明的人往往会自讨没趣。伊索就是这样一个智慧的人，他总是把深刻的道理融入生动的故事，讲给别人听，让别人受到启发。

4. 听故事。

（1）故事是用来讲的。最早的时候，伊索并没有把这些故事写下来，都是人们你讲给我听，我讲给你听，口口相传流行开来的。因此，读《伊索寓言》不仅要读这些故事，还要学会讲好寓言故事。《狼和小羊》的故事大家都很熟悉，我们来看看王德顺爷爷是怎样讲这个故事的。（播放王德顺爷爷讲故事视频）

（2）王德顺爷爷的故事讲得怎么样？怎样才能讲好语言故事呢？

交流点拨：讲故事时要把故事情节讲清楚，故事语言可以根据自己的理解做适度改动；声音要响亮，语气要符合角色特点；讲故事时要用上动作、表情、手势等辅助手段，增强故事表现力。

任务三 学范例，订计划

1. 读名言。

古希腊作家阿里斯托芬曾说过这样一句话："你连伊索寓言都没读熟，可见你是多么无知和懒惰。"读这句名言，你想说些什么？

小结：读《伊索寓言》可以增长智慧，懂得做人的道理，让我们一起读起来吧。

2. 赏计划。

（1）读书前，我们要学会制订阅读计划。这么有趣的书，你想用多长时间读完？丁晟哲同学计划用 7 天时间读完，看他制订的阅读计划表，和目录比对比对，你发现了什么？

海安市城南实验小学东校区三（18）班　丁晟哲

小结：我们可以像丁晟哲同学这样，按照目录中划分的七个部分来制订阅读计划，一天读一个部分。

（2）再来看看顾晨艺同学制订的阅读计划，他的计划和丁晟哲的有什么不一样？

海安市城南实验小学东校区三（20）班　顾晨艺

小结：我们也可以根据自己的阅读速度来延长或缩短阅读时间，制订出适合自己的阅读计划。像顾晨艺这样，把每天准备练讲的故事也列进计划，就更完美了。

3. 订计划。

这本书共有 125 则故事，预估一下自己阅读每个故事需要的时间，制订一份阅读计划表。

出示阅读计划表示例，根据表格提示规划一下自己的阅读安排，感兴趣的同学可以把阅读计划制作成自己喜欢的样式。

阅读书目	《伊索寓言》		
阅读时限	月　日—　月　日（共　天）		
阅读时间	阅读页码	练讲故事名	完成任务满意度自评
第一天			☆☆☆☆☆
第二天			☆☆☆☆☆
第三天			☆☆☆☆☆
……			☆☆☆☆☆

交流点拨：这本书里都是一个个独立的小故事，故事之间没有关联，可以根据书的目录顺序阅读，也可以按自己的想法重新编排阅读顺序，定好每天阅读几个故事，选择一个讲给爸爸妈妈听。并及时对自己的阅读情况进行反馈，以保证自己的阅读进度和阅读质量。

读中：自主阅读推进活动

活动时间：每次 10 分钟，一次围绕一个主题。

任务一　讲寓言，知情节

1. 讲一讲。

选择自己最喜欢的一则故事在小组内讲一讲，推荐代表全班展示。

2. 评一评。

小组代表上台展示，其他同学担任小评委，评选"小小故事讲演家"。

评价标准：吐字清楚，表达流畅。　　☆

　　　　　语言生动，惟妙惟肖。　　☆☆

　　　　　表情丰富，配有动作。　　☆☆☆

任务二　比照读，悟形象

1. 说一说。

我们都学过《狐狸和乌鸦》的故事，狐狸给你留下了什么样的印象？《伊索寓言》中出现次数最多的动物就是狐狸。在这本书中，狐狸一共出现了 14 次。这 14 只狐狸的形象一样吗？

2. 比一比。

（1）我们先来看三则故事：《狐狸和山羊》《狐狸和装病的狮子》《狐狸和豹》，这三则故事的主人公都是狐狸，再读读这些故事，想一想，故事中的狐狸一样吗？

交流提示：《狐狸和山羊》中的狐狸用阴谋诡计欺骗山羊，自己脱险后不但置山羊于不顾，还嘲笑山羊愚蠢，十分阴险狡猾。《狐狸和装病的狮子》中的狐狸从门前的脚印识破了狮子的阴谋诡计，聪明又细心。《狐狸和豹》中的狐狸追求心灵美，是一位智者。

（2）李雨恬同学在阅读《伊索寓言》时，把与狐狸有关的故事放在一起读，一边读一边比照，发现在不同的故事中狐狸的形象不一样，他还把自己的阅读收获绘成了一张思维导图，我们一起来欣赏。

海安市城南实验小学东校区三（20）班　李雨恬

3. 辩一辩。

（1）狐狸有时阴险狡诈，有时聪明机智，有时又成了心灵美的化身。我们应该喜欢狐狸还是讨厌狐狸呢？小组内交流自己的观点。

（2）班级小小辩论会：应该喜欢还是讨厌狐狸？

（3）小结点拨：对狐狸的评价要因事而异。

4. 理一理。

《伊索寓言》中狮子、狼等动物也经常出现。你对哪种动物形象最感兴趣？找出与它相关的故事，重新拟订一份研读计划，整合这部分故事，开展比照阅读，看在不同故事中这种动物的形象有什么不同，并尝试绘制思维导图。

任务三　续结尾，揭寓意

1. 找一找。

小故事大道理是《伊索寓言》的主要特点，书中哪些故事直接揭示了寓意？

小结：这本《伊索寓言》的 125 个故事中，有 69 个故事结尾直接揭示了寓意。

2. 读一读。

（1）一读寓意，发现特点。

《狮子和公牛》：亲眼所见远比甜言蜜语更可信。

《青蛙找水》：做事一定要三思而后行。

《狮子和报恩的老鼠》：千万不要以貌取人。

读一读这三则故事结尾揭示的寓意，你有什么发现？

指点：这三则寓意语言都很简洁，都揭示了做人或做事的道理，能起到劝导别人的作用……

（2）再读寓意，发现角度。

再读这三则寓意，想一想，它们分别是从什么角度来告诉我们道理的？

交流点拨：第一则和第二则寓意告诉我们要怎么做，这是从正面来规劝的；第三则告诉我们不能怎么做，这是从反面来提醒的。

3. 写一写。

（1）《狐狸和葡萄》《牧羊的孩子和狼》这两个故事大家都很熟悉。看看其中的人物语言：

"这葡萄一定是酸的，让馋嘴的麻雀去吃吧。"

"狼来了，狼来了！"

狐狸和牧羊的孩子都说了谎，猜猜故事是想告诉我们什么道理？

（2）思辨：如果仅仅用"不能说谎"来作为故事的结尾，你同意吗？

指点：故事结尾揭示的寓意要有针对性，否则容易千篇一律。

（3）指导：狐狸和牧羊的孩子都说了谎，同样是说谎，却有很多不一样的地方：说谎的目的不同，欺骗的对象也不一样。抓住他们的不同之处，续写格言式结尾。

（4）交流评价。

（5）这些格言式结尾会带给我们很多启迪。感兴趣的同学可以把自己续写的故事结尾做成小书签，夹在书里，用来提醒自己。

读后：分享交流延伸活动

任务一 交流成果享乐趣

1. 寓言故事我来猜。

同学们不仅读了《伊索寓言》，还给书中自己感兴趣的故事配上了插图。我们来玩一个猜一猜的游戏：看插图，猜故事。

活动要求：看插图，最先猜到故事名，并能把这个故事简短地讲给大家听一听者为胜。

2. 阅读成果我来秀。

秀一秀自己的读书笔记、心得体会、思维导图、寓意小书签等阅读成果，评选最佳读书笔记、最佳思维导图、最佳寓意小书签等。

海安市城南实验小学东校区三（18）班
赵雅茹

海安市城南实验小学东校区三（20）班
王雨熙

海安市城南实验小学东校区三（20）班　谢禹乐

任务二　自评自测学运用

1. 自评自测。

（1）选一选。

①《伊索寓言》的作者是谁?（　　　）

A.［古希腊］伊索　　　　　　　　　B.［法国］卢梭

C.［古埃及］拉·封丹　　　　　　　D.［意大利］亚米契斯

②《断了尾巴的狐狸》中，狐狸建议伙伴们干一件什么事?（　　　）

A. 搬家　　　　　　　　　　　　　B. 把尾巴弄掉

C. 不要外出　　　　　　　　　　　D. 躲起来

③ 告诉人们应该防患于未然的故事是（　　　）

A.《狮子和野猪》　　　　　　　　　B.《野猪和狐狸》

C.《小猪和绵羊》　　　　　　　　　D.《看家狗和狼》

④ 用一则成语来概括《蚊子和狮子》的寓意，恰当的一个是（　　　）

A. 骄兵必败 　　　　　　　　　　B. 夸夸其谈

C. 纸上谈兵 　　　　　　　　　　D. 自鸣得意

⑤《行人与梧桐树》告诉我们，（　　　）是为人之本。

A. 知恩图报 　　　　　　　　　　B. 三思而后行

C. 随机应变 　　　　　　　　　　D. 善有善报

（2）填一填。

① 同一种动物，在不同的寓言故事中形象也不同，《狐狸和装病的狮子》中的狐狸_____；《狐狸和猴子》中的狐狸_____；《狐狸和豹》中的狐狸_____。

②《_____》的故事告诉我们，扭头就忘记帮助过自己的人，反而去伤害他，会受到惩罚。

③《伊索寓言》中有好多故事告诉我们遇事要三思而后行，比如：《_____》《_____》《_____》等。

2. 说说身边人和事。

有人说："寓言是生活的一面镜子。"这面镜子能照出生活中真实的模样。在好多寓言故事里都能找到生活中人的影子。你在哪个故事里看到了自己或别人的影子？

点拨：读《蚂蚁和蝈蝈》，我想起_____。

读《苍蝇和蜜糖》，我想起_____。

读《_____》，我想起_____。

3. 情境辨析学运用。

如果在生活中看到这样的人，这样的事，我们可以给他们讲一讲这些寓言故事来规劝他人，提醒自己。

下面情境下，你会选讲一个什么故事来规劝别人？

（1）明明是班上个头最高、力气最大的男孩子，他总是瞧不起瘦瘦小小的华华，常常嘲笑华华，说他像只没长毛的小老鼠。

（2）乐乐是个聪明的小男孩，可就是有个坏习惯，喜欢说谎逗别人。

任务三　把握特点试创编

1. 开动脑筋改故事。

一个故事就是一段神奇的经历，一个故事就是一场奇妙的旅行，只要开动脑筋，我们也能成为小小寓言家。

《老鼠开会》中，一群老鼠想在猫的脖子上挂一个铃铛，来消除对它们的威胁，可是谁敢这么做呢，还有没有别的办法？赶紧开动脑筋，把故事的结尾改一改吧。

选择你喜欢的一个故事，也来改一改故事的结尾吧。

提示：自主改编；小组交流；全班展示。

2. 给定人物编故事。

《伊索寓言》大多以动物为主人公，借发生在动物身上的故事来告诉人们做人的道理。如果让你来编一则寓言故事，你想通过故事告诉人们什么道理呢？请从以下动物中选择两到三个作为故事中的主要人物，编一个小故事。

长颈鹿　蚂蚁　豪猪　刺猬　孔雀　灰鹅　狗　豹

提示：选择故事主要人物时要考虑它们的特点，展开合理的想象。故事不用太长，结尾要揭示出自己想要表达的寓意。

3. 总结。

著名儿童文学家严文井说："寓言是一个魔袋，袋子很小，却能从里面取出很多东西来。"愿小朋友们能从你的寓言魔袋里掏出更多智慧！

（编写人：秦美娟；指导者：吴育培、王爱华）

《克雷洛夫寓言》阅读教学设计与实践

教学解读

《克雷洛夫寓言》是一部寓言故事集，其作者是 19 世纪俄国的作家、寓言家克雷洛夫。《克雷洛夫寓言》常与古希腊的《伊索寓言》、17 世纪法国的《拉·封丹寓言》、18 世纪德国的《莱辛寓言》，并称"世界四大寓言"。

《克雷洛夫寓言》题材丰富，主题鲜明。如《狼和小羊》《狮子分猎物》《狼与鹤》等故事揭露了强权者的专横无理，《鹰和蜜蜂》赞美了默默无闻的劳动者们无穷的生命力、创造力，《杰米扬的汤》《鹰和鸡》《天鹅、梭子鱼和虾》等故事则告诉大家要适可而止、要善于看到别人的优点、团结协作才能将事情做好等道理。

《克雷洛夫寓言》故事短小，寓意深刻，有的直接在文末用一句话点出，有的暗藏于故事之中，还有的则在故事一开始就揭示寓意。学生可以在品读故事的基础上联系生活经验及已有的阅读经验体会其深刻的寓意，并从中获得启示。

克雷洛夫擅长用具有鲜明特点的动物形象、植物形象来表现社会上各种人物的复杂性格。此外，《克雷洛夫寓言》语言朴实凝练又不乏优美，作家将口语、熟语、俗语等民间语言引入创作，还常常用叙事诗的形式讲述故事，使得故事独具魅力。

三年级的孩子已有阅读寓言故事的经历，对寓言有模糊感性的认识，并初步掌握了一些阅读寓言故事的方法。《克雷洛夫寓言》的阅读可以使孩子们进一步在读故事中悟道理、习方法，开阔视野，发展思维，提升素养。

阅读目标

1. 初步感受《克雷洛夫寓言》独特的语言魅力，进一步激发阅读的兴趣，自主规划阅读。

2. 乐于分享阅读收获；练习借助自己制作的读书卡片，讲述故事。

3. 尝试进行作品推荐，进一步体会小故事大道理。

4. 进一步感悟故事中生动鲜活的形象，联系生活，寻找现实意义。

5. 尝试自己创编寓言故事，进一步感知寓言这一文体的特点。

活动安排

阅读阶段	阅读过程	阅读时间	活动内容
读 前	导读活动	40 分钟	1. 故事我知道。 2. 新书抢鲜读。 3. 计划我来订。
读 中	自主阅读	1 个月	1. 与小伙伴一起完善阅读计划表，并按计划自主阅读。 2. 阅读时适当圈画，并以读书卡片的形式进行记录。 3. 小组比赛阅读，将自己喜欢的故事与他人分享。
	推进活动	2 周	1. 问答接力赛。 2. 故事乐分享。 3. 语言我会品。 4. 作品我推荐。
读 后	分享交流 延伸活动	40 分钟	1. 欢乐大闯关。 2. 故事我来演。 3. 人物我来评。 4. 快乐编故事。

读前导读：猜想、发现，爱上读寓言

任务一　故事我知道

1. 看图片，猜故事。

（1）依次出示《守株待兔》《陶罐和铁罐》《鹿角和鹿腿》《池子与河流》等故事图片，猜一猜，每幅图讲的是哪则故事。

（2）你有什么发现？

（3）小结：是的，它们都是本单元刚刚学习的课文，都是寓言故事。

2. 表演读，明道理。

（1）出示《池子与河流》，指名表演读。

（2）说一说：① 故事中的两个人物，你喜欢谁呢？

　　　　　　② 从这个故事中，你又明白了什么道理？

（3）小结：小故事，大道理。寓言故事就是这样的有趣又发人深省。

任务二　新书抢鲜读

1. 对比读，引新书。

（1）听录音《公鸡和珍珠》。

一只公鸡在肥料堆里翻掘扒找，忽然发现一颗珍珠。它说道："这东西有什么用处？它无非是毫无价值的废物！人们把它抬得这么高，岂不愚鲁？在我看来，如果能找到大麦的颗

粒，要使我高兴得多，尽管它并不起眼，但是能够吃饱下肚。"无知的人总是这样判断事情，凡是他们不理解的东西，他们都觉得无用。

（2）议一议：将《公鸡和珍珠》《池子与河流》对比着读，你又有什么发现？

（3）集体交流。（引导学生发现两篇文章都是以诗的形式讲述故事，故事中都花大量的笔墨来写人物的语言，故事的结尾都揭示了深刻的道理）

（4）小结：这两则寓言诗都出自《克雷洛夫寓言》，以诗的形式讲述故事是克雷洛夫作品的一大特色。

2. 知作者，道期待。

（1）交流自己所了解的克雷洛夫。

（2）观看小视频《两分钟了解克雷洛夫》。

（3）说一说：你对阅读《克雷洛夫寓言》有哪些期待？

（4）小结：克雷洛夫是俄罗斯著名的寓言家、作家。《克雷洛夫寓言》题材丰富，主题鲜明；与《伊索寓言》一样，故事短小而寓意深刻。睿智、幽默而又通俗的语言，精彩的故事情节，带韵的诗体使得《克雷洛夫寓言》独具魅力。

任务三　计划我来订

1. 读封面，提取信息。

（1）出示人民教育出版社曹文轩、陈先云主编的《克雷洛夫寓言》一书的封面，从书的封面中你了解到哪些信息？

（2）自主交流。

（提示：从封面上我们不仅可以知道书名、看到图画，还可以读到作者、主编、出版社等信息）

2. 读目录，大胆猜想。

（1）出示目录，你又有哪些发现？

（2）小结：目录交代了故事的页码；有的题目以一种物品或动植物的名称命名，有的题目以"××和××"的形式命名；我们读故事题目，能很快知道故事的主人公；在克雷洛夫笔下，动物、植物、物品都和人一样会说话，会思考，具有人的性格特点。

（3）猜一猜，封面中的图片是哪则故事呢？

提示：根据刚才总结出的题目构成规律，看封面图，猜一猜故事的题目。（《悔过的狐狸》）

（4）继续猜想：《悔过的狐狸》可能讲述了怎样的故事？

（5）你还想读哪则故事？

3. 订计划，启动阅读。

（1）这么多寓言故事，我们怎么读呢？建议大家订一个阅读计划。

（2）欣赏计划：当然，我们也可以将阅读计划制作成自己喜欢的样式。王冠岑和徐婧源两位同学都准备用一个月的时间潜心读一读《克雷洛夫寓言》。她们俩中一位是根据书的章节来制订阅读计划的，另一位则是以十天为一个阶段进行规划。

阅读书目	《克雷洛夫寓言》		
阅读时限	月　　日—　　月　　日（共1个月）		
自评标准	☆能按计划读故事。 ☆能读懂故事。 ☆阅读时能适当圈画，能以读书卡片的形式进行记录。 ☆能联系生活理解故事所揭示的道理。 ☆能将自己喜欢的故事与他人分享。		
阅读时间	阅读数量		完成任务的满意度自评
第一周	阅读（　　　）篇故事		☆☆☆☆☆
第二周	阅读（　　　）篇故事		☆☆☆☆☆
第三周	阅读（　　　）篇故事		☆☆☆☆☆
第四周	阅读（　　　）篇故事		☆☆☆☆☆

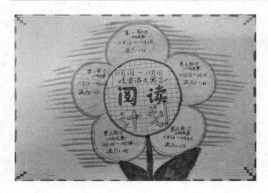

海安市实验小学三（2）班　王冠岑

海安市实验小学三（11）班　徐婧源

（3）交流点拨：制订阅读计划时要整体考虑；阅读时适当圈画并以读书卡片的形式进行记录；每个阶段要对自己的阅读情况进行反思，并对照标准进行自我评价，以保证自己的阅读进度与阅读质量。阅读时能定期与他人分享就更棒了！

（4）课后与小伙伴一起继续完善阅读计划。

附：读书卡片

读　书　卡

时间：＿＿＿年＿＿＿月＿＿＿日

故事：＿＿＿＿＿＿＿＿＿＿＿＿

主人公：＿＿＿＿＿＿＿＿＿＿＿

我读懂的道理：

＿＿＿＿＿＿＿＿＿＿＿＿＿＿＿＿＿＿＿＿＿＿＿＿＿＿＿＿＿＿＿＿＿＿＿＿

＿＿＿＿＿＿＿＿＿＿＿＿＿＿＿＿＿＿＿＿＿＿＿＿＿＿＿＿＿＿＿＿＿＿＿＿

读中推进：分享、探究，比赛读寓言

活动时间：计划用一个月时间读完《克雷洛夫寓言》，小组成员间、小组与小组间开展比赛；阅读期间，做两次阅读推进。

任务一 问答接力赛

1. 游戏规则早知道。

孩子们，读了一段时间的《克雷洛夫寓言》，你一定有不少收获。你想考考大家吗？你又能接受大家的挑战吗？

接下来，我们一起来玩一个"问答接力赛"的小游戏。

游戏规则：小组第一位成员提一个与作品有关的问题，并将答题纸交给第二位成员回答；第二位成员回答后，在纸上写下第二个问题，并交给第三位成员……直到答题纸回到第一位成员手中，第一位成员解答最后一位成员的提问。游戏结束后，每组分别评选一名"最佳提问者""最佳解答者"。

示例如下：

> 问题 1：＿＿＿＿＿＿＿＿＿＿＿＿＿＿＿＿＿＿＿＿＿＿＿＿＿＿
> ＿＿＿＿＿＿＿＿＿＿＿＿＿＿＿＿ 提问者：＿＿＿＿＿＿＿
> 回答 1：＿＿＿＿＿＿＿＿＿＿＿＿＿＿＿＿＿＿＿＿＿＿＿＿＿＿
> ＿＿＿＿＿＿＿＿＿＿＿＿＿＿＿＿ 回答者：＿＿＿＿＿＿＿
> ……

2. 接受挑战争最佳。

怎么样？小伙伴提的问题你能回答吗？哪一小组愿意来展示？

3. 小组成员评一评。

每小组评选一名"最佳提问者"与"最佳解答者"。

任务二 故事乐分享

1. 卡片乐分享。

阅读过程中，我们尝试以读书卡片的形式进行记录，一起来分享吧！

（1）同桌分享。

（2）全班交流。

海安市实验小学三（11）班　王梓涵

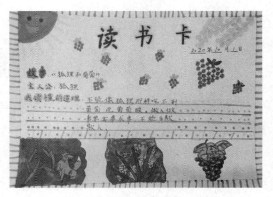

海安市实验小学三（2）班　施念宸

海安市实验小学三（9）班　何沁

2. 故事我来讲。

（1）你最喜欢哪个故事呢？借助自己制作的读书卡片，将故事讲给你的小组成员听一听，并进行自评与互评。

（2）推荐代表，全班讲述，进行评价。

	基本要求： 口齿清楚，声音响亮。★ 态度大方，语气、语调恰当。★ 故事讲述有条理。★ 加分项： 故事讲述时，能使用恰当的肢体语言。★ 故事讲述时，适当加入自己的想象。★	自 评	互 评
评价 标准		☆☆☆☆☆	☆☆☆☆☆

任务三　语言我会品

1. 发现语言的优美。

（1）出示："河流在原野上蜿蜒地流淌着，丛林和草地完全披上了春天的盛装。往远处可以看到怒涛汹涌的黑海，黑沉沉地贴在天边，就像乌鸦的翅膀一样。"

（2）读一读，说说自己的感受。

（3）寻找类似的语言，画一画，抓关键词语，写写自己的感受。

（4）全班交流。

（5）小结：读着这样的句子，我们仿佛看到了高加索山下壮美辽阔的景色，仿佛见到了草原夏日的明朗，仿佛听到了夜莺悠扬美妙的歌声……《克雷洛夫寓言》中优美的语言值得我们用心品味。

2. 发现俗语的妙处。

（1）克雷洛夫还善于将俗语引入故事呢，找一找，读一读。

（2）品一品，你又有什么感受？小组中议一议。

（3）全班交流。

（4）小结：克雷洛夫善于向老百姓学习，巧妙地将民间语言引入故事中。他的寓言语言新鲜、生动，极具魅力，阅读时我们要细细欣赏体会。

任务四　作品我推荐

1. 联系生活，推荐故事。

（1）小组中议一议：

① 如果将一则故事推荐给他人读，你会选择哪个故事？推荐给谁？

② 你的推荐理由是什么？可以采用推荐卡的形式进行推荐。

附：推荐卡

推　荐　卡

我推荐：＿＿＿＿＿＿＿＿＿＿

推荐给：＿＿＿＿＿＿＿＿＿＿

推荐理由：

＿＿＿＿＿＿＿＿＿＿＿＿＿＿＿＿＿＿＿＿＿＿＿＿＿＿＿＿＿＿＿＿＿＿＿＿＿＿

＿＿＿＿＿＿＿＿＿＿＿＿＿＿＿＿＿＿＿＿＿＿＿＿＿＿＿＿＿＿＿＿＿＿＿＿＿＿

＿＿＿＿＿＿＿＿＿＿＿＿＿＿＿＿＿＿＿＿＿＿＿＿＿＿＿＿＿＿＿＿＿＿＿＿＿＿

（2）小组讨论，完成推荐卡。

（3）集体交流，引导学生说清推荐理由。

2. 比较、归纳，推荐全书。

（1）比一比：你发现《克雷洛夫寓言》与《伊索寓言》有什么相同之处，又有什么不同之处吗？

相同之处：常常以动物或植物名称为题，主人公也往往是动物与植物；多用拟人化的手法，将它们当作人来写；故事中常常引入民间俗语；小故事，大道理……

不同之处：与《伊索寓言》相比较，《克雷洛夫寓言》还常常采用诗歌的形式；有的故事通篇都是对话；有的故事在开头就揭示道理……

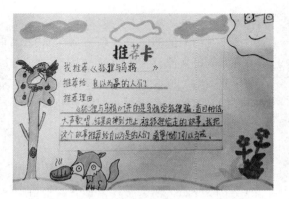

海安市实验小学三（11）班　马雅童　　　　　海安市实验小学三（13）班　于知成

（2）如果请你将这本书推荐给同学们，你的推荐理由是什么？试着制作整本书的推荐卡吧！

（3）全班交流。

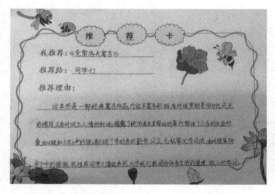

海安市实验小学三（1）班　薛雅文　　　　　海安市实验小学三（7）班　蒋沛平

（3）情境模拟：作为书城童书专柜的负责人，请你进行"每周一书"的推荐。

家长前来咨询，你这样推荐：_____。

小朋友前来咨询，你这样推荐：_____。

（4）期待大家更有创意的推荐哦！

读后分享：表演、创编，快乐读寓言

任务一　欢乐大闯关

1. 自评自测我能行。

（1）选一选。

①《克雷洛夫寓言》的作者是哪国人？（　　　）

A. 古希腊　　　　　　　　　　　　B. 俄国

C. 古罗马　　　　　　　　　　　　D. 丹麦

②《猴子和眼镜》中，猴子配了眼镜仍然看不清楚的原因是（　　　）。

A. 配的是太阳镜　　　　　　　　B. 眼镜的度数太浅了

C. 山羊将他的眼镜弄坏了　　　　D. 他不知道眼镜应该戴在哪里

③《杂色羊》中的狮王是个什么样的人？（　　　）

A. 大度　　　　　　　　　　　　B. 虚伪

C. 勇敢　　　　　　　　　　　　D. 胆小

④《杰米扬的汤》中作者讽刺的是哪种人？（　　　）

A. 作家　　　　　　　　　　　　B. 歌唱家

C. 画家　　　　　　　　　　　　D. 科学家

⑤ 告诉人们应该学习他人的长处，而不是吹毛求疵的故事是（　　　）。

A.《鹰和鸡》　　　　　　　　　　B.《小猫和八哥》

C.《狼和杜鹃》　　　　　　　　　D.《大象和哈巴狗》

⑥ 用一句俗语来概括《猎人》的寓意，恰当的是（　　　）

A. "车到山前必有路。"　　　　　B. "机会总是留给有准备的人。"

C. "君子动口不动手。"　　　　　D. "有理不在声高。"

（2）连一连。

《狼和鹤》　　　　　　　　　　人要有自知之明

《蜘蛛与蜜蜂》　　　　　　　　患难时刻才能认出真正的朋友

《蚂蚁大力士》　　　　　　　　聪明才智有益于他人才有意义

《狗、人、猫和鹰隼》　　　　　不要相信坏人，坏人的本性是不会改变的

（3）填一填。

①《克雷洛夫寓言》中人物形象鲜明：《青蛙和牯牛》中的青蛙＿＿＿＿＿＿＿＿，《苍蝇和马车》中的苍蝇＿＿＿＿＿＿＿＿，《好模仿的猴子》中的猴子＿＿＿＿＿＿＿＿，《布谷鸟和公鸡》中的布谷鸟＿＿＿＿＿＿＿＿。

②《＿＿＿＿＿＿＿＿》的故事告诉我们，贪得无厌的人最终会自食其果，什么也得不到。

③《克雷洛夫寓言》中有许多故事告诉我们，夸夸其谈的人是没有好下场的，如：《＿＿＿＿＿＿＿》《＿＿＿＿＿＿＿》《＿＿＿＿＿＿＿》等。

2. 生活情境巧运用。

生活中，我们可能会遇到一些人、一些事让你想起《克雷洛夫寓言》。

遇到下面的情形，你会讲述什么故事进行规劝呢？

（1）小凯总认为自己很了不起，经常嘲讽别人。

（2）当看到同学有困难时，雯雯总是会说很多动听的话，可没有实际行动。

（3）开展项目学习活动时，小组中每位成员都有自己的想法，结果活动开展得很不成功。

任务二　作品我来演

1. 演一演。

孩子们，精彩的故事总是那样耐人寻味。各小组还利用课余时间，精心选择一则故事进行了排练。下面就让我们以小组为单位，进行展示吧！

小提示：观众们可要仔细欣赏，表演结束后我们要进行"最具人气小组"与"最佳表演奖"的评选哦！

出示评选标准：

"最具人气小组"评价标准	基本要求： 分工合理，小组成员角色意识强。★ 小组成员配合默契，表演衔接流畅。★ 故事表演较为完整。★ 加分项： 表演有设计感。　★ 表演有感染力。　★	自　评	互　评
		☆☆☆☆☆	☆☆☆☆☆

"最佳表演奖"评价标准	基本要求： 态度大方，声音清晰。★ 动作自然，表演投入。　★ 能很好地配合其他组员的表演。★ 加分项： 神情、动作惟妙惟肖。★ 借助道具表现人物。★	自　评	互　评
		☆☆☆☆☆	☆☆☆☆☆

2. 评一评。

（1）你心目中的"最具人气小组"是哪一组呢？请注意，只能投一票哦！

（2）各小组用一句口号进行拉票。

（3）统计互评得星数，评选"最具人气小组"。

（4）"最佳表演奖"花落谁家呢？我们有三名名额。

（5）统计互评得星数，评选"最佳表演奖"。

任务三　人物我来评

1. 最佳表演夸一夸。

给"最佳表演者"和"最具人气小组"颁奖。

> "最佳表演奖"获得者：＿＿＿＿＿＿＿＿＿＿
>
> 评价：＿＿＿＿＿＿＿＿＿＿＿＿＿＿＿＿＿＿＿＿
>
> ＿＿＿＿＿＿＿＿＿＿＿＿＿＿＿＿＿＿＿＿＿＿＿

> "最具人气小组" 获得者：_____
>
> 评价：_____
>
> _____

2. 书中人物我来评。

（1）选择故事中的一位人物，评一评。

> "最勇敢的人"：_____
>
> 因为：_____
>
> _____

> "最愚蠢的人"：_____
>
> 因为：_____
>
> _____

> "最聪明的人"：_____
>
> 因为：_____
>
> _____

……

（2）全班交流、展示。

海安市实验小学三（11）班　许尘然

海安市实验小学三（11）班　丁一

任务四　快乐编故事

1. 改一改。

（1）小小故事，生动有趣；小小故事，寓意深刻。《野山羊》中牧人只顾照料在洞窟中发现的野山羊，忽视了自己原有的羊儿们；结果野山羊跑掉了，牧人自己的羊也没有保住，他一无所有。你觉得牧人应该怎么做呢？开动脑筋，给故事改个结局吧。

（2）自主创编。

（3）集体交流。

2. 练一练。

（1）选择自己喜欢的一则故事，改一改故事的结局。

（2）小组交流。

（3）集体展示。

3. 试一试。

（1）《克雷洛夫寓言》中的很多故事主人公是两个事物；作者常常通过主人公的对话来讲述故事。你能自主选择人物，展开想象编故事吗？相信大家都是小小寓言家，一定行！下面的标题可供选择：

毛驴和骏马　松树和玫瑰　大象和狮子　木勺和玉碗……

提示：选择故事主要人物时要考虑它们的特点，展开合理的想象。故事不用太长，可以在开头或结尾揭示出自己想要告诉大家的道理。

（2）小组中交流。

（3）全班交流。

（4）评价。

	基本要求：	自　评	互　评
评价 标准	能根据要求，展开想象。★ 故事有条理。★ 能通过故事，揭示一个道理。★ 加分项： 能通过人物对话讲述故事。★ 能在故事中引入俗语。★	☆☆☆☆☆	☆☆☆☆☆

4. 推荐阅读。

经典的作品值得我们一读再读。读《克雷洛夫寓言》，领悟人生哲理。课后大家还可以读一读《拉·封丹寓言》，期待大家的阅读分享。

（编写人：徐薇；指导者：吴育培、王爱华）

第六单元
多姿多彩
的神话

单元导读
世界从哪里来

  神话，人类童年时代飞腾的幻想，蕴含着永久的魅力。中国古代神话、古希腊神话、北欧神话、美洲神话……它们气魄恢宏，是世界文化宝库中的经典。这些神话故事情节奇趣跌宕，想象引人入胜，故事中性格鲜明的神祇和英雄形象至今仍熠熠生辉，令人着迷。

  教学时建议做好以下三件事：

  首先，带着好奇心出发，向着神话的源头探寻。和学生一起制订阅读计划，然后进行浸入式阅读模式，诵读、讲述、表演、猜想、质疑、溯源……感受虔诚，学会认同，激活共同的信仰，汲取民族精神和文化养分。

  其次，带着想象旅行，在无尽的时空里探寻语言的秘密。教学时要借助具体的语言文字，紧扣"了解故事起因、经过、结果，学习把握文章的主要内容"这一语文要素，引导学生"感受神话中神奇的想象和鲜明的人物形象"。可以让孩子们画画情节图，理清脉络；可以绘制人物名片、人物关系图谱，感受人物形象；还可以借助文本中留白的部分展开想象，进一步丰满故事情节和人物形象，感受故事的神奇色彩。

  第三，带着理性回归，审视生活，审视自我。可以进行比较阅读，古今对照，发现神话和生活的联系；还可以举办神话知识竞答赛、讲故事等活动，展示阅读成果，交流阅读发现和收获，带领学生感受神话故事的真善美，获得美的熏陶。

《中国神话传说》阅读教学设计与实践

教学解读

《中国神话传说》是北京大学陈连山博士编著的作品，他整合了《山海经》等中国古代典籍中的资料后，形成 11 个章节 55 个故事。

本书描绘了先民的社会生活图景，记录了他们对宇宙运行的观察思考，对天地万物的不懈探索，反映了华夏文明的起源和发展历程。书中记叙了神话英雄的壮烈事迹，表现了先民征服自然、改造自然的愿望，以及与自然和谐相处的理想，也展现了本民族蓬勃旺盛的生命伟力和坚忍、包容的集体性格，以及乐于奉献、勇于创新的精神。

编者将庞大芜杂的中国神话进行了有机编排，串联了众多的神灵、英雄，整合了零散的情节，在某些章节还将西方神话（尤其是希腊神话）与中国神话传说加以对照解说。这有利于学生了解中国神话的演变历史，把握中国神话的结构体系。

这些故事气魄恢宏，想象奇丽，能够拓展学生的认知，传递神话永恒的文化魅力。改编后的神话故事大多情节完整，有益于学生了解中国神话的思维方式和言语逻辑。全书语言精练，不乏趣味，具有较强的可读性，一些经典篇目适合练习讲述。庄重地读和讲，能帮助学生更深入地了解中国传统文化精神，感受神话在古人心中的神圣地位。

阅读目标

1. 自主制订并执行阅读计划，在阅读中产生探究中国神话传说的兴趣，感受人类童年时代飞腾的幻想，了解神话在古人心中的神圣性。

2. 感受神话人物的形象，并对感兴趣的人物做出评价；领略故事中神奇的想象，感悟先民的精神；古今对照，发现神话和生活的联系；对喜欢的故事能够留心起因、经过、结果，把握主要内容，进行讲述。

3. 运用绘制图谱、摘录批注、多维比较等方式形成阅读成果，并与他人交流分享。

活动安排

阅读阶段	阅读过程	阅读时间	活动内容
读　前	导读活动	30 分钟	1. 交流对神话人物的了解。 2. 了解书中故事的来源。 3. 欣赏封面、插图，浏览目录，把握全书内容与结构。 4. 阅读第十一章《大禹时代的神话传说》，留心起因、经过、结果，把握主要内容。 5. 品味语言，了解人物的品格。
读　中	自主阅读	1 周	1. 制订阅读计划表，并按计划自主阅读。 2. 对神话中奇幻的想象进行摘录、批注，也可以将奇人奇物奇景画出来。 3. 找找神话人物的关联，绘制人物关系图。 4. 商议神话英雄榜评选标准，寻找英雄，撰写颁奖词。 5. 记录阅读中产生的疑问，整理问题清单。
	推进活动	2 周	1. 对神话中最感兴趣的想象进行交流。 2. 展示人物关系图。 3. 组内评选最美神话英雄。 4. 筛选有价值的问题，交流想法。
读　后	分享交流 延伸活动	40 分钟	1. 阅读《写在前面的话》，寻觅神话起源，了解神话内涵。 2. 模拟古代生活情境，讲述神话故事。 3. 交流神话对现实生活的影响。 4. 共编《神话百问》。

读前推荐：见"奇"，初临想象的世界

任务一　了解神话英雄，激发阅读兴趣

1. 忆课文，说英雄。

本单元我们学习了 3 篇中国古代神话，课外也读了不少中国的神话。你都知道哪些神话人物故事？

2. 比积累，数英雄。

小组里面比一比，看谁知道的神话英雄最多。

我很好奇优胜者将会说出多大数字，请他来报一报吧。

3. 听"奇迹"，找英雄。

让我们来玩一个游戏，叫作"我猜我猜我猜猜猜"。猜猜老师屏幕上出现的词语和谁有关。

4. 看封面，论英雄。

看来大家对这些伟大人物的事迹很有兴趣。（出示《中国神话传说》）这本书是北京大学陈连山博士编著的作品，几乎囊括了所有重要的神话英雄和他们的传说。我把这本书推荐给

大家。

看，封面的插图就很有意思。谁能讲解一下？

把燧人氏作为封面人物合适吗？

除他之外，你读过的哪个神话人物也能够作为封面人物？商量一下，用"**我选择_____当封面人物，理由是_____**"的句式来表达观点。

书中人物众多，各具特色，在你阅读这本书的时候，记得去比较比较，看看还有谁也可以当众神的代表。

任务二 多种角度打量，感受神奇想象

1. 说来源，明"奇"。

神话之"神"不仅仅指故事中人物的身份，还在于想象的神奇。所以，这本《中国神话传说》可以说是一本奇书。它有 11 个章节，55 个故事，来源于我国古代很多的书籍。有哪一本是你知道的吗？（《山海经》《述异记》《淮南子》《列子》《拾遗记》《抱朴子》《诗经》《楚辞》《庄子》《孟子》等）

这些书中零散地记录着古代的神话，经过许多学者的研究，中国古代神话的世界才完整地建立起来，无数奇人异事聚成了神话的天空。

2. 赏插图，看"奇"。

出示书中插图，观察奇异之处。

（依次出示书中女娲补天、神农尝百草、刑天舞干戚、盘瓠变身、大禹化熊的插图）仔细观察，寻找不同寻常的地方。

3. 喊名字，猜"奇"。

样子有趣，名字也有趣。你会读吗？猜一猜他们是什么。

（物名）	息壤	指佞草	指南车	视
（地名）	穿胸国	三身国	归墟	幽都
（鬼怪）	九婴	羊獬	穷鬼	陆吾
（人名）	伏羲	少昊	颛顼	帝喾　皋陶　蚩尤

4. 听神迹，悟"奇"。

听《神奇法官皋陶》的录音，留心神奇的地方。

说说听到的神奇之处。

任务三 明确阅读重点，制订自读计划

1. 看目录，自定重点对象。

这么多的神话人物，这么多的奇谈妙闻，陈连山博士是怎么把它们编排在一起的呢？打开目录浏览一下，关注章节名称和故事名称。

交流。

小结：陈连山博士把这些神话传说分成三大部分，第一到三章是起源神话，第四到七章介绍了五方天帝的故事，第八到十一章讲了四位人间远古帝王的神话传说。

你对哪部分特别感兴趣就重点阅读它。说说你确定的阅读重点。

2. 学样篇，明确重点事件。

把我们的目光投到第十一章《大禹时代的神话传说》，先看看这些小标题，思考：要了解大禹的事迹，我们应该重点关注哪个事件？包括了哪些故事？

是的，大禹治水是后世传颂的丰功伟绩，包括"奉命治水""大禹和他的妻子""遍治天下诸河，丈量天下"，合起来形成了一个完整的故事。

在本单元课文的学习中，我们知道，了解起因、经过、结果有助于我们把握故事的内容。让我们来实践一下。读读这几个故事，看看故事的起因、经过、结果分别是什么。

交流，形成思维图：（起因）奉命治水；（经过）斩防风氏——驱逐共工一党——治理黄河——惊吓妻子——降无支祁；（结果）成功治理。

南通市通州区兴东小学四（1）班
林陆希

3. 品语言，了解重点品格。

阅读神话，还要关注人物的形象。默读这些文字，说说你的感受。

防风氏的两个部下害怕极了，拿刀刺穿自己的心脏而死。大禹看到这一情景，心中哀伤，就把不死草和防风氏部下的尸体埋葬在一起，使他们复活。

于是，他来到涂山，和女娇也就是涂山氏结为夫妻。四天之后，大禹离开家，继续治水。据说，大禹治水非常勤奋，九次经过家门口，但是都没有走进去。

大禹走遍天下，成功治理了所有的河流。此时的大禹已经伤痕累累，面目全非。他的双手没有留下一个指甲，小腿的汗毛也全部脱落了，走路的时候，只能向前慢慢挪，因为他的后腿无法越过前腿。由于身体极度消瘦，大禹两颊深陷，嘴巴像鸟喙一样突出。

从语言文字背后，我们既能看到大禹的神性，更能看到光辉的人性。在阅读的过程中遇到这样的文字可以多读几遍，在旁边记下自己的感受。

4. 订计划，确定重点要求。

订计划：从字数上看，第一、二两章一天看完，其余章节每天一章，建议10天左右把这本书看完。

明任务：建议每看完一章，都利用思维图进行梳理，把握主要故事的内容；品味语言，感受人物的形象，记录自己的阅读感受。

南通市通州区兴东小学四（1）班　赵张墨

读中推进：探"奇"，发掘内在的联系

任务一　摘录批注，感悟奇幻伟力

1. 夸一夸，本领 Ta最强。

在神话传说中，翻山越海、改天换地好像是家常便饭，谁的本领最强大？Ta是如何施展神通的？

（1）筛选自己的摘录文字和简单批注，要聚焦于展现人物神通广大的语句。将这样的摘批标示出来。

南通市通州区兴东小学四（1）班　赵倪宣

（2）提升：人物的行动直接展现本领；行动的结果体现了效果；对手的表现从反面证明英雄的强大；人民的评价从侧面烘托本领之大。其中，英雄的行动是最值得关注的。

（3）试着在学习小组内夸一夸心仪的神话人物，相互倾听，相互补充。

2. 比一比，体量 Ta最大。

神话中的人物、事物往往体量巨大，亮亮数据，展示一下到底有多大。

这是一位同学列出的神话"大"数据。

3. 画一画，特征 Ta最奇。

这是一位同学绘制的三身国国民画像，把一个脑袋、三具身体画得惟妙惟肖，十分有趣。

书中有很多奇人奇物奇景，试着画一画。

神话"大"数据

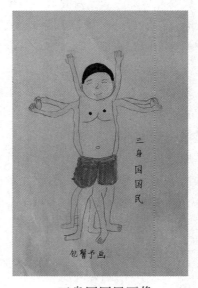

三身国国民画像

任务二 绘制图谱，探寻人物关联

1. 看一看，明关联。

走进神话的世界，你会发现，有些人物是已经熟悉的，如盘古、女娲、后羿、精卫；还有一些可能是你比较陌生的，如伏羲、颛顼、祝融……神话世界的人物很多不是孤立存在的，他们之间往往有着千丝万缕的联系。

（出示示例图）看着图讲解一下人物的关系。

2. 学一学，绘关联。

这幅人物关系图的中心人物是炎帝。找准中心人物，就能把人物的关联讲得比较清楚。

同样，绘制人物关系图也要找准中心人物。看看章节名你就知道谁是中心人物了。

请选出感兴趣的人物，围绕他画出关联图。

为了将人物关系画得更清楚，还可以怎样绘制？（可以用不同的头像表示人物，还可以用不同的颜色绘制支线）

3. 亮一亮，说关联。

展示自己绘制的关系图，讲清楚每条线。

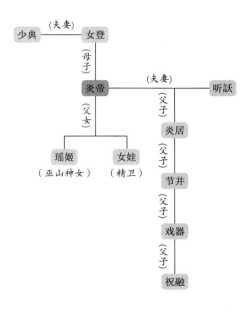

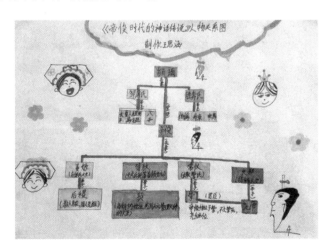

南通市通州区兴东小学四（1）班　王思涵

任务三 多维比较，寻找最美英雄

1. 议一议，共商评选标准。

还记得阅读这本书之前老师布置的任务吗？比较比较，哪位神话人物可以成为代表？

首先，我们共同商议评选的标准。

讨论交流。

小结：从品质上看，应当心怀天下，具有奉献精神、牺牲精神；从行动上看，能够直面困难，持之以恒；从功绩上看，应当建立了安定天地、拯救苍生的伟业。

2. 选一选，拟写英雄颂歌。

有一位同学选择了盘古，这样写道："开辟乾坤，他是黑暗中最明亮的光；顶天立地一万八千载，守得天地分清浊！身躯灿然化万物，英魂含笑归宇宙，生而为神，却没有一天是为自己而活。他从混沌中来，在蓬勃中不朽！"

这样的盘古是否符合"最美英雄"的标准？

请为自己心中的最美英雄写一首颂歌。

3. 赞一赞，展示最美英雄。

在小组内朗诵自己的作品，听取别人的修改意见，鼓励配上自制精美插图。

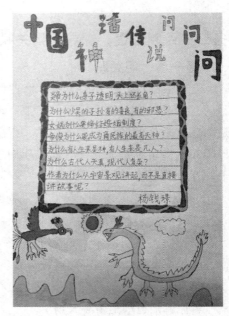

南通市通州区实验小学四（4）班　杨钱璟

4. 问一问，走进英雄内心。

展示课前整理好的问题清单，讨论筛选一部分自主解决，重点交流有思考价值的问题，在交流中走进英雄的内心世界。

读后交流：思"奇"，感受神话的魅力

任务一　寻觅：起源和内涵

1. 寻神话起源。

（1）溯源。

观看纪录片《中国古代神话》片段。思考：不识字的老人为什么能够清楚、生动地讲述神话故事？

人类在悠悠蓝天和苍茫大地之间生活、繁衍，通过数百万年的辛勤劳作改造了自然，同时也改造了人类自己。人类运用智慧和想象，不断地解释世界，解释生活，并证明人类自身的存在价值。神话传说就是远古时期人类创造的重要的精神财富，在百姓中一代代流传。

（2）归类。

《中国古代神话》这本书的每个章节都有它的主题，涉及改造自然、应对灾害、部落战争、道德品格、生产劳动、文化创造。《女娲补天》对应哪个主题？

请同学们根据阅读时确定的章节重点故事，小组合作，将各章的主题进行归类。

2. 悟先民愿景。

神话反映了远古先民美好的愿望。第三章《神话时代的宇宙景观》就是他们的理想国。

让我们来场竞赛，看看同学们读得怎么样。

（1）读图识景。

分别出示琅玕树、建木、归墟、幽都的图画。

不仅要认出来，还要能简要介绍。

南通市通州区兴东小学四（1）班　戴梦蕊

（2）听事识人。

① 他是黄帝的孙子，北海的海神。他派遣十五只巨大的神龟顶起五座海中的仙山。（禺强）

② 他们掌管着度朔山，游荡的鬼魂必须在金鸡报晓的时候接受检查。后来他们还成为门神。（神荼、郁垒）

③ 他是帝俊的孙子，尧帝的大臣，传说发明了大量的器物，圆规、弓箭、鼓等都归功于他。（巧倕）

④ 她生了十个太阳，并且每天在汤谷给他们沐浴。（羲和）

3. 问英雄风采。

（1）颂英雄。

有人说，中国神话的核心是抗争。神话英雄寄托着人们与命运、灾难、困难、敌人抗争的希望和勇气。前几天我们一起寻找最美神话英雄，谱写了英雄颂歌。下面请组内评选出一份最优作品，合作排练，进行朗诵。

表演前先介绍组内分工。

（2）话英雄。

神话传说中的人物不一定是性格单一、行动一成不变的。虽然他们身具神力，但也和普通人一样有喜怒哀乐；虽然他们大多数时候能和谐相处，但也会不时爆发矛盾。比如炎帝，对人类有很大贡献，教导人们掌握了农业，不再饥饿；亲尝百草，写出了《本草经》，使人类免受病痛。但他后来打仗不力，导致人们失去了和平的生活。刚才我们歌颂的英雄，可能也有不足，说说自己的看法。

可以用"**一方面**＿＿＿＿＿＿＿＿，**另一方面**＿＿＿＿＿＿＿＿"的句式来把优点和缺点联系起来。

任务二　品味：感悟和讲述

1. 展完整情节。

书中的故事情节完整，充分展现了人物的特点。

比如《后羿射日》这个故事曾经选入小学《语文》课本，在课文中它被改写成一小段。其实，原本的神话要丰富得多。请看一位同学的情节图：（起因）天帝派遣；（经过）羿射九日——射杀凿齿——射死九婴——消灭大风、巴蛇、窦窳——宰杀野猪；（结果）留在人间。

南通市通州区兴东小学四（1）班　季袁宇

2. 品精练语言。

后羿完成了一系列壮举，神威盖世。让我们拿出自己的阅读记录本，交流摘录的相关语句和记录的阅读感受。

注意从不同的角度来解说。

3. 仰神圣地位。

（1）二看视频，感受虔诚。

再看纪录片片段，关注：从老奶奶和老爷爷讲述的态度上能感受到什么？

他们的态度非常虔诚，充满感恩之情。

（2）接力讲述，展现神圣。

组内分工，接力讲故事。可以讲《后羿射日》，也可以是《黄帝战蚩尤》或其他故事。

任务三　联系：幻想和现实

三看视频，关注民间因女娲补天传说而形成的习俗。

自主检测：

1. 延续传统。

（1）习俗里的神话。

你还知道哪些节日和习俗与神话有关？

_____

（2）言语里的神话。

能否说出与神话有关的成语或诗句？

_____

2. 传承精神。

（1）重要讲话里的神话。

习近平主席在十三届全国人民代表大会第一次会议上发表重要讲话。他指出："在几千年历史长河中，中国人民始终心怀梦想、不懈追求，我们不仅形成了小康生活的理念，而且秉持天下为公的情怀，<u>盘古开天、女娲补天、伏羲画卦、神农尝草、夸父追日、精卫填海、</u>

愚公移山等我国古代神话深刻反映了中国人民勇于追求和实现梦想的执着精神。中国人民相信，山再高，往上攀，总能登顶；路再长，走下去，定能到达。"

齐读画线句。

补充：

大禹治水，是_____的精神；

钻木取火，是_____的精神；

刑天舞戚，是_____的精神；

……

（2）品牌里的神话。

华为手机操作系统取名为"鸿蒙"；华为手机处理芯片取名为"麒麟"；华为的 PC 处理器芯片取名为"鲲鹏"；华为的人工智能芯片取名为"昇腾"；华为的路由器芯片取名为"凌霄"。

你知道这些名字和哪些神话有关吗？请选择其中的一个进行说明：

_____

_____。

（3）航天科技里的神话。

中国第一艘无人试验飞船——"神舟"一号；

中国第一枚一百二十公里高空低纬度探空火箭——"织女三号"；

中国探月计划中的第一颗绕月人造卫星——嫦娥一号；

中国首个自主研制的载人空间试验平台——天宫一号。

想一想，航天科学家们为什么偏爱这些名字？

_____

_____。

3. 浸润文化。

生活中有许多神话的影子，你留心过吗？

_____

有时候，老师或家长会用_____这个神话来教导我们：

_____。

任务四　共写中国神话一百问

1. 读开去。

在阅读中，我们多次读到和西方神话相同题材、不同情节的故事。为什么会有这样的相似，为什么又会有所不同？请同学们带着问题继续去阅读希腊神话等作品。

2. 读回来。

有空多翻翻《中国神话传说》这本书，联系现实，联系生活，你一定会提出更多有价值的问题。未来我们会将这些问题编在一起，编个"中国神话一百问"。

（编写人：钱栋彬；指导者：仲剑峰、王爱华）

《世界经典神话与传说故事·希腊神话》阅读教学设计与实践

教学解读

　　希腊神话是一部古希腊民族关于神与英雄的故事总汇，产生于公元前12世纪到公元前8世纪之间，最初由古希腊人口头创作，经长期口耳相传，延续至今，渐具规模。直到19世纪，德国浪漫主义诗人古斯塔夫·施瓦布经过细致挖掘和整理，才形成了谱系完整、故事情节集中、文字优美的希腊神话故事。它通过一个个荒诞离奇而又精彩有趣的故事，生动展示出古希腊人最原始的社会生活画卷，折射出人类诞生之初对自然的敬畏以及征服自然、支配自然的美好愿景。希腊神话是世界经典神话的重要组成部分，在人类思想文化艺术史上散发出夺目的光彩。

　　《世界经典神话与传说故事·希腊神话》所节选的《欧罗巴》《德墨忒耳》《法厄同》《代达罗斯和伊卡洛斯》《俄耳甫斯和欧律狄刻》《赫拉克勒斯的故事》等，都是希腊神话中具有代表性的人物和故事。这些故事情节奇趣跌宕、人物个性鲜明、想象奇特不羁……利于激发学生阅读的兴趣和热情，值得从精读的角度引导学生细细品味，关注故事情节，感知人物形象，体会奇特想象。故事富于艺术性的表现手法，有助于激发学生内心潜藏的想象力和创造力，使学生在感受希腊神话故事奇幻宏大的魅力的同时，积淀丰厚的文学底蕴，得到思想启迪，获得美的熏陶。

阅读目标

　　1. 了解古希腊的悠久历史和灿烂文化，感受神话的独特魅力，并产生阅读一系列希腊神话故事的兴趣。

　　2. 熟悉希腊神话中主要人物及其故事，理清人物关系，感知人物鲜明的个性。

　　3. 理顺故事情节，能按故事的"起因—经过—结果"生动有序地讲述单篇故事。

　　4. 通过阅读，感受希腊神话故事中的真善美，获得美的熏陶。

活动安排

阅读阶段	阅读过程	阅读时间	活动内容
读　前	导读活动	30 分钟	1. 回忆旧知，说说神话有什么特点？ 2. 揭示新书，阅读封面及目录，了解神话故事的不同来源，以及希腊神话的概况。 3. 尝试阅读其中一个故事。 4. 小结阅读方法，布置按计划自主阅读。
读　中	自主阅读	3 天	1. 边阅读边圈出人名和地名，分别制成人名、地名卡片。 2. 边读边绘制人物关系图，弄清人物身份，理清人物之间的关系。 3. 制作人物名片，概括其性格特点。 4. 了解人物主要故事，弄清故事的起因、经过、结果。
	推进活动	3 天	1. 再次深入阅读，勾画批注书中的精彩语言和想象奇特之处。 2. 根据任务卡记录阅读所思所得，感受神话故事的奇幻宏大。 3. 设计知识竞赛题。
读　后	分享交流 延伸活动	40 分钟	1. 比赛直呼人名、地名卡。 2. 班级知识抢答赛。 3. 展示人物名片，分享人物评价，讲讲人物故事。 4. 交流展示阅读成果（我的发现、观点记录）。 5. 讲述故事。 6. 拓展延伸。

读前：导读活动

任务一　揭示新书知概况

1. 回忆旧知论"神话"。

（1）同学们喜欢读故事吗？说说你们都读过哪些故事？

（2）看看图片，猜猜是哪个故事？（分别出示精卫填海图、女娲补天图、夸父追日图、普罗米修斯盗火图）

（3）这几个都是什么故事？（板书：神话）你们觉得"神话"有什么特点？（学生自由回答）

2. 揭示新书知概况。

（1）世界上有许多民族，每个民族都有自己的神话。这些神话当中，内容最丰富，表现手法最富于艺术性，而且流传范围最广泛的，就要数希腊神话了。（板书：希腊）说起希腊神话，是不是觉得离我们很遥远？其实不然，希腊神话影响着我们的生活和语言，一直就在我们身边。当今最为盛大的体育赛事"奥运会"（出示奥运会相关图片），就起源于希腊神话。

希腊神话产生于公元前 12 世纪到公元前 8 世纪之间，最初由古希腊人口头创作，经长期口耳相传，延续至今，渐具规模，被后人整理翻译成多个版本，直到 19 世纪，德国浪漫主义诗人古斯塔夫·施瓦布经过细致挖掘和整理，才形成了谱系完整、故事情节集中、文字优美的《希腊神话故事》。希腊神话故事中有很多个性鲜明的人物，课文中学过的为人类盗取火种的普罗米修斯就是其中一个。

（2）《世界经典神话与传说故事·希腊神话》收录了不少世界各地的神话。这本书分上下两册，上册有三个部分，第一部分就是希腊神话。这部分一共有七则故事，分别是《欧罗巴》《德墨忒耳》《法厄同》《代达罗斯和伊卡洛斯》《俄耳甫斯和欧律狄刻》《赫拉克勒斯的故事》以及《丘比特和普叙刻》，故事的标题都是人物名字，这是希腊神话的一个特点，大多以主人公的名字做标题。

在这七则故事中，前六则是希腊神话，第七则是罗马神话。因为两个神话除了神祇名字有所不同之外，故事情节有许多相似之处，所以这本书的主编作家曹文轩先生和人民教育出版社编审、教育部课程教材研究所研究员陈先云老师就把它们编辑在了一起。

任务二　尝试阅读学方法

过渡：

（1）还记得普罗米修斯是从哪里取的火种？（太阳神驾驶的太阳车上）

（2）现在，我们就先读这本书中与太阳神、太阳车有关的另一个人物故事《法厄同》。

一起喊喊他的名字——法厄同。

（3）法厄同是谁？他与太阳神是什么关系，他们之间又发生了什么故事呢？请同学们打开书，翻到第 26 页，对照要求读读《法厄同》这个故事。

1. 初次阅读理脉络。

（1）读故事：故事中出现了哪些神灵？用笔圈画并读准他们的名字。哪些神灵是主要人物？试着完善情节图，再说说他们之间发生了什么故事？

（2）小组内交流主要情节，讲讲故事主要内容（起因—经过—结果）。

（3）各组展示情节图，说说故事主要内容。

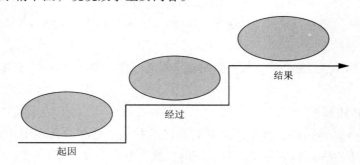

预设：

起因：再三恳求，无奈同意；经过：无法驾驭，肆意狂奔；结果：坠毁大地，带来灾难。

小结：关注故事的起因、经过、结果，提炼出主要故事情节，有助于理清故事脉络，了解故事主要内容。出示： 了解故事情节

2. 二次阅读识人物。

过渡：在希腊神话中，神都具有非常鲜明的个性，每一位神都具有人身上常见的长处和短处。阅读神话故事，我们还要善于品读人物特点。出示： 品读人物个性

（1）浏览故事，想一想：你觉得法厄同和太阳神阿波罗各有什么特点？理由是什么？在书中圈画并简单批注。

（2）先同伴交流，再全班交流。

预设：

法厄同：敢于冒险。不听劝告，不自量力。有梦想有追求，努力证明自己，却采用了错误的方式。

阿波罗：光明磊落，诚实守信，信守诺言。疼爱自己的孩子，但没有原则，最终害了自己的孩子。

（3）讨论：法厄同的故事给我们什么启示？

预设：

① 要有冒险精神，但也要量力而行。证明自己要采取正确的方式。

② 不能固执己见，要多听听别人的意见。

③ 父母疼爱孩子要讲原则，一味迁就只会害了孩子。

3. 三次阅读品神奇。

过渡：全世界无产阶级的伟大导师马克思认为："任何神话都是用想象和借助想象以征服自然力，支配自然力，把自然力加以形象化。"（PPT出示马克思的话）

那是因为在远古时期，由于生产力水平低下，人类对自然的认识是非常有限的，往往只能借助想象去解释周围的自然现象和生活现象，这就产生了神话。所以，"神奇的想象"是神话的一大显著特点。出示： 感受神奇想象

（1）再次通读故事，找一找：你发现了哪些神奇的想象？这些想象寄托了古人什么美好的愿望？又对什么自然现象做出了解释？用笔做上记号。

（2）小组交流，比一比：谁有一双善于发现的慧眼。

（3）全班展示。

预设：

① 太阳东升西落，是因为有太阳神在驾驶太阳车。

② 太阳神的官殿美轮美奂，太阳神有很多侍从，分别是日神、月神、年神、世纪神、春神、夏神、秋神、冬神。

③ 各个神仙的装扮：太阳神头戴闪着光芒的王冠，四季神身上的光芒耀眼灼人，春神带着鲜艳的花环项链，夏神披着金黄色的麦穗做的衣裳，秋神捧着葡萄美酒，冬神穿着雪白的盛装。

④ 太阳车：车轴、车轮、车辕都是纯金制成，车轮上的辐条是纯银的，辔头上镶嵌着无数颗明亮的宝石。

⑤ 土地干裂、河流干涸、寸草不生的沙漠、埃塞俄比亚人的黑皮肤，都是源于法厄同无法驾驭太阳车坠落大地造成的。（对自然现象的解释很神奇）

4. 小结阅读方法。

（1）多么有趣的想象呀！尽管生产力很低下，认识非常不足，人类还是努力在想象中对生活、对自然现象做出了解释，努力探索自然探索世界的奥秘，多了不起呀！

（2）回顾阅读方法：说说我们刚才是怎么阅读这篇神话故事的？

（出示：了解故事情节、品读人物个性、感受神奇想象）

（3）小结：神话是远古时代劳动人民所创造的反映自然界、人与自然的关系以及社会形态的具有高度幻想性的故事，"神秘的色彩""神奇的想象"是神话的一大特色。神话又是远古时代的人们口头讲述的故事，一代一代口口相传，延续至今。口语化的表达是神话的又一大特色。我们读了故事如果能再讲给别人听，这样可以让故事继续流传得更久更远。（出示：口头讲述故事）

任务三　布置任务自主读

1. 欣赏计划。

（1）通过刚才的阅读，你是不是觉得希腊神话很有意思呢？这本书上还有几个希腊神话故事，同学们能按刚才小结的阅读方法去进行阅读吗？相信你一定会有很多收获哟！

（2）欣赏阅读计划表。（出示阅读计划表示例）

瞧，这是如皋市长江镇郭园小学四（1）班蔡聃聃同学为自己制订的一张阅读计划表，思考：你看懂了什么？与同桌交流。

阅读书目	《世界经典神话与传说故事·希腊神话》				
阅读时限	<u>10</u> 月 <u>19</u> 日—<u>10</u> 月 <u>25</u> 日（共 <u>7</u> 天）				
阅读时间	阅读章节	主要情节	人物特点	我的发现	完成任务的满意度自评
第一天	法厄同				☆☆☆☆☆
第二天	欧罗巴				☆☆☆☆☆
第三天	德墨忒耳				☆☆☆☆☆
第四天	代达罗斯和伊卡洛斯				☆☆☆☆☆
第五天	俄耳甫斯和欧律狄刻				☆☆☆☆☆
第六天	赫拉克勒斯的故事（节选）				☆☆☆☆☆
第七天	丘比特和普叙刻				☆☆☆☆☆

交流点拨：① 制订阅读计划要考虑页码章节，每天尽量阅读一个完整的章节；② 要边读边思考、读有所获；③ 每天要对自己的阅读情况进行反馈，以保证自己的阅读进度和阅读质量。

2. 布置阅读。

同学们可以参照上面的阅读计划，也可以根据自己的实际情况重新制订合理的阅读计划。制订好计划要进行认真阅读哟！

读中：自主阅读推进活动

活动时间：每次 10 分钟，一次围绕一个主题。

任务一　圈名字，扫障碍

1. 分享人名、地名卡。

（1）交流所圈画的人名和地名，哪个名字最短？哪个名字最长？哪个名字最难读？

（2）难读的名字多练习几遍。

2. 直呼其名我能行。

（1）同伴合作练一练，抽卡片读名字。

（2）班级展示赛一赛，看谁读得快又准。

任务二　制名片，理脉络

1. 整理人物图谱，标注身份和相互之间关系。

希腊神话故事中有一个庞大的神族谱系，所读的故事中出现了哪些人物？各个人物是什么身份？之间又有什么关系？先整理一下，再和小伙伴交流。

2. 制作人物名片，概括典型事例和突出特点。

希腊神话故事中人物众多，个性鲜明。你对哪一位神祇或英雄人物最感兴趣？为他（她）设计一张名片。要讲清楚他（她）的性格特点或者特别之处，还要简单介绍在他（她）身上发生的故事，并说说你对他（她）的评价。

3. 选择自己最感兴趣的一两个故事填写脉络表格（或画一画故事情节图）。

```
人物名片
姓名：＿＿＿＿＿＿＿＿＿＿
身份（或别称）：＿＿＿＿＿＿＿＿
个性特点（或特别之处）：＿＿＿＿＿＿＿
主要故事：＿＿＿＿＿＿＿＿＿＿＿＿
＿＿＿＿＿＿＿＿＿＿＿＿＿＿＿＿＿
＿＿＿＿＿＿＿＿＿＿＿＿＿＿＿＿＿
对他的评价：＿＿＿＿＿＿＿＿＿＿
```

故事主人公	起因	经过	结果	主要故事内容
法厄同	再三恳求，无奈同意	无法驾驭，肆意狂奔	坠毁大地，带来灾难	法厄同从父亲太阳神那里取走太阳车，却因为无法驾驭从天空坠毁，给大地造成很大灾难。

4. 设计竞答赛题，熟悉巩固所读的故事内容。

（1）制作赛题。

挑选自己阅读过程中获得的印象最深刻的知识考一考组内队员，分成三个难度等级，列出考题单：

难度分级	题　型	题　目	答　案
★	判断或选择		
★★	填空		
★★★	简答		

（2）组内争霸。

① 四人小组两两对决，获胜者再两两对决，产生小组擂台赛冠军。

② 小组内轮换考题单，交流擂台赛中自己未能答出的题目。

（3）自由挑战赛。

鼓励阅读过程中随时出题考考同伴，共享阅读的快乐。

任务三　深入读，探究"奇"

1. 品想象描述之奇美。

挑选书中想象最奇特、写得最有意思的精彩片段读给同伴听（见右表）。

2. 寻现象解释之奇妙。

故事中解释了什么自然现象？说给小伙伴听听。

我的阅读收获	
我觉得想象最奇特的地方或描写最奇美的语句	
我发现故事解释了什么现象	

读后：分享交流延伸活动

任务一 交流成果，体会奇趣

1. 知识抢答竞赛。

几篇故事都读完了吗？老师来考考大家读得怎么样。请听清抢答规则：第一个站起来的人大声读题，并说出正确答案视为抢答成功。

① 宙斯变成了（　　　）驮走了欧罗巴。

A. 大马　　　　　B. 大象　　　　　C. 公牛　　　　　D. 骆驼

② 冥王哈得斯变出一朵异常美丽的（　　　），吸引春神珀耳塞福涅去观赏，趁机掳走了她。

A. 百合花　　　　B. 水仙花　　　　C. 玫瑰花　　　　D. 牡丹花

③ 代达罗斯的外甥塔罗斯善于观察、思考，发明了陶制转轮、铁锯和（　　　）

A. 圆规　　　　　B. 弓箭　　　　　C. 长矛　　　　　D. 大刀

④ 赫拉克勒斯最终选择踏上了（　　　）所指引的道路。

A. 享乐女神　　　B. 美德女神　　　C. 谷物女神　　　D. 智慧女神

⑤（　　　）还是个婴儿时就显示出超人的力量，用小手掐死了爬进摇篮的毒蛇。

A. 俄耳甫斯　　　B. 伊卡洛斯　　　C. 赫尔墨斯　　　D. 赫拉克勒斯

2. 分享脉络图表。

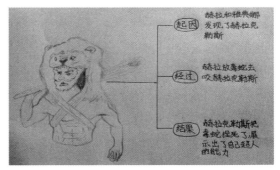

如皋市长江镇郭园小学四年级学生

3. 展示人物名片。

如皋市长江镇郭园小学四年级学生

4. 交流阅读发现。

① 我觉得想象最奇特的地方。

预设：

我的阅读收获	
想象最奇特的地方	a. 俄耳甫斯的演奏有很大的魔力，能用音乐驱动山坡上的石头，改变河流的航道，能一路弹着竖琴行走于可怕的冥界，连鬼神都为之倾倒。 b. 代达罗斯能让自己像鸟儿一样在天空飞翔。 c. 忒瑞西阿斯被宙斯赋予了先知的能力，能预言未来。 d. 赫拉的乳汁让赫拉克俄罗斯具有了神力，脱离了凡胎。 e. 宙斯本领高强，能变成健壮的公牛，能变成英俊的男子，在大海中游行，水会自动分成两股水流，不让一滴水溅到身上。 f. 谷物女神德墨忒耳用神粮涂抹婴儿的身体，晚上把婴儿放在红红的火焰中心烤，能让婴儿拥有不朽的青春，长生不老。 g. 德墨忒耳因为思念爱女伤心憔悴，大地就长不出庄稼，结不出果实，田地就会一片荒芜。

② 我发现故事解释了什么现象。

预设：

我的阅读发现	
故事解释了什么现象	a. 亚细亚和一块不知名的大陆争夺欧罗巴以及"欧罗巴"（欧洲）这块大陆名称的来历。 b. 大地为什么会有春夏秋冬之分，五谷、水果、鲜花都是谷物女神德墨忒耳赐予人间的，她教会人们播种谷物。珀耳塞福涅使大地开满鲜花，每年都能复活一次，从冥界返回人间，让人间春回大地。 c. 沙漠和黑人的皮肤，都是因为法厄同驾驶的太阳车坠落人间造成的。 d. 天上的银河是赫拉的乳汁溅洒在天空形成的。 e. 赫拉克勒斯田野的来历。 f. 人类最初的许多能工巧匠是代达罗斯培养出来的，欧洲第一所建筑雕刻艺术学校也是他创建的。

小结过渡：多么神奇的想象！远古时代，由于认识的不足，很多自然现象人们无法解释，但还是努力做出解释和猜想，努力探索自然、探索世界的奥秘，多么了不起呀！奇特的想象是神话故事显著的特点，口语化的语言更让人们津津乐道。接下来我们就来开个小小故事会，一起讲讲这些故事。

任务二　大胆展示，讲述故事

1. 按照脉络简单讲。

选择自己最喜欢的一个故事，按照故事脉络把故事的前后经过简单说给小伙伴听一听。

2. 发挥想象生动讲。

所读的故事中，你印象最深的是谁的故事？能发挥你的想象，把故事讲得更加生动传神、更加吸引人吗？

提示：在讲清故事情节的基础上，适当加上人物的语言、动作、神态以及心理活动，也可加上一定的环境描写。

3. 评选小小故事大王。

（情节讲得完整☆　　　故事生动有趣☆☆　　　讲述绘声绘色☆☆☆）

任务三　选辨填说，自评自测

1. 选一选。（★）

① 珀耳塞福涅因为吃了冥府的（　　　），每年只能在大地居住半年时间。

A. 葡萄酒　　　　B. 苹果泥　　　　C. 石榴籽　　　　D. 橘子汁

② 希腊神话中，众神居住在高高的（　　　）。

A. 阿尔卑斯山　　B. 喜马拉雅山　　C. 安第斯山　　　D. 奥林匹斯山

③ 代达罗斯建造了一座（　　　），怪物米诺陶洛斯住进去之后，再也出不来了。

A. 宫殿　　　　　B. 宝塔　　　　　C. 迷宫　　　　　D. 神庙

2. 辨一辨（对的打"√"，错的打"×"）。（★）

① 每当春神珀耳塞福涅与谷物女神德墨忒耳团聚时，大地就会进入萧瑟的秋冬季节。

（　　　）

② 埃塞俄比亚人的黑皮肤据说是法厄同驾驶的太阳车坠落大地烧黑的。　　（　　　）

③ 俄耳甫斯的演奏和演唱具有无穷无尽的魅力，任何人、任何事物都无法抗拒，只有冷酷的冥王哈得斯例外。

（　　　）

3. 填一填。（★★）

① 在希腊神话中，_____是众神之王。

② 代达罗斯在欧洲创建了第一所_____，培养了许多能工巧匠。

③ 在希腊神话中，_____是传递消息的神使。

4. 说一说。（★★★）

① 希腊神话中插上羽翼能像鸟儿一样飞翔的是谁？这个故事体现了古希腊人民什么精神？

② 希腊神话人物众多，个性鲜明。所读的故事中，你最崇拜谁？为什么？

任务四　拓展延伸，不断阅读

1. 推荐阅读。

希腊神话还有许多生动有趣的故事，刻画了许多神祇和英雄形象。感兴趣的同学可以继续阅读由古斯塔夫·施瓦布编著、不同学者翻译的《希腊神话和传说》，有阅读条件和兴趣的同学，可以结合荷马史诗《伊利亚特》和《奥德赛》一起阅读，可能领悟会更加深刻。

2. 布置写读后感言。

选择印象最深的一个故事，用几句话简单写写读后感言。

3. 布置编手抄报。

制作一份手抄报，简单推介希腊神话故事。

（编写人：缪薛云、徐迎梅；指导者：仲剑锋、王爱华）

《世界经典神话与传说故事·北欧神话》阅读教学设计与实践

教学解读

  《世界经典神话与传说故事》精选了二十四篇世界各地的神话传说故事，按地域编为六组，分为上下两册。上册编选了希腊罗马、北欧、印度的神话传说。下册编选了吉尔吉斯和阿拉伯、日本和朝鲜、拉丁美洲的神话传说。书中选取的篇目，都是各地区神话传说中具有代表性的故事，描摹了各具特色的神灵和英雄，展现出不同地区的先民关于世界起源、自然万物、英雄祖先的种种奇幻想象，其中有创造世界的豪迈，征服世界的刚勇，抗争命运的意志，还有人与神、人与动物、人与人之间相依相生的各种情感，以及关于人间奇遇的趣味横生的记述，体现出不同地区和民族神话传说的特色。

  其中北欧神话是西方神话体系中重要的一支，却不像希腊神话那样为人们所熟知，它讲述了众神之王奥丁为了消除灾祸和不祥之兆，从阿斯加尔德出发一路赶到乌尔德之泉去寻找命运三女神，接着又奔赴人间米德加尔德，最大限度地让坏事往好的方向发展。有时是天使有时是魔鬼的洛基帮助风暴巨人夏基掳走青春女神伊敦恩和她的苹果，剪掉西芙的金发，最终用侏儒打造的绝美金丝使西芙重焕光彩。

  书中的人物形象个性鲜明，情节曲折动人，故事想象力丰富，容易唤起学生的好奇心和探究欲，利于激发阅读的兴趣与热情，了解和感受神话的神奇。

阅读目标

  1. 能产生阅读世界经典神话的兴趣，自主阅读北欧神话，并根据阅读要求做好记录。

  2. 能了解故事的起因、经过、结果，把握故事主要内容。

  3. 能感受神话中神奇的想象和鲜明的人物形象，边读边想象，感受神话的神奇。

  4. 能体会阅读神话故事的快乐，乐于与大家分享课外阅读的成果。

活动安排

阅读阶段	阅读过程	阅读时间	活动内容
读 前	导读活动	40 分钟	1. 阅读封面，记住书名。 2. 浏览目录，了解故事题目。 3. 回顾神话的特点和基本阅读方法。 4. 交流初步读书的感受。
读 中	自主阅读	3 天	1. 制订阅读计划表，并按计划自主阅读。 2. 做好相关的阅读记录，做好摘录批注。 3. 结合阅读指导提示，落实本学期学到的阅读方法。
	推进活动	3 天	1. 有序阅读，层层推进。 2. 摘录批注，深层感悟。 3. 全景阅读和主题阅读。
读 后	分享交流 延伸活动	40 分钟	1. 展示阅读记录。 2. 交流阅读成果。 3. 延伸阅读，比较中外神话的异同。

导读期待：感受北欧神话的奇幻文化

任务一 观影视，引新书

1. 观影视。

观看电影《雷神》片段，认识北欧神话中的众神之王奥丁，挥舞着大铁锤、掌控着风暴和闪电的天神——雷神。

雷神托尔的锤子来自何处？诸神之父奥丁为何失去一只眼睛？亦正亦邪的洛基究竟是什么身份？知道这些神话人物来自哪里吗？（北欧神话）

北欧神话中，世界是如何起源的？人类是怎样产生的？神和英雄是怎样生活的？让我们一起读读这些神话故事，走到很久很久以前……

2. 谈体会。

你读过哪些中国和外国的神话故事？哪些神奇的情节打动了你？哪些人物给你留下了深刻的印象？说说你对神话的认识。

学生交流曾经读过的神话故事，说说自己的体会。

3. 忆旧知。

通过神话单元的学习，你觉得怎样阅读神话才能有收获？

（1）读的时候要发挥想象，感受其中的神奇。

（2）认识了解人物形象。

（3）阅读"快乐读书吧"有关语句，关注小贴士和"相信你可以读得更多"。

（4）小结：这次"快乐读书吧"要求我们课外阅读神话故事。神话故事一般涉及世界起源、人类产生、神祇和英雄生活等内容，是先祖常使用神话的方式对世界的问题做出解释，依靠口述代代相传，并在严肃的仪式上讲出来的故事。在阅读神话故事时，要读懂故事内容，能用自己的话讲讲这个故事；要发挥想象，感受其中的神奇，认识、了解形象鲜明的神祇和英雄形象。

4. 荐新书。

世界各地流传着多姿多彩的神话传说，在这些充满想象的故事中，有许多性格鲜明的神祇和英雄，古希腊神话中勇敢的大力士赫拉克勒斯，用音乐征服草木万物的俄耳甫斯，漫游于人间的北欧众神之父奥丁，爱恶作剧的火神洛基，还有敢捉弄北风的辛格比，这些人物形象至今仍然熠熠生辉。

今天推荐阅读的是曹文轩、陈先云主编的《世界经典神话与传说故事》。

打开书，读读目录，你有什么发现？

目录中将这些神话故事分成了三部分，读读每一部分的阅读指导，说说主要讲了哪些国家的神话故事？

希腊神话、北欧神话和印度神话。

接下来的一段时间，我们将一起阅读其中的北欧神话。

你读得越多，收获就越多，赶快开始吧！

任务二 多角度阅读，感受神奇形象

1. 读故事。

导语：在这个单元里，我们已经读了《盘古开天地》《精卫填海》《女娲补天》《嫦娥》等中国神话故事，认识了解了盘古、精卫、女娲和嫦娥等人物形象。现在我们就按照"快乐读书吧"中阅读神话故事的方法，阅读北欧神话故事。

（1）读生动的片段描写，画肖像。

① 阅读《众神之王奥丁》，这个故事主要讲了什么？

② 出示《众神之王奥丁》中描写奥丁外貌的片段，读一读，奥丁是什么样儿的呢？

③ 除了描写奥丁的外貌，故事中还介绍了奥丁的武器、戒指和神马，它们神奇在哪儿？

④ 故事中介绍奥丁有一个别名叫作"独眼老头"，他的眼睛到哪里去了？第一个故事里为什么没有揭开这个谜底？

⑤ 认真阅读《众神之王奥丁》，画出自己阅读后的心目中的奥丁肖像。

（2）读精彩的故事情节，画一画故事情节图。

神话故事的情节往往曲折动人，了解故事的起因、经过和结果，可以帮助我们更好地把握故事的主要内容。选择感兴趣的故事，试着画一画故事情节图。

示例：阅读《奥丁的预感及离开阿斯加尔德》，这个故事的起因、经过和结果分别是什么？

起因：乌鸦告诉奥丁不祥之兆。经过：奥丁带领诸神拜访命运三女神。结果：奥丁决定去人间，最大限度预防坏事发生。

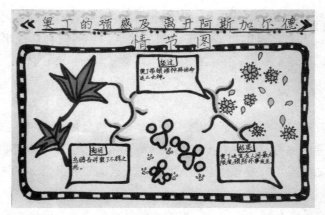

江苏省南通市通州区石港小学四（3）班　丁杨、卜佳艺

（3）品鲜明的人物形象，写一写批注。

奥丁是一位怎样的神呢？阅读《探访智慧泉》，你读了以后有什么看法？写一写。

交流提示：来到人间米德加尔德的奥丁，为什么变成了流浪汉威格坦姆？接着又朝巨人的国度尤腾海姆前行，半路遇到骑着壮实雄鹿的巨人，为什么又变成了巨人？

从巨人瓦弗鲁尼尔嘴中得知，如果要向智慧之泉的看守者弥米尔讨一口水喝，必须付出右眼的代价，文中是如何描写他的犹豫和彷徨的？

最终为什么毅然决然地朝着智慧之泉走去？

你认为奥丁是一位怎样的神？把你的感想写下来。

全班交流。

2. 讲故事。

（1）讲神奇的故事片段，谈一谈自己的认识。

神话故事一般涉及世界起源、人类产生、神祇和英雄生活等内容，是先祖常使用神话的方式对世界的问题做出解释，依靠口述代代相传，并在严肃的仪式上讲出来的故事。在阅读神话故事时，要读懂故事内容，能用自己的话讲讲这个故事。

（2）自主阅读《奥丁的预感及离开阿斯加尔德》。

故事中除了奥丁，还重点描写了哪个人物？

通往乌尔德之泉的看守者海姆达尔为什么阻止雷神托尔在彩虹桥上走过？

雷神托尔是如何蹚过云之大河科莫特和欧莫特的？仔细阅读故事中的描写片段，小组内试着讲一讲。

（3）能用自己的话讲；做到补充的内容合适，故事完整，意思符合原文，语句通顺连贯。

任务三　明确阅读任务，制订阅读计划

制订读书计划

这本《世界经典神话与传说故事》中一共有几篇北欧神话？读书前，我们要学会制订阅读计划。预估自己阅读每一个故事所需要的时间，制订一份阅读计划表。

建议将阅读计划粘贴在书桌前，邀请父母监督并进行记录。

阅读书目	《世界经典神话与传说故事·北欧神话》	
阅读时限	月　日—　月　日（共　　天）	
阅读时间	故事题目（页码）	自　评
第一天		☆☆☆☆☆
第二天		☆☆☆☆☆
第三天		☆☆☆☆☆
……		☆☆☆☆☆

读中推进：认识北欧诸神的神秘魔幻

任务一　有序阅读，层层推进

1. 趣味对对碰。

写下每个故事最有趣的情节。

交流分享。

2. 你来我往。

用四字词语形容故事的主要人物。同桌两人为每一个主要人物各说一个词语。

3. 画画脉络图。

理清每个故事的主要脉络。可以画出来。

4. 概括小达人。

概括每个故事的主要内容。交流分享，评比出概括小达人。

任务二　摘录批注，深层感悟

1. 设计阅读单。

（1）第一份阅读单——制作众神档案。

画一画，完成阅读单。

人物档案册：这五个神话故事有性格鲜明的神，他们给你留下了什么印象？选择你最感兴趣的神，给他们画一画人物档案。

（2）第二份阅读单——我眼中的神。

① 说一说。

奥丁，北欧神话中的最高天神，人类的创造者，被称为"众神之王"和"天神之父"。他创造了世界之树，为了消除灾祸和不祥之兆，从阿斯加尔德出发一路赶到乌尔德之泉去寻找命运三女神，在《探访智慧泉》这个故事中，又为获得智慧之泉，自己

江苏省南通市通州区石港小学四（3）班

丁涵、杨朱煜

挖去右眼，在你眼中，他是一位怎样的神？

我眼中的神：

奥丁是一位怎样的神？他给你留下了怎样的印象？概括他的特点，并在书中找出能够体现的相应情节。

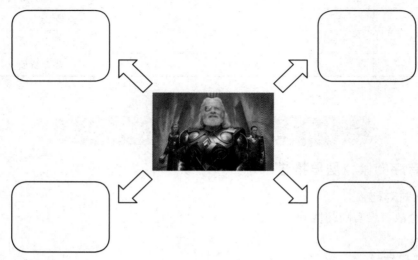

② 辩一辩。

在北欧神话中，洛基被称为亦正亦邪的神，他有时是天使，有时是魔鬼，因为洛基竟然帮助巨人夏基掳走了青春女神和她的苹果，又剪掉了西芙的金发，后来又按照奥丁的旨意，骗取侏儒们的信任，为西芙打造了金发，你认为洛基有怎样的性格特点？认真阅读《青春女神和她的苹果》《西芙的金发》，然后概括出他的特点，并在书中找出能够体现他特点的相应情节。在小组里开展小小辩论会：应该喜欢还是讨厌洛基？对洛基的评价可以应事而异。

我眼中的神：

洛基是一位怎样的神？他给你留下了怎样的印象？概括他的特点，并在书中找出能够体现的相应情节。

江苏省南通市通州区石港小学四（3）班　杨朱煜、丁涵

③ 写一写。

多元视角表达不同观点。

同一个神话故事，不同的人读后可能会产生不同的疑问。一边读一边试着从不同的角度思考，提一些问题，这样会使阅读更有收获，请你读一读本组神话，试着一边读一边思考，列出问题清单，再和同学交流。

语句或故事：＿＿＿＿＿＿＿＿＿

我的思考1：＿＿＿＿＿＿＿＿＿

我的思考2：＿＿＿＿＿＿＿＿＿

语句或故事：＿＿＿＿＿＿＿＿＿

我的思考1：＿＿＿＿＿＿＿＿＿

我的思考2：＿＿＿＿＿＿＿＿＿

任务三　多维比较，寻找最美神祇

1. 从"单线阅读"到"全景阅读"。

在北欧神话中，奥丁创造了世界之树——伊格德拉西尔，树根下方有乌尔德之泉，智慧之泉——弥米尔之泉；有神界阿斯加尔德，人间米德加尔德，还有巨人的国度——尤腾海姆以及南方的真火之国和北方的雾之国度，华纳神族和其他的群体——美丽的精灵和侏儒、地精。仔细读一读这五个北欧神话，理清他们的关系，分一分善恶。

2. 从"漫读时代"到"主题阅读"。

（1）2 000 年来，受到北欧神话启发的作品你知道多少？

文学：《魔戒》《霍比特人》《银河英雄传说》。

影视：《雷神》《冰与火之歌》《纳尼亚传奇》。

动漫：《圣斗士星矢·北欧篇》《进击的巨人》《驯龙高手》。

游戏：《魔兽世界》《刀剑神域》《英雄联盟》……

（2）《世界经典神话与传说故事》只精选了五篇北欧神话故事，可以说，没有北欧神话，就没有现在辉煌的世界奇幻文化。最近奇幻大神尼尔·盖曼携新作《北欧众神》而来，在《北欧众神》里，尼尔·盖曼用全新的笔法，再现了辉煌的北欧神话。他赋予古老的北欧神话以新的活力，让这些古老苍凉的迷人神话，重新变得有血有肉。

（3）五分钟读懂北欧神话世界观（补充阅读）。

我们来说说《北欧众神》中北欧神话的世界观。

说到北欧神话世界观，其实只要了解五大种族、九大世界即可。

听起来很可怕，其实并没有那么复杂。

北欧神话中的五大种族，稍微接触过奇幻类小说、影视作品或者游戏的人可能已经耳熟能详了，你知道五大种族的名称吗？

神（阿萨神族、华纳神族）；光精灵；矮人（暗精灵）；巨人（包括各种奇形怪状的怪物）；人类。

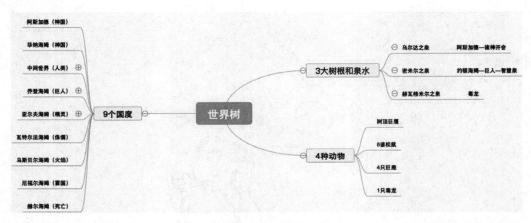

北欧五大种族的系统，常常成为奇幻类作品的种族设定基石。而九大世界也并不复杂，因为一棵树，把九大世界串联了起来，让他们的位置变得极其清晰。你知道这棵树的名字吗？

这棵树就是伊格德拉西尔，记不住名字的小伙伴们应该知道它另一个酷炫的名字：世界树。

世界树

世界树是谁创造出来的？

提示：为了使宇宙和世界一切都井井有条地进行，奥丁创造了一棵巨大的梣树，树中包含了宇宙中所有的精华，包括时间和生命。这棵大树被称为伊格德拉西尔，也就是世界之树，它成为新的生命之源。

位于世界树下，地面中间的就是人类生活的世界"米德加德"，意即"中庭""中土"。巨蟒耶梦加得咬着自己的尾巴，环绕着米德加德，在海中沉睡。

北欧神话中的米德加德，就是《魔戒》中"中土世界"的由来。

米德加德的南边，就是当年炽热的火焰世界穆斯帕尔。在那里，只有持有炎之魔剑，象征毁灭的火焰巨人苏尔特存在。

而米德加德的北边，当然就是当年黑暗、寒冷的雾之世界尼福尔海姆。

米德加德的东边，则是巨人之国约顿海姆，当年幸存的巨人们居住的地方。

米德加德的西边，是邻海的华纳海姆，两大神族之一。擅长生产的华纳神族在这里居住。

米德加德正下方，是尼德威阿尔。受到北欧神话影响的奇幻游戏和小说中，总是有一群住在洞穴里会造各种古怪宝物的矮人（暗精灵），他们就住在这里。

再往下的最深处，则是海拉，也就是冥界。战死的灵魂，会被女武神们请进英灵殿款待，而其他饿死、病死、老死的灵魂，都会到这里，归地狱之主海拉所有。

米德加德正上方，是阿尔弗海姆，光精灵们的故乡。

嗯，就是那些在奇幻作品里闪闪发光的，被描述成俊男美女的生物。

再往上，太阳和月亮之间，是著名的阿斯加德，能征善战的阿萨神族们的故乡。一道彩虹桥连接着阿斯加德和其他世界，众神们可以借此自由来往。

世界树的三条根须，一条延伸到巨人之国约顿海姆，被智慧泉水灌溉；一条延伸到雾之国尼福尔海姆，被不竭之泉灌溉，也被泉边的毒龙尼德霍格啃食；而第三根树根，则深入阿斯加德，被乌尔德之泉所灌溉，泉边是不停纺织人类过去、现在、未来的命运三女神。

这就是北欧神话中的九大世界。

九大世界、五大种族构成了这个壮丽宏大的奇幻世界。

雷神曾在这个世界驰骋，奥丁日复一日用那两只乌鸦巡视人间，洛基的子孙盘桓在黑暗之中，对这个世界虎视眈眈……

读后交流：分享阅读神话的多元收获

任务一 合作学习，畅谈感受

1. 展示阅读记录。

（1）组内交流。交流要求：

① 组内按序交流阅读记录，展示自己出彩的地方。

② 组长根据交流情况，选出组内的优秀阅读记录，准备在全班展示。

（2）全班展示。

各组代表交流展示，教师适时点评好在哪里。

2. 交流故事情节图。

① 最有创意奖

② 最美图文奖

……

任务二　踊跃表演，深度阅读。

1. 讲述北欧神话。

挑选最感兴趣的故事情节讲给同组同学听。

选 2—3 人，讲给全班同学听，每人 3 分钟内。

2. 欣赏情景表演。

《西芙的金发》情景表演。

课前确定人物，并让参演的孩子们构思情节，巧记语言，设计动作。

课上表演。

任务三　自评自测，温故知新

1. 选择题。

（1）（　　　）是一位威严的老者，约五十岁。他身材高大，灰须黑发，经常头戴一顶青色的大风帽。

A. 奥丁　　　　　　B. 宙斯　　　　　　C. 尤金

（2）每当战事来临时，奥丁会骑上长有八条腿的灰色（　　　）。

A. 神马　　　　　　B. 金羊　　　　　　C. 神牛

（3）（　　　）告诉奥丁在世间看到的都是灾祸和不祥之兆。

A. 公鸡　　　　　　B. 喜鹊　　　　　　C. 乌鸦

（4）弥米尔对智慧泉水的开价实在太高了，要奥丁的（　　　）。

A. 双眼　　　　　　B. 左眼　　　　　　C. 右眼

（5）青春女神（　　　）亲手照料结满了诱人果实的苹果树。

A. 雅典娜　　　　　B. 伊敦恩　　　　　C. 普叙刻

（6）洛基看到雷神托尔的妻子（　　　）正躺在屋外睡觉，一头迷人的金发披散周身。

A. 西芙　　　　　　B. 伊敦恩　　　　　C. 赫拉

（7）（　　　）用金块打造了与西芙头上的金发相媲美的金丝。

A. 精灵　　　　　　B. 侏儒　　　　　　C. 地精

（8）洛基为救伊敦恩离开尤腾海姆，用诸神赐予的咒语把伊敦恩变成了（　　　）

A. 乌鸦　　　　　　B. 麻雀　　　　　　C. 猎鹰

2. 判断题。（对的打"√"，错的打"✕"）

（1）奥丁是亚洲神话中的最高天神。（　　　）

（2）来到人间的奥丁，不再身跨八足骏马，不再身穿铠甲，头上不戴鹰盔，甚至连长矛都没拿。

（3）众神之王奥丁，经常去凡间视察人们的所作所为。（　　　）

（4）阿斯加尔德众神几乎都对洛基喜欢至极。（　　　）

（5）伊敦恩走出阿斯加尔德，到了洛基跟她说过的那棵苹果树所在的地方。（　　　）

（6）托尔之前出门在外，当他返回诸神之城走进家门时，发现妻子并未同先前那样在家迎接他的到来。（　　　）

（7）伊敦恩从未离开过花园半步，一直以来，她每天要么待在花园中，要么待在花园旁边的金色房屋中。（　　　）

（8）风暴巨人夏基为了得到青春女神的苹果，把她带到了一处洞穴里，最终得到了苹果。（　　　）

任务四　思维碰撞，分享收获

1. 进行话题讨论。

（1）北欧神话与中国神话故事有哪些异曲同工之妙？

艺术总是源于生活，又高于生活。这些神话故事，从来都是在不断变化，不断融合新的元素，既是假的又是真的。神话故事中的神和事件都是人们想象出来的，但是在生活中又有原型存在。中国神话故事中，女娲用黄泥创造了人类。在北欧神话中，人类世界是由奥丁用什么作为创造人类的材料？……这一幕有没有似曾相识的感觉？

（2）北欧神话和中国神话有什么不同？

中国的神话故事中的神仙有什么特点？

他们大都是长生不老，神仙都是给人高高在上的感觉，集所有优点于一身，可远观而不可亵玩焉。

在神话故事中，似乎只有北欧的神话才有"伟大的死亡"，北欧的神话一开始就宣告所有的神的黄昏即将到来。

我始终认为北欧诸神和人毫无差别，他们也有缺陷、贪念、自私……他们也并不是法力无边，面对残酷的自然，即使是神，也有无能为力的时候。

众神之王奥丁，只有一只眼睛，用另外一只眼睛作为代价换取了智慧的泉水；火神洛基善恶参半，火既能为人福，亦能为人恶。当他善的时候，他是"生活的精神"，当他恶的时候，他又是"生活的诱惑"。

2. 撰写"漂流简介"。

如果这本书要漂流给下一届学弟学妹们，你怎样给他们介绍北欧神话呢？如何吸引大家来读北欧神话？请你撰写"漂流简介"。

任务五　阅读延伸，多元联结

推荐阅读。

（1）它是雷神托尔、欺诈之神洛基、死神海拉和众神之父奥丁的恩怨情仇；它是《钢之炼金术师》里的生命之树和真理之门；是《战神》里奎托斯的冒险；是《哈利·波特》中的古代魔文；是《指环王》里中土世界和神域的原型；是《龙与地下城》设定最原生的母体……它是"星期"的名字、星巴克的 Logo、瓦格纳的歌剧……你知道它是谁？

它是《北欧神话》。

这本《北欧神话》就是我们每个人都知道的茅盾先生写的。

（2）茅盾写的神话读物会好看吗？

《北欧神话》的原名叫《北欧神话 ABC》，打开豆瓣读书，这个已经绝版的书目底下，惊异的评论至今不绝："想象不到这本书居然是茅盾先生写的，而且居然写得这么好，直到今天依旧是中文世界里最好的北欧神话科普读物，没有之一！"

当时也许是出于避嫌的考虑，写完这本书后，沈德鸿选择了"方璧"的笔名，而并没有使用那个在未来会被后人当作"符号"一般崇敬提及的名字——茅盾。

（3）这本书讲了什么？

从众神之父奥丁到巨人族的传说，茅盾先生用了十八个章节解释完了北欧神话中所有重要神明、种族之间的传说与恩怨，最后用仿佛电影化的语言讲述了整个北欧神话，甚至是整个世界神话体系中最宏大与奇绝的高潮："诸神的黄昏"——神明与恶魔、仙宫和地狱、善恶与明暗的终极战争。

（4）为什么要读《北欧神话》？

神话是一个民族文化最原初最纯粹的灵魂。

也许，90 年前的茅盾先生特意选择了这个"冷门神话"写成一本书，不单单只是想为知识青少年们普及一种对西方文化影响极其深远的神话体系。他可能也希望读到这本书的每一个人都能领悟到北欧冰与火的世界里澎湃不息的精神力量。

顶尖文学家的文字功底，加上"学问开创者"的资深研究功力，以这种顶配水平写成的普及读本，90 年过去了依旧无人超越，值得同学们认真读一读。

（编写人：于宏霞、潘亚峰；指导者：仲剑峰、王爱华）

《世界经典神话与传说故事·美洲印第安神话》阅读教学设计与实践

教学解读

    印第安神话故事《辛格比捉弄北风》《云端的孩子》是《世界经典神话与传说故事》的一部分，是古老的美洲人写给年轻一代的故事，源自美国著名的地理学家、地质学家、人类学家亨利·罗·斯库克拉夫特的研究成果。是一个"故事爷爷"亚古讲述世界初生时发生的事情，故事透着一股质朴的气息，从人与自然到人与人，体现出人对自然的敬畏，对敢于挑战自然的人之向往，以及对自我追求的尊重。

    故事情节跌宕起伏，充满了无限的想象力。《辛格比捉弄北风》讲述了冰之国国王北风想把寒冷播散到世界各地，被乐观勇敢的辛格比打败了。《云端的孩子》讲述了大石山伸高，把小孩带到云端，小小的尺蠖靠着耐心与坚持，成功营救了小孩。细细品读它们，有利于拓宽知识，开阔眼界；有利于提高文学素养和语文能力；更有利于收获思想的分量与厚度。

阅读目标

    1. 能自主阅读，适当记录阅读所得所感。

    2. 初步感知印第安神话气魄宏大、想象神奇的特点，产生阅读印第安系列神话故事的兴趣。

    3. 理清人物关系，理顺故事情节，能借助多种方式讲述故事。

    4. 感受印第安神话中不同一般的神的形象，能发表对故事中人物形象的看法。

活动安排

阅读阶段	阅读过程	阅读时间	活动内容
读　前	导读活动	10 分钟	1. 游戏导入，引出印第安神话故事。 2. 回顾神话故事的基本特点。 3. 讲讲最喜欢的神话故事。 4. 感受神话故事之神奇。
读　中	自主阅读	40 分钟	1. 自主阅读，圈画特色语言，记录所得所感。 2. 梳理故事中人物关系。

阅读阶段	阅读过程	阅读时间	活动内容
读 中	推进活动	60 分钟	1. 学习用不同的方法将长故事读短。 2. 感悟故事神奇之处。 3. 感受人物形象特点：制作造型各异的人物卡片，撰写颁奖词。
读 后	分享交流 延伸活动	40 分钟	1. 复述故事有方法：借助思维导图、连环画等，讲好神奇之处。 2. 探究印第安神话特点。 3. 自评自测。 4. 阅读印第安系列神话故事。

读前：导读活动

任务一　畅谈神话

1. 猜一猜：看图片猜神话故事。

神话故事是由远古时代人民集体口头创作的，包括神鬼的故事和神（鬼）化的英雄传说，表现了古代人民对自然力的斗争和对理想的追求。

你们课外一定读了不少神话故事。请同学们看图猜神话故事。（《吴刚伐桂》《愚公移山》《钻木取火》《后羿射日》……）

2. 讲一讲：讲讲最喜欢的神话故事。

你最喜欢的神话故事是什么？请讲给伙伴听听。

3. 说一说：说说最喜欢的神话故事人物特点。

把你最喜欢的神话故事人物介绍给大家听听，说说他的特点。

这些人物都有什么共同的特点？

他们本领大，都能呼风唤雨；乐于助人，善于与大自然作斗争；具有无私无畏、坚持不懈的精神；或心地善良或英勇威武。在他们身上寄托着原始人制服自然的愿望，是人们心中的英雄。

4. 引出印第安神话。

世界各国都流传着多姿多彩的神话，蕴藏着无穷无尽的奥秘。在北美印第安各民族的神话里，伟大的神灵和神力蕴含于自然界的每个生灵中。自然界的花草树木、飞禽走兽都有自己的灵魂，又无不在冥冥中被赋予了神秘的力量。它们是最古老的美洲人写给年轻一代的故事。《辛格比捉弄北风》《云端的孩子》就是其中的代表作。

任务二　感悟神奇

1. 填一填神奇之处。

神话故事最大的特点是有"三奇"：一是人物外貌之奇，二是人物本领之奇，三是故事情节之奇。请罗列出几个神话故事中人物的神奇之处。

神话故事	人物	外貌奇	本领奇	情节奇
《精卫填海》	精卫	羽背是翠绿色，头上有像花朵样的纹路，嘴巴苍白，爪子血红。	力大无穷	化生万物
《夏天如何归来》	马尼托	一个巨人的头上面长着三只眼睛。第三只眼睛长在前额上，在另外两只的中上方。		
《辛格比捉弄北风》				

2. 品一品神奇想象。

神话是远古时代的人们借助想象和幻想来理解世界起源、诠释自然现象、化解社会矛盾、探询社会发展而衍生出来的传说性故事。神话充满着神奇的想象。请有感情朗读以下片段，边读边放飞想象的翅膀。

（1）陶罐变成了银碗，木盘变成了红贝壳，树皮篷顶和用于支撑的木棍变成了在星光下闪闪发光的材质。帐篷升得越来越高，九个傲慢的姐姐和她们的丈夫都变成了鸟儿。他们的丈夫变成了旅鸫、画眉鸟、啄木鸟，而姐姐们则变成了羽毛艳丽的各种鸟儿。其中四个最爱叽叽喳喳嚼舌根的，变成了喜鹊和冠蓝鸦。

——《暮星之子》

（2）曼阿博若的脚上穿着带有魔力的莫卡辛鞋，一个大步足可迈出一英里那么远；他的手上戴着神奇的手套，一掌就可以击碎最坚硬的岩石。

——《"蚱蜢"的故事》

（3）睡鼠上了山，来到小男孩捉住太阳的地方，开始啃咬绳索。在他咬的时候，他的后背越来越热。不久就烧了起来，他的整个上身就烧成了一堆灰烬。最终，他用牙齿咬断了绳索，太阳恢复了自由，但他的身子也就烧成了普通老鼠的大小。

——《捕到太阳的男孩》

3. 悟一悟美好愿望。

古代劳动人们根据所见所闻和丰富的想象力创做出许多脍炙人口的神话故事，它们寄托着古人的美好愿望，它们的魅力永远流传。你读出了神话故事中饱含的美好愿望了吗？

《夸父追日》反映了古代人民对光明和温暖的向往；

《嫦娥奔月》反映了古代劳动人民对月球以及宇宙探索的梦想；

《牛郎织女》反映了对自由爱情的向往；

《_____》反映了_____；

《_____》反映了_____；

《_____》反映了_____。

读中：自主阅读推进活动

任务一 长文读短我能行

著名数学家华罗庚曾经说过，读书的真功夫在于"既能把薄的书读成厚的，又能将厚的书读成薄的"。这两个神话篇幅长，都有十多页，怎么将故事读薄、读短呢？

1. 读成一句话。

将一个故事读成一句话有几种不同的方法，抓住三要素、串联主要情节……赶紧试试吧。

《辛格比捉弄北风》：_____。

《云端的孩子》：_____。

2. 读成一个思维导图。

我们可以将一个故事读成一个思维导图，或梳理故事情节，或研究人物形象……

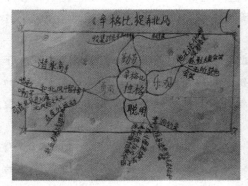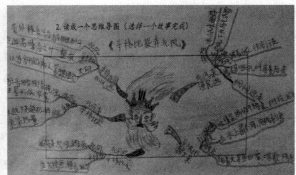

南通市海门区育才小学四（5）班学生

3. 读成一幅幅画。

我们还可以将故事中的一个个情节读成一幅幅画，用画笔绘成连环画！

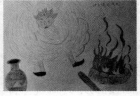

南通市海门区育才小学四（5）班学生

任务二 神奇之处细感悟

1. 特色语言及时圈。

神话故事内容浅显，却以奇特大胆的想象、虚化夸张的语言吸引着大家。让我们边读边画出富有神奇想象的词句，细细地品读，慢慢地领略神话故事的特点。

2. 所得所感及时记。

俗话说，不动笔墨不读书。阅读神话故事时，我们尽情放飞想象的翅膀，我们的心情随着故事中人物命运的起伏而变化，我们与他们同欢喜共忧愁。一边读一边在旁边写下自己的读书感受。

如：读到这段话，我心里想："_____。"

读着描写_____的句段，我感受到了_____。

任务三 人物形象细感受

神话表达着人们美好的愿望和对真理的追求，诠释着人类社会永恒的主题，这些主题蕴含在故事里，体现在人物形象上。

1. 梳理人物关系。

阅读神话故事，我们要理清人物之间的关系。我们可以先找出主要人物，如《辛格比捉弄北风》中的辛格比，《云端的孩子》中的尺蠖。然后通过绘制各种人物关系图来理清人物关系，梳理故事情节。完成下面的人物关系图，你也可以在下面的方框里自己创作一个思维导图。

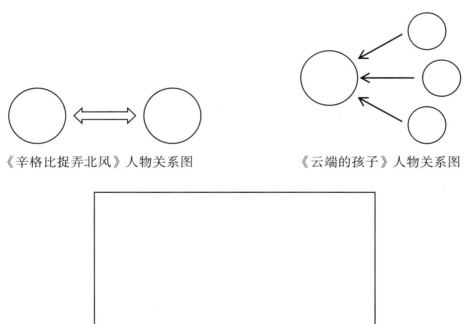

《辛格比捉弄北风》人物关系图　　　　　《云端的孩子》人物关系图

2. 感受人物特点。

在神话故事中常常看到复杂的、个性鲜明的人物形象，如为民造福的女娲、力大无穷的盘古、矢志不渝的精卫。读完了故事，我们可以为喜欢的人物制作造型各异的人物卡片，写下人物简介，概括主要故事情节，记下自己对人物的评价。图文并茂才能更加吸引人哦。

《   》人物卡片

人物简介：

主要故事：

人物评价：

3. 撰写颁奖词。

勇敢乐观的辛格比发挥聪明才智赶走了劲敌北风，让人间晴空万里、美丽如春；小小的尺
蠖没日没夜地爬到了岩石顶端，喊醒了小男孩和小女孩，带他们安全下山。人们的心中充满了
感激之情。你的心中是不是有千言万语要对他们诉说，请你任选一个人物为他们撰写颁奖词。

颁奖词

（概述事迹）

（彰显精神）

读后：分享交流延伸活动

任务一　复述故事有方法

故事性强是神话故事文本的另一个特点。复述故事是检测神话故事阅读效果的最好策
略。我们可以通过复述故事来和别人分享我们阅读的收获和喜悦。

1. 借助思维导图来复述。

神话故事的情节生动曲折。借助思维导图复述故事，讲清故事的起因、经过和结果，讲
清故事的主要情节。

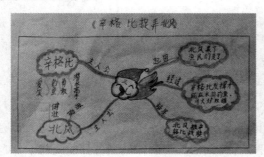 

南通市海门区育才小学四（5）班学生

2. 借助连环画来复述。

南通市海门区育才小学四（5）班学生

借助连环画复述故事，会给人身临其境的感觉。

3. 神奇之处要讲好。

神话故事大多内容浅显，却以神奇的想象吸引着读者。要关注神奇之处，讲好神奇之处，还可以展开想象，让复述更加精彩。看看谁是故事大王？

发挥想象讲精彩

练一练：挑选一个故事场景自己讲一讲；也可以和小组伙伴合作完成。

秀一秀：全班展示。

评一评：对照评价标准评出班级故事大王。（★清楚　★流畅　★富有想象）

任务二　神话特点齐探究

1. 比较神的形象。

读了那么多神话，你们发现这些神话故事中的神都有哪些特点？填写完表格，一起来交流。

神话故事	神的形象	不同之处
《盘古开天地》	盘古创造世界	神：
《精卫填海》	精卫（　　　）	
《女娲补天》	女娲（　　　）	
《辛格比捉弄北风》	北风（　　　）	神：
《云端的孩子》		人与（　　　）和谐相处

这几个中国神话中的神法力无边、无私无畏。他们身上寄托着原始人治服自然的愿望，是人们心中的英雄。而《辛格比捉弄北风》中的神卡比昂欧卡，却被人类打败了，逃之夭夭。这都表现了人类从对神的敬畏到对神的改造，表达了人类想要改造世界的愿望。

《云端的孩子》中没有神，出现了很多的动物形象，人与动物和谐相处。在印第安神话中，人与动物关系和谐，他们认为世界和人类是由具有神力的动物创造的。

2. 感受想象奇特。

古时候，由于科学技术水平比较落后，人们对于自然界各种现象形成的原因——世界上为什么会有太阳、为什么会有山河、为什么会有花草树木、为什么会打雷下雨等一无所知。因此，他们创造了一个个神话故事。

（1）《地球为什么会有四季》

当时的印第安人不知四季轮回的原因，他们创造了神话《辛格比捉弄北风》。故事中辛格比赶跑了北风，带来了春天。我们一起来观看神奇百科，探个究竟吧。

了解了地球自转和公转后就会明白，当地球不停地转到离太阳的不同位置时，太阳光线会直射或斜射到北半球或南半球上。当直射到北半球上，北半球就是夏季，而南半球就是冬季。如果直射到南半球上，情况正好相反。在赤道上，无论地球怎么绕着太阳转，太阳一直都是直射，所以赤道常年都是高温的夏季。因此，四季不是由于距离太阳的远近产生的，而与地球自转的角度有关。

（2）《山和山脉的形成》

当时的印第安人不知山形成的原因，他们创造了神话《云端的孩子》。故事中两个孩子爬上了长满苔藓、又大又平坦的岩石，不知什么时候，岩石开始上升变大，最后高于山谷里最高的山丘了。山到底是怎么形成的呢？

山的形成是地壳运动的结果。地球地壳内部各大板块在不断运动、互相撞击和挤压。时间久了，一些地方凸起来，另外一些地方凹下去，凸起来的地方就形成了山，那些凹下去的地方就变成了盆地。

任务三　自评自测

1. 选一选。

（1）南风（　　）的家乡是晴朗的向日葵之国，他居住的地方四季如夏。

A. 卡比昂欧卡　　　B. 沙文达　　　C. 辛格比　　　D. 辛伯达

（2）印第安人都会想念尺蠖，并以尺蠖的名字为（　　）命名。

A. 大石山　　　B. 森林　　　C. 小湖　　　D. 村子

（3）下列关于《云端的孩子》表述有误的一项是（　　）。

A. 尺蠖凭着勇敢救下了男孩和女孩。

B. 尺蠖一会儿就救了男孩和女孩。

C. 狮子和熊因为不够强大，所以救不了云端的孩子。

D. 动物们决定试试看能不能跳上去，可是谁也不能跳到岩石顶端。

（4）下列关于《辛格比捉弄北风》表述有误的一项是（　　）。

A. 北风不怕冷也不怕热。

B. 渔民们知道北风来了，都逃跑了。

C. 辛格比毫不畏惧，一个人留下来凿冰窟窿钓鱼，收集了足够的柴火。

D. 在火堆旁，北风开始解冻；一到外面，寒冷的空气让北风又恢复了活力。

2. 写一写。

班级要举行印第安神话故事课本剧大赛，请选择其中的一个故事撰写剧本，要适当发挥想象哦。

3. 说一说。

向好朋友推荐阅读印第安神话，讲清推荐理由。

任务四　拓展延伸

1. **阅读印第安系列神话。**

为什么知更鸟的胸脯是红色的？为什么郊狼比其他动物更聪明？印第安人有他们的答案。让我们打开印第安系列神话故事书，听"一个故事爷爷"亚当讲述世界初生时发生的故事。多看神话、多读神话，相信一定可以感受到神话的美丽与神奇！

2. **召开印第安神话故事会。**

读完了印第安系列神话，全班一起举行故事会。让我们一起分享自己最喜欢的印第安神话故事，让我们在讲述中、在聆听和分享中感受印第安神话故事的非凡魅力。

3. **制作印第安神话故事卡片。**

我们还可以当当小小设计师，发挥自己的聪明才智，为自己最喜欢的印第安神话故事制作一个故事卡片，让更多的人感受印第安神话故事的魅力。

（编写人：朱小娟；指导者：仲剑峰）

第七单元 亲近科普作品

单元导读
探索科学世界里的奥秘

本单元"快乐读书吧"由米·伊林的《十万个为什么》、中国的《十万个为什么》、李四光的《看看我们的地球》、高士其的《灰尘的旅行》和贾兰坡的《人类起源的演化过程》五部优秀科普作品组成，为我们解开了与生活密切相关的一些疑惑，讲解了人类起源的演化过程，介绍了与地球有关的天文、地理知识，揭示了人类与自然世界的一些科学现象，是对四年级下学期"科普"单元的拓展和延伸。

引导学生阅读这些科普作品，能够进一步拓宽学生的阅读面，了解更多的科学知识，产生探索科学世界的兴趣，发展科学思维，提高科学素养。五部科普作品涉及的知识贴近生活，符合儿童的认知，虽有一些学生暂不理解的科技术语，但可以让学生试着运用在课上学过的方法去理解，激发学生的成就感。这几部作品不仅内容丰富，涉及广泛，在传播知识、普及科学方面一直发挥着积极作用，而且语言活泼、生动、有趣，对学生口头和书面表达能力的提高发挥积极的作用。

阅读这几部作品，力求达到以下目标：产生强烈的阅读兴趣，自主规划阅读，主动参与阅读交流，分享阅读收获；了解作品中介绍的科学知识，激发对科学的兴趣，引发学生在阅读中丰富自己的科学知识；用学过的方法理解科学术语，能提出不懂的问题，并运用多种方法解决，学会进一步质疑和探索。

《十万个为什么》阅读教学设计与实践

教学解读

　　米·伊林（1896—1953），苏联著名科普作家，善于运用文学语言讲述复杂的科学原理，他的《十万个为什么》《几点钟》《黑白》等科普作品深受读者们喜爱，在我国有深远的影响。

　　《十万个为什么》原名《全屋旅行记》，全书采用屋内旅行的方式，围绕六个"旅行站点"，针对屋内常见的事物提出了许多意想不到又饶有兴味的问题并加以解答，深入浅出地将生活中蕴含的科学原理娓娓道来，形式新颖独特，结构清晰完整。

　　书中提出的问题贴近生活，容易唤起学生的好奇心和探究欲，利于激发阅读科普作品的兴趣与热情，启发学生观察和思考日常生活中的事物和现象。这部揭晓屋内科学之谜的科普经典之作，值得从精读的角度，帮助学生运用提问、联结、转化等阅读策略进行文本细读，从而初步了解科普类文本的基本阅读技巧。

　　作者用文艺的笔调、生动的比喻、典型的事例、诗一样的语言，生动地讲述科学知识。本书富有科学之趣，兼具文学之美，学生在获取知识的同时细细品味语言，获得阅读科普作品的快乐。

阅读目标

　　1. 对阅读科普作品感兴趣，自主规划阅读并根据阅读要求做好记录。

　　2. 能理解书中的科学知识，了解有关人类生活进化史的故事，感受语言的生动。

　　3. 能利用多种途径读懂科学术语，会从不同角度提出问题并运用多种方法解决。

活动安排

阅读阶段	阅读过程	阅读时间	活动内容
读　前	导读活动	30 分钟	1. 阅读封面，知道书名由来。 2. 了解译本，根据阅读需求、喜好选择合适的译本。 3. 阅读前言、目录，发现全书结构特点。 4. 回顾科普类读物的基本阅读方法，阅读第一章。 5. 关注语言表达的特点。

阅读阶段	阅读过程	阅读时间	活动内容
读　中	自主阅读	1 周	1. 制订阅读计划表，并按计划自主阅读。 2. 了解作家，制作作家卡片。 3. 记录阅读过程中产生的问题，找到解决方法以及答案。 4. 挑选阅读过程中印象深刻的知识点出赛题。 5. 勾画批注书中精彩的语言。
	推进活动	2 周	1. 科普作家探秘，交流作家信息。 2. 小组知识竞赛，分享阅读的快乐。 3. 运用"解术语""巧提问"的方法再次深入阅读。 4. 为米·伊林撰写颁奖词。
读　后	分享交流 延伸活动	40 分钟	1. 交流阅读感受。 2. 班级知识抢答赛。 3. 交流展示阅读成果（术语表、问题清单、观点记录）。 4. 交流为米·伊林颁发的奖项和颁奖词。

读前：导读活动

任务一　初相见，览全貌

1. 引新书。

你熟悉水吗？这些关于水的问题，你了解多少？这些问题都来自一本书《十万个为什么》。

> 为什么用水来洗涤？
>
> 怎样使肥皂泡工作？
>
> 为什么人要喝水？
>
> 水能不能炸毁房屋？
>
> 为什么穿上冰刀不能在地板上滑行？
>
> 有没有不透明的水和透明的铁？
>
> ——《我们生活中的用水》目录（节选）

2. 读封面。

拿到一本新书，我们怎样快速了解它？

（1）猜想书名，了解创作由来。

书名是《十万个为什么》，这本书里有哪十万个问题呢？

书名中的"十万"是取自英国作家、1907 年诺贝尔文学奖获得者约瑟夫·鲁德亚德·吉卜林的诗句："五千个在哪里？七千个怎么办？十万个为什么？""十万"在这是虚指，用来形容许许多多，书中并不是真的罗列了十万个问题。

（2）了解作者与译者，精选译本。

① 认识作者。

这本书的作者是苏联的米·伊林。

可以利用网络或者其他资源了解作者的信息，将查阅的资料做成作家卡片。

《十万个为什么》作家资料卡

作家姓名：_____　　国籍：_____　　出生地：_____

可能影响作者成为科普作家的儿时兴趣和经历：

_____

_____

他具有影响力的作品：_____

他给我的印象：_____

我的资料来源：_____

---

② 关注译者。

阅读国外作家的作品，还要关注译者。这本书创作于 1927 年，两年后正式出版。不到五年，在科学尚不发达的中国几乎同一时间就出现三个不同的译本，是一个小小的奇迹。现在，伊林《十万个为什么》的译本就更多了。那么多的版本，该挑哪一种呢？

论生命力最旺盛、传播最持久，当属 1934 年董纯才译本。学者王春秋在《中国近代科普读物发展史》中这样评价："董纯才的翻译达到了信、达、雅的标准，而且在中国化方面匠心独运，成效显著"，"作品善于运用艺术形象和生动活泼、新鲜有趣的语言，深入浅出地介绍各种科学知识，把鸟兽动物刻画得栩栩如生……"

3. 读序言。

译者董纯才在序言中比较了本书与其他作家的科普作品。请同学们交流关键语句，梳理出重要信息。看看米·伊林作品与众不同之处。

普通科普读物	米·伊林的作品
没有涉及。	用历史的观点去看一切事物。每本都写出了人类生活进化史的一面。
读者所见到的世界只能是支离破碎的部分，而不是完整的全体。	常常描写出事物与事物的联系，浑然一体。
记账式的叙述，抽象的说理，非常单调无味，使人不愿意去亲近。	用散文的笔法，借具体的形象来描写事物的现象和道理，极其生动有趣。把奥妙复杂的事物，简单明白地讲出来。

通过阅读序言，我们了解了米·伊林的作品"立论非常正确，描写极其动人"，认识到作家"是一个学识渊博的科学家，同时又是一个在政治和文学上都有修养的作家，所以他能用艺术的手法传布科学知识"。

4. 读目录。

那让我们从目录开始阅读之旅吧！

读读目录，说说自己的发现。

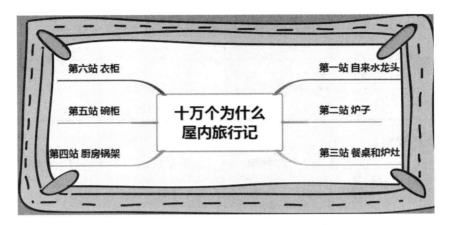

原来米·伊林《十万个为什么》，写了一次屋内旅行。目录的主要章节是居室内的六个家用物品：自来水龙头、炉子、餐桌和炉灶、厨房锅架、碗柜、衣柜。这每一个物品成了旅行的"站点"。在每一个"站点"提出了一个个与之相关的问题，每一个问题奇奇怪怪，不易回答，引人入胜……

伊林站在一个孩童的角度，把好奇的眼光停留在六个家用物品上。据说伊林在屋中行走了二十几步，就构思出了整本书，书的原名就叫《全屋旅行记》。

任务二 学知识，品语言

1. 提问和解答。

（1）抢读尝鲜，读懂术语。

全屋旅行记的第一站是"自来水龙头"，围绕生活中的用水提出了各式各样的问题，问题之间没有密切的联系，你对哪个问题特别感兴趣，就翻到哪里开始《十万个为什么》探索之旅吧！

交流：知道了哪些问题的答案？

小结：科普类的书籍充满知识的趣味，从中我们能寻求到许多问题的答案，阅读科普读物就是在知识的海洋里畅游。

有时我们会遇到陌生的科学术语，该怎么解决呢？

回顾本单元"交流平台"的解决策略：联系上下文，并结合生活经验来解决问题；查资料可以帮助理解不懂的问题；请教别人。

（2）提出问题，及时记录。

阅读科普读物不仅要获得有趣的科学知识，还要学会提问，一边读一边提出问题，并解决问题，这样才能读得深入。

当问题从我们的脑海中闪过，有什么好办法抓住它？

总结：不动笔墨不读书，阅读要留下思考的痕迹。我们可以在书旁记录下自己的疑问，也可以列出问题清单再逐个解决。

我的问题清单

我的疑问	出处页码	解决方法	寻求到的答案

2. 品读和欣赏。

《十万个为什么》这本书不仅内容有趣，语言也非常生动。多处运用了比喻、拟人手法，写得通俗易懂又非常生动。

（1）读读下面这段话有什么新发现？

难道水是吃下去的吗？正是吃下去的。……"那为什么人不会淌一地板的水，就像果冻那样？"东西是用什么构成的并不怎么重要，最主要的是它是怎样构成的，这就是奥妙所在。如果我们拿一小片肉或者一小片黄瓜放在显微镜下面观察，我们会看到许多饱含汁液的细胞。这些汁液是不会从细胞里流出来的，因为它四面都是封闭着的。秘密就在这里。

大家一定发现了，这本书中有很多这样的连环问和自问自答，就像剥洋葱，一层一层地揭开最后的答案，又像作者就站在你的面前与你侃侃而谈。

（2）再读读下面这段话，体会到了什么？

我们饶有兴味地读着那些遥远的未经考察的异国探险记，却没有想到近在咫尺就有一个不熟悉的、奇异的、谜一般的"国家"，名叫：我们的屋子。我们要是想去考察它，我们随时都可以出发前往。我们用不着带什么帐篷、枪支和向导，连地图也用不着。我们也不会迷路。

米·伊林富有奇思妙想，竟然将屋子想象成一个"国家"，将不同的角落想象成景点，还能从多个角度体会出全屋旅行的独特好处：随时出发、不带物品、不用地图、不会迷路。创意迭出，语言幽默。

像这样精彩的文字书中还有很多，阅读的时候注意勾画批注，积累语言。

任务三 学范例，订计划

1. 学范例。

这么有趣的书，你准备多久读完？出示阅读计划表示例，思考：你看懂了什么？这样做的好处是什么？自己的阅读计划又该怎样做呢？与同桌交流。

交流点拨：制订阅读计划不仅要考虑页码，也要考虑章节，每天尽量阅读到一章节结束的地方。每天要对自己的阅读情况进行反馈，以保证自己的阅读进度和阅读质量。

阅读书目	《十万个为什么》	
阅读时限	月　日—　月　日（共　　天）	
阅读时间	阅读章节（页码）	完成任务的满意度自评
第一天		☆☆☆☆☆
第二天		☆☆☆☆☆
第三天		☆☆☆☆☆
……		☆☆☆☆☆

2. 欣赏创意阅读计划表。

南通市通州区实验小学四（2）班　奚齐　　　南通市通州区实验小学四（2）班　曹若瞳

奚齐和曹若瞳同学每天旅行一站，用了 6 天的时间读完了一本书。

请翻一翻目录，预估自己阅读每一章所需的时间，也来制订一份阅读计划表吧。请注意，一份合理周到的阅读计划表要有明确的章节分布和对应的阅读时间。制订计划时，可以按书上的章节顺序，也可以根据自己的阅读喜好来重新排序。

读中：自主阅读推进活动

活动时间：每次 10 分钟，一次围绕一个主题。

任务一　科普作家探秘

1. 分享。

交流作家卡片，了解米·伊林的信息以及《十万个为什么》的创作背景。

2. 小结。

了解作家资料的途径。（借助百度搜索；关注作家著作中的"序言"和"作者简介"；截取经典书评中的重要信息……）

任务二 小组知识竞赛

1. 制作赛题。

挑选自己阅读过程中获得的印象最深刻的知识考一考组内队员，分成三个难度等级，列出考题单：

难度分级	题 型	题 目	答 案
★	判断或图示		
★★	选择		
★★★	简答		

2. 组内争霸。

① 四人小组两两对决，获胜者再两两对决，产生小组擂台赛冠军。

② 小组内轮换考题单，交流擂台赛中自己未能答出的题目。

3. 自由挑战赛。

鼓励阅读过程中随时出题考考同伴，共享阅读的快乐。

任务三 阅读策略进阶

1. 读懂科学术语。

（1）范例引路。

【融化】

《现代汉语词典》里的解释是"（冰、雪等）变成水。也作溶化"。还有什么方法了解术语意思？

联想雪山融化的图片，联系生活实际，都能帮助我们理解"融化"一词。

（2）实例练习。

读读第9页《为什么穿上冰刀》这一节，试着读懂以下术语：压力、润滑剂、阻力。

（3）资源寻查。

如果自己联系上下文和生活实际还不能读懂的，可以请教他人，查找资料，查找专业工具书，浏览专业网站，还有一个重要的方法——"关注书本"。

知识类的科普读物与平常的文学类书籍有很大的不同，除了一眼可见的图表、照片、标签之外，通常在书中还有词语注释，书后有专业词汇表和索引等，这也能帮助我们扫清阅读障碍。

2. 运用提问策略。

米·伊林在屋子里走了二十几步，提出了60个问题，构成一部妙趣横生的科普经典——《十万个为什么》。时光流逝，书中的科学知识依然魅力不减。提问，解答，是米·伊林构建这本书的方式。提问，寻求答案，是我们深入阅读这本书的最好方式。

（1）学习追问。

初读每个章节，内容似乎浅显易懂。但若想让阅读更有趣，不妨围绕主题追问。

提问示例：

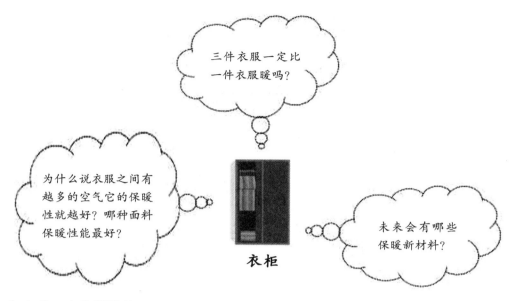

三件衣服一定比一件衣服暖吗？

为什么说衣服之间有越多的空气它的保暖性就越好？哪种面料保暖性能最好？

衣柜

未来会有哪些保暖新材料？

（2）换一个角度思考。

在寻求答案的过程中还可以记录下自己观点的转变。

摘　要 （书中的重要观点、知识点）	我的思考声音 （我的推测、联系、提问）
我转变了的观点 我的新思维是什么？ 文本事实＋我的思考＝我过去从未考虑过的，现在正在思考的内容	

任务四　发现趣味表达

1. 我读你听。

挑选书中写得最有意思的精彩片段读给同伴听。

2. 写颁奖词。

为作家米·伊林颁奖，写清理由。奖项设置有最佳文笔奖、最佳故事奖、最佳幽默奖、最佳创意奖……

我最想给米·伊林颁发的奖项：＿＿＿＿＿＿＿＿

精彩再现：   颁奖词：

读后：分享交流延伸活动

任务一　交流感受，分享快乐

最近，我们按照自己制订的阅读计划读了科普经典之作米·伊林的《十万个为什么》。

1. 分享"最"印象。

这是一本怎样的书呢？能用几句话分享你阅读后最大的感受吗？

（最有趣的发现，最意外的真相，最劲爆的知识，最精巧的构思等）

2. 漫聊米·伊林。

读这本书就像在享用一顿丰富的科学大餐，这么高明的烹饪大师就是苏联作家米·伊林。

同学们已经查找了作家的相关资料，用自己的语言跟大家分享。

大家一定注意到米·伊林从小喜欢大自然，爱做科学实验，好奇心特别强。很多科学家都有这样的特质，比如我们熟悉的法布尔、达尔文……我们班同学和伊林有相同的爱好吗？你也具有科学家的潜质。

米·伊林真是一位在科学与文学之间自由行走的作家。

任务二　交流成果，体会智趣

1. 知识抢答赛一赛。

书里有很多的科学知识，我们一起来玩个"知识抢答"游戏。请听清抢答规则：第一个站起来的人大声读题，并说出正确答案视为抢答成功。

① 在 16 世纪，只有哪国人有经常洗澡的习惯？（俄罗斯）

② 成年人体内的含水量大约占体重的多少？（三分之二）

③ 什么气体可以使澄清的石灰水变得浑浊？（二氧化碳）

④ 空气中的什么会使鲜牛奶变酸？（乳酸菌）

⑤ 为什么水能够破坏坚硬的岩石呢？

（水能够渗透进岩石的缝隙中，冬天气温低，水结冰后体积会增大，从而破坏了岩石。）

⑥ 用什么方法可以防止铁生锈？

（在铁的表面涂抹一层油漆，将铁和空气中的氧气隔离开；将一层锡镀在铁的表面，防止酸与铁接触。）

2. 科学术语"晒一晒"。

读科普读物，首先要读懂科学术语。三年级时我们学会了理解词语的很多方式，比如：联系上下文、联系生活、查找资料。

小组交流：① 读懂了哪些科学术语？是通过什么方法解决的？分享阅读记录。

② 推选优秀组员代表小组作班级分享。

分享优秀范例：同学们可以用批注的形式记录读懂的术语，还可以将读懂的科学术语整理成"术语表"，附在书后。这样一目了然，方便查阅。

南通市港闸区北城小学四（8）班　刘雨涵

3. 问题清单列一列。

汉代王充说："不学不成，不问不知。"四年级的学生学习和运用提问的策略进行阅读。在阅读的过程中，同学们提出了很多问题并积极地寻找答案。有的同学在书上批注，有的列了问题清单，有的记录下自己观点的转化，有的画了问题揭秘地图，认真记录下自己思考的声音。

南通市港闸区北城小学四（8）班
季越

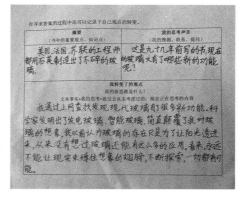

南通市通州区实验小学四（2）班
王子恒

我们来交流一下提出的问题。

学习要求：

（1）交流阅读单上记录的问题和答案；

（2）小组商讨筛选本组最具思考价值的问题，写下来贴到黑板上。

4. 多方请教寻答案。

（1）向书本求答案。

这是一本科普读物，同学们提出的问题自然都围绕着科学知识展开。哪些问题是可以向书本这位"无声的老师"请教就能找到答案的？请你把这些问题从黑板上摘下来。只要仔细读书，很多问题都迎刃而解了，阅读就是一个提问解答获得自我提升的过程。

（2）向同伴学思考。

解铃还须系铃人。黑板上留下的不知道答案的问题请提问的同学来公布答案。你是怎样找到答案的？

小结：问书本，问他人，问生活，查资料，寻求答案的方法多种多样，同学们把课内学到的方法运用到课外的阅读中，把书读厚了，将思考由书本出发指向更广阔的领域。

（3）向作家学提问。

出示书中精彩片段：**"为什么炉子里的柴会毕剥作响？为什么烟会走烟筒出去，而不向屋里冒？没有燃烧的时候，从哪里来的烟？为什么烘烤的马铃薯有一层硬皮，煮的却没有？"**

这些问题有什么特点？（面对同样的事物，你会有这样的疑问吗？）

对司空见惯的事物和现象发问，是一种难能可贵的质疑精神，能带领我们不断去发现，于平常中见到不平常。

任务三　享受文字，体会文趣

米·伊林的《十万个为什么》风靡整个世纪而长久不衰，魅力实在太大了。阅读这本书，我们不仅能学到科学知识，还能领略到文学之美。如果要给米·伊林颁奖的话，估计要拿奖拿到手软。

1. 最佳文笔奖。

拟人：枯燥抽象的原理变成了生动的场景和画面，伊林的文字魔法让科学更有趣。

对话：这种娓娓道来的感觉就像老朋友聊天，伊林的文字魔法让科学更亲切。

类比：复杂的科学知识容易理解了，伊林的文字魔法让科学更通俗。

2. 最佳故事奖。

书中具有场景感的描写大多来自一个个故事，这样的故事还挺多，应该给伊林颁发一个最佳故事奖。

可是故事里也没讲多少科学知识，把故事都拿掉行吗？

出示译者董纯才在序言中的话：

他是用历史的观点去看一切事物。在他的作品里，他描写的事物是跟着时代在那儿变化不息的。比如，他讲文字、纸、笔、墨水、印刷、钟、表、灯等发明，他一面描写历史的背景，一面说出它们是怎样跟着时代逐步发展的。他不是把科学和发明"写成一篇现成的发现

和发明的总账"，而是写成"人类跟物质阻力和传统思想搏击的战场"。

3. 最佳创意奖。

对话体，旅行体。

4. 最佳幽默奖。

轻松的笔调，诙谐的语言。

颁奖词示例：

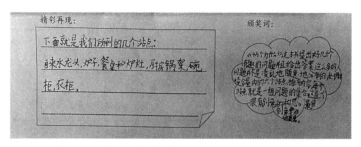

南通市通州区实验小学四（2）班　季哲涵

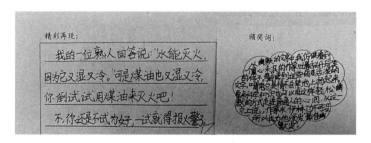

南通市通州区实验小学四（2）班　陈若施

任务四　自主测评

1. 选择题。

（1）瓷器是以（　　）作为原料，经过烧制而成的。

A. 熟铁　　　　B. 生铁　　　　C. 钢　　　　D. 马口铁

（2）"蓝色的搪瓷茶壶把自己的盖子像帽子一样抛向空中，回头又立刻接住；生铁的平锅吱吱地响，高兴得直颤动；连那大铜炖锅也忘记了自己的尊严，在用力翻滚着，把沸水溅到自己的邻居———卑微的生铁小锅上。"这句话运用了（　　）的修辞手法，将厨房里的景象写得很生动。

A. 比喻　　　　B. 拟人　　　　C. 排比　　　　D. 夸张

（3）"我的一位熟人回答说：'水能灭火，因为它又湿又冷。'可是煤油也又湿又冷，你倒试试用煤油来灭火吧！不，你还是不试为好，一试就得报火警了。"米·伊林之所以这样说是因为（　　）

A. 米·伊林不确定是否应该用煤油来灭火。

B. 米·伊林想尝试用煤油灭火，但是引起了火灾。

C. 米·伊林用幽默的语言解释水能灭火不是因为它的湿冷，另有原因。

2. 讲述题。

请你也来学一学米·伊林，把科学知识简单明白又生动形象地讲出来。

材料：龙卷风是直立空管状旋转气流，属于一类局部地区的剧烈天气现象。

3. 实践题。

（1）在自家厨房里走几步，观察思考，试着提出两个和科学有关的问题，并想办法找到答案。

👆 我关注到的物品（现象）	❓ 我提出的问题	💡 我找到的答案

（2）米·伊林说水能灭火的道理是因为水不让空气接近燃烧的物体。生活中还有哪些灭火的方法呢？

任务五　拓展延伸

1. 自制《十万个为什么》术语索引或科学术语词汇表附在书后。

2. 每组选择现代屋内一个站点，观察站内事物，提问并寻求答案，小组合作完成《我们的全新屋内旅行记》其中一章节。

3. 推荐阅读李四光的《看看我们的地球》、高士其的《灰尘的旅行》、贾兰坡的《人类起源的演化过程》。

《看看我们的地球》是我国著名地质学家李四光写的地质地理学科普类读物，将他不同时期有学术性、趣味性的论著、随笔小品等精选成集。书中介绍的地质地理学知识非常吸引人，光听题目就很有意思，比如《地球年龄"官司"》《侏罗纪与中国地势》《风水之另一解释》。

高士其爷爷的《灰尘的旅行》则讲了灰尘在宇宙中的生存与流浪之路。其中的《细菌历险记》以一名"菌儿"的口吻讲述了自己面对科学家的种种实验无能为力的辛酸。

贾兰坡写的《爷爷的爷爷哪里来——人类起源的演化过程》以科学家的视野和深入浅出的方式，为我们讲述关于人类起源的故事，以及人类如何发展至今，如何通过智慧一步步建立起文明等科学知识，引人入胜。

（编写人：杨玉林；指导者：王爱华）

《十万个为什么》(中国版)
阅读教学设计与实践

教学解读

  《十万个为什么》(中国版)是一套科普图书,这套书自1961年出版至今已经推出了六版,成为一把引领人们走向科学殿堂的金钥匙,满足了几代青少年渴求科技知识的愿望,引导大批青少年爱科学、学科学、崇尚科学、献身科学。

  这套书内容包罗了天文、地理、科学、自然、历史、社会等各领域中令小学生感到好奇的问题。或从生活日常谈起,或从科学现象谈起,或从热点问题谈起,激发了小读者的阅读兴趣。

  打开书本会发现每篇文章都是独立的科学小品文。深入浅出的讲解,生动活泼的语言,通俗易懂的表达,使小读者在文学欣赏中获取科学知识,帮助他们在青少年时期就养成科学的思维方式。

阅读目标

  1. 对由多书汇编成集的丛书产生阅读兴趣,能和伙伴合作阅读,合理制订阅读计划。

  2. 能从现象、原理、启示等三方面梳理书中的科学知识,愿意和同学们交流分享。

  3. 通过阅读老师推荐的文章,能找出自己不懂的问题,并运用多种方法解决,产生阅读科普作品的兴趣。

  4. 能从文章中得到启示,对周围事物能从"这是什么""为什么会这样"等角度提出问题,从而产生探究科学世界的兴趣。

活动安排

阅读阶段	阅读过程	阅读时间	活动内容
读 前	导读活动	30分钟	1. 通过不同的封面了解书本的历史。 2. 阅读前言、目录发现全册书编写结构特点。 3. 利用所学到的阅读科普作品的方法阅读例文。
读 中	自主阅读	2周	1. 制订阅读计划表,并按计划自主阅读。 2. 勾画批注书中精彩的语言,分享阅读收获,制作阅读记录卡。 3. 学习科学知识,制作科普海报,挑选自己最感兴趣的科学知识从现象、原理、启示三个方面进行学校和家庭科普知识宣讲。

阅读阶段	阅读过程	阅读时间	活动内容
读 中	推进活动	2周	1. 小组交流阅读中存在的问题并尝试在组内解决。 2. 小组内交流生活中发现的小问题，并试着用书中学到的知识去解释。 3. 完成自己的研究报告。
读 后	分享交流 延伸活动	40分钟	1. 交流阅读感受。 2. 班级知识竞赛。 3. 小组内推荐读本，说清楚推荐理由。

读前：导读活动

任务一　追溯历史，激发兴趣

1. 介绍新书。

同学们，今天老师给大家带来了一套书，这套书迄今为止已经经过了6次改版，有60多年的历史，累计发行超过一亿册。它陪伴了老师父辈的童年，老师的童年，现在我将它带给大家。它就是我们家喻户晓的中国版《十万个为什么》。

2. 读读序言。

这样一套跨世纪的科普读物，中国科学院院士韩启德爷爷是如何评价它的呢？让我们一起来读一读序言，读完后，填一填下面的树图。

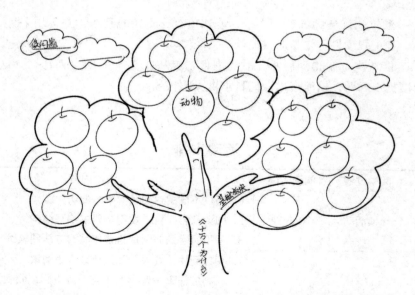

小结：这套书一共三个任务十八个分册。基础任务包括数学、物理、化学、天文、地球、生命；专题任务包括动物、植物、古生物、医学、建筑与交通、电子与信息；热点任务则包括大脑与认知、海洋、能源与环境、航空与航天、武器与国防、灾难与防护。整套书的

编写既考虑到知识体系的完整性，又考虑到科学发展的前瞻性。

我们在读套书时一定要先读一读序言，这样会对整本书的内容和结构有更清晰的认识。

3. 看看目录。

目录对于每个读者来说，既是阅读时的小帮手，又是整本书的阅读指南。下面请同学们读一读航空与航天专题的目录，看看你有什么发现？

预设：航空与航天专题又分为航空技术、运载火箭、人造卫星、载人航天器、航天员、月球探测、深空探测等专题。每个专题中的小问题是循序渐进的，需要慢慢往下读。例如，想要了解飞机失速是怎么回事，就必须先了解飞机能飞上天是什么原理。

小结：是的，在每一册每一个专题里都分成了很多小专题，每个小专题又由很多个小问题组成，而且这些小问题又是层层深入的。下面就请同学们和老师一起开始阅读之旅吧！

任务二　初读例文，梳理知识

1. 读读例文，梳理信息。

（1）明特点。

老师在读这套图书时觉得航空与航天专题中的"为什么飞机能飞上天"这篇短文很有趣，想和大家分享。读了短文的题目，你知道了什么？

提示：这篇短文解释了飞机飞上天的原理。

是的，这也是《十万个为什么》编写的特点之一——多以"为什么……"这样的小问题作为每篇短文的题目。这样的标题既引起了读者的好奇心，又让读者对每篇短文科普的知识一目了然。

（2）谈收获。

读了短文的内容，你学到了哪些知识，有哪些收获呢？

提示：我了解到飞机能够飞上天靠的是机翼在空气中运动所产生的动力。这个动力主要遵循了两个定理——连续性定理和伯努利定理。

（3）画原理示意图。

文中用文字解释了连续性定理和伯努利定理。读起来还是有些难度的，多读几遍，用简单的示意图画一画你的理解。

（4）填表格。

了解了飞机飞上天的原理，你有哪些启示和收获呢？请完成下面的表格。

现象（问题）	
原理	
启示（收获）	

2. 再次梳理，分享交流。

请把你的收获在小组内交流分享吧！你一定能收获更多。

任务三　再读例文，提问解惑

1. 圈圈画画，提出问题。

在读例文的过程中，你一定遇到了很多问题，请你在例文旁边写上你的思考，做好批注。

提示①：圈画一些比较难懂的专业术语，例如：密度、压强等。

提示②：记录产生的疑问，如直升机的机翼和飞机是不一样的，那直升机飞上天的原理是什么？

提示③：圈画难以理解的语句，如"上表面相对较快的气体对机翼的压强会小于下表面较慢的气体对机翼的压强"。

2. 想想说说，合作解惑。

（1）小组交流解决方法。

小组内交流阅读中的问题，并试着通过你所掌握的方法去解决问题。

提示①：向专题学习的同学请教。如有关密度、压强等专业术语，请教小组内阅读物理专题的同学。

提示②：查阅书中具体解释。如直升机的飞行原理在本册书"为什么直升机可以横着飞，也可以后退飞"中有具体的解释。

（2）全班交流没有解决的问题。

小结：在读这套科普读物时，我们会遇到很多的问题。此时，除了上网查资料、问老师和同伴等一些常用的方法外，我们还应注意到，这套书有一个很完整的科学体系，注重了学科之间的融合。因此，在某一册书中产生的问题，可以在其他册或者是本册书找到答案。

3. 动手做做，解决问题。

小组里做一做验证小实验。

阅读时提出的许多问题在书中的小栏目里就能找到答案。例如，在例文"为什么飞机能飞上天"中提到了伯努利定理。这个定理在小栏目"实验场"中做个小实验就能验证，会对伯努利定理有更深刻的认识。

小结：除了"实验场"中的小实验，"微博士""微问题""关键词""科学人"等小栏目也能够帮助解决在阅读中产生的疑问。因此，在阅读时不仅要关注正文，还应关注书中边边角角的小栏目，它们都是答疑解惑的好帮手。

读中：自主阅读推进活动

任务一　我是科普小达人（一周）

1. 制订阅读计划。

《十万个为什么》是一套科普丛书，想要一个人在短时间内读完是有难度的，如果我们能发挥小组的力量，每个人读自己喜欢的册集，读完再进行分享交流，相信一定会有更多的收获。下面就让我们开始行动起来吧！在读有余力的情况下还可以去读其他的册集哦。

小组成员	
姓　名	
选择册名	
阅读安排	总时间：（　　）月（　　）日—（　　）月（　　）日 第一天：（　　）页—（　　）页 第二天：（　　）页—（　　）页 第三天：……

2. 制作阅读记录卡。

勾画批注书中精彩的语言，制作成阅读记录卡，和大家分享。

南通高等师范学校附属小学四（3）班　冒许子萱

3. 讲书人分享知识。

利用每日午读时间，和大家交流分享阅读的收获，读一读故事，讲一讲知识。

4. 自制科普海报。

请同学们围绕某一个问题，从现象、原理、启示三方面着手制作一张科普海报，并将这些海报粘贴在校园的各个角落进行科普知识宣传。

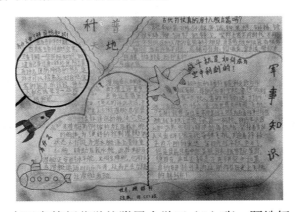

南通高等师范学校附属小学四（3）班　顾皓轩

在家中向爸爸妈妈宣传书中的科学小知识。

> 在给爸爸妈妈讲科学知识后，我的感受：_____
>
> _____
>
> _____
>
> 爸爸妈妈有什么想说的：_____
>
> _____

任务二　我爱动脑筋（40分钟）

1. 我动脑，我交流。

小组交流阅读中出现的问题，你是如何解决这个问题的。

我的阅读思考	出处	解决策略

2. 我发现，我配图。

在阅读的过程中我们发现，很多的原理或者现象作者都是直接用文字解释的。你能给它们配上让读者一目了然的插图吗？

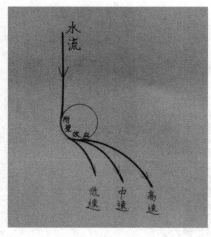

附壁效应
南通高等师范学校附属小学四（3）班
丁涵宇

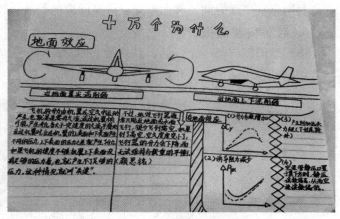

地面效应
南通高等师范学校附属小学四（3）班
袁薛浚

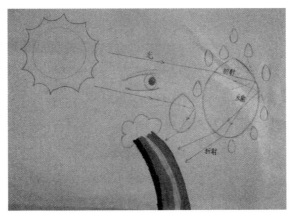

彩虹的形成

南通高等师范学校附属小学四（3）班　张瑞殊

任务三　我是小小研究员

1. 选择一个生活中的小发现，并对这个发现进行研究。
2. 小组内对自己的研究成果进行汇报交流。
3. 完成自己的第一份研究报告。

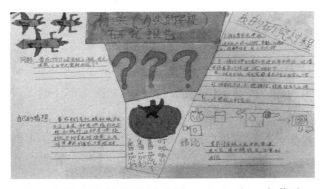

南通高等师范学校附属小学四（3）班　袁薛浚

册　名	读完成员	阅读收获

读后：分享交流延伸活动

同学们，前一段时间，《十万个为什么》这套书在咱们班刮起了一阵阅读风暴，其中《航空与航天》分册更是同学们热议的焦点。现在，就让我们一起来分享、交流你的阅读成果吧！

任务一 科普知识我能答

书中的科学知识你掌握得怎么样了？让我们进入第一关——科普知识我能答。

（1）小飞从小就有飞上蓝天的梦想，经过不懈努力，他终于成为了一名战斗机飞行员。以下哪件衣服可能是他的飞行服？

（2）一天，他开着飞机在祖国的领空巡航，请问他开的是下面哪一架飞机？

（3）经过中国航天局的选拔，小飞成为了一名光荣的航天员，在训练时有一项太空行走的训练，将会在哪里进行？

（4）有一天，小飞终于要坐着宇宙飞船去太空啦！请问他将位于火箭的什么部位？

（5）小飞要在外太空生活一个多月，他在空间站会吃以下哪种食物？

（6）小飞回到地球后，一个小朋友问："叔叔，在外太空能看见长城吗？"小飞会怎样回答？

任务二 阅读中有问题我研究

看来，无论是什么问题，都难不倒大家，你们把书读得很仔细。我们不仅要读书中的知识，还要能边读边思考。

课前老师了解到，同学们根据自己的兴趣和书中的板块分成了不同的学习小组。你们在阅读的过程中脑海里一定产生了很多新的"为什么"。这些问题你们解决了吗？哪个小组愿意来汇报一下研究成果？

江苏省南通市张謇第一小学四（1）
孙哲俊、周欣怡

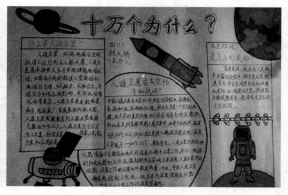

江苏省南通市张謇第一小学四（1）
陈天骄

（每个小组选择自己在阅读某一章某一小节时产生的问题，并将自己的研究成果做成小报或者 PPT 对班上的同学进行科普。科普内容要包括：我思考的问题，我的研究方法，我得到的答案。）

任务三 网友提问我支招

阅读的过程中能产生新的问题，是一种非常珍贵的学习品质，老师为你们点赞。自己的问题解决了，你能用所学帮助他人吗？

在不久前，中国航天科技集团官方微博发布了这样一条消息：向网友征集"我问中国空间站"10 个脑洞大开的问题。同学们，你能利用在书中学到的知识帮网友解答吗？（以下问题来自中国航天科技集团官方微博）

（1）在空间站能吃火锅吗？

（2）在空间站会发生火灾吗？怎样灭火呢？

（3）未来能造一架电梯连接空间站和地球，让我们都有机会去空间站看看吗？

请以小组为单位，选择其中一个问题进行组内讨论，再汇报组内讨论的结果。

任务四 祖国航天我了解

同学们，我们在阅读的过程中，不能仅仅局限于书本，还要将书中的知识和现实生活联系起来。中国航天人，继承了中华千年飞天梦，自 1949 年以来，在航空航天的各个领域都取得了举世瞩目的成绩。你知道哪些呢？

听了同学们的介绍，老师对中国航空航天的大事件有了更深刻的了解。同学们，飞天是中华千年之夙愿。还记得《嫦娥奔月》的神话故事吗？如今，嫦娥奔月已不再是神话。我们的嫦娥五号月球探测器，不仅登上了月球，还带回了月球上的土壤，实现了九天云外揽月回的伟大壮举。（放嫦娥五号视频）

看了视频，你有没有什么想说的？

任务五：自主测评（40 分钟）

1. 选择题。

（1）地球上昼夜长短不发生变化的地方是（   ）。

A. 赤道　　　　　B. 北极　　　　　C. 南极

（2）第一架天文望远镜是谁制作的？（   ）

A. 爱因斯坦　　　B. 牛顿　　　　　C. 伽利略

（3）用业余望远镜看月亮，会发现月亮表面坑坑洼洼，这些坑洼是（   ）。

A. 河流　　　　　B. 环山　　　　　C. 海洋

（4）在太阳系中卫星最多的行星是（   ）。

A. 火星　　　　　B. 木星　　　　　C. 土星

（5）地球上陨石最多的地方是（   ）。

A. 南极洲　　　　　　B. 非洲　　　　　　C. 亚洲

（6）在死海，不会游泳的人也漂浮在水面上，这是由于死海中（　　）的成分特别多。

A. 盐　　　　　　　　B. 糖　　　　　　　C. 酸

（7）第一位飞上太空的航天员是（　　）。

A. 阿姆斯特朗　　　　B. 加加林　　　　　C. 科罗廖夫

（8）最臭不可闻的动物是（　　）。

A. 黄鼠狼　　　　　　B. 臭鼬　　　　　　C. 狐狸

（9）我们常说的娃娃鱼是以下哪一种动物？（　　）

A. 大鲵　　　　　　　B. 蝾螈　　　　　　C. 蜥蜴

（10）黄鱼脑袋里石头的作用是（　　）。

A. 分辨气味　　　　　B. 保持平衡　　　　　C. 增加脑容量

（11）厄尔尼诺现象指的是（　　）。

A. 海水温度异常升高　　　　B. 海水温度异常降低　　　　C. 全年平均气温下降

（12）地球上最小的光合自养生物是（　　）。

A. 原绿球藻　　　　　B. 掌状红皮藻　　　　C. 马尾藻

（13）地球上最年轻的山脉是（　　）。

A. 喜马拉雅山脉　　　B. 中央山脉　　　　　C. 大洋中脊

（14）我们常说的"可燃冰"实际上是指（　　）。

A. 甲烷　　　　　　　B. 氢气　　　　　　C. 氦气

（15）中国最早有名可考的航海家是（　　）。

A. 郑和　　　　　　　B. 徐福　　　　　　C. 张骞

（16）世界上数量最多的化石是（　　）。

A. 珊瑚化石　　　　　B. 昆虫化石　　　　　C. 恐龙化石

（17）世界上第一台计算机诞生于（　　）。

A. 美国　　　　　　　B. 英国　　　　　　C. 意大利

（18）飞机失事后人们寻找的黑匣子是什么颜色的？（　　）

A. 黑色　　　　　　　B. 红色　　　　　　C. 橘黄色

（19）最早的人行道是什么人发明的？（　　）

A. 古罗马人　　　　　B. 古埃及人　　　　　C. 古印度人

（20）唐氏综合征儿童是身体的什么部分出现了问题？（　　）

A. 染色体　　　　　　B. 血液　　　　　　C. 肌肉

参考答案：1—5：ACBCA；6—10：ABBAB；11—15：AACAB；16—20：CACAA。

2. 判断题（说理由）。

（1）恒星在天空中的位置是永恒不变的。（×）

理由：恒星在不停地运动，速度可高达几十千米每秒，甚至更快，只不过距离太远，很难在短时间内觉察它们相对位置的变化。

（2）银杏被称为"活化石"。（✓）

理由：第一，银杏两亿年前就存在于地球，而且从古至今变化非常小。第二，银杏所属的银杏目里如今只剩下它一个品种。第三，银杏原生种群分布区非常小，只分布在中国浙江天目山中。

（3）航天员在太空中喝水和我们普通人喝水没什么两样。（×）

理由：航天员在太空中属于失重状态，杯中的水不会自己流出。因此航天员喝水需要揉捏水袋，通过吸管，将水"吸"或"挤"进嘴里。

（4）地球上最长的山脉是南美的安第斯山脉。（×）

理由：安第斯山脉是大陆上最长的山脉，可是如果我们把海里的水抽干，就会看到大洋中脊，它才是地球上最长的山脉。

（5）"猫有九条命。"这句话的意思是猫的生存能力特别强。（✓）

理由：第一，猫的跑跳能力特别强，能上房、爬树、翻墙，伤它不容易。第二，猫会游泳。第三，猫的软着陆能力特别强，从高处摔下也不容易摔伤。第四，猫的愈合能力也很强。

3. 简答题。

（1）鸟的飞行原理和飞机有什么不一样？（小鸟的飞行是扑翼飞行，借助涡流获得升力；飞机则是借助机翼在空气中运动形成的上下的合力）

（2）为什么台风会有稀奇古怪的名字？（台风的名字由世界气象组织台风委员会成员国为它们命名，由于文化不同，所起的名字也千奇百怪。如果某个台风造成了重大灾害，这个名字将被除名。）

（3）太阳系大家庭中有哪些成员？能具体地介绍一下它们吗？（太阳系中有八颗最主要的行星，分别是水星、金星、地球、火星、木星、土星、天王星和海王星。除此以外还有矮行星、小行星、卫星、彗星、流星体等。）

（4）食蚁兽是怎么吃到地上那些又小又难捉住的蚂蚁的？（靠它又细又长又柔软的鼻子，鼻子上还有黏液，能把蚂蚁从洞穴里拖出来吃掉。嗅觉也十分灵敏，可以在很远的地方就闻到蚁族的味道。脚趾也特别长，能扒开蚁穴。）

（5）如果你想成为一名航天员，需要具备哪些条件？（第一，要通过"特因耐力选拔"，能很好地适应特殊的航天环境。第二，要有过硬的心理素质应对突发事件。第三，要有比飞行员更高的身体素质。第四，要有较高的学历，具备相应的航天知识。）

任务六 每个小组推荐读本

1. 小组内部推荐读本，说清楚推荐理由。

2. 班级进行读本推荐。

南通高等师范学校附属小学四（3）班　顾文灏

小结：读完这套书，你一定对身边的科学知识有了更浓厚的兴趣。科普读物能够帮助同学们形成科学的世界观，提高科学创新能力。希望同学们从此爱上科普读物，在生活中能讲科学、爱科学、用科学。

（编写人：查晓理、施琦；指导者：瞿德泉、王德华）

《看看我们的地球》阅读教学设计与实践

教学解读

　　《看看我们的地球》的作者是我国著名地质学家李四光，书中选取的文章是他在地质研究时所写的随笔短篇。

　　本书致力于介绍地质知识，是一本地质地理学的科普类读物，分别从天文、地理、地质、地热等方面分析地球的年龄，介绍地球形状，讲述冰川、陆地的变化及人类的出现，解释地震的形成，探讨地热、燃料、石油和地质结构之间的关系，阐述煤炭与现代人类生活的关系。

　　整本书结构板块分明，文章通俗易懂、文情并茂、兼具学术性、趣味性，可读性强，既有益于推广地质知识，使学生在轻松的阅读中扩展知识面，也有助于学生了解李四光的为人之道、艺术品位和治学风格，激发学生热爱自然、探索自然，感受科学之美，形成主动思考的习惯，拥有丰富的心灵、积极的人生态度。

阅读目标

　　1. 对阅读科普作品感兴趣，自主规划阅读，做好读书笔记。

　　2. 能多途径理解书中的地质科学知识，遇到不理解的科技术语，可以试着运用课上学过的方法去理解。

　　3. 能感受阅读科普作品的快乐，能形成主动思考的习惯，善于提问并自主解决问题，学会进一步探索。查一查书中谈到的科学问题，了解现在有什么新的研究成果。

　　4. 了解李四光的为人之道、艺术品位和治学风格，品味文情并茂的语言。

活动安排

阅读阶段	阅读过程	阅读时间	活动内容
读　前	导读活动	30 分钟	1. 阅读封面。 2. 了解作者，关注写作背景。 3. 阅读前言、目录，把握全书内容与结构。 4. 回顾科普类读物的基本阅读方法，制订个人阅读计划。

续表

阅读阶段	阅读过程	阅读时间	活动内容
读　中	自主阅读	1 周	1. 制订阅读计划表，并按计划自主阅读。 2. 多途径了解作家，编写作家卡片。 3. 填写阅读记录表，记录感兴趣的问题、懂得的知识、阅读过程中产生的问题、解决方法及找到的答案。 4. 查一查书中谈到的科学问题，了解现在有什么新的研究成果。 5. 圈画批注书中精彩的语言。
	推进活动	2 周	1. 分享阅读记录表。 2. 选择阅读方法，进行阅读寻"宝"，比较阅读，赏析语言，享受阅读新体验。 3. 名词研读，延伸思考，进行探究式阅读。
读　后	分享交流 延伸活动	40 分钟	1. 撰写阅读推荐词。 2. 制作地球知识卡。 3. 地球科普微讲座。 4. 自编题目赛一赛。 5. 跨界阅读慧推荐。

读前：导读活动

任务一　初览全书

1. 读作者，关注背景。

地球是我们人类共同的家园。亿万年来，地球在日复一日地变化着，它孕育着万物，养育着我们，滋润着我们。看看我们的地球，它是如何来的呢？它的早期又是什么样子的呢？为什么那么多的科学家、地质学家不断地在探索地球的秘密呢？下面让我们一起走进《看看我们的地球》，一起去了解地球的奥秘吧！

（1）了解作者，关注写作背景。

本书作者李四光，他是我国著名的地质学家，中国地质力学的创立者。可查阅资料，制作作家卡片。

《看看我们的地球》作者资料卡

作者姓名：　　　　国籍：

作者简介：

他的成就：

资料来源：

作者简介：李四光是我国著名的地质学家，中国地质力学的创立者。他一生从事古生物学、冰川学以及地质力学的研究和教学工作，历任中国科学院副院长、中科院古生物研究所所长、地质部部长、中科院地学部委员、中国科协主席，写下了大量的地质学方面的著作。

作者成就：李四光坚决反对"中国贫油论"，相信中国天然石油的蕴藏量是丰富的，是第一个指出华北平原下可能有石油的地质学家，并且也依据石油地质的理论对中国的含油远景区做了正确的预测，对包括大庆油田发现在内的中国石油大发现做出了重要贡献。

（2）关注写作背景。

这本书中选取的文章是李四光从事地质研究工作后陆续所著。当时我国从动荡社会到国家初定，人民受教育程度低，对地质认知匮乏；国家的经济贫弱、交通落后，急于开采石油、煤炭等矿物燃料以推进发展。在这样的情况下，李四光一边坚持地质研究一边写下兼有科技性和通俗性的短篇文章，对自然和地质科学知识在社会中的普及起到了至关重要的作用。

2. 知人物，链接评价。

我们来看看一些名家眼中的李四光，读着这些评价，你们对作者有什么进一步的认识？

李四光在旧社会走过的道路，尽管有些曲折和坎坷，但他毕生努力的方向和最终达到的高度，以及对祖国和人民做出的贡献，在当代中国科技界、知识界，的确是一面旗帜，无愧于党和人民给予的这个高度评价。——中国航天之父、中国导弹之父钱学森

李四光是中国地质事业也可以说是地球科学事业的奠基人之一。他对中国地质学的贡献、他的治学精神和高风亮节，都堪称后世师表。——中国科学院院士、地质学家叶连俊

3. 观目录，速览作品。

（1）读读目录，你有什么发现？你想从哪开始阅读？你读过哪些写地球的作品？

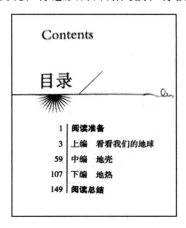

Contents

目录

（2）作品速览。

这本书具体写了什么内容呢？我们一起来了解一下。

本书分别从天文、地理、地质、地热方面分析了地球的年龄，介绍了地球形状、地壳、地质等地球的基本信息，讲述了冰川、陆地的变化以及人类的出现，解释了地震的形成与学说，探讨了地热、燃料、石油和地质结构之间的关系，并且阐述了煤炭与现代人类生活的关系。本书致力于介绍地质知识，引导我们多了解自然、多阅读与自然科学有关的书籍。

（3）作品试读。

打开书本，阅读完第 1、2 页，判断一下：自己有没有兴趣往下阅读。还可以问问自己：为什么这些地方吸引我？我选择这本书的理由有哪些？

任务二 制订计划

1. 梳理方法。

书中的地质知识有些难懂，我们可以怎么读这本书呢？

梳理阅读方法：

① 联系上下文（前后文提到过的）。

② 结合生活经验（通过想象、联想），查阅资料（百度百科、书刊等）。

③ 向别人请教（周围人、专家），读插图（理解抽象的知识）。

④ 标上问号（实在不理解）。

2. 制订计划。

（1）了解阅读兴趣。

阅读《看看我们的地球》这部作品的理由有哪些？你准备怎么读？

选　项	是	否
对作者李四光感兴趣		
比较关注地球，想多了解地球		
文章有独特的表达		
你准备精读的内容		

那我们来透视这本书，感知一下全书的概貌，全书共三章：上编，看看我们的地球；中编，地壳；下编，地热，共 152 页。学着分解一下阅读任务：计划在七天内读完一遍全书。

（2）制订个人阅读计划表。

《看看我们的地球》读书计划表								
时　间	第一天	第二天	第三天	第四天	第五天	第六天	第七天	其　他
阅读计划								
完成量（页码）								
实际用时								
专注度								
本人评价								
他人评价								

读中：自主阅读推进活动

任务一　整体感知

1. 梳理时间轴。

（1）作品时间轴。

本书所选作品时间跨度很大。有学生细心地将书中所选文章的写作或发表时间进行了统计，具体如下：

篇　　章	篇　　名	写作或发表时间
上编　看看我们的地球	看看我们的地球	1959 年
	地球的年龄	1929 年
	天文学地球年龄的说法	1929 年
	天文理论说地球年龄	1929 年
	地质事实说地球年龄	1929 年
	地球热的历史说地球年龄	1929 年
	地史的纪元	1926 年
	启蒙时代的地质论战	1972 年
	地层工作的要点	1972 年
	冰川的起源	1972 年
	人类的出现	1972 年
中编　地壳	地壳的概念	1972 年
	地壳	1924 年
	地球之形状	1931 年
	中国地势浅说	1923 年
	风水之另一解释	1923—1924 年
	浅说地震	1977 年
	地震与震波	1972 年
下编　地热	地热	1972 年
	燃料的问题	1928 年
	大地构造与石油沉积	1955 年
	现代繁华与碳	1920 年
	读书与读自然书	1921 年
	如何培养儿童对科学的兴趣	1952 年

一共三章，选文 24 篇，13 篇写于 1949 年以前，11 篇写于 1949 年以后。

（2）作者时间轴。

老师再给学生们提供资料，让学生从相关资料中阅读李四光的生平介绍，梳理他人生中重要的时间节点。

1904 年，李四光公费赴日本留学，读大阪高工船用机关科，是孙中山领导的同盟会中年龄最小的会员。1910 年李四光从日本学成回国。

1913 年，离开祖国，远涉重洋，学习科学技术，走科学救国之路。李四光深信国家要富强必须有充足的矿产资源，因此到工业最发达的英国选学采矿，后改学地质。

1918 年，他回国任北京大学地质系教授。他一面教书，一面进行科学研究。

1921 年，他带领学生到野外实习并进行煤田地质调查时，在太行山东麓首次发现中国第四纪冰川。中国第四纪冰川的确立，是我国第四纪地层学和气候学研究上的一个重要里程碑。

1952 年，中华人民共和国地质部成立，他担任部长。

1954 年 2 月，他在题为《从大地构造看我国石油勘探远景》的报告中，全面系统地阐明了我国大地构造体系的特点和含油远景。

1955 年，他担任全国石油普查委员会的主任，指导石油勘探工作。

1956 年 4 月 12 日，直属国务院领导的原子能委员会成立，李四光被委任为该委员会副主任。1958 年 8 月成立了中国科学院原子核科学委员会，任命李四光为主任委员。在李四光提出的三条东西构造带上，陆续发现了一批储量丰富和品位高的铀矿床。铀矿地质工作取得了丰硕的成果，保证了我国核工业的发展。

1971 年 4 月 29 日，李四光因病逝世，享年 82 岁。

2. 内容重构。

观察作品时间轴与作家时间轴，你有什么发现？

如果让你把这些作品重新编排，你会有所调整与变动吗？你会按什么顺序编排？请说出你的理由。

任务二　阅读文本

1. 阅读方法选择。

（1）跳读。

出示英国小说家毛姆关于跳读的言语："如果聪明的读者能学会跳读的技能，他便总是能在阅读中获得最大的乐趣。"

毛姆认为阅读不用像多米诺骨牌一样，推倒一本之后才能再推到另外一本，也不需要从头到尾一字不落阅读，可以跟着兴趣"跳读"，就像猎犬追着狐狸的气息。跳读能提升获取信息的效率，《看看我们的地球》的文章是选编的，每一篇文章相对独立，因而我们读这本书时可以选用跳读的阅读方法。请选择喜欢的篇目跳读。

（2）精读。

好的文章与段落值得精读。著名作家秦牧用"老牛反刍"比喻精读，精读达成的目标是会欣赏，会评价，表达自己的感受和体悟。

完成阅读任务：选择自己喜欢的篇章精读，完成自主欣赏；分享自己最喜欢的片段、精彩语句。

2. 阅读寻宝。

一本书就是一个宝藏，而阅读的过程就是寻宝的过程。越是优秀的作品，宝藏越多，埋得越深。那就需要我们带着问题去阅读，在阅读的过程中不断地提出问题，然后自己再去书中寻找答案，这样挖的"宝藏"就多，收获就大。

我们可以填写寻"宝"清单，并在小组内与同学交流分享。

我的寻"宝"清单

我提出的问题	解决方法	寻得的"宝"（答案）	我的追问

任务三　比较阅读

1. 对比阅读。

阅读两段描写地球的文字，比较其语言特点及效果。

读完这两段文字，大家有什么感受？小组讨论，推荐代表展示交流。

片段一：

讲地质学的人都知道一个老比喻，那就是我们脚踏的地层，好像是一册书层就是书的一页，书中有文字图画描写事实。地层由种种岩质造成，并有时夹着生物的遗体。我们知道现在地球上某样的地域，常有某种的岩石堆积成层。所以从过去时代所造成各地层质料的性质，我们可以推测当时岩层停积之处为何项地域，或为湖沼，或为河床，或为海湾，或为深洋。岩层中所夹的化石不独表示岩层生成之年代，并且有时亦能表示其生成的地域，因为大洋的生物群，浅海的生物群，咸水中的生物群，淡水中的生物群，各有特点。地质学家所当研究的，就是这些事。诸如此类，数不胜数。我现在不过举一二最显著之点，以求见信于非地质学家而抱怀疑态度的人。不怀疑不能见真理。所以我很希望大家都取一种怀疑的态度，不要为已成的学说压倒。（本段选自本书《中国地势浅说》一文）

片段二：

宇宙的诞生为地球的形成奠定了物质基础，地球作为太阳系中的一个行星，一般认为地球起源于原始太阳星云。50亿年前的太阳系是一团由气体和尘埃组成的巨大星云，在太阳系形成初期，太阳星云经过不断地收缩、凝聚和旋转，99%以上的物质向中心聚合形成原始太阳，此后围绕太阳旋转的星云残留物（主要成分有氢、氦、固体尘埃及太阳早期收缩演化阶段抛出的物质）又在很长一段时间里（可能近5亿年），在引力的作用下不断地聚合和碰撞，在吸收其他小碎块的同时越转越大，逐渐凝聚成了八大行星，在大约46亿年前原始状态的地球终于诞生了。（本段选自由中国地质学会编著的《生命探索　人类起源》）

我们可以这样比较着阅读，可以从文中对一些段落对比阅读，也可以选择不同书籍，不同作家对同一事物的描写进行对比阅读。

2. 语言赏析。

李四光作品中的语言文情并茂，深奥的地理知识在他清晰生动的表达中变得通俗易懂。让我们从文中寻找这些独特的表达，并在文字下画下横线，并在一旁写下批注。

示例1：**地球前半的历史，固然现在还是一笔糊涂账。**

批注：将地球前半段的历史比喻成糊涂账，生动形象地写出了地球前半段历史的神秘，更引出关于地球年龄的纷争。

示例2：**然则我们怎样知道地下还有类似地表的岩石？又怎样知道这些岩石往下伸展到一定的厚度？更怎样知道地下是固质或液质抑或气质组成的？这些问题如果都是悬案，我们有何理由说出地壳的名词？**

批注：一连提出三个问题，这样激发读者的阅读兴趣，同时引出下文，让读者进一步了解地壳，感知研究地壳问题的困难与复杂性。

示例3：**地球是宇宙中一颗渺小的星体，是太阳系行星家族中一个壮年的成员，有丰富的多种物质，构成它外层的气、水、石三圈，对生命滋生和生物发展，具有其他行星所不及的特殊优越条件。**

批注：采用生动的拟人化手法，写地球正值壮年，形象地介绍了地球的性质及其作用。

任务四　探究阅读

1. 名词研读。

书中的特有名词很多，如"石圈""地轴""地层"等，这些名词似乎很"烧脑"，那我们该如何读懂这些科学术语呢？

有的可以结合书本的具体内容理解，还可以查阅资料、查找工具书、浏览专业网站等进一步理解，帮助自己完成探究研读。

例如：**我探究：地热到底是什么呢？是地球自热，还是地球自转过程中产生的什么物质？**

2. 延伸思考。

同时还可以延伸思考，促进自己的深度阅读，激活自己的思维，这样获得的收获更大。

例如在探究"地热"后延伸思考：**什么是地热能？地热能有污染吗？**

读后：分享交流延伸活动

任务一　撰写阅读推荐词

同学们请看当当、亚马逊、豆瓣等网站关于《看看我们的地球》的编辑推荐词：

《看看我们的地球》是李四光先生以文学随笔的形式记录下来，但这本书也可以被称作是一本地质地理学的科普类读物，其中不乏专业性的知识以及李四光先生对于一些地质地理的观点。全书生动有趣，不是死板的知识堆砌，字里行间展露出其才华横溢，文情并茂兼具学术性、趣味性以及可读性。

请同学们阅读后，再结合自己的阅读感受，试着给本书写一则阅读推荐词。

南通市通州区通州小学四（4）班　吴鑫浍　　南通市通州区通州小学四（4）班　曹子兮

任务二　制作地球知识卡

读完这本书，关于地球的知识也知道了不少，让我们制作地球知识卡并展示出来。我们可以用文字和图片来呈现（文字要简洁明了，图片可以自己画也可以选取）。

学生制作的电子地球知识卡如下所示：

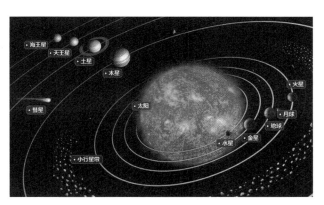

太阳系中的地球

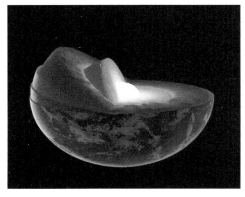 

地球内部结构的分层展示效果图　　　　相比 40 多年前，今天的地球确实"脏"了很多

任务三　地球科普微讲座

微讲座要求：

假如你是本书作者李四光，要向小学生作一次20分钟左右的介绍地球的科普微讲座，你将选择书中的哪部分内容？请尝试写一份提纲。

任务四　自主测评

1. 真题演练。

本书后面附有真题演练，一起来完成。看谁做得又快又准确。

2. 制作赛题。

同学们根据自己对本书的阅读理解，自行编制题目，在小组内互问互答，再挑选题目全班知识抢答。

部分赛题：

① 地球的直径有多长？（12 700多千米）

② 地球表面的热量主要源于什么？（太阳）

③ 银河系的旋转，大约几亿年一个周期？（2亿多年）

④ 地球是由几个部分组成？（水圈、气圈、石圈）

⑤ 地球的震波有几种？（三种：纵波、横波、表面波）

⑥ 哪种石头经过破坏蒸馏以后，也可以取出油质？（含油页岩）

⑦ 中国的山脉最有系统的是哪条线？（东西线）

⑧ 人类发展可分为哪四个阶段？（古猿—猿人—古人—新人）

任务五　跨界阅读慧推荐

1. 书籍阅读。

《地球》[英]马丁·雷德芬著

作者考察了最新的地质学研究，解释了人类在任务构造、地震学和卫星影像等领域的全新认识，帮助我们逐渐理解地球的本质：这是一个活跃的、变动不居的星球。

《地球之美》[法]帕特里克·德韦弗著，[法]让-弗朗索瓦·布翁克里斯蒂亚尼绘

本书讲述了地球从45.7亿年前到今天的故事。从形成到构造，植物到动物，气候到矿产，湖泊到海洋，还记录了人类诞生之后的历史，人类的形成与演变，人类文化的进步与衍生，人类最重要的关于地球的发现，以及现在地球的处境与环保，甚至还有对50亿年以后地球的预测。

《大地记》[法]法布尔著

一本关于地理学的科普类书籍，讲述了我们安居的地球的方方面面，行文生动而又严谨。大到从地球的宏观环境，小到一块陆地、一条山脉、一处河流海洋，极地、地心、崩落的山丘，作者皆系统、详细地讲述了相关知识。法布尔的文字历来通俗易懂而十分有趣，对

读者有着极强的吸引力，是一部难得的科普佳作。

2. 影像阅读。

纪录片：《蓝色星球》《宇宙奇观》《宇宙的奇迹》。

【CCTV10 解读地球】地球的形成

（编写人：朱晓鑫；指导者：瞿德泉、王爱华）

《灰尘的旅行》阅读教学设计
与实践

教学解读

《灰尘的旅行》是我国著名科学家、科普作家、社会活动家高士其创作的一部传播医学科学与公共卫生的知识、思想和精神的科普著作。

这本书由科学童话、科学小品、科学趣谈三个部分构成。科学童话的主人公是一个名叫"菌儿"的细菌，它娓娓讲述了其菌类家族不同族群的形态特征、衣食住行、生活习性以及对人类的影响。科学小品和科学趣谈两部分选取了数篇精彩短文，介绍了"灰尘的旅行""纸的故事"等许多有趣的科学现象、原理，旁征博引，涉及整个自然科学领域。

书中的故事把人类每天都会接触但是又难以看见的微生物描写得淋漓尽致，为学生积累科学知识提供了素材，容易唤起学生的好奇心和探究欲，利于激发学生阅读科普作品的兴趣。这部极具权威科学性与较高文学品位的经典名作，值得从精读的角度，帮助学生运用提问、联结、图文转化、批注等阅读策略进行文本细读，从而初步了解科普类文本的基本阅读技巧。

作者以诗人的情怀和高超的写作技巧，用通俗易懂的语言、拟人化的手法，将深奥、神秘的科学知识讲得形象生动、明白晓畅，学生在获取科学知识的同时细细品味语言，沐浴文学的清辉，获得阅读科普作品的快乐。

阅读目标

1. 能产生阅读科普作品的愿望，自主规划阅读并根据阅读要求做好记录。

2. 能理解书中的科学知识，主要了解细菌的来龙去脉，知道讲究卫生的重要性。

3. 运用提问、联结、图文转化、批注等阅读策略进行文本细读，初步了解科普类文本的基本阅读技巧，同时感受语言的幽默、生动。

4. 继续学习从不同角度提出问题，并能联系生活，运用多种方法解决问题，产生探究科学世界的兴趣。

活动安排

阅读阶段	阅读过程	阅读时间	活动内容
读 前	导读活动	30分钟	1. 阅读封面，知道书名由来。 2. 阅读前言、目录，把握全书内容与结构。 3. 回顾科普类读物的基本阅读方法，阅读科学童话、科学小品、科学趣谈各一篇。 4. 关注语言表达的特点。 5. 制订阅读计划表。
读 中	自主阅读	1周	1. 按计划自主阅读，开展每日"小小朗读者"活动。 2. 摘录科学术语，制作科学术语表。 3. 记录阅读过程中产生的问题、解决方法及找到的答案。 4. 勾画批注书中精彩的语言，设计阅读记录卡，做阅读记录。 5. 挑选阅读过程中印象深刻的知识点，出赛题。
	推进活动	2周	1. 小组知识竞赛，分享阅读的快乐。 2. 运用"解术语""巧提问""分享联结"的方法再次深入阅读，根据感兴趣的内容自画绘本、小组整理设计科学术语表、问题收纳箱、联结分享等。 3. 四人小组制作科普小报。
读 后	分享交流延伸活动	40分钟	1. 班级知识抢答赛。 2. 交流展示阅读成果（助读术语秘籍、问题清单、记录卡、绘本）。 3. 阅读推荐。 4. 组织科技实践活动（科学小实验、参观科技馆等）

读前：导读激趣，制订计划

任务一　览全貌，欲探究

1. 引新书。

细菌到底是什么东西？它是好是坏？它住在哪里？灰尘是地球上永不疲倦的旅行者，你知道它们的旅程吗？《灰尘的旅行》这本书将为你揭开科学之谜。

2. 读封面。

认识作者。本书作者高士其是我国著名科学家、科普作家、诗人。可利用网络或者其他资源查阅的资料，制作作家卡片。

《灰尘的旅行》作家资料卡

作家姓名：＿＿＿＿＿＿　　国籍：＿＿＿＿＿＿　　出生地：＿＿＿＿＿＿

可能影响作者成为科普作家的儿时兴趣：

＿＿＿＿＿＿＿＿＿＿＿＿＿＿＿＿＿＿＿＿＿＿＿＿＿＿＿＿＿＿＿＿＿

他具有影响力的作品：＿＿＿＿＿＿＿＿＿＿＿＿＿＿＿＿＿＿＿＿＿＿

作者让你印象深刻的经历：＿＿＿＿＿＿＿＿＿＿＿＿＿＿＿＿＿＿＿

文学特色：＿＿＿＿＿＿＿＿＿＿＿＿＿＿＿＿＿＿＿＿＿＿＿＿＿＿

3. 读序言。

序言告诉人们高士其的作品"用拟人化的手法，通俗易懂的语言，将神秘的科学世界讲得形象生动，明白晓畅"。他是用诗人的情怀和极具人性化的笔触揭示科学之谜，文章既有诗意又有人情味，打破常规科学家和读者之间的距离。

4. 读目录。

读读目录，说说自己的发现。

提示：《灰尘的旅行》一书收录的作品由科学童话、科学小品、科学趣谈三个部分组成。科学童话——《菌儿自传》是高士其的代表作；一篇篇科学小品文揭示了细菌和人之间的关系；《灰尘的旅行》等科学趣谈带大家去领略科学世界的绮丽风光，帮大家建立健康、卫生的生活方式。这本书虽然以细菌学为主，但常常旁征博引，涉及整个自然科学领域。有的版本还叫《细菌世界历险记》。

任务二　学知识，品语言

1. 提问和解答。

（1）抢读尝鲜，读懂术语。

刚读了目录，你对哪个内容特别感兴趣呢？就请你先睹为快吧！

交流：你刚读了哪一篇？收获了哪些知识呢？

小结：科普类的书籍充满知识的趣味，阅读科普读物就是在知识的海洋里畅游。

同学们还记得我们在阅读《十万个为什么》时，遇到陌生的科学术语是怎么解决的呢？

提示：回顾本单元"交流平台"的解决策略：联系上下文，并结合生活经验来解决问题；查资料可以帮助理解不懂的问题，请教别人。感兴趣的同学可以做成科学术语表或者科学术语注解索引等。

（2）提出问题，及时记录。

通过读《十万个为什么》我们已经知道：阅读科普读物不仅要获得有趣的科学知识，还要学会提问，一边读一边提出问题，并解决问题，这样才能读得深入。当问题从我们的脑海闪过，有什么好办法抓住它？

总结：不动笔墨不读书。在书旁记录下自己的疑问，可以自己设计出有个性的问题清单再逐个解决。

我的问题清单

我的疑问	出处页码	解决方法	寻求到的答案

2. 品读和欣赏。

《灰尘的旅行》内容有趣，语言也有趣，多处运用了比喻、拟人手法，把枯燥难懂的科学知识写得通俗易懂又生动活泼。

（1）读读下面这段话有什么新发现？

《我的籍贯》：我菌儿却是地球通，不论是地球上哪一个角落，只要有一些水汽和有机物，我都能生存。

我本是一个流浪者。

像西方的吉卜赛民族，流浪成性，到处是家。

像东方的游牧部落，逐着水草而搬移。

又像犹太人，没有了国家，散居异地谋生，都能个个繁荣起来。世界上大富之家，不多是他们的子孙吗？难道水是吃下去的吗？……秘密就在这里。

这部科学童话以菌儿自述的方式写成。这一段话用了"像……像……又像……"的句式，生动写出了菌儿居无定所、四处为家的特点，读起来十分有趣。

菌儿是千千万万细菌中的一员。在高士其笔下，菌儿时而在呼吸道里探险，时而在肠道里开会，生动地把一个个高深莫测的小细菌写得淋漓尽致。

（2）再请大家对比着读一读《灰尘的旅行》和《热的旅行》，你有什么发现？

"如果我们追问一下：灰尘都是从什么地方来的？到底是些什么东西？"

"灰尘的旅行，对于人类的生活有什么危害呢？"

——《灰尘的旅行》

"热是什么？"

"热是从哪儿来的呢？"

"热是怎样在旅行呢？"

——《热的旅行》

这本书和《十万个为什么》一样，有很多这样的连环提问和自问自答，不断激发我们阅读思考，提高阅读兴趣。

这样精彩的语段和独特的写法，阅读的时候注意勾画批注，积累语言。

任务三 学范例，订计划

1. 赏计划。

这么有意思的书，你准备多久读完？

欣赏创意阅读计划表。

南通市张謇第一小学四（1）班　李同殊

2. 订计划。

请翻一翻目录，预估自己阅读每一章所需的时间，制订一份阅读计划表。可以按书上的章节顺序，也可以根据自己的阅读喜好来重新排序。

出示阅读计划表示例，思考：你看懂了什么？自己的阅读计划又该怎样做呢？与同桌交流。

阅读书目	《灰尘的旅行》	
阅读时限	月　　日——　月　　日（共　　天）	
阅读时间	阅读章节（页码）	完成任务的满意度自评
第一天		☆☆☆☆☆
第二天		☆☆☆☆☆
第三天		☆☆☆☆☆
……		☆☆☆☆☆

交流点拨：制订阅读计划不仅要考虑页码，也要考虑章节，每天尽量阅读到一章节结束的地方。每天要对自己的阅读情况进行反馈，以保证自己的阅读进度和阅读质量。

读中：策略指导，持续阅读

活动时间：每次 10 分钟，一次围绕一个主题。

任务一　我是"小小朗读者"

我读你听。

每天晨读时间，挑选自己喜欢的片段和大家分享。

任务二　小组知识竞赛

1. 制作赛题。

挑选自己阅读过程中印象最深刻的知识考一考组内队员，将考题分成三个难度等级，列出考题单：

难度分级	题型	题目	答案
★	判断		
★★	选择		
★★★	简答		

2. 组内争霸。

① 四人小组两两对决，获胜者再两两对决，产生小组擂台赛冠军。

② 小组内轮换考题单，交流擂台赛中自己未能答出的题目。

3. 自由挑战赛。

鼓励学生在阅读过程中随时出题考考同伴，共享阅读的快乐。

任务三　阅读策略进阶

1. 读懂科学术语。

经验分享。

你用什么好方法了解术语意思？举例说一说。

大家已经知道了很多了解术语的方法：关注书本、联系上下文、生活实际、请教他人、查找资料、查找专业工具书、浏览专业网站等。

在遇到具体词语时，我们要选择合适的方法去理解。

比如"催化剂"，词典里的解释是：在化学反应里能改变反应物的化学反应速率（既能提高也能降低）而不改变化学平衡，且本身的质量和化学性质在化学反应前后都没有发生改变的物质。

词典里的解释好像更难以理解，这时需要联系生活中的事例来理解。比如吃馒头时，发现有许多蜂窝状的小孔洞，这就是酵母菌起催化的作用，吃起来更加松软。食品中的防腐剂也是一种催化剂。

小组成员互相交流理解科学术语的方法，比一比谁的方法巧妙。

2. 追问寻求答案。

提问，寻求答案，是我们深入阅读的最好方式。

（1）追问找答案。阅读时，围绕主题追问。

（2）换一个角度思考。在寻求答案的过程中还可以记录下自己观点的转变。

问题收纳箱

3. 练习分享联结。

当阅读时，大脑中浮现出一件与之相关的事情会帮助我们来理解这部分内容，这就是联结。这些相关的事包括以前发生在自己身上类似的事情或经历；某一角色让你想到认识的某个人；另一本你读过的书；等等。先在小组里练一练，一个同学读故事，其他组员思考，如果产生联结就发言。我们也可以在表格中记录自己的联结，和同学交流。

石本无火，相击乃生灵光，联结得越丰富，阅读更有意思。

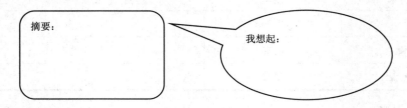

任务四　发现趣味表达

1. 勾画批注。

阅读要留下痕迹。在读书时，勾画出书中精彩的语言和有意思的片段，作批注。

2. 做阅读记录。

设计阅读记录卡，做阅读记录，把一些好的阅读方法推荐给大家。

3. 配插图。

高士其爷爷在讲述科普童话时，运用了拟人的手法，将菌儿人格化，很有画面感。喜欢绘画的同学还可以将有趣的情节配上插图或者画成绘本。

4. 小组故事会。

高士其爷爷把科学知识写得通俗易懂，妙趣横生。比如书中讲道："圆胖圆胖的酵母，身上带点醉意和糖味，专爱咬水果，吃淀粉，成天的在酒桶里胡闹，吃了葡萄，吐出葡萄酒，吃了麦芽，吐出啤酒，吃了火上烘的麦粉浆，发成了热腾腾的面包、馒头。……"作者通过使酵母人格化，把酵母发酵的过程写得生动、形象。大家学着高士其爷爷把这些科学知识娓娓讲出来，也是一件有趣的事情。

小组故事会。推荐一名故事大王。

读后：交流分享，拓展提升

任务一　交流阅读成果，体会智趣

1. 我当小考官。

热身赛：老师出题。

书里有很多的科学知识，我们一起来玩个"知识抢答"游戏。（判断题）

① 细菌怕火，但火并不能消灭全部细菌。（对）

② 灰尘里的成分最丰富、复杂，包括菌类在内总共有五类分子。（错）

③ 细菌非常轻，但细菌一粒单细胞的重量还是超过了一千兆分之一克。（错）

④ 每平方分米的面积上的纤毛细胞能够举起 336 克重的东西。（对）

⑤ 木头、布、橡皮、纸都不善传热，属于阻热体。（对）

⑥ 细菌一般不单独行动，都是成双入对或群聚在一起，四处飘荡。（对）

⑦ 所有细菌对人类都是有害的，因为它们的入侵会使人类生病。（错）

班级争霸赛：每组派一代表出题，分为必答题和抢答题，实行积分制。优胜组评选为"知识达人"小组。

2. 我当小词典。

回顾读懂科学术语的方式，比如：联系上下文、联系生活、查找资料。

分享阅读记录：

① 读懂了哪些科学术语？是通过什么方法解决的？

② 推选优秀组员代表小组作班级分享。

分享优秀范例。

南通市张謇第一小学四（2）班　李梓菡

3. 我当小老师。

四年级同学们学习和运用提问的策略进行阅读。阅读本书时，同学们提出了很多的问题并积极地寻找答案。有的同学在书上批注，有的列了问题清单，我们阅读时要认真记录下自己的思考。

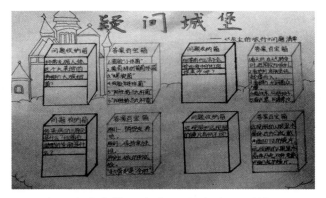

南通市张謇第一小学四（2）班　顾博文

交流提出的问题，学习要求：

（1）交流阅读单上记录的问题和答案。

（2）小组商讨筛选本组最具思考价值的问题写下来贴到黑板上。

（3）大家交流解决问题的方法。

小结：带着思考去阅读会更有收获。问书本、问他人、问生活、查资料，寻求答案的方法多种多样。

任务二　享受文字，体会文趣

1. 阅读卡片（绘本、插图）赏一赏。

把小组里形式多样的阅读卡分享给大家欣赏。

2. 阅读联结说一说。

把小组里推荐的有趣的阅读联结说给大家听一听。

南通市张謇第一小学四（2）班　张瑞坪　　　　　南通市张謇第一小学四（2）班　於顾佳

3. 科学故事讲一讲。

（1）小组推荐的故事大王分享科学故事，要讲出这个故事有意思在哪里。

（2）师生点评。

4. 科普小报读一读。

（1）小组交换自办的科普小报，阅读欣赏。

（2）布置班级科普园地。

任务三　自主测评

1. 选一选。

（1）植物的地域性很明显，所以，我们都知道椰子来自（　　　）。

A. 南方　　　　　　　　B. 北方

（2）细菌喜欢吃血，它最喜欢吃（　　　）。

A. 生血　　　　　　　　B. 死血　　　　　　　C. 半生不熟的血

（3）阴阳染色法是（　　）发明的，抗酸染色法是（　　）发明的。

A. 齐尔、尼尔森　　　　B. 革兰

（4）地球的引力造成的现象有（　　）。

A. 苹果的掉落　　　　B. 潮水的涨退　　　　C. 天空星球的转动　　　　D. 光的折射

（5）造纸的原料有哪些？（　　）

A. 树皮　　　　　B. 麻头　　　　C. 破布　　　　D. 渔网　　　　E. 动物的毛皮

（6）无纺布的生产方法有（　　）。

A. 缝合法　　　　　B. 黏合法

2. 讲一讲。

请你也来学一学高士其爷爷，把科学知识简单明白又生动形象地讲出来。

材料：细菌占领人体食道的过程。

_____

3. 做一做。

用显微镜观察发霉的面包屑、牙齿的污垢或土壤中的腐败物等，向同学们讲述你看到菌类活动的情形。

4. 想一想。

灰尘的旅行对于人类的生活有很大的危害，高士其爷爷在 1956 年提出防止灰尘的措施，经过 60 多年的努力，现在都已经实现了。在科技发达的今天，你觉得还可以有哪些防尘的新措施呢？

任务四　拓展延伸

1. 创作新章节。

作者在这本书中介绍了《热的旅行》《灰尘的旅行》，你还对什么的旅行感兴趣呢？可以查找资料，也学着高士其爷爷写一写，介绍给大家。

2. 实践活动。

利用休息日去参观科技馆，和同学分享新的收获。

3. 延展阅读。

我们大家一起阅读分享了高士其爷爷的《灰尘的旅行》，获得了丰富有趣的科学知识。老师向你们推荐曹文轩、陈先云先生主编的《灰尘的旅行——中国科普作品精选》。

（编写人：李洁；指导者：瞿德泉、王爱华）

《人类起源的演化过程》阅读教学设计与实践

教学解读

《人类起源的演化过程》一书的作者是贾兰坡。他是著名旧石器考古学家、古人类学家、第四纪地质学家、中国科学院院士、美国国家科学院外籍院士。

这本书由《爷爷的爷爷哪里来》和《悠长的岁月》两部分组成。第一部分运用列数据、举例子、列图表、作比较等说明方法，站在科学的角度，比较完备、详尽地解释了"人类起源"的相关知识：北京人头盖骨的发现与丢失，找到比北京人更早的人类化石，以及从人类使用的工具中观察人类起源，21世纪古人类学者的三大课题等。第二部分用第一人称介绍了作者童年经历、发掘"北京人"等头盖骨化石的过程以及用一生从事考古工作的故事，字里行间浸润了作者丰富的情感，既有对人生引路者的感恩之情，也有对青年科学家的期许之情，激发学生对考古学的热爱之情。

阅读目标

1. 自主计划阅读过程，并做好记录，产生探究人类起源的兴趣。

2. 借助知识卡片制作、人物经历导图等阅读策略，了解人类起源的相关知识，了解作者投身古人类学的一生，感受作家献身考古学的情怀。

3. 通过多种途径读懂书中的科学术语，从不同角度提出问题并运用多种方法解决。

活动安排

阅读阶段	阅读过程	阅读时间	活动内容
读　前	导读活动	30分钟	1. 阅读书名，展开猜想。 2. 介绍贾兰坡，激发阅读兴趣。 3. 通过阅读前言、目录，了解全书结构与主要内容。 4. 提醒学生注意这本书两部分文体与表达的区别（《爷爷的爷爷哪里来》是科普作品，《悠长岁月》是人物传记）。 5. 回顾科普类读物、人物传记的基本阅读方法，提醒学生将这本书的两部分结合起来阅读。

阅读阶段	阅读过程	阅读时间	活动内容
读　中	自主阅读	2 周	1. 制订阅读计划表，并按计划自主阅读。 2. 阅读《爷爷的爷爷哪里来》时对印象深刻的知识点，按照预定的方式做知识卡片；阅读《悠长的岁月》时为贾兰坡编制人物生平。 3. 圈画书中表达人生感悟的语段，试着做名言卡。
	推进活动	2 周	1. 科学术语卡片展。 2. 人物生平梳理交流。 3. 人物精彩语录汇报。
读　后	分享交流 写作迁移	40 分钟	1. 说一说贾兰坡对古人类学的贡献。 2. 贾兰坡一生遇到哪些人？这些人对他分别有哪些帮助？ 3. 拓展迁移：感谢有你（记录生命中给你帮助的一个人，写一写他是如何帮你的以及你的感恩）。

读前：导读活动

任务一　阅读书名，尝试猜想

1. 唤醒经验。

同学们，长这么大，你们有没有想过，我们人类从哪里来？

提示：一方面唤醒学生对人类起源知识的储备，以便教师了解相应的基础；另一方面激发学生对阅读这本书的兴趣。

2. 内容猜想。

读读书题，感受这个题目的特别之处，再猜一猜这本书写的是什么？

提示：引导学生自由猜想，适时点评，鼓励学生敢于思考、推断。

任务二　介绍作者，激发兴趣

介绍作者。

（1）读读贾兰坡的简介，你有什么发现？

贾兰坡（1908 年 11 月 25 日—2001 年 7 月 8 日），中国科学院院士、考古学家、第四纪地质学家，生于河北玉田，曾任中国科学院古脊椎动物与古人类研究所研究员。

1929 年毕业于北京汇文中学。1980 年当选为中国科学院学部委员（院士）。1994 年当选为美国科学院外籍院士。1995 年当选为第三世界科学院院士。2001 年 7 月 8 日逝世。

他是一位没有大学文凭却攀登上了科学殿堂顶端的传奇式人物。

——摘自百度百科

（2）你想从贾兰坡的这本书中读到什么？

提示：这一提问主要目的是为了唤醒学生的阅读期待，教师可以将学生的期待板书在黑板上，让学生读完这本书之后再进行验证。

任务三　快速阅读，了解特点

1. 目录速读。

这本书有两部分，第一部分是《爷爷的爷爷哪里来》，第二部分是《悠长的岁月》。这两部分有什么不一样？快速读一读目录。

提示：从目录的表达方式上看出《爷爷的爷爷哪里来》是一部科普作品，《悠长的岁月》是一部人物传记。

2. 明晰读法。

科普作品阅读有什么方法？人物传记阅读有什么方法？

提示：阅读科普作品要关注科学术语，并试着运用知识卡片、多角度提问等方式弄懂；阅读人物传记要试着用人物大事记等方式理清人物经历。

读中　自主阅读

任务一　依据实情，制订计划

1. 读时预估。

试着读一读《爷爷的爷爷哪里来》与《悠长的岁月》，预估自己阅读所需时间。

提示：学生阅读《爷爷的爷爷哪里来》一书需要花费的时间会长一些，因为这本书讲述了较多的科学知识，学生缺少相应的知识储备，需要有一个理解与接受过程；《悠长的岁月》是一部人物传记，故事情节比较丰富，学生阅读有较强的代入感。

2. 计划预设。

根据目录顺序，参考下表，制订一份阅读计划表。注意，制订好计划后，需要严格执行。

阅读书目	《爷爷的爷爷哪里来》	
阅读时限	月　　日—　月　　日（共　　天）	
阅读时间	阅读章节（页码）	完成任务的满意度自评
第一天		☆☆☆☆☆
第二天		☆☆☆☆☆
第三天		☆☆☆☆☆
……		☆☆☆☆☆

阅读书目	《悠长的岁月》	
阅读时限	月　　日—　　月　　日（共　　天）	
阅读时间	阅读章节（页码）	完成任务的满意度自评
第一天		☆☆☆☆☆
第二天		☆☆☆☆☆
第三天		☆☆☆☆☆
……		☆☆☆☆☆

任务二　明确工具，辅助阅读

明确工具。

为了让我们的阅读更有品质，我们有时需要用一些工具，下面这些工具供同学们在阅读这本书时使用。

（1）"人类起源知识"卡片。

"人类起源知识"卡片

知识名称：＿＿＿＿＿＿＿＿＿＿＿＿＿＿＿＿＿＿＿＿＿＿＿＿＿

解释：＿＿＿＿＿＿＿＿＿＿＿＿＿＿＿＿＿＿＿＿＿＿＿＿＿＿＿

＿＿＿＿＿＿＿＿＿＿＿＿＿＿＿＿＿＿＿＿＿＿＿＿＿＿＿＿＿＿

＿＿＿＿＿＿＿＿＿＿＿＿＿＿＿＿＿＿＿＿＿＿＿＿＿＿＿＿＿＿

制作：＿＿＿＿＿＿＿＿＿

注意事项：①使用"人类起源知识"卡片主要用于《爷爷的爷爷哪里来》这一部分；②在使用本知识卡片前，需要对《爷爷的爷爷哪里来》这一部分所出现的知识点进行梳理，然后再由学生进行卡片制作。

提示：《爷爷的爷爷哪里来》关于人类起源的知识如下："进化论""人猿同祖论""尼人""早期智人""晚期智人""直立猿人""北京人""蓝田人""人类的早期演化""石器""地球形成五大阶段"……

（2）人物生平表。

贾兰坡生平	
时　　间	事　　情

注意事项：①使用"贾兰坡生平"主要针对《悠长的岁月》这一部分内容；②因为时间

跨度比较长，可以分小组合作完成，以减轻梳理的任务与负担；③梳理时，可以以时间为序。

（3）名言摘录卡。

贾兰坡人生感悟名言卡

摘录：

_____

_____

_____

_____

摘录人：_____

注意事项：①使用"贾兰坡人生感悟名言卡"主要面对《悠长的岁月》这一部分内容；②可以引导学生先将贾兰坡的人生感悟内容圈画出来，最后再进行摘录。

读中：推进活动

活动时间： 每次 10 分钟，一次围绕一个主题。

任务一 "人类起源知识"卡片展

1. 展示评比。

展示所完成的"人类起源知识"卡片，教师组织评比，具体方式如下：

①将学生的科学术语卡片统一粘贴在教室内；②教师组织学生阅读，并对自己最欣赏的卡片进行投票（每人有三次投票机会）；③根据投票结果，评选出最佳"人类起源知识"卡片。

学生作品示例：

> **"人类起源知识"卡片**
>
> 知识名称：人类的早期演化
>
> 解释：1. 人与猿至少在500万年前就分道扬镳了。2. 400万年—250万年前，古人类在进化过程中，分成不同的几支，先进的与落后的同时并存。3. 先进的一支继续向着直立人发展，落后的类型逐渐地灭绝。
>
> 制作：瞿楷

南通高新区小学四（2）班 瞿楷

2. 交流分享。

邀请最佳"人类起源知识"卡片制作者谈自己制作的经验，其他同学谈收获。

任务二　人物生平梳理

1. 内容交流。

（1）结合自己完成的"贾兰坡生平"表，交流贾兰坡的人生经历。

示例如下：

贾兰坡生平	
时　间	事　情
1908 年 11 月 25 日	我出生在河北玉田县城北约 7 千米的小村庄——邢家坞。童年时，我经常和小伙伴洞内探险、下坑洗澡、逮鸟打架。
大约到了七八岁	我在外祖母家开始上私塾，读了《三字经》《百家姓》《千字文》《四书》《诗经》等。
13 岁那年	兵荒马乱，父亲带我们全家到北京避难。半年后，我母亲陪着祖母、姑母及妹妹一行人又返回了邢家坞。我留在北京，考上了汇文高等小学。
……	……

2. 完善梳理。

根据讨论的结果完善自己的梳理。

3. 小组评价。

四个人为一小组，再次检查所完成的"贾兰坡生平"表。

任务三　贾兰坡人生感悟名言卡交流

1. 名言分享。

以四人为一小组，根据自己完成的"贾兰坡人生感悟名言卡"，组内交流，并说明摘录的原因。

学生作品示例：

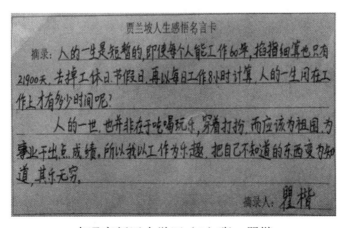

南通高新区小学四（2）班　瞿楷

2. 名言展览。

将完成的名言卡片粘贴到教室内,进行展示、交流。

读后:分享交流,写作迁移

任务一　成长的力量

1. 贡献梳理。

贾兰坡一生有哪些贡献呢?

提示:贾兰坡爷爷先后主持、参加了周口店、丁村遗址、蓝田县、柳州等考古发掘工作,发现"北京人"等头骨化石;一生共写了456篇文章,还有大小20册书;贾兰坡爷爷培养了一大批考古工作者;贾兰坡爷爷一生致力于宣传、普及古人类学知识……

2. 话题思考。

贾兰坡爷爷说:"有人说我是'土老帽'遇上了好运气,这点我承认。我是个地地道道的土老帽,没进过高等学府,也没留洋镀金。"那么,贾兰坡爷爷为什么会取得那么高的成就呢?

提示:贾兰坡爷爷之所以能取得这么高的成就,一方面与他自己的努力是分不开的,另一方面也与别人对他的帮助分不开。教师可以根据学生的交流,引导学生关注以上两个方面。

(1)自身原因探究。

贾兰坡爷爷的努力从哪里看出来的呢?每人找一处,我们来交流。

提示:贾兰坡爷爷一生勤勉,书中相关描写随处可见。在交流时,可以引导学生说一说,从哪些语言文字中看出来。

示例:**两年多来,我有了长足的进步。这一方面来自实践,一方面来自书本。我已养成习惯,不管多忙,也要看书和阅读专家写的文章,并认真做泛读笔记。正像杨钟健先生对我说的那样:"搞学问就像滚雪球,越滚越大。"我就是这么做的,所以我对它的体会最深。**

体会:我从"不管多忙,也要看书和阅读专家写的文章"这句中看出贾兰坡爷爷的努力,他没有满足做一个纯技术的工人,而是借助不断的阅读来让自己成为一个专业的技术工人。因为他做到了,所以他真正认识到这一点的价值。

(2)他人原因探究。

① 书中,不时能读到贾兰坡对生命中重要的人的感谢,哪些人给了贾兰坡帮助呢?

提示:对贾兰坡爷爷有过帮助的人很多,比如步达生、魏敦瑞、德日进、杨钟健、裴文中、翁文灏、卞美年……

② 他们分别给了贾兰坡怎样的帮助呢?从书中找找相关细节,我们来交流。

示例:**我还记得,当年德日进叫我用英文写一篇文章,我的英语基础很差,错误很多,整篇文章,他改正了三分之二,最后落名还是用我一个人的名字。我问他为什么,他笑了笑说,文章是你写的,我只不过帮你改了错句和错字,当然用你的名字。**

③ 哪些地方可以读到贾兰坡对他人帮助的感激之情呢？找一找，画下来，并在旁边写上批注。

学生作品示例：

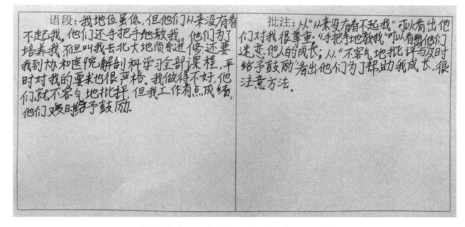

南通高新区小学四（2）班 瞿楷

任务二 自主测评

1.选择（填序号）。

（1）（单选题）下列不属于贾兰坡身份的选项是（　　）。

A. 旧石器考古学家　　　　　　　B. 古人类学家

C. 植物学家　　　　　　　　　　D. 中国科学院院士

（2）（单选题）北京人头盖骨化石是在（　　）发掘出来的。

A. 呼和浩特东郊的大窑遗址　　　B. 北京周口店

C. 万县盐井沟　　　　　　　　　D. 甘肃河西走廊

（3）（单选题）下列人物与其特点不相符的一项是（　　）。

A. 裴文中工作讲究"三勤"，即口勤、手勤、腿勤。

B. 杨钟健先生为人厚道，善于育人，一生培养了很多人才。

C. 步达生把研究工作看得很重，为了早日完成工作，常常熬夜甚至通宵工作。

D. 翁文灏给我讲地质构造和地层知识，还教我如何绘制剖面图。

（4）（单选题）作者在主持周口店的发掘工作时，为自己确立了新的目标＿＿＿＿＿＿。

A. 骨器考古　　　　　　　　　　B. 旧石器考古

C. 新石器考古　　　　　　　　　D. 陶器考古

（5）（单选题）20世纪50年代末和60年代初，贾兰坡先生和裴文中先生关于北京人是否为最原始的人的争鸣，产生了什么影响呢？下列说法中错误的一项是（　　）。

A. 这场争论长达四年之久，产生了较大的轰动。

B. 这场争鸣没有影响贾兰坡先生和裴文中先生之间的感情。

C. 这场争鸣带动和促进了古人类学的发展。

D. 这场争鸣产生了一个结论，促进了古人类学的发展。

（6）（单选题）1939 年的春天，贾兰坡被派往协和医学院学习＿＿＿＿＿、神经学等课程，这段时间系统的学习加之自身的努力，让他有了如虎添翼之感。

A. 病理学　　　　　　　　　　B. 人体运动学

C. 人体骨骼学　　　　　　　　D. 人体解剖学

（7）（单选题）＿＿＿＿＿＿发掘是中华人民共和国成立以后，除了周口店以外的首次大规模发掘。

A. 西侯度文化遗址　　　　　　B. 马厂文化遗址

C. 丁村遗址　　　　　　　　　D. 许家窑旧石器时代遗址

（8）（多选题）21 世纪古人类学者的三大课题分别为（　　　　　　）。

A. 人类起源的时间　　　　　　B. 生物进化论

C. 人类起源的地点　　　　　　D. 人类在演化过程中先进与落后的重叠现象

2. 排序。

地球的形成已有 45 亿—50 亿年了。根据地史学的研究和国际上的统一规定，整个地球的历史分为五个大的阶段。以下各阶段，请按照时间顺序先后顺序排序。

古生代、中生代、太古代、元古代、新生代

＿＿＿＿＿＿→＿＿＿＿＿＿→＿＿＿＿＿＿→＿＿＿＿＿＿→＿＿＿＿＿＿

3. 问答。

（1）贾兰坡爷爷做出了哪些贡献？他为什么能成功？

（2）北京人化石是国宝，也是属于世界的、全人类的，有很重要的科学价值。自从它失踪之后，考古者一直没有放弃"世纪末大寻找"。读了这本书，你对北京人化石的去向有怎样的推测呢？想一想，也可以和老师、家长、同学讨论讨论。

4. 习作。

生活中，也曾有很多人给予我们帮助，我们也像作者那样来记录我们生命中的重要他人。请选择其中最重要的一位，写一写他（她）是如何帮助你的，将事情的过程写下来。

任务三　拓展延伸

1. 视频学习。

观看《人类溯源》（*First Man*），了解人类起源的知识，从而更好地理解整本书。

《人类溯源》（*First Man*），由中央电视台纪录频道与法国 M6 电视台、德国 ZDF 电视台以及加拿大探索频道联合制作，依托最新的类人猿动物行为学研究，追寻人类与类人猿，例如红毛猩猩、长臂猿、大猩猩以及黑猩猩之间具有诸多相同之处的奥秘，采用最新的尖端影像技术（面部替换、变形以及动作捕捉技术），运用情景再现的方式呈现人类起源的场景。

2. 我当主播。

学生自主选择自己最受感动的一个故事，制作成朗读音频，上传到家长群，互相分享。

（编写人：瞿卫华；指导者：瞿德泉、王爱华）

第八单元 讲讲民间故事

单元导读
美好的期盼

　　民间故事是一个民族共同的文化记忆，是劳动人民集体智慧的结晶。虽然不同民族的民间故事，承载着不同地域的历史文化、风俗习惯、道德情感和价值追求，但它们都体现了人们对美好生活的期盼。本单元"快乐读书吧"安排的是中国民间故事《田螺姑娘》、欧洲民间故事《聪明的牧羊人》和非洲民间故事《老人的智慧》。阅读这一组来自世界各地的民间故事，去感受书中那些贴近生活的内容、传承久远的经典、充满幻想的色彩、口耳相传的形式，以及寄托的美好愿望，给孩子幼小的心田烙上深深的民族印记，同时也是对本单元读民间故事、讲民间故事、创造性复述故事等语文要素的深化与拓展。

　　这三本书的民间故事，有反映百姓勤劳善良、爱憎分明、不畏强暴、追求幸福的传奇故事；有描写山川草木、名胜古迹、风物景观、文化起源的神秘故事；有以动物为主角，擅长魔法，战胜困难，和谐共生的滑稽故事……这些故事都从现实生活出发，借助丰富的想象讲述生动的情节，运用朴素的语言塑造鲜明的人物，通过巧妙的安排营造圆满的结局。一个个生动而浪漫的民间故事，犹如一串串跳动的音符，可以拓宽视野、启迪智慧、传承文化，丰富孩子们的精神生活。

阅读这些民间故事，首先要注意激发阅读兴趣。可借助于故事讲述、动画演示、影视欣赏、趣味竞答等形式，感受民间故事的神奇，让孩子置身其中。其次，要注意掌握阅读方法。结合设计阅读方案、制作思维导图、填写表格、撰写体会、编制小报等形式，梳理故事情节，感受人物形象，品味朴实语言，掌握故事特点。在此基础上练习讲故事。从概括故事内容入手，了解故事结构，学会复述故事。最后，要注意尝试改编故事。既可以在讲述时变换故事的顺序，结合自己的理解增加合理的情节，也可以和同伴相约，对民间故事中的精彩内容进行改编，使之成为可以排练的剧本，将民间故事表演出来，从而让这种文学形式代代相传。

《中国民间故事》阅读教学设计
与实践

教学解读

　　《中国民间故事》是曹文轩和陈先云主编的一部经典民间故事大全。它是我国古代劳动人民创作并传播的口头文学作品，是前人留给我们的智慧结晶。

　　《中国民间故事》凝结了中华民族优秀文化的精神基因，积淀了中华民族共同的价值追求，契合了孩童与生俱来的旺盛的想象力和感受力。徜徉书中，不仅能领略到动人的情节，还能认识许多精彩的人物，如机智的徐文长和解缙、聪慧的采桑娘和巧媳妇、孝顺的舜和董永等。

　　阅读《中国民间故事》是继承和弘扬优秀传统文化的有效途径。中国民间故事具有幻想性、类型化、口语讲述性、主题朴素性等文体特征。阅读它们，我们可以领略故事的神奇想象，感受鲜明的人物形象和精神意义，同时能体会口语的讲述性。

阅读目标

　　1. 自主阅读这本书，了解《中国民间故事》的主要内容，产生阅读民间故事的兴趣。

　　2. 通过对比阅读、故事讲述等观察民间故事情节模式化的特征，掌握阅读民间故事的方法，感受故事中朴素的价值观。

活动安排

阅读阶段	阅读过程	阅读时间	活动内容
读　前	导读定位	30分钟	1. 观看动画片段，竞猜抢答，激发阅读兴趣。 2. 根据阅读需求、喜好选择合适的版本。 3. 阅读目录、阅读指导，把握全书内容，对书中的民间故事进行分类。 4. 探究阅读民间故事的方法，关注语言表达的特点。
读　中	阅读探究	1周	1. 制订阅读计划表，并按计划自主阅读。 2. 选择合适的阅读方法进行分类探究，完成阅读记录卡。 3. 自主探究阅读思考角度，将自己的阅读思路用表格或思维导图展现出来。 4. 挑选阅读过程中印象深刻的知识点，出赛题。 5. 勾画批注书中精彩的语言

续表

阅读阶段	阅读过程	阅读时间	活动内容
读　中	推进活动	2周	1. 小组知识竞赛，分享阅读的快乐。 2. 借助阅读记录卡，回顾故事人物，复述故事情节，体会故事表达的主题。 3. 了解民间故事特点，感受朴素的价值观。
读　后	分享交流 延伸活动	40分钟	1. 制订体验活动菜单，设计体验活动流程。 2. 根据菜单交流展示阅读成果。 3. 从阅读方法、探究过程、个人感受等不同角度总结收获。 4. 推荐阅读《欧洲民间故事精选》《非洲民间故事精选》。

读前：导读定位

任务一　趣味初见，兴趣唤醒激情

1. 观动画，猜故事。

播放动画片《田螺姑娘》《鲁班学艺》《刘三姐》《望娘滩》，猜故事名。

2. 看图片，猜人物。

出示书第31页《巧媳妇》，第90页《米芾画月》，第171页《长发妹》。

3. 听故事，猜结果。

听老师讲故事《三兄弟牵金牛》，猜故事结果。

4. 读封面，猜内容。

出示《田螺姑娘》，猜内容；介绍主编曹文轩、陈先云；了解民间故事特点。

任务二　制订计划，文本点燃激情

1. 浏览目录，初步了解整本书的内容。

读读目录，说说自己的发现。

提示：《中国民间故事》是我国劳动人民智慧的结晶，很多经典作品口耳相传至今，仍保持着强大的生命力和感染力。

2. 结合目录，给书中的民间故事分类。

中国民间故事像中国历史一样源远流长，与中国文化一样绚丽多彩。它是广大劳动人民智慧的结晶，承载着人们对真善美的梦想。本书中的民间故事包含教益传说，如《巧媳妇》《三兄弟牵金牛》《金雀和树仙》等；有历史人物的传奇故事，如《清不过包公》《米芾画月》《徐文长难倒窦太师》等；有神仙鬼怪、历史名人的神话传说，如《白娘子》《刘三姐》《八仙过海各显神通》等；有山川风物传说，如《湘妃竹》《武夷山和阿里山的传说》《关于生肖的传说》等。

3. 抢读尝鲜，列出问题清单逐个解决。

学起于思，思源于疑。学贵有疑，小疑则小进，大疑则大进。我们可在书旁记录下自己的疑问，列出问题清单再逐个解决。

我的问题清单

我的疑问	出处页码	解决方法	寻求到的答案

4. 范例引路，对全书阅读做简单规划。

翻一翻目录，预估自己阅读每一个故事所需的时间，制订一份阅读计划表。

出示"阅读计划表"示例，思考：你看懂了什么？自己的阅读计划又该怎样做呢？与同桌交流。

阅读计划表

阅读书目	《中国民间故事》	
阅读时限	月　　日—　　月　　日（共　　天）	
阅读时间	阅读章节（页码）	完成任务的满意度自评
第一天		☆☆☆☆☆
第二天		☆☆☆☆☆
第三天		☆☆☆☆☆
……		☆☆☆☆☆

任务三　头脑风暴，思维碰撞激情

1. 画思维导图，列举阅读时做什么、怎么做。

2. 巧组织分享，甄选探究的重要话题和方法。

（1）不同的民间故事在内容上有哪些共同点和不同点？（对比阅读探究）

民间故事类型	相同点	不同点
教益传说		
历史人物的传奇故事		
神仙鬼怪、历史名人的神话传说		
山川风物传说		

（2）不同种类的民间故事中一般会有哪几类人物？（对比阅读探究）

民间故事类型	人物类型
教益传说	
历史人物的传奇故事	
神仙鬼怪、历史名人的神话传说	
山川风物传说	

（3）民间故事中人物的经历、结局说明了什么？（案例分析）

民间故事	故事结局	启示

（4）像过去的人们一样围坐在一起讲民间故事，听民间故事，会有怎样的感觉？（实践体验）

读中：阅读探究

任务一　故事哲理品一品

1. 了解故事情节。

读第一组故事，想一想下面的这些人物有怎样的性格特点，结局又如何呢，根据自己的判断连一连。

勒若	聪明伶俐	树仙给了他们一个吐马蜂的泥人
王玉峰夫妻	自私贪婪	拿回壮锦，过上了幸福的生活
都林	孝顺勇敢	用自己的智慧化解了知府的习难
巧姑	勤劳——懒惰——勤劳	和百合花里的姑娘甜蜜地生活在一起

2. 品味故事哲理。

读本组故事，你会发现它们有一个共同的特点，那就是都寄托着人们朴素而美好的愿望，勤劳善良的穷苦人会过上幸福的生活，自私贪婪最终会一无所获。如《田螺姑娘》中的年轻人因为勤劳和田螺姑娘幸福地生活在了一起，《三兄弟牵金牛》中的三兄弟因为齐心协力牵到了金牛，最终又因各怀心思散失了金牛。

任务二　故事人物议一议

1. 议议人物特点。

读第二组故事，这些故事也许不是真实发生的，而是人们有意把很多美好的品质集中在故事主人公的身上，口口相传形成的，但都寄托了人们对这些历史人物的喜爱。

这些历史人物，他们有不同的性格特点和品质，认真读故事，填写下表。

人　　物	特点（品质）
鲁班	勤奋上进
王羲之	
陶渊明	
……	

2. 丰满人物形象。

阅读本组文章，你对其中的哪个人物感兴趣，通过这个故事了解到了他的什么特点，可以再去搜集一些关于他的故事，将你搜集到的故事题目写下来，想一想所反映的人物品质。

海安市城东镇西场小学五（2）班 邱俊杰

任务三 故事情节理一理

1. 了解故事情节。

阅读第三组民间故事，可以试着运用一些方法提高自己的阅读速度。有的故事结构相似，内容回环往复，如《龙牙颗颗钉满天》，了解了这一点，就可以读得更快；有的故事可以通过抓关键词来提高阅读速度，如《八仙过海各显神通》，抓住体现八仙过海的关键词句，就能迅速了解故事内容。

阅读的过程中要记下自己的阅读时间和阅读收获，不要只求速度，要能大致了解故事的主要内容。

篇 目	阅读时间（分钟）	阅读收获
《白娘子》		
《刘三姐》		
《梁山伯与祝英台》		
《孟姜女》		
《八仙过海各显神通》		
《龙牙颗颗钉满天》		
《幸福鸟》		
《长发妹》		

2. 绘制情节导图。

出示《牛郎织女》《白娘子》《梁山伯与祝英台》《孟姜女》篇目，它们并称为中国四大民间故事，《刘三姐》《长发妹》也是民间故事中的经典作品，为人们所熟知。这些民间故事情节曲折离奇，扣人心弦，十分吸引人。选择你最感兴趣的一则故事，绘制情节导图或情节连环画，在此基础上练习缩写故事。

情节导图示例：

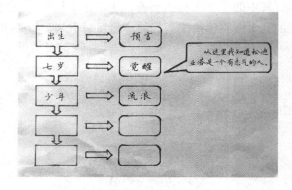

任务四　故事内容赛一赛

1. 小组知识竞赛。

油桐树和木棉树、湘妃竹、黑龙江、望娘滩……这些大自然的山川草木在民间故事里披上了神秘的外衣，具有了迷人的传奇色彩，寄托着人们的美好想象。阅读第四组故事，你会了解到很多地方的风物人情。

根据故事内容，制作赛题，可以分成两个或三个难度等级，列出考题单：

难度分级	题型	题目	答案
★	判断或图示		
★★	选　择		
★★★	简　答		

操作提示：

① 四人小组两两对决，获胜者再两两对决，产生小组擂台赛冠军。

② 小组内轮换考题单，交流擂台赛中未能答出的题目。

2. 制作故事汇编。

你的家乡有哪些关于风物人情的故事？你可以去问问身边的老人，听他们讲一讲，并尝试着记录下来，做一个小小的民间故事整理者。

民间故事整理记录卡	
故事题目	
讲述人	
故事内容	

大家可以把搜集整理的民间故事汇编起来，做一本家乡的民间故事集。

任务五　"神奇元素"品一品

1. 以《田螺姑娘》为例，探寻民间故事的"神奇元素"。

寻民间故事的"神奇元素"	
神奇人物	
神奇宝物	
神奇法术	
神奇"三段式"	

2. 在此基础上阅读其他故事，并完成阅读单。

	神奇人物	神奇宝物	神奇法术	神奇"三段式"
《启明星》				
《金斧头、银斧头和铁斧头》				
《范丹问佛》				

3. 借助"神奇元素"，弘扬真善美。
4. 中外民间故事比较"神奇"。

阅读《格林童话》中的《白雪公主》，找一找这个故事中的"神奇元素"。

总结：不管是中国的民间故事，还是西方的民间故事，字里行间都洋溢着古代劳动人民的智慧和想象力。它们借助各种"神奇元素"，弘扬真善美。它们宛若清泉流入我们的心田，滋润着我们的精神世界。作为新时代的我们，要将这种真善美传承下去。

读后：分享交流

任务一 晒一晒

1. 分享阅读成果读书卡。

有些民间故事比较难懂或篇幅较长，我们可以为这些民间故事绘制读书卡，同学们根据卡片上的提示，复述故事的主要内容，说说这个故事反映了人们怎样的一种文化观念。读书卡可以用表格的形式梳理故事的起因、经过、结果，还可以画一个情节推进图，也可以按照时间顺序写出主人公的行动轨迹。

海安市城东镇西场小学五（4）班 王笑笑

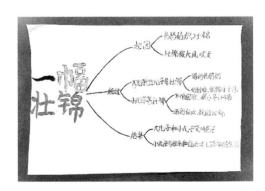

海安市城东镇西场小学五（2）班 马萌萌

2. 阅读记录晒一晒。

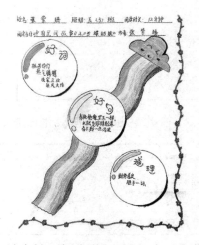

海安市城东镇西场小学五（4）班　殷章乐　　海安市城东镇西场小学五（3）班　张紫嫣

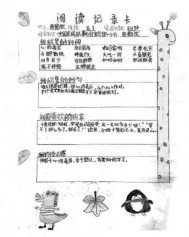

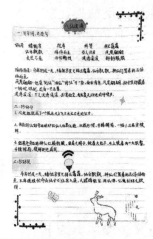

海安市城东镇西场小学五（3）班　陈颢然　　海安市城东镇西场小学五（1）班　崔文燕

3. 感兴趣的民间故事连环画晒一晒。

《牛郎织女》
海安市城东镇西场小学五（4）班　王嘉轩

《田螺姑娘》
海安市城东镇西场小学五（1）班　储心茹

《孟姜女》
海安市城东镇西场小学五（4）班　吴迪

任务二　赛一赛

1. 搜集制订阅读内容竞赛题。

海安市城东镇西场小学五（3）班　黄诗雨

2. 组织抢答赛一赛（一站到底）。

任务三　演一演

1. 举办班级故事会。

喜欢同一本书的同学一组，每组选一位代表讲故事。讲故事的时候可以加上自己的想象和创造，可以用故事里人物的口吻，可以在原来故事里简略的地方"添油加醋"，还可以续编故事，让故事变得更生动、鲜活。

2. 编排表演课本剧。

同学们自由组合，选择最喜爱的一个故事，创编课本剧。同学们要先对选择的故事达成一致的意见，再进行改编和创作；然后分配角色，准备好道具；最后要多排练，排练的时候可以多方寻求参考意见。

任务四 延一延

1. 举办读书研讨会。

民间故事背后往往是一个地区人们最根深蒂固的传统观念。我们可选择相关作品进行比较阅读，说说不同地区的故事的相同点是什么，为什么会有这些共性；不同点又是什么，这背后会有什么原因。也可以查找资料，看看哪些民间故事流传得最广，被改编成其他形式的作品的次数最多，说说你最喜欢哪一次的改编，理由是什么。

2. 阅读国外民间故事，比较不同国家民间故事的异同。

要求：①对于自己感受最深的地方，做上标记，多读几遍。②选择一个自己最喜欢或印象最深的故事，简要复述它的主要内容。

3. 小组合作，完成阅读单。

故　事	类　型	时　间	结　尾	情节数	主　题

4. 议一议（先独自完成，再在小组内交流）。

（1）中外民间故事的作者都出自社会最底层，你能在故事中找到依据吗？

（2）你读故事时的感受是什么？哪些语句让你感受最深？找出来互相读给同桌听听。

5. 比一比。

两张阅读单做对比，试着找出它们之间的共同点与不同点。

相同点：①时代久远；②口头形式传播；③情节夸张、反复，情节数字"3"；④采用象征形式，寄托人们美好愿望。

不同点：①自然环境不同、社会环境不同导致文化、风俗等方面的不同；②中国民间故事更多的是反映劳动人民，国外民间故事阶级性更加明显；③国外民间故事的幻想更加离奇、夸张。

6. 阅读延伸拓展

（1）把你喜欢的一个故事，分享给自己的亲友。

（2）阅读整本书《中国民间故事》《欧洲民间故事精选》《非洲民间故事精选》。

（编写人：袁亚琴；指导者：徐瑞斌、王爱华）

《聪明的牧羊人——欧洲民间故事精选》阅读教学设计与实践

教学解读

  《聪明的牧羊人——欧洲民间故事精选》(简称《欧洲民间故事精选》)是一本从流传在欧洲的民间故事中精选汇编而成的故事集。这些故事语言浅显,通俗易懂。情节生动有趣,人物个性鲜明,充满幻想及夸张意味,具有欧洲文化的特点。故事多以美满结束,表达人们的美好愿望,反映了欧洲人民对勤劳、善良、勇敢、智慧等美好品质的崇尚和追求。

  故事的开头一般以"从前""很久以前"开始,这种以模糊的时间和地点开头,会一下把我们拉到遥远的时空中去,神秘的基调激发了我们继续阅读的欲望;此外,故事中都有精灵、仙人等奇幻的角色,更加容易唤起我们的好奇心和阅读兴趣,读来往往会欲罢不能。

  在读这本民间故事集时,可以运用多种主动性阅读策略,如预测、复述、表演等参与到阅读过程中去,感受民间故事的特点,积累鲜活的语言,发现故事中的善恶对立和圆满结局,感受美好情感,受到美的熏陶。

阅读目标

  1. 运用预测、讲述、表演等多种阅读策略参与到阅读过程中去,体会到阅读的趣味。

  2. 感受民间故事语言通俗易懂、情节夸张、个性鲜明、想象丰富等基本特点。

  3. 通过比较阅读、故事讲述等,感受民间故事的善恶对立、圆满结局的特征,了解劳动人民对美好生活的追求。

活动安排

阅读阶段	阅读过程	阅读时间	活动内容
读　前	导读活动	30 分钟	1. 阅读封面,知道书名由来。 2. 阅读目录,把握全书内容与结构。 3. 阅读导读页,了解推荐的阅读方法。 4. 学会画故事情节图、画图画书的方法。

续表

阅读阶段	阅读过程	阅读时间	活动内容
读 中	自主阅读	2 周	1. 制订阅读计划表，并按计划自主阅读。 2. 在阅读过程中做到边读边画情节图。 3. 在阅读中有意识地圈画，探究民间故事里的秘密。 4. 小组合作，创编我的故事图画书。 5. 小组合作，将感兴趣的故事改编成剧本，并排练。 6. 小组合作，查找资料读诗歌。
读 后	分享交流 延伸活动	2 周	1. 小小故事会，大家都来讲。 2. 精彩小剧场，一起走上台。 3. 共读小故事，秘密来揭示。 4. 一起来创作，共赏图画书。

读前：导读活动

任务一 聊故事，荐新书

1. 聊故事，激兴趣。

同学们，最近我们学了一组民间故事，你还知道哪些民间故事？

无论是中国的民间故事，还是其他国家和地区的民间故事，都饱含着人们对美好生活的期盼。你讲，我听；我讲，你听，这些故事就这样口耳相传，直到今天还在深深地吸引我们。今天，我们要一起读一本《聪明的牧羊人——欧洲民间故事精选》，这是流传在欧洲的民间故事汇编而成的，它分为上、下两本。《聪明的牧羊人》是其中的一个故事。

2. 读目录 说发现。

一本书的目录就是一本书内容的纲要，读一读这套书的目录，说说你有什么发现。

提示：这套书是由一个个独立的故事组成的。这套书分为五个部分。很多以故事的主人公为题，如《火炉里的罗西娜》《长金角的小牛》《卷毛角吕盖》《使公主发笑的长条子汤姆》；第四板块都是关于动物的民间故事。第一至第四部分都是民间故事，第五部分是诗歌。

任务二 读指导，学方法

1. 阅读指导，了解读法。

（1）我们已经读了《中国民间故事》，你都有哪些好的阅读方法？这两本书又在导读部分给我们作了什么提示？自由读一读导读部分（第 1、100、221、314、403 页），你都了解了阅读这套书的哪些方法？

（2）交流。

① 针对篇幅长的故事，可以做故事情节图。

② 自由组成小组，把故事改成课本剧，演一演。

③ 边读边找一找故事内部重复的情节，再对比读一读哪些故事的结局是相似的。

④ 选择喜欢的动物故事，简要地讲给大家听；史诗中不容易懂的地方，可以查阅资料，读懂诗歌。

（3）小结：编者为我们提供的这些阅读方法可以帮助我们更好地阅读这套书。

2. 共读故事，学画情节图。

（1）通过读《中国民间故事》，和刚才我们了解的阅读方法，我们知道了阅读内容较长的故事可以借助故事情节图来梳理故事（出示第1页的故事情节图），这个情节图来自第二个故事《火炉里的罗西娜》。

（2）自读《火炉里的罗西娜》，在故事中圈圈情节图的内容。

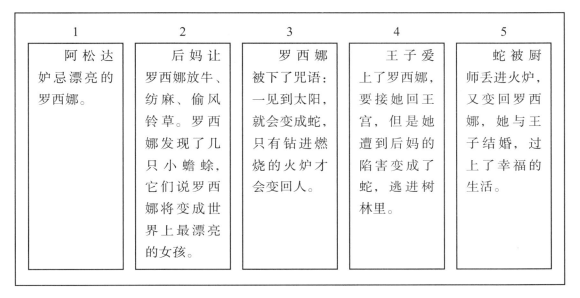

（3）交流故事情节图的画法：将故事分为几个部分，将主要情节概括后画成情节图。

（4）除了将主要情节概括画情节图，有没有其他画故事情节图的方法呢？和同桌讨论。

① 将故事的起因、经过、结果找出来，可以帮助我们画好故事情节图。

② 民间故事一般都有主要角色，故事往往围绕主要角色展开。找出故事中的主要角色，用关键词表示角色之间的关系。这个故事中罗西娜是中心人物，通过一些词表示人物之间的关系，梳理故事情节。

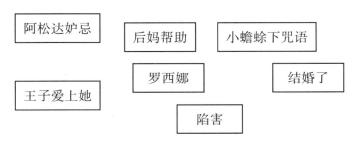

③ 还有列表格式、画思维导图表示人物之间的关系，用画山形图、鱼骨图、人物行动轨迹图等方法理清故事情节。

（5）我们用上刚才交流的方法来画一画《聪明的牧羊人》的故事情节图。

（6）学生自读，画情节图。

（7）交流，修改。

示例1：

1	2	3	4	5
牧羊人把农夫鸡蛋打碎，受到诅咒，让他永远长不大，除非找到三个会唱歌的苹果里的美女巴尔加利娜。	牧羊人在寻找美女巴尔加利娜的路上得到石头、象牙梳子和雾这三样东西。	牧羊人拿到了鸟笼，又用石头、象牙梳子和雾这三样东西变出的山和大雾挡住了追赶的人，在切其中一个苹果时，美女巴尔加利娜从中变出来了。	牧羊人去给美女巴尔加利娜找米糕，女仆妒忌美女巴尔加利娜的美丽，将放在井盖上的美女巴尔加利娜扔进了井里。	牧羊人的妈妈吃鱼后把刺扔到窗外，长出一棵树，牧羊人把树劈成柴带回家，有一天巴尔加利娜从柴堆里走出来，他们结了婚。

示例2：

遇到核桃壳里的美人 ——▶ 遇到鸡蛋壳里的美人 ——▶ 遇到往袋子里装雾的人 ——▶ 遇到老太婆派兵追

↓ ↓ ↓ ↓

获得石头后变成大山　　　获得梳子后变成大山　　　获得雾气后使天变暗　　　获得苹果，变成姑娘

江苏省南通师范学校第二附属小学五（1）班
王誉燃

江苏省南通师范学校第二附属小学五（1）班
邬澄锐

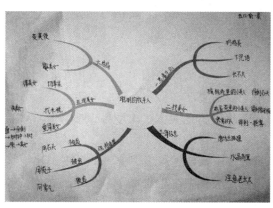
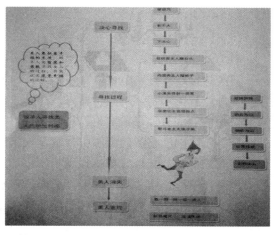

江苏省南通师范学校第二附属小学五（1）班　　江苏省南通师范学校第二附属小学五（1）班
喻一晨　　　　　　　　　　　　徐力行

（8）画故事情节图不仅可以帮助我们读好长故事，还能帮助我们借助故事情节图讲好这个故事。同桌两位同学借助故事情节图接力将故事讲完整。

3．共读故事，学画图画书。

（1）如何把这些故事变成图画书呢？图画书是以连续的图画叙述故事，并配以较为简洁的文字。

（2）小组讨论《聪明的牧羊人》可以选取哪些情节，你打算画哪些内容？

小组汇报，示例：

图1：放羊路上，牧羊人把农妇头上的鸡蛋砸碎，被咒："希望你永远长不大，除非你能找到三个会唱歌的苹果里的美女巴尔加利娜。"

图2：牧羊人来到一座小桥上，正在核桃里荡秋千的美女给了牧羊人一块石头。

图3：牧羊人来到另一座桥上，遇到鸡蛋壳里的美女给了牧羊人一把象牙梳子。

图4：牧羊人来到一条水流湍急的小溪边，一个往袋子装雾的人送牧羊人一袋雾气。

图5：牧羊人来到一间磨坊里，磨坊主人狐狸告诉牧羊人："走进一家门开着的屋子，可以拿到带着许多小铃铛的水晶鸟笼，里面有许多会唱歌的苹果，但得提防一个睁眼在睡觉，闭眼醒着的老太太。"

图6：牧羊人帮老太太捉虱子，趁老太太眼睛睁着的时候拿走了鸟笼。

图7：老太太派出一百匹马追牧羊人，牧羊人抛出石头，变出满是岩石和沟壑的大山，挡住追兵。

图8：老太太派出两百匹马追牧羊人，牧羊人抛出梳子，变出光滑的大山，挡住追兵。

图9：老太太派出三百匹马追牧羊人，牧羊人放出雾，让追兵迷了路。

图10：战胜追兵的牧羊人很渴，拿出了鸟笼里的苹果来吃，吃到了娇小玲珑的美女巴尔加利娜。

图11：牧羊人把美女巴尔加利娜放在井盖上，被来打水的女仆扔到井里去了。

图12：牧羊人的妈妈来打水，发现了一条鱼，带回家。

图13：吃剩的鱼骨长成一棵树。

图 14：牧羊人砍树劈柴。

图 15：躲在门后的牧羊人发现美女巴尔加利娜从柴堆里走出来，帮他做家务。

图 16：牧羊人和美女巴尔加利娜一起长大，幸福地生活在一起。

（3）讨论：哪些情节可以省掉，为什么？

示例：牧羊人和妈妈的对话省掉，开头已经交待过长不大的原因了；美女巴尔加利娜说自己变化的原因省掉，前面也已经讲到过，再画出来就重复了。

（4）刚才同学交流的图画中，牧羊人来到了四个地方，老太太三次派兵，都是情节中重复出现稍加变化的，可以概括地画吗？

示例：不能，这些都能表现牧羊人的聪明、勇敢，应该要重点表现。

（5）小结：构思"连环画"画面要聚焦在故事的主要情节上，选取情节中最具有代表性的画面进行定格；连环画的配文虽然简洁，但它也应注意语句之间要做到"前后连贯"。

（6）引导学生思考：在不影响故事完整性的情况下，将长故事缩减成为短故事，我们删减了什么？

示例：

① 删减了次要人物、次要情节。

② 删减了较为细腻的描写，比如一些对人物语言、心理的描写。

（7）同学们选择自己喜欢的故事绘成连环画，可以独立完成，也可以小组合作。班级创作简缩版的《欧洲民间故事集》。

任务三　学范例，订计划

1. 欣赏计划，规划阅读。

（1）这套书非常有意思，共有 59 个故事，还有一首诗歌，你准备多久读完？

（2）欣赏创意阅读计划表。

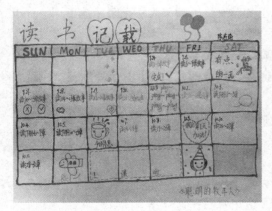

江苏省南通师范学校第二附属小学五（1）班　　江苏省南通师范学校第二附属小学五（1）班
　　　　　　陈若瑜　　　　　　　　　　　　　　　　　王褚楚

2. 制订计划，多样呈现。

（1）请翻一翻目录，预估自己阅读每一章所需的时间，制订一份阅读计划表。可以按书上的章节顺序，也可以根据自己的阅读喜好来重新排序。

（2）出示阅读计划表示例，思考：你看懂了什么？自己的阅读计划又该怎样做呢？与同桌交流。

阅读书目	《聪明的牧羊人》	
阅读时限	月　　日—　　月　　日（共　　天）	
阅读时间	阅读章节（页码）	完成任务的满意度自评
第一天		☆☆☆
第二天		☆☆☆
第三天		☆☆☆
……		☆☆☆

交流点拨：制订阅读计划不仅要考虑页码，也要考虑章节，每天尽量阅读到一章节结束的地方。每天要对自己的阅读情况进行反馈，以保证自己的阅读进度和阅读质量。

读中：自主阅读推进活动（分散开展）

任务一：读故事，画画情节（挑战难度：★★★）

学生自主阅读，通过不同方式画一画故事情节图。

任务二：读故事，探究秘密（挑战难度：★★★）

"欧洲民间故事里的秘密"阅读探究单			
我的探究主题：＿＿＿＿＿＿＿＿＿＿＿	阅读者：＿＿＿＿＿＿＿		
题　目	《　　　　　》	《　　　　　》	《　　　　　》
我的结论：			
可以从以下等方面选择一个主题进行探究式阅读，可自己设计表格。 (1)"生活智慧""寻找幸福""公主主题""动物主题""灰姑娘主题""神奇宝物主题""欧洲色彩"等； (2)"语言特点""一个故事的内部情节""几个故事情节比较""不同故事结局比较"。			

任务三：读故事，创编图画书（挑战难度：★★★★）
任务四：读故事，创编课本剧（挑战难度：★★★★★）

自由组成小组，把故事改成课本剧，并小组排练。

任务五：查资料，读诗歌（挑战难度：★★★★★）

查找资料，和同学交流，读一读《尼伯龙根之歌》，感兴趣的还可以找来整本书读一读。

读后：分享交流延伸活动（分散开展）

任务一　小小故事会，大家都来讲

1. 主题故事会。

学生根据不同主题，进行自由组合，学生在小组内轮流讲故事，并试着用上讲《中国民间故事》的方法为自己的讲述增色。组长带领组员对每个人讲故事的情况进行交流评价。

民间故事讲评表

评价标准	组员姓名	故事名称	所得星数	我的建议
1. 故事讲得清楚、完整； 2. 创造性地复述故事； 3. 适当地丰富故事细节； 4. 配上相应的动作、表情； 5. 声音富有感染力。			☆☆☆☆☆	
			☆☆☆☆☆	
			☆☆☆☆☆	
			☆☆☆☆☆	
			☆☆☆☆☆	
	提示：根据选手的表现填涂所得星数，"非常好"可以全部涂满。			

2. 每天故事会。

可以用接力报名的方式，自报自己想讲的故事。每个人的故事和前面报过的人不重复。每天课前 3 分钟，全班轮流讲故事，每个故事时间 3—5 分钟。

3. 空中故事会。

根据建议，组长带领组员互相完善讲故事的内容和方式。在家长的帮助下，讲故事，录成小视频，并为自己录制的视频配上简介。推荐"故事大王"。

附表："故事大王"自荐卡

故事名称	
故事简介	
故事插图	
故事主播	
推荐理由	
推荐指数	

任务二 精彩小剧场，一起走上台

表演小故事。

根据不同的形式和内容采用不同的评价方式，可鼓励家长、学生共同参与。

任务三 共读小故事，秘密来揭示

1. 揭秘。同学们在阅读中还进行了主题阅读，发现了民间故事里的不少秘密，我们来交流，你都发现了哪些秘密？

（1）很多故事中有重复的情节，你能说一说吗？

示例：《长金角的小牛》中姐姐问泉水一样的问题，小牛与姐姐的对话两次相同。

《有一条臭尾巴的老鼠》有一段话不断重复："哎，我的小老鼠！开始我不喜欢你，现在我需要你！"

《三头井》情节在对比中展开，科尔切斯特国王的女儿温柔善良的乔安娜，经过三头井，变得更出众，继母的女儿伊莎贝尔坏心眼儿，粗暴无礼，经过三头井，变得丑陋。

《使公主发笑的长条子汤姆》故事情节和中国的童话《拔萝卜》情节相似，人物一个个变多，《拔萝卜》讲的是人多力量大，而《使公主发笑的长条子汤姆》更多了幽默的味道。

《母马的头》中庄稼人的大女儿和后母生的二女儿对比讲述，善良的变成漂亮的，坏的变成牙齿也没有的老人。

《小红帽》中小红帽和狼外婆的对话不断重复。

《一只非常贪吃的斑猫》在十六次重复中不断增加吃过的东西，特别有意思。

《参天树》中主人公四次救姑娘，姑娘三次问龙，他的马的来历，寻马过程中，马丢了三次，不同的人相助。

《爱父亲如盐》中三个女儿与父亲的对话重复出现。

《贝琳达与丑妖怪》中两个姐姐三次偷戒指的情节重复出现。

《母马的头》中母马的头与两个女儿的对话情节相似。

《小拇指》中樵夫两次把孩子们送走。

《约翰尼·格洛克》中约翰尼三次偷袭妖魔。

提示：我发现故事在重复中发展，有的是反复，有的是增添内容，有的是对比。固定的类型和重复的段落，让我们在反复阅读中记住故事的情节，让听故事的人容易记住故事情节。民间故事就是这样口耳相传，一代代讲下去，生生不息，拥有强大的生命力。

（2）关于故事的结局的秘密，你发现了吗？

示例1：《贝琳达与丑妖怪》中善良的贝琳达解除了妖怪身上的诅咒，让他变回了年轻的国王，两个人快乐地生活在一起了，心怀怨恨的两个姐姐变成了石像。

《母马的头》中勤快的女儿变成了漂亮的小姑娘，懒惰的女儿变成了牙齿也没有的老人。

《小红帽》中樵夫把狼砍死了，救了小红帽。

《小拇指》中家人重新在一起。

《约翰尼·格洛克》中约翰尼·格洛克杀了妖魔，平了叛军，继承了王位，国泰民安。

示例2：我发现很多故事都是主人公幸福地生活在一起，正义却弱小的主人公总是能够打败强大的对手，心地善良的穷苦人最终会丰衣足食，过上幸福的生活……很多都是大团圆式的故事结局。这也是大家对美好生活的一种向往吧。

（3）动物主角。

示例：我发现很多的故事都是以动物为主角的，勇敢的母鹅，假充强大的猫王，贪得无厌的熊，狡猾的狐狸等。又比如第五部分好几个都是列那狐的故事，我觉得动物的世界和我们人类的世界一样的，也是有恶有善的。

（4）口语化的语言。

示例：民间故事很容易读懂，没有很难理解的词语，让我读起来特别亲切，很多都口语化，就好像有一个长者坐在我面前娓娓道来，给我讲故事一样，让人一读就上瘾。

（5）欧洲色彩。

示例1：我发现《欧东那格的传说》中可以看到欧洲的风景样貌。《康恩艾达》讲的是欧洲地名的来历。比如在欧洲民间故事《巨人之梯》中有这样一段环境描写："从帕萨基到柯克的路边，有一幢古老宅邸，名叫罗纳涅府。它的模样很容易辨认：林立的烟囱，带山墙的屋顶，随便你往哪里走，一定会注意到它。毛里斯·罗纳涅和妻子玛格丽特·古尔德从前住在这里，如今古老高大的烟囱上，依然刻着他们的家徽。"这段环境描写勾勒出了欧洲城堡的模样，它带着典型的欧洲色彩。

示例2：我发现欧洲民间故事中的角色类型比较简单和固定，主人公最常见的是国王、王子、公主、裁缝、士兵、巫婆、仙女。这些角色可以归为三类，国王、王子、公主是人们向往的美好生活的类型，他们往往生活得富足；裁缝和士兵则是生活在社会底层的普通劳动者的代表，他们是个人奋斗的典型，通常会取得意想不到的成功；巫婆、仙女等则是拥有超能力的人，她们常常使一些不可能的事情发生。这些角色之间的关系是社会现状的简单反映，人们的价值观、目标往往通过这样的人物来实现。

（6）读着《欧洲民间故事精选》中的故事，你想到哪些故事？

示例：《旧情忘记了》中的狐狸就像《渔夫和魔鬼》中遇到魔鬼的渔夫一样智慧，帮助了那个庄稼汉。

（7）其他发现。

示例1：好几个故事里都有神奇的魔法或宝物，帮助主人公实现自己的愿望，特别有意思。而且重复的段落，以"三"次为多，这和中国名著有相似之处，比如《三顾茅庐》《三打祝家庄》《三借芭蕉扇》等，"三"很神奇。

示例2：我把《中国民间故事》《欧洲民间故事精选》《非洲民间故事精选》读完后发现，各个民族各有自己的民族历史和民族密码。

示例3：我发现民间故事中的人物形象都很鲜明，好人总是很好，坏人总是很坏，而且让人一看就能看出来。

示例4：欧洲民间故事中有许多情节很不可思议，比如苹果里走出姑娘。比如牧羊人被诅咒永远长不大，可是三个会唱歌的苹果里的美女巴尔加利娜能帮助他变回原形。我们读后会找到一种战胜困难的力量和信念。

示例5：欧洲民间故事中也有很多韵语，这些韵语很有节奏感，读起来朗朗上口。

2. 小结：刚才同学们交流的内容中，有一些是关于民间故事内容，有一些是关于表现形式。民间故事是普通劳动者内心心愿的一种表达形式，比如美满的结局，正表现了这些普通劳动者对美好生活的向往和追求；而正是这样一些不断重复的节奏、口语化的表达等形式赋予民间故事更强的生命力，让它能不断传下去。同学们进行主题阅读、比较阅读，可以提升我们的思维与表达能力。另外，优秀的文化需要传承，愿我们大家都做好那个"讲故事的人"。

任务四 一起来创作，共赏图画书（情节图、探究单）

班级开辟出专栏展示学生图画书，并出画册。

江苏省南通师范学校第二附属小学

五（1）班 王褚楚

江苏省南通师范学校第二附属小学

五（4）班 陈羿洲

江苏省南通师范学校第二附属小学

五（4）班 顾佳鹏

江苏省南通师范学校第二附属小学

五（4）班 严梓瑄

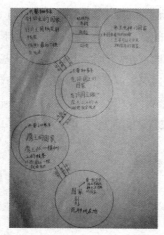

江苏省南通师范学校第二附属小学
五（1）班　濮士期

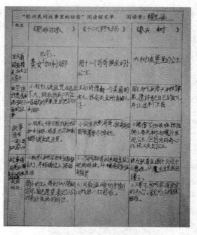

江苏省南通师范学校第二附属小学
五（2）班　缪艺涵

\multicolumn{4}{c}{**"欧洲民间故事里的秘密"阅读探究单** 阅读者：江苏省南通师范学校第二附属小学　五（1）班　陈韫贤}			

题目	《小母鹅》	《爱听吹捧的乌鸦》	《狐狸失策》
故事题材	\multicolumn{3}{c}{狡猾的狐狸形象}		
	小母鹅为了保护自己的蛋，请铁匠打造了一座铁房子，最终以勇敢和智慧战胜了一心想吃鹅肉的狐狸。	乌鸦禁不住狐狸对自己歌唱的恭维，不仅丢失了刚从农妇那里偷来的干酪，还差点性命不保。	猫伯伯和列那狐联手将大黄狗的腊肠弄到了手。列那狐自食其言，猫伯伯让它愿望落空。
文章结构	段落重复	\multicolumn{2}{c}{无段落重复}	
	狐狸想要进入小母鹅的房子，一次次地欺骗和威胁小母鹅，小母鹅凭借勇敢和智慧一次次地化险为夷。	\multicolumn{2}{c}{按照故事的起因、经过和结果进行叙述。}	
写作手法	\multicolumn{3}{c}{对比}		
	贪婪险恶的狐狸 智慧勇敢的母鹅	愚蠢虚荣的乌鸦 诡计多端的狐狸	老谋深算的猫伯伯 耍弄诡计的列那狐
语言特点	\multicolumn{3}{c}{质朴平易、形象生动、亲切感人}		
	狐狸和母鹅的对话不仅富有诗意，还可见两者之间的较量。	狐狸吹捧乌鸦的话十分精彩。	将猫伯伯、列那狐、大黄狗描写得生动形象，各具特色。
故事结局	狐狸被母鹅勒死。	狐狸吃到了干酪，没有吃到想要的乌鸦肉。	列那狐一无所得。
我的结论	\multicolumn{3}{l}{1. 不同的民间故事都寄托了人们朴素美好的愿望：狡猾贪婪者最终不会有好下场。以动物为主角，隐喻了人类的故事。 2. 语言质朴平易、形象生动、亲切感人，富有浓郁的生活气息和艺术感染力。}		

\multicolumn4{**"欧洲民间故事里的秘密"阅读探究单** 阅读者：江苏省南通师范学校第二附属小学　五（1）班　王誉燃}			

题目	《火炉里的罗西娜》	《仙女》	《母马的头》
主题相似	\multicolumn3{这三篇都是灰姑娘主题，都是"命运悲惨的姑娘因为奇遇而获得幸福"，表达的思想都是：勤劳、善良会带来好运，获得幸福。}		
语言特点鲜明	\multicolumn3{1. 语言质朴平易、形象生动、亲切感人，富有浓郁的生活气息和艺术感染力。 2. 运用了一些比喻和夸张的手法，增加了故事的艺术感染力。}		
内部结构相同	\multicolumn3{1. 这三篇都有重复的情节段落：同一件事女孩做一次，她的姐姐或者妹妹重复做一次，这样写作的目的是将人物形象进行对比，同时也是为了讲述故事时的方便记忆，更能加深听众的印象。 2. 故事都是借助魔法的神奇力量帮助主人公实现自己的愿望。}		
写作方法类似	\multicolumn3{三篇故事都运用了对比的手法，故事主人公的勤劳、善良和有爱心，与其他人的懒惰、恶毒和贪婪进行了对比，更突显了主题。}		
我的结论	\multicolumn3{1. 民间故事寄托着人们朴素的愿望：正义却弱小的主人公总是能够打败强大的对手；心地善良的穷苦人最终会丰衣足食，过上幸福的生活……很多都是大团圆式的故事结局。这是普通百姓对美好生活的一种向往，对现实生活中无法达成的愿望的一种精神补偿。 2. 故事借助魔法或宝物的神奇力量，帮助主人公实现自己的愿望。有时，故事让有灵性的动物在主人公遇到难题时，助上一臂之力。 3. 民间故事往往会设立正反角色的对比，引导人们弃恶向善。}		

（编写人：顾祝群；指导者：徐瑞斌、王爱华）

《老人的智慧——非洲民间故事精选》阅读教学设计与实践

教学解读

  《老人的智慧——非洲民间故事精选》（简称《非洲民间故事精选》）精选了34篇颇具非洲特色的民间故事，分为动物故事、非洲人们的生活、不一样的国王、非洲民间故事里的英雄四个主题单元。描写的对象包罗万象，集中反映了非洲传统思想、伦理道德、衣食住行、风俗习惯等方面的风貌，为了解非洲地区社会、历史、文化、风俗等情况提供有益资料。

  书中选取的故事大多情节简洁明了，节奏轻快，幽默感强，常常引发读者开怀大笑，但这些故事拥有共同的宗旨，即宣扬友爱、鼓励勇敢、提倡正义、反对邪恶、向往和平，非常适合儿童阅读。

  这本书的故事情节生动有趣，人物形象鲜活，语言通俗易懂，有利于在阅读中感受异域的风土人情，领悟故事所蕴含的哲理，了解人物形象的特点，体会非洲人民对美好生活的向往。

阅读目标

  1. 阅读目录和主题单元首页，自主制订阅读计划并根据要求做好记录。

  2. 运用思维导图理清结构和关系，采用批注式阅读了解非洲民间故事的特点，感受语言的生动，明白故事所蕴含的道理。

  3. 能提取主要信息，创造性地复述故事，掌握阅读民间故事的基本方法和技巧，体验整本书阅读带来的丰厚收获与快乐。

活动安排

阅读阶段	阅读过程	阅读时间	活动内容
读　前	导读活动	40分钟	1. 了解非洲，知道非洲的地理位置以及风土人情。 2. 知晓民间故事的特点。 3. 把握全书内容与结构，明白四大主题单元的主题内容。 4. 掌握粗读、细读、品读等基本阅读方法，尝试阅读部分章节。 5. 交流阅读整本书的方法，介绍不同的表格辅助计划。

续表

阅读阶段	阅读过程	阅读时间	活动内容
读 中	自主阅读	1 周	1. 制订阅读计划表，并按计划自主阅读。 2. 运用不同思维导图理清故事情节。 3. 分板块阅读，感受故事所刻画的不同人物形象。 4. 勾画批注书中精彩的语言，寻找民间故事拥有的共性。
	推进活动	2 周	1. 小组合作挑选感兴趣的故事制作思维导图。 2. 根据所记录的阅读感受，畅谈人物形象。 3. 从情节、角色、主旨、语言中选择一项展开小组究。
读 后	分享交流 延伸活动	40 分钟	1. 交流展示阅读成果（思维导图、小组研究记录单）。 2. 选取喜欢的角色进行表演。 3. 选择喜欢的故事进行创造性复述。

读前：导读活动

任务一　整书浏览，初读感知

1. 聊非洲，说印象。

（1）非洲概况。

非洲全称阿非利加洲，它在东半球最西边，亚欧大陆的西南面，是世界第二大洲。赤道横贯非洲中部，因此绝大部分地区是热带气候，非常适合动植物生长。非洲有众多大家所熟知的国家，如埃及、摩洛哥、几内亚，这片土地上的人民热情奔放，朴实纯真，他们所孕育的文化也充满质朴的生命力。

（2）非洲印象。

乌龟：乌龟温顺长寿，与和颜悦色的智慧老者有相似之处，因而成了智慧的象征。很多非洲谚语以"乌龟说"开头，乌龟的话代表智者之语。大部分非洲民间故事中也总有一只聪明的乌龟在为众生指点迷津。

非洲民间故事中往往赋予动物、岩石、水和家常用品以灵性，你知道下面事物在故事中都有什么象征意义，或者代表怎样的固定形象？

非洲鼓　　　　牛角　　　　　非洲狮　　　　　非洲象

2. 谈"故事"，明特征。

（1）百度搜索刘锡诚撰写的《漫谈非洲的民间故事》。

刘锡诚，文学评论家、民间文艺学家、文化学者、《民间文化论坛》杂志特邀主编，致力于民间文化研究。他整理撰写的《漫谈非洲的民间故事》原载于中国民间文艺研究会研究部编《民间文学参考资料》第4辑，1962年12月，详细介绍了非洲民间故事的缘起、特点以及演变等。

（2）非洲民间故事特征：口耳相传、历史悠久、源于生活、富于幻想、饱含哲思。

3. 分板块，知主题。

（1）读一读。

仔细阅读本书第1、65、124、160页的"阅读指导"，想一想本书四个主题单元分别是什么？

（2）填一填。

主题单元	主　题
主题单元一	
主题单元二	
主题单元三	
主题单元四	

任务二　走进故事，三读品悟

1. 粗读。

（1）读目录，了解所有故事。

读书要读目录，这是这本书的目录，你能从目录当中知道些什么？

请同学们看目录猜情节，看谁有当侦探的潜质。

（2）读故事，享受读书乐趣。

小组内选择一个故事5分钟内快速读完，说说这个故事主要讲了什么？

这就是粗读，帮助我们快速了解故事内容。

2. 细读。

以《桑巴·加纳》为例：

第一遍读。大声地读一读，注意读准字音，读通句子。

第二遍读。再来读读这个故事，一边读一边想象这个故事的画面，谁能把这个情景给大家读出来？其他同学闭上眼睛，想象桑巴与伊萨比尔之蛇进行决斗的精彩画面。

第三遍读。能用自己的话讲讲这个故事。

3.品读。

《桑巴·加纳》塑造了英勇善战的英雄形象，表现了热爱英雄、赞美英雄的感情。读读书中精彩的描写，又品出了非洲民间故事的哪些特色？

桑巴·加纳骑着马，一路行至法拉卡，找寻着伊萨比尔之蛇的踪迹。他越行越远，一直到了卡瑞姆，仍然没有找到。他掉头往上游的方向找，途经班巴，终于找到了那条蛇。桑巴与伊萨比尔之蛇进行决斗。他们实力相当，有时桑巴占上风，有时则是蛇占上风。他们决斗的这些年里，尼日尔河时而流向一侧，时而流向另一侧。在他们决斗时，群山塌陷，尘土飞扬，地上出现巨大的裂缝。在和伊萨比尔之蛇决斗了整整八年之后，桑巴终于赢得了最后的胜利。在这八年的决斗中，桑巴砍断了八把长矛和八十把剑，最后只剩下一把血淋淋的长矛和一把血淋淋的剑。他把沾满鲜血的长矛交给塔拉拉夫，嘱咐他说："你去找安娜莉娅，把这长矛给她，告诉她我已经征服了伊萨比尔之蛇，看看她笑了没有。"

语言特色：故事性强，情节生动；口语化，朴素明快；想象奇特丰富；常用夸张、比喻，艺术感染力强。

内容特点：故事虚构，现实性较强，往往赞美正直、勤劳、善良、智慧的人。具有神话幻想情节，充满神奇色彩。

小结：边读边品，品语言，品细节，品人物形象，收获会更多。

任务三 交流方法，拟订计划

1.交流阅读方法。

整本书阅读可以采用三步法：

（1）"连滚带爬地读"。连滚带爬有两层含义，一是读得开心，二是不必苛求字字落实，句句较真，包括浏览、快读、猜读、跳读等。

（2）"绞尽脑汁地想"。在精读的时候，要在书上画线，将重点画出来，这样重读时可以节省时间，提升阅读的效率。读到精彩的段落可以做批注进行点评和赏析，批注的内容可以是语句的写作方法、主题思想等，也可以是自己阅读后的体会和感受。

（3）"挖空心思地用"。精读后尝试着将阅读转化为自己的表达资源，不仅仅用于写作，日常说话、交际和生活中都可以有意识地、创造性地使用。

2.表格辅助计划。

表格记录也可以帮助学生完善阅读过程，提升阅读能力。同学们可以设计各种表格来记录阅读过程。

例如：在读一本新书之前，设计阅读计划表，设定整本书阅读时间与每天阅读时间，并规划每天的阅读内容，对阅读所得进行自我评价。

《非洲民间故事精选》阅读计划

本书阅读时间：＿＿月＿＿日—＿＿月＿＿日（共＿＿天）

每天阅读时间：

每天阅读内容：

自我阅读评价：☆ ☆ ☆ ☆ ☆

也可设计平时阅读的积累表格，随读随记录，一本书读下来，思考有轨迹，读书有收获。

时 间	天气	今天我读了	我喜欢的词句	我有好多想说的
星期四 ____月____日				
星期五 ____月____日				
星期六 ____月____日				

接下来的一个月，就让我们开启《老人的智慧——非洲民间故事精选》的阅读旅程吧！

读中：自主阅读推进活动

任务一　理一理情节

1. 看懂思维导图。

读民间故事，最主要的就是读情节，感受故事跌宕起伏的情节发展。可是有些故事特别长，怎么把长长的故事读明白呢？别急，画思维导图就能轻轻松松把故事读短，把情节理清。

（1）读图知内容。

这是小凡同学在读《动物的尾巴》的故事时制作的思维导图。按顺序读一读，还原这个故事。

（2）认识作用。

按故事的发展顺序，扣住主要事件，借助思维导图，梳理故事人物或情节，简单明了、一清二楚。

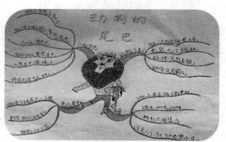

江苏省南通市启东市汇龙小学五（2）班
薛琳凡

（3）了解制作角度与形式。

再瞧这一位，张泽天同学是抓住什么要素制作的思维导图？

不难发现，她是按照人物在故事中的不同表现进行梳理表述的。

除了可以从不同的角度制作思维导图，还可以用不同的形式。刚刚大家所见的是树型思维图、有机型思维导图，咱们还可以用鱼形思维导图、线性思维导图或者图表型等。

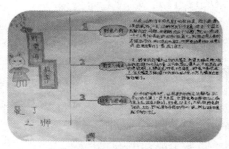

江苏省南通市启东市汇龙小学五（2）班
张泽天

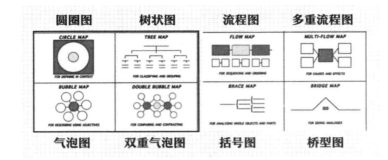

2. 自制思维导图。

小组合作：选定一个故事，边讨论、边设计，完成一张思维导图。

任务二　谈一谈角色

1. 主要角色猜猜猜。

听描述，猜猜他 / 她（它）是哪个故事中的哪个人物。

（1）她为了救出被葫芦吞噬的儿子，历经千辛万苦，在公羊的帮助下打破葫芦，救出了之前被吞噬的人类。从此四种肤色的人类诞生了。(《噬人的葫芦》——卡尔巴）

（2）他跟渔夫比赛扔斧头、跑步、钓鱼，结果都输了，于是帮助渔夫成了当地部落的长老。(《渔夫与水精灵诸诸》——水精灵诸诸）

（3）他用纯真和善良拯救了安加王国，他一踏上安加王国的土地，豆大的雨点就掉了下来，从此安加王国再也没有干旱过，成了非洲最富饶的国家之一。(《求雨》——德维）

2. 故事里的动物。

同一种动物在不同的故事中会有相同的性格特征：

① 蜘蛛

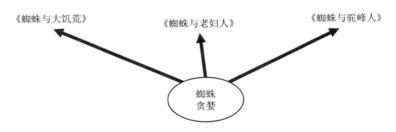

② 狮子、豺狼、大象……

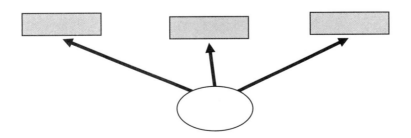

在主题单元一中，我最感兴趣的是关于_____的一组故事。我想写下我阅读之后的收获。

> (空白框)

3. 不一样的国王（比较阅读，品悟形象）。

国王是民间故事里常见的角色，在主题单元三的故事里，我们会见到不一样的国王形象。

故事名称	国王形象
《国王与灵树》	
《国王的魔鼓》	
《老人的智慧》	
《南十字星的由来》	

我喜欢_____，因为_____。

4. 英雄领奖台。

非洲的夜晚，人们围坐在篝火旁，歌唱自己的英雄，从桑巴·加纳到松迪亚塔，歌声回响在旷野，叙说着英雄的传奇人生……让我们走近英雄，感受他们非同寻常的形象。

我认识了（　　）（　　）（　　）等英雄，其中（　　）最让我佩服。我读出了他这样的特点：_____

在主题单元四中出现的英雄人物，谁能登上下面的领奖台？联系故事内容，仔细比较后，将你的名单写在领奖台上方。

任务三　找一找共性

1. 寻找研究点。

读民间故事时我们还可以关注什么？（读情节、读角色、读主旨、读语言）

2. 展开研究。

以《非洲民间故事精选》中的典型故事为例，它们在情节展开、角色设置、主旨追求、语言描写上都有什么特点？请以小组为单位，比较阅读《狮子国王与神树》《牛角与渔夫》《国王的魔鼓》《桑巴·加纳》这四个故事，选择一个研究点展开讨论，在记录单上记下你们的发现。

小组活动记录单

从情节、角色、主旨、语言中选择一项展开研究，写下你们小组的发现：

1. ＿＿＿＿＿＿＿＿＿＿＿＿＿＿＿＿＿＿＿＿＿＿＿＿＿＿
2. ＿＿＿＿＿＿＿＿＿＿＿＿＿＿＿＿＿＿＿＿＿＿＿＿＿＿
3. ＿＿＿＿＿＿＿＿＿＿＿＿＿＿＿＿＿＿＿＿＿＿＿＿＿＿

读后：分享交流延伸活动

任务一　总结收获，明确特色

1. 思维导图我来晒。

小组展示：选派组员一边展示一边介绍。

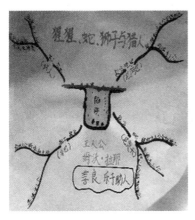

江苏省南通市启东市汇龙小学五（2）班　　　　江苏省南通市启东市汇龙小学五（2）班
黄楠　　　　　　　　　　　　　茅馨元

思维导图简单清晰地帮我们理清了情节和人物关系，阅读民间故事时我们可以请它来帮忙。

2. 故事共性我总结。

（1）情节离奇有趣。

民间故事有奇幻神化的色彩，多么神奇。小组里配合练一练，用你们的朗读展现情节的神奇。

①　乌龟有了足够全家人填饱肚子的糊糊树，又恢复了之前神气十足的样子。他指挥妻子带上十个葫芦跟他走。妻子跟着乌龟走到糊糊树跟前，几乎不敢相信自己的眼睛。她用五个葫芦接满了树上流下来的白色山药糊，又用五个葫芦接满了树上流下来的香浓的汤。

②　这时，猫和狗开始争论谁的尾巴更漂亮。他们越吵越凶，竟然动起手来。最后，狗

抓住猫，咬下了猫尾巴最后面的一小截。猫痛得一溜烟似的跑到了树上。狗不会爬树，只能围着树打转。野兔赶紧抓住地上的那一小截猫尾巴，安在了自己身上。

从那天起，猫和狗就水火不容，野兔的尾巴也只有那么短一截。

（2）角色正反两派。

读完故事，故事中的人物已经活在了我们心里，每个故事里一定有你喜欢或不喜欢的角色。能不能不要这些可恶的反派角色？

社会是多元的，善恶美丑都是一种真实的存在。有了反派人物的对比烘托，才更能表现正派角色的善良与美好。

江苏省南通市启东市汇龙小学五（2）班　陆玥帆、黄泽慧、吴书瑶

比较着阅读，居然有了这么多精彩的发现。

（3）主旨积极向上。

聚焦故事的主旨，研究小组分享发现。

江苏省南通市启东市汇龙小学五（2）班　张天威、樊恒希、丁林茜

人们为什么要编这样的故事？（这些故事反映了非洲人民的价值追求，他们向来勤劳善良，向往忠诚和平，渴望惩恶扬善。人们借这些民间故事，教育影响了一代又一代。）

（4）语言浅显易懂。

故事的语言都有什么特点？语言浅显直白但也不失优美。

小结：读民间故事，就要这样读情节、读角色、读主旨、读语言。我们可以借助思维导图理清情节，可以借助比较图表审视故事角色，更可以带着自己的思考去发现每个故事的主旨价值。

2. 有趣角色我来演。

《老人的智慧——非洲民间故事精选》中有许多性格迥异的人物，都可以浓缩在小小的舞台上。请选择感兴趣的角色设计台词进行表演，在舞台上尽情展示自己，重现精彩瞬间和难忘的对话。

（1）角色介绍。

介绍自己感兴趣的角色，说说感兴趣的理由。

（2）角色扮演。

表演时可以邀请小组成员参与配合，人物的语言可以在忠实于原作的基础上稍加修改。

任务二 掌握技巧，精彩复述

《老人的智慧——非洲民间故事精选》中有许多有意思的故事，我们会忍不住要跟别人分享，讲给别人听。为了让故事更有新鲜感，可以来点小创作。

1. 转换角色讲。

可以把自己设想成故事中的人物，以他的口吻讲。

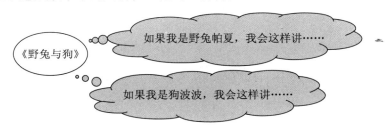

《野兔与狗》

如果我是野兔帕夏，我会这样讲……

如果我是狗波波，我会这样讲……

2. 添油加醋讲。

（1）可以丰富故事里的细节，适当添加人物对话，细致描绘人物形象，把细节说清楚。

（2）讲故事时可以模仿，配上人物相应的动作表情。

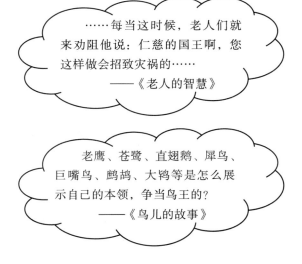

安娜莉娅要让桑巴将伊萨比尔之蛇带回臣服于她，并把尼日尔河的水引到她的领土上，她才会真心欢笑。塔拉拉夫会告诫她："您不能再得寸进尺啦……"
——《桑巴·加纳》

……每当这时候，老人们就来劝阻他说：仁慈的国王啊，您这样做会招致灾祸的……
——《老人的智慧》

老鹰、苍鹭、直翅鹅、犀鸟、巨嘴鸟、鹬鸪、大鸨等是怎么展示自己的本领，争当鸟王的？
——《鸟儿的故事》

3. 结尾续编。

> 魔鼓后来怎么样了？它又恢复魔法了吗？我想接着往下编……

任务三 自评自测

1. 选一选。

（1）豺狼每天吃掉一只小鸡，母鸡忍受着它的威胁，最后（　　）设计杀死了豺狼。

A. 狮子　　　　B. 乌龟　　　　　C. 老鹰　　　　　D. 野兔

（2）瓦加杜王国四次华丽地伫立在那里，又消失了四次，不见踪影。瓦加杜第一次睡着是因为（　　），第二次是因为（　　），第三次是因为（　　），第四次是因为（　　）。

A. 虚荣　虚伪　贪婪　纷争　　　B. 虚伪　纷争　贪婪　虚荣

C. 贪婪　谎言　虚伪　纷争　　　D. 谎言　虚荣　虚伪　贪婪

（3）《噬人的葫芦》中被葫芦吞噬的人类有哪四种肤色？（　　）

A. 白　黄　红　棕

B. 蓝　白　黑　棕

C. 白　黄　红　黑

D. 蓝　白　黑　红

（4）在《报恩》这个故事中，最终是谁从鳄鱼手中解救了猎人？（　　）

A. 果子狸博阿基

B. 又破又旧的坐垫

C. 一条旧裙子

D. 一头年迈的母驴

（5）在《野兔与避雨屋》中，野兔是采用什么方法毫不费力地给自己找了一个雨天的避难所？（　　）

A. 靠自己的努力

B. 用魔法斗篷隐身

C. 吹笛子发出怪声

D. 所有动物的盛情邀请

2. 说一说。

阅读完主题单元一的故事，相信你对非洲民间故事的特点已经有了大体的了解。你觉得非洲民间故事与中国民间故事有什么不同？举个例子简单说明一下吧！

3. 做一做。

如果要办一期以"非洲民间故事"为主题的黑板报，你会设计哪些栏目，写下哪些文字，绘制出什么样的图画呢？在下面的黑板报上尽情发挥吧！

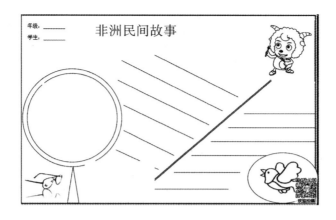

4. 写一写。

在新奇、有趣的非洲民间故事海洋里遨游了一番，你是否有了不少收获和启迪呢？趁着墨香还没散去，让那些印象深刻的画面再一次在脑海中放映一遍，然后就着故事的余韵写下你最真实的阅读感受吧！

任务四　拓展延伸

1. 非洲谚语集锦。

（1）就是最聪明的人，他也不是全知。

（2）耳朵没有底，可以从早听到晚。

（3）奴隶们歌唱不是因为快乐，而是由于饥饿。

（4）在菜园里不要相信羊，在羊圈里不要相信狼。

非洲谚语充满理趣，《老人的智慧——非洲民间故事精选》一书中也有许多充满哲理的语言，请摘录下来制作成经典语录附在书后。

2. 人物名片。

桑巴·加纳

人物简介：桑巴·加纳是加纳君王的儿子。成年的桑巴·加纳开始争夺属于自己的土地，但是善良的他不断把赢得的土地归还战败的君王。后来他为了博得安娜莉娅的笑而勇敢杀死伊萨比尔之蛇，但是安娜莉娅并不满足，进而提出了更高的要求，这让桑巴·加纳心灰意冷举剑刺向了自己。追悔莫及的安娜莉娅为桑巴·加纳建造了浩大的金字塔墓室，临死前终于露出真心的笑，与桑巴·加纳合葬在了一起。

评价：心地善良、英勇无畏、为情所困为爱所伤。

每组选择书中一个感兴趣的人物仿照范例，小组合作完成人物名片。

3. 拓展阅读。

阅读不同版本的《非洲民间故事》。

【编译介绍】

尚金格（1984—　），河南许昌人，自由撰稿人、记者、非洲葡语文学翻译。中国葡语国家研究中心研究员。《安哥拉国家报》记者。2009 年初旅居安哥拉。2012 年 10 月，开始着手安哥拉诗歌作品翻译工作。

曾维纲（1934—2018），毕业于西安外国语学院，主修俄语。在汨罗市教育局从事 10 年语文教育研究，后任汨罗市政协副秘书长等职。

【内容简介】

《非洲民间故事》是一本关于非洲民间精彩故事的合集，共收录了 90 多个非洲民间故事，里面有各种各样的小动物，也有形形色色的人，内容包含了童话、寓言、神话传说等不同类型，涉及非洲民俗、地理、历史等各个方面。它通过一个个奇妙的故事讲述了非洲人民对世界的独特看法，抨击假恶丑，讴歌真善美，带有鲜明的非洲民间色彩，不仅是非洲人民的智慧结晶，也是世界文学中的一块瑰宝，具有极大的思想价值和艺术魅力。

（编写人：施高英；指导者：徐瑞斌）

第九单元 流连在中国古典名著的长廊

单元导读

品百味人生画卷

　　本单元"快乐读书吧"中的《西游记》《三国演义》《水浒传》《红楼梦》四大古典小说，是文学史中的经典作品，不论是在艺术手法上还是在思想深度上，它们都代表了中国古典小说的巅峰。古语有云："开卷有益。"小学生阅读经典名著是学习中华传统文化的需要，也是培养学生语文综合素养的重要途径。

　　阅读这几部作品，要了解小说中的主要事件，理解主要人物形象，初步感受小说在塑造人物上的艺术特色；有比较强烈的阅读兴趣，自主制订阅读计划，能按计划自主开展阅读；掌握精读、泛读、比较读、猜读等读书方法，能通过批注、画思维导图、记读书笔记以及完成阅读记录单的形式记录阅读感受，能主动与同伴分享、交流阅读收获；初步掌握章回体小说的特点。

　　古典名著都是鸿篇巨制，因为是章回小说，每回的故事都相对独立，结合学生的阅读能力和认识水平，阅读指导中引导学生将精读和泛读相结合。精读作品中的重要故事，可以通过读读、议议、演演、讲讲的自由而轻松的读书形式来了解主要故事情节，理解主要人物形象，感受经典名著在塑造人物、叙述故事、刻画场景等方面的艺术特色。阅读中要指导学生通过前后联系读、比较读、画思维导图等方法读懂宏大作品中的复杂人物关系和事件；通过形式多样的主题阅读交流活动，诸如班报、黑板报、手抄报、演讲比赛、故事大王比赛、读书知识竞赛等帮助学生展示和交流读书的收获、成果，使学生保持持久的阅读兴趣。

《西游记》阅读教学设计与实践

教学解读

　　《西游记》是中国古典四大名著之一，也是我国第一部浪漫主义章回体长篇神魔小说，作者一般被认为是明代的吴承恩。

　　本书取材于"玄奘取经"这一历史事件，主要描写了孙悟空大闹天宫之后，与猪八戒、沙僧、白龙马一起保护唐僧西行取经，途中历经磨难，一路降妖伏魔，化险为夷，最后到达西天，取得真经的故事，塑造了唐僧、孙悟空、猪八戒、沙和尚等家喻户晓的人物形象，赞扬了以孙悟空为主的师徒四人不畏艰险、百折不挠的可贵精神。

　　《西游记》情节曲折有趣，极具魔幻色彩，语言鲜活生动，富有生活气息，是引导学生领略奇思异想、生长言语智慧的生动教材；书中人物个性鲜明，蕴含象征意义，描写浪漫奇幻，折射世态人情，是启发学生品味章回小说、收获人生真谛的文本典范。

阅读目标

　　1. 自主制订阅读计划，坚持阅读，并通过赏读回目，猜读情节，整体感知故事内容，初步体会章回体小说的创作特点。

　　2. 将借助资料、前后勾连、比较阅读、批注阅读等阅读策略运用到《西游记》的阅读实践中，通过思维导图、表格、结构图等方式理清书中的地点、人物、情节，深入了解故事内容，养成良好的阅读习惯。

　　3. 品读作品精彩的语言，感知鲜明的人物特点，感受人物形象魅力，并乐于与同学分享自己的阅读收获与成果。

活动安排

阅读阶段	阅读过程	阅读时间	活动内容
读　前	导读活动	30 分钟	1. 召开"读西游、话西游"活动启动仪式，营造浓郁的西游氛围。 2. 阅读前言、回目，一览全书主要内容；选读经典篇目，总结阅读中国古典小说的方法。 3. 小组讨论，制订阅读计划。

续表

阅读阶段	阅读过程	阅读时间	活动内容
读　中	自主阅读	1个月	1. 制订阅读计划，并按计划自主阅读。 2. 记录阅读过程中的收获与问题。 3. 勾画、批注书中精彩的之处。
	推进活动	2周	1. 绘制西游路线，理顺脉络。 2. 走近西游人物，感知形象。 3. 梳理西游故事，内化情节。 4. 探秘西游表达，深入研读。
读　后	分享交流 延伸活动	40分钟	1. 西游知识大比拼。 2. 通过微型讲座、专题沙龙、艺术表演等形式分享阅读成果，感知名著魅力。 3. 前后联系，比较阅读，发现人物成长；纵览全书，组建个性化取经团队，创编故事。

读前：导读活动

任务一　结合旧知，引入名著

1. 猜谜激趣。

（1）猜猜他是谁。

① 呆头呆脑，好吃懒做，天下并非我一个；笨嘴笨舌，贪色爱财，世间还有许多人。（猪八戒）

② 吾今皈正西方去，转上雷音见玉毫。你去乾坤四海问一问，我是历代驰名第一妖！（孙悟空）

③ 一头红焰发蓬松，两只圆睛亮似灯。不黑不青蓝靛脸，如雷如鼓老龙声。（沙和尚）

（2）看图猜故事。

①《真假美猴王》　　　②《大战红孩儿》　　　③《三打白骨精》

2. 整体感知。

（1）读目录，观特点。

仔细读目录，你有什么发现？

第一回　灵根孕育源流出　心性修持大道生
第四十二回　大圣殷勤拜南海　观音慈善缚红孩
第五十七回　真行者落伽山诉苦　假猴王水帘洞誊文
第五十九回　唐三藏路阻火焰山　孙行者一调芭蕉扇
第六十回　牛魔王罢战赴华筵　孙行者二调芭蕉扇
第六十一回　猪八戒助力败魔王　孙行者三调芭蕉扇
第七十二回　盘丝洞七情迷本　濯垢泉八戒忘形

①　了解"章回体"。《西游记》全书分一百个章节，称为"回"，一回或几回能组成一个相对完整的小故事，连起来就串成了一个长篇故事。这种形式就叫章回体。《三国演义》《水浒传》《红楼梦》等都是章回体小说。

②　发现"回目"的特点。目录都是对仗句，且能够较好地概括本回的主要内容。

（2）读前言，览全貌。

①　你是通过什么渠道了解《西游记》的？

很多人对《西游记》的了解往往来自电视剧、动画片、漫画等二次创作的作品。如果我们想真正了解《西游记》这样的古典文学经典，就应该阅读原著，感受语言文字中渗透的构思巧妙的情节安排，细致入微的人物刻画，幽默诙谐的语言表达……只有这样，才能真正领略《西游记》的魅力。

②　读读前言，选择你喜欢的梳理信息的方法，大致了解这一百回故事大概说了什么内容。

五年级上册第六单元梳理信息的方法：用各种符号圈画，分条列出信息，借助图表梳理信息，用结构图的形式梳理信息。

示例：借助图表梳理信息

部　分	回　目	概　要
第一部分	前七回	猴王出世、拜师学艺、大闹天宫
第二部分	第八回至第十二回	唐僧的前世今生以及取经的原因
第三部分	第十三回至第一百回	师徒等人西天取经，最终修成正果

任务二　善用方法，趣读故事

1. 熟悉编排，用好助读内容。

善于阅读的孩子会发现，书中（人教版快乐读书吧）给我们编排了导语、注释、图注、结语等助读内容，用好助读内容，会使我们收获良好的阅读体验。

（1）读导读，心中有杆秤。

读了前言，知道《西游记》分三个部分。每一部分开头，都做好了该部分的"导语"，介绍主要内容，列举经典情节。

　　阅读时可以先读导语，确定你感兴趣的内容。感兴趣的故事可以详读，甚至反复读；不感兴趣的内容可以略读，甚至选读。

　　（2）读注释，助理解阅读。

　　本书在简化清朝初年《西游证道书》的基础上，参照原本，补上了特别有趣的情节，既适合孩子们阅读，又尽可能保留了"原汁原味"，还对难字、难词、典故、俗语等做了注释，帮助孩子们扫清障碍，完成整本书阅读。

　　（3）赏图注，会想象画面。

　　每一回都配有插图，以及插图所对应的文字。孩子们阅读时，结合图注，张开想象的翅膀，想象故事画面，读起来更有趣了。

　　（4）读结语，品悟再提升。

　　每一部分结束，则会出现"结语"，这些"结语"或是对该部分的总结，或是故事告诉我们的道理。读完故事，结合"结语"思考品悟，相信《西游记》这部经典作品一定能给你带来很大的提升。

　　2. 共读片段，回顾阅读方法。

　　（1）自读回目，猜测情节。

　　第六十一回的标题是"猪八戒助力败魔王　孙行者三调芭蕉扇"，看了这个标题，大胆猜一猜，这一回主要讲了什么故事？

　　（2）默读片段，回顾方法。

　　"这大圣收了金箍棒，捻诀念咒，摇身一变，变作一个海东青，飕的一翅，钻在云眼里，倒飞下来，落在天鹅身上，抱住颈项　眼。……行者打个滚，就变作一只赖象，鼻似长蛇，牙如竹笋，撒开鼻子，要去卷那人熊。"

　　① 这一段写了什么？从回目中能否得以窥见？

　　② 阅读时，难理解的内容怎么处理？使用归纳、总结阅读方法：

　　a. 联系上下文猜测语句的意思。

　　b. 猜不出来的不必反复琢磨，继续往下读，能大致读懂即可。

　　c. 借助资料了解更多内容，有助于持续激励阅读兴趣。

　　d. 结合电视、动画等帮助理解，可以提高阅读兴趣。

　　③ 片段中，可以看出孙悟空和牛魔王分别具有怎样的性格特点？你会适当进行阅读记录吗？

　　a. 在感兴趣或有想法的地方作批注。

　　b. 以图标、结构图等形式记录、梳理主要内容。

　　如在本片段中，孙行者和牛魔王变身许多回合，缠战不休，感兴趣的同学不妨将其所变动物以表格形式稍作梳理，精彩的打斗过程则一目了然。

孙悟空	海东青	乌凤	丹凤	饿虎	狻猊	赖象
牛魔王	黄鹰	白鹤	香獐	大豹	人熊	大白牛（现原身）

c. 从不同角度思考，提出问题，列问题清单。

还可以根据兴趣，绘制"西游路线图""思维导图之人物性格"等。这些记录可以写在空白处，也可以写在你的宝藏阅读记录本上。

任务三　小组讨论，制订计划

1. 掐秒表，算时间。

算一算，详读一回和略读一回分别需要花多少时间。以此推算读完一本《西游记》大致需要多长时间。

2. 小组讨论，制订阅读计划表。

虽然《西游记》故事情节十分精彩，但它作为古典名著，语言表达形式与我们平时阅读的现代文学差异较大，且篇幅也巨大。孩子们阅读时，前面的内容可以适当放慢阅读速度，了解、适应《西游记》的语言表达特点，同时善于做好规划，用合适、有效的阅读方法坚持整本书阅读。

阅读计划表			
阅读书目	《西游记》		
阅读期限	___年___月___日—___年___月___日（共___天）		
日　期	阅读时长	所读回目（页码）	今日阅读兴趣打分（满分 10 分）

围绕上表，小组讨论，根据自己的实际情况，制订真正适合自己的阅读计划表。

读中：自主阅读推进活动

活动时间：每次 10 分钟，一次围绕一个主题。

任务一　绘制西游路线

1. 交流创意。

《西游记》情节曲折，出场人物众多。漫漫取经路上，发生了一个个扣人心弦的故事。阅读时如果能绘制一幅西游路线图，可以帮助我们更好地把握情节、理清脉络。那么，我们可以怎样进行梳理呢？

2. 绘制路线。

（1）注意内容完整。

路线图光有地点还不够。要根据时间顺序进行梳理，简要记录唐僧师徒经过的地方，遇到的妖怪，发生的故事。（地点＋人物＋事件）

（2）注意形式多样。

绘制路线图可以充分发挥各自的创意，争取做到版面清晰、图文并茂。

任务二　走近西游人物

1. 关注人物。

《西游记》中的人物数量众多，不论是凡人，还是妖魔与仙佛，都有着令人难忘的名号、来历，引人注目的相貌、装扮，让人称奇的兵器、宝物，使人惊异的本领、事迹。

如：猪八戒——

名号、来历：**原名猪刚鬣，法号悟能（观音取），浑名八戒（唐僧取）。前世为天蓬元帅，被贬下凡尘，错投猪胎，后受观音点化，保护唐僧西天取经。**

相貌、装扮：**黑脸短毛，长喙大耳，穿一身青不青，蓝不蓝的梭布直裰，系一条花布手巾。**

兵器、宝物：**武器为上宝沁金钯（俗称九齿钉耙），重五千零四十八斤，是太上老君用神冰铁锤炼，借五方五帝、六丁六甲之力锻造而成。**

本领、事迹：**一身蛮力，精通水性，会腾云驾雾和天罡三十六变身术。曾协助孙悟空大战流沙河、大败牛魔王、力战白象精……**

书中还有哪些人物也带给你深刻的印象呢？

2. 制作卡片。

给你最喜欢的那些西游人物制作卡片，如果该人物有神奇的法宝（兵器），也请附上介绍哦。

（小提示：可以使用给出的卡片格式，也可以自主创新）

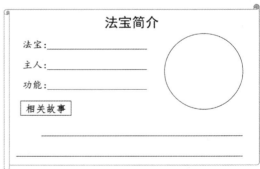

任务三　梳理西游故事

1. 范例引路。

读一读《西游记》的第二十七回"尸魔三戏唐三藏　圣僧恨逐美猴王"，想一想可以怎样梳理这个有趣的故事呢？

方式一：关注情节的前因后果。

故事离不开起因、经过、结果、时间、地点、人物这六要素，经典的情节往往线索清晰、一波三折。如能紧扣关键，抓住主线，故事情节的梳理就变得简明而又清晰。

情　节	起　因	经　过				结　果
三打白骨精		一变		一打		
		二变		二打		
		三变		三打		

方式二：关注人物的矛盾冲突。

小说情节的发展，离不开人物之间因观点不和或利益相争所发生的矛盾冲突。抓住矛盾冲突进行梳理，可以让人物关系更清晰、人物性格更突显、情节脉络更明朗。

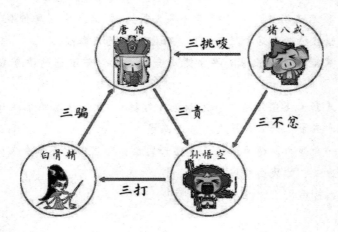

2. 自主梳理。

选择几个你最喜欢的故事情节运用不同方法进行梳理，再试着讲给身边的人听。

任务四　探秘西游表达

1. 片段赏读。

（1）整体感知。

回顾《齐天大圣大战二郎神》的片段，说说故事讲了一件什么事？

（2）感悟人物。

孙悟空和二郎神胜负如何，谁的本领更强？二人打斗的经过是否精彩纷呈、扣人心弦？故事中的孙悟空、二郎神分别给你留下了怎样的印象？

（3）探秘表达。

《齐天大圣大战二郎神》的打斗场面描写得非常精彩，作者通过怎样的方式来写的？

① 细节描写。

作者抓住了人物的语言、动作、神态、心理等细节，将两人斗法的情景展现得活灵活现。

② 修辞手法。

对仗＋排比——孙悟空、二郎神"赌变化"那一段描写，连续使用对仗、排比，语言幽默，刻画生动。

正面＋侧面描写——写孙悟空、二郎神打斗，既直接描写二人的动作，也写到其他神将的反应。

2. 个性品读。

（1）表达我感悟。

《西游记》书中有许多精彩的表达，比如，奇幻动人的景色、精彩绝伦的打斗、富有深意的细节、饶有风趣的谈吐……在你认为精彩的段落旁做做批注，并填写阅读记录卡。

（2）精彩我分享。

将这些精彩片段读给身边的人听，并说说你的阅读感受。

阅读记录卡

精彩片段：_____

_____

_____

我的感悟：_____

_____

_____

读后：分享交流延伸活动

任务一　交流分享

1. 分享成果。

请学生以小组为单位，综合西游路线图、西游人物卡、阅读记录卡等成果，通过微型讲座、专题沙龙、艺术表演等形式充分展示。

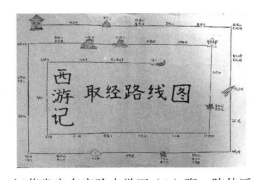

江苏省启东实验小学五（3）班　陈佳遥

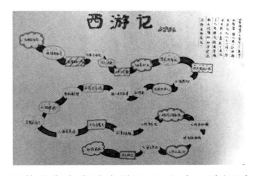

江苏省启东实验小学五（3）班　陆钰昕

江苏省启东实验小学五（3）班　张喆崴

江苏省启东实验小学五（3）班　仇妍苏

2. 共话人物。

（1）点拨。

读一读这两段文字。猜一猜，哪一个是猪八戒眼中的村姑？哪一个是唐僧眼中的村姑？

圣僧歇马在山岩，忽见裙钗女近前。翠袖轻摇笼玉笋，湘裙斜拽显金莲。汗流粉面花含露，尘拂蛾眉柳带烟。仔细定睛观看处，看看行至到身边。（唐僧眼中白骨精变化的村姑）

冰肌藏玉骨，衫领露酥胸。柳眉积翠黛，杏眼闪银星。月样容仪俏，天然性格清。体似燕藏柳，声如莺啭林。半放海棠笼晓日，才开芍药弄春晴。（八戒眼中白骨精变化的村姑）

难怪有位哲人说：你心中有什么，看到的就是什么。可见，不同的人看待事物的角度会有不同，因为这背后藏着人物性格。

（2）辩论。

我们对《西游记》这本书已有不少了解，师徒四人除唐僧外，都是神性、人性、动物性的和谐统一，那么你最喜欢或最不喜欢谁？小组辩论，既要提出观点，也要摆出理由。

	猪八戒	唐 僧	孙悟空	沙悟净
正 方	例：猪八戒能吃苦耐劳，对师傅忠心耿耿。在与妖魔的斗争中，他总是挥舞钉耙，勇猛战斗，是孙悟空的得力助手。他知错能改，乐于助人，是一个忠勇、善良、淳朴、憨厚的人。		例：大闹天宫时，孙悟空表现出一种追求自由、勇于反抗、敢作敢为的斗争精神；西天取经时，孙悟空表现出一种坚忍不拔、勇往直前、积极进取的理想主义精神。	
反 方		例：他一意孤行，在西天取经的路上，人妖不辨、神魔不分，经常被魔鬼怪所迷惑，是一个毫无原则、是非不分、固执己见的人。		

3. 演绎故事。

挑选书中最精彩的段落，改编为评书、课本剧等表演出来。

任务二　自我测评

1. 选一选。

（1）孙悟空的出生地是（　　　）。

A. 南海落伽山　　　　　　　　B. 傲来国花果山

C. 灵山大雷音寺　　　　　　　D. 方寸山斜月三星洞

（2）下列与沙僧有关的选项是（　　　）。

A. 高老庄　卷帘大将　金身罗汉　　　　B. 流沙河　卷帘大将　金身罗汉

C. 流沙河　卷帘大将　净坛使者　　　　D. 流沙河　天蓬元帅　金身罗汉

（3）天庭前后两次派太白金星请孙悟空上天庭做官，原因是（　　　）。

A. 看中孙悟空的本领，想委以重任

B. 安抚孙悟空，防止他继续惹出事端

C. 考察孙悟空，看他能否保护唐僧取经

D. 培养孙悟空，帮助他获得更强大的法力

（4）"你看他东一头，西一头，直挺挺光耀耀的两只铁角，往来抵触；南一撞，北一撞，毛森森筋暴暴的一条硬尾，左右敲摇。"这是对人物的（　　　）。

A. 动作描写　　　　B. 心理描写　　　　C. 神态描写　　　　D. 语言描写

（5）"三打白骨精"情节开始之前，作者先写了这样一段话，是为了（　　　）。

峰岩重叠，涧壑湾环。虎狼成阵走，麂鹿作群行。无数獐豝钻簇簇，满山狐兔聚丛丛。千尺大蟒，万丈长蛇。大蟒喷愁雾，长蛇吐怪风……

A. 承上启下，巧妙过渡

B. 显示山中动物数量很多

C. 点明山中环境优美，景色宜人

D. 通过环境描写渲染气氛，为妖怪出场做铺垫

2. 说一说。

（1）孙悟空、猪八戒、沙僧的兵器分别是什么？

（2）师徒四人取经成功后，分别被封为什么？

（3）《西游记》中有哪些神奇的法宝，它有什么功能，至少说出两个。

（4）《西游记》中孙悟空多次利用七十二变对付妖魔鬼怪，至少说出两个情节。

（5）接龙说和《西游记》有关的成语、俗语、歇后语，看谁说得多。

3. 辨一辨。

有人很喜爱猪八戒，说他忠心耿耿、吃苦耐劳；也有人不喜欢猪八戒，说他好吃懒做、贪财好色。面对截然不同的观点，你是怎么想的呢？

任务三　拓展延伸

1. 发现人物成长。

小说的核心是人物，而情节和环境的描写是塑造人物的辅助手段。因此，《西游记》其实有两条线索，师徒的取经旅程是一条明线，主角的成长历程是一条暗线。就拿第一主角孙悟空来说，他的成长经历分成了多个层次，如：

急躁、任性　　　有情有义 成熟稳重　　　处事理性 灵活睿智

初戴金箍　　　三打白骨精　　　真假美猴王

请找一找书中能体现孙悟空成长的情节，对这根"时间轴"进行补充完善。也可以聚焦其他人物，探寻他的成长历程。

2. 组建取经团队。

（1）想一想。

如果你有自己的取经团队，你想成为唐僧师徒四人中的谁？

《西游记》师徒四人组成了一个优秀团队：唐僧是稳健派领导，孙悟空是技术骨干，猪八戒是润滑剂型人士，沙和尚和白龙马是踏实型服务员工——团队所必需的要素全都占全了。

——崔岱远

（2）选一选。

除了你自己，你还想带谁一起上路呢？可以在《西游记》全书中寻找。

我的取经团队			
姓名	特长	分工	推荐理由

（3）写一写。

想象一下，你所组建的团队在西行路上，会遇到哪些困难，遭遇什么波折呢？你们又是怎样过关的？看谁想象丰富，表达精彩，别忘了给你的故事加上回目哦。

（编写人：汪东玮；指导者：王爱华、陆伟）

《三国演义》阅读教学设计与实践

教学解读

　　《三国演义》是中国古典四大名著之一，也是我国古代第一部长篇历史章回小说，作者一般被认为是元末明初的罗贯中。

　　本书取材于史书，记叙了三国时期"黄巾起义、董卓之乱、群雄逐鹿、三国鼎立、三国归晋"的复杂政治军事斗争，时间跨度近百年，大小人物近千个，其中曹操、刘备、孙权、诸葛亮、关羽、张飞、周瑜等经典人物形象，早已家喻户晓。书中有历史的夸张、虚构和改造，或采用传说，或移花接木，或化简为繁，故事情节更生动，人物形象更鲜明。

　　《三国演义》头绪错综复杂，结构宏大，事件纷繁，人物丰富，是引导学生领略历史风云变幻的生动教材；笔法富于变化，波澜曲折，摇曳多姿，环环相扣，是启发学生品百味人生、感受章回体小说魅力的典范。

阅读目标

　　1. 经历完整的阅读过程，根据上下文猜测语句的意思，借助资料，结合看过的电影、电视剧，加深对古典小说的了解，增加对古典名著的兴趣。

　　2. 学会看回目，借以把握小说的主要内容，体会章回体小说的特点。运用绘制思维导图、比较阅读、主题阅读等阅读策略，领略小说里展现的历史风云变幻。

　　3. 以"品三国，识英雄"为话题，通过丰富的阅读活动，品百味人生，了解英雄人物所展现的中国传统文化中的思想精神。

活动安排

阅读阶段	阅读过程	阅读时间	活动内容
读　前	导读活动	40 分钟	1. 了解名著基本信息，知悉故事背景。 2. 阅读目录，概览全书内容与主要人物。 3. 阅读第一回，梳理情节、品读人物，揣摩语言表达。 4. 回顾古典名著的基本阅读方法。
读　中	自主阅读	1 周	1. 制订阅读计划，并按计划自主阅读。 2. 记录阅读过程中的收获与问题。 3. 勾画、批注书中精彩之处。

续表

阅读阶段	阅读过程	阅读时间	活动内容
读　中	推进活动	2 周	1. 绘制历史"大势图"，梳理情节。 2. 编列英雄"排行榜"，品读人物。 3. 研究三国"小课题"，深入研读。 4. 撰写名著"阅读卡"，揣摩表达。
读　后	分享交流 延伸活动	80 分钟	1. 班级知识抢答赛。 2. 交流展示阅读成果（微讲座、阅读沙龙、课本剧等）。 3. 比较演义与历史的区别；进一步了解古典小说写作特色。

读前：名著导读活动

任务一　识体裁，知背景

1. 引出古典名著。

还记得课文《草船借箭》吗？谁能按起因、经过、结果的顺序，说一说故事的主要内容。这个故事就出自我国古典名著《三国演义》，对这部小说你有哪些了解呢？

2. 了解背景知识。

《三国演义》全名为《三国志通俗演义》，又称《三国志传》，是中国古典四大名著之一，也是我国古代第一部长篇历史章回小说，作者一般被认为是元末明初的罗贯中。书中描写了从东汉末年到西晋初年之间近百年的历史风云，反映了三国时期复杂的政治军事斗争，是四大名著中唯一根据历史事实改编的小说。

3. 观看影视片段。

播放 1994 年中国中央电视台制做出品的电视剧《三国演义》第一集中介绍故事背景的片段。

任务二　读目录，览全貌

1. 回目读一读。

（1）古代长篇小说多是章回体小说，读着书中的这些回目，想到哪些耳熟能详的三国故事？

> 第一回　宴桃园豪杰三结义　斩黄巾英雄首立功
> 第二十七回　美髯公千里走单骑　汉寿侯五关斩六将
> 第三十七回　司马徽再荐名士　刘玄德三顾草庐
> 第四十三回　诸葛亮舌战群儒　鲁子敬力排众议
> 第四十六回　用奇谋孔明借箭　献密计黄盖受刑

（桃园三结义、千里走单骑、过五关斩六将、三顾茅庐、舌战群儒、草船借箭）

（2）翻到目录页再读一读，想想古典名著的回目有哪些特点。

① 关注形式：上下句字数相等、词性相当，这叫对仗。

② 关注内容：一回或若干回组成一个相对完整的小故事，连起来就串成一个长篇故事。

2. 人物聊一聊。

（1）读读描述，猜猜说的是哪个三国人物。

描述一：身长七尺五寸，两耳垂肩，双手过膝，目能自顾其耳，面如冠玉，唇若涂脂。

描述二：身长七尺，细眼长髯。有权谋，多机变。

描述三：身长九尺，髯长二尺；面如重枣，唇若涂脂；丹凤眼，卧蚕眉，相貌堂堂，威风凛凛。

描述四：身长八尺，面如冠玉，头戴纶（guān）巾，身披鹤氅，飘飘然有神仙之概。

……

（2）找一找，在《三国演义》全书的回目中，对这些人物还有别的称呼吗？

（3）给这些称呼分分类，说说你的发现。

① 关注人物身份：发现随着故事的发展，人物的官职、地位也在发生变化。

② 关注人物别称：发现作者对书中人物的所作所为有褒有贬。

人物的字、号	刘　备：玄德、刘玄德
	曹　操：孟德、曹孟德、曹阿瞒
	关　羽：云长、关云长
	诸葛亮：孔明、诸葛、卧龙
人物的身份	刘　备：刘豫州、益州牧、汉中王、先主、刘先主
	关　羽：汉寿侯
	诸葛亮：军师、武乡侯、武侯、丞相、汉相、汉丞相
人物的美称或蔑称	刘　备：刘皇叔、英主
	曹　操：曹公、老瞒、汉贼、国贼、奸雄
	关　羽：关公、美髯公
	诸葛亮：卧龙

任务三　品语言，明特色

1. 初读经典。

《三国演义》第一回是"宴桃园豪杰三结义　斩黄巾英雄首立功"，以黄巾军起义、幽州太守发榜招贤为引子，刘备、关羽、张飞相继出场，一段波澜壮阔的历史就此开篇。让我们走进故事，一睹为快。

读读第一回，遇到难理解的词语可以猜猜意思，不用反复琢磨。然后把下面的内容补充完整，再说说故事的主要内容。

_____→出榜招军→_____→首战立功→_____→领命打探→_____

预设：黄巾作乱→出榜招军→英雄结义→首战立功→投奔卢植→领命打探→巧救董卓

2. 揣摩表达。

读了这一回，有哪些人物给你留下了深刻的印象，你是从哪里感受到的？

预设一：通过外貌、神态、语言等描写，塑造人物形象。

玄德回视其人，身长八尺，豹头环眼，燕颔虎须，声若巨雷，势如奔马。

"豹头环眼，燕颔虎须"足见威武，再加一句"声若巨雷，势如奔马"，张飞勇武、莽撞的形象就跃然纸上。

玄德出，张飞大怒曰："我等亲赴血战，救了这厮，他却如此无礼。若不杀之，难消我气！"

通过张飞的"大怒"和这一番言语，读者可以清晰地感受到张飞直爽火暴、快意恩仇的真性情。

预设二：通过对比描写，突出人物形象。

张飞听罢，大怒，要斩护送军人，以救卢植。玄德急止之曰："朝廷自有公论，汝岂可造次？"

张飞的疾恶如仇、急躁轻率，刘备的深明大义、睿智沉稳，在对比中越发鲜明。

预设三：借助次要人物，烘托人物形象。

云长舞动大刀，纵马飞迎。程远志见了，早吃一惊，措手不及……

用次要人物程志远烘托主要角色关羽，着墨虽在配角上，实际落点却是关公的武艺超凡、勇武过人。

总结：看来，作者在刻画人物形象上真是别具匠心。读这样一本名著，我们不仅要了解生动的故事情节，品味鲜明的人物形象，更要细细揣摩它的表达特色。

3. 品味语言。

读了故事，古典小说的语言给你留下了怎样的印象？

（1）半文半白。

三人救了董卓回寨。卓问三人现居何职。玄德曰："白身。"卓甚轻之，不为礼。玄德出，张飞大怒曰："我等亲赴血战，救了这厮，他却如此无礼。若不杀之，难消我气！"

找找这段话中明显带有文言色彩和白话色彩的词语。

预设：文言色彩的词语——何、曰、白身、甚、如此、若、之……

白话色彩的词语——我、救了、这厮、他……

（2）简洁明快。

当下两军相对，玄德出马，左有云长，右有翼德，扬鞭大骂："反国逆贼，何不早降！"程远志大怒，遣副将邓茂出战。张飞挺丈八蛇矛直出，手起处，刺中邓茂心窝，翻身落马。程远志见折了邓茂，拍马舞刀，直取张飞。云长舞动大刀，纵马飞迎。

这段话在语言上有什么特点？（多用短句，尤多四字短语）大声朗读，读出气势。

（3）有说书的味道。

话说天下大势，分久必合，合久必分。

且说张角一军，前犯幽州界分。

却说玄德引关、张来颍川，听得喊杀之声……

毕竟董卓性命如何，且听下文分解。

一起听一听袁阔成先生的《三国演义》评书片段。

4. 读名人评价。

因为题材、情节、人物、写法等方面的鲜明特色，使得《三国演义》在中国乃至世界小说史上产生了很大的影响力。

在中国的古典小说中，《三国演义》享有崇高之极的地位，没有任何一部小说比得上，近三百年来，向来称之为"第一才子书"，或"第一奇书"。

——金庸

《三国演义》结构之宏伟与人物活动地域舞台之广大，世界古典小说均无与伦比。

——（日）吉川英治

任务四　忆方法，订计划

1. 回顾阅读方法。

通过之前的学习和阅读，你了解到古典名著有哪些阅读方法。

预设：猜读＋跳读；读书做批注；用思维导图梳理内容；借助注释、资料、书评等；结合看过的影视作品……

2. 制订读书计划。

翻一翻目录，预估自己阅读每一章所需的时间，制订一份阅读计划表。可以按回目章节的顺序，也可以根据自己的阅读习惯重新排序。

看看阅读计划表示例，想一想自己的阅读计划该怎样做呢？和同桌交流。

阅读书目	《三国演义》		
阅读时限	___月___—___月___日（共___天）		
阅读状况	阅读章节／页码	阅读后的收获／疑问	阅读满意度自评
第一天			☆☆☆☆☆
第二天			☆☆☆☆☆
第三天			☆☆☆☆☆
……			☆☆☆☆☆

友情提示：制订阅读计划不仅要考虑页码，也要考虑章节，每天尽量阅读到一个章节结束的地方。每天要对自己的阅读情况进行反馈，以保证自己的阅读进度和阅读质量。

读中：阅读推进活动

活动时间： 每次 10 分钟，一次围绕一个主题。

任务一　绘制历史"大势图"

1. 思考梳理方法。

《三国演义》头绪错综复杂，结构宏大，事件纷繁，人物丰富。阅读时离不开理清故事脉络，明晰历史走向。那么，我们可以怎样进行梳理呢？

2. 绘制思维导图。

三国时代的天下大势，风云变幻，起起伏伏。但无论历史怎样复杂，都离不开关键人物和关键事件。

方式一：立足经典战役，辨明历史转折。

三国鼎立，国家之间肯定少不了战争，强者之间必然少不了摩擦。当时的许多著名战役，在决出胜败的同时，也决定了各国的国力强衰和天下局势的走向。根据时间顺序，梳理出经典战役"时间轴"，三国故事的脉络就一目了然。

方式二：关注主要人物，探明故事走向。

三国时期，谋士如云，猛将如雨，这些杰出人物或多或少都会给时代带来诸多影响，有的甚至直接影响了历史的进程，留下了千古美谈。聚焦某一个重点人物，按时间顺序梳理出他身上发生的重要事件，既能帮助我们了解人物，也有助于我们探明故事走向。

任务二　编列英雄"排行榜"

1. 交流感受。

小说归根结底是"写人的艺术"，《三国演义》中大大小小的人物共 1 191 人，其中不少经典人物形象早已家喻户晓。你认为这其中谁能称得上"英雄"呢？

2. 编写榜单。

编写你心目中的三国英雄排行榜，并为前三名制作英雄卡。

三国英雄排行榜		
名　次	姓　名	英雄事迹
第一名		
第二名		
第三名		
……		

任务三　撰写名著"阅读卡"

1. 精彩赏读。

（1）整体感知。

回顾"关羽温酒斩华雄"的片段，说说故事讲了一件什么事？

（2）感悟人物。

酒尚温时便斩华雄，华雄的武艺高强吗？温酒斩华雄的经过是否紧张激烈、扣人心弦？故事中的关羽从出场到立功，分别给你留下了怎样的印象？

（3）探秘表达。

那么，作者是通过怎样的方式表现出关羽英勇善战、武艺高强的？

① 层层铺垫：写华雄挫孙坚，砍祖茂，斩俞涉，杀潘凤，所向无敌，给读者造成了强烈的阅读期待，实际上是为关羽的出场做铺垫。

② 侧面描写：关羽的出场是先闻其声，再见其人，其声惊天动地，通过对声音的描述，让关羽一出场，就显得雄姿英发、与众不同。

③ 以虚见实：惊心动魄的战斗开始了，"鼓声大振，喊声大举，如天摧地塌，岳撼山崩"，作者用以虚见实的手法写了关羽和华雄的交战过程。

2. 自主品读。

（1）我来分享。

挑选书中你最喜欢、最欣赏的片段，读给同伴们听。

（2）我来鉴赏。

在你认为精彩的段落旁做做批注，并填写阅读记录卡。小提醒：既可以关注内容，评选书中的最佳计谋、最佳战斗、最佳言论等；也可以聚焦表达，评选书中的最佳细节、最佳场面等。

任务四 研究三国"小课题"

1. 自选课题。

研究活动以小组为单位开展，请挑选你们小组最感兴趣的"小课题"作为本次研究的主要内容。（教师也可以引导学生先依据自己的阅读体验提出问题，再把问题变成选题）

选题一：《三国演义》中的"三"。

《三国演义》中许多故事都发生了三次，如：三让徐州、三顾茅庐、三气周瑜等，作者为什么要这样写，这些"三"又有着哪些相同和不同之处呢？

选题二：三国人物的"笑"与"哭"。

《三国演义》中经常出现刘备的"哭"与曹操的"笑"，哭与笑不仅仅是人物内心情感的自然流露，你能发现这些表情背后的秘密吗？

选题三：同样的火攻，不同的精彩。

在《三国演义》里有许多关于"火攻"的精彩战役，它们的背景、方式、作用、结果都不尽相同，你能研究一下这些"火攻"的精彩之处吗？

……

2. 讨论方案。

请在小组长的带领下制订好研究方案。每位小组成员都要参与讨论，注意合理分工。（教师要了解学生原有的学习储备和协作能力，相机给予适当帮助）

三国"小课题"研究方案			
课题名称			
成员分工			
研究准备			
研究计划	时间	任务	成果
	……	……	……

3. 开展研究。

通过下列步骤完成"小课题"研究。最终的成果可以是一张统计表格，可以是一组思维导图，也可以是一份研究报告……

精读原著 ➡ 搜集资料 ➡ 整理资料 ➡ 自主思考 ➡ 合作研究 ➡ 拿出成果

读后：交流分享活动

任务一 "三国"讲堂

1. 个性展示。

请学生以小组为单位上台，充分展示自己的阅读成果。

研究成果"晒一晒"：梳理"绘制历史'大势图'""撰写名著'阅读卡'""研究三国'小课题'"等阅读活动的成果，通过合作讲述的方式向大家作介绍。

胡文博　　　　　　　沈清琳　　　　　　　张馨尹

黄沁怡　　　　　　　张夏寅

江苏省南通市启东市和合小学五（4）班学生阅读成果

经典故事"演一演"：挑选书中最精彩的段落，用评书、相声、戏曲、课本剧等有趣的方式表演出来。

2. 共话英雄。

（1）引经据典论英雄。

① 我们的英雄观。

在你心目中，成为英雄需要满足哪些条件？结合制作的排行榜和英雄卡为大家介绍介绍。（相机引导：发现三国人物的不同侧面——仁、智、忠、勇……）

② 曹操的英雄观。

曹操曾与刘备青梅煮酒论英雄，天下诸侯在曹操眼中均不值一提，他认为能称得上英雄的只有刘备和自己。（出示：《煮酒论英雄》片段）

思考一：曹操认为"龙"与英雄有哪些相同的品质？

思考二：刘备所说的那些"英雄"，曹操为什么不认同？

思考三：联系全书，说一说曹操和刘备是否可称为英雄？

思考四：《煮酒论英雄》里刘备的表现能算得上是英雄所为吗？

总结提升：鲁迅在《中国小说史略》中说：《红楼梦》以前的小说"叙好人完全是好，坏人完全是坏的"。这其实不够准确，《三国演义》中的主要人物大都充满矛盾——周瑜才华横溢却性格多妒，关羽勇冠三军但为人骄傲……

（2）古今中外说英雄。

《三国演义》是一部英雄传奇，这些人中豪杰虽志向不同，但才能相近，他们的精神、品格、智慧、武功名垂青史。其实，古今中外，人们对英雄的定义总是不尽相同。采用不同的评价标准，我们的确会看到不同的英雄。

古之立大事者，不唯有超世之才，亦必有坚忍不拔之志。

——宋·苏轼

苟利国家生死以，岂因祸福避趋之。

——清·林则徐

英雄就是这样一个人，他在决定性关头做了为人类社会的利益所需要的事。

——［捷克］伏契克

在全人类之中，凡是坚强、正直、勇敢、仁慈的人，都是英雄！

——［德］贝多芬

总结提升：清代的评论家毛宗岗评出了"三绝"——智绝诸葛亮、义绝关羽、奸绝曹操，其实《三国演义》中人物性格鲜明的远不止此，至少还有吕布、刘备、张飞、赵云、魏延、周瑜、鲁肃、陆逊、司马懿等，这样的历史英雄长卷空前绝后。

任务二　自我测评

1. 选一选。

（1）被称为"美髯公"的三国英雄是（　　　）。

A. 吕布　　　　　B. 赵云　　　　　C. 曹操　　　　　D. 关羽

（2）直接导致魏、蜀、吴三分天下的重要战役是（　　　）。

A. 官渡之战　　　　B. 夷陵之战　　　　C. 赤壁之战　　　　D. 六出祁山

（3）庞统向曹操献"连锁战船"的计谋，是为了（　　　）。

A. 帮助曹操平定东吴，一统天下

B. 帮助孙刘联军，方便火烧战船

C. 显示自己的智谋远高于诸葛亮

D. 从中谋取好处，获得曹操赏识

（4）关羽温酒斩华雄之前，作者先写华雄连斩四名大将。这样的手法叫（　　　）。

A. 夸张　　　　　　B. 排比　　　　　　C. 伏笔　　　　　　D. 做铺垫

（5）"张飞挺丈八蛇矛直出，手起处，刺中邓茂心窝，翻身落马。"这是对人物的（　　　）。

A. 动作描写　　　　B. 心理描写　　　　C. 神态描写　　　　D. 语言描写

2. 说一说。

（1）刘备、关羽、张飞用的兵器分别是什么？

（2）《三国演义》中有哪些带"三"字的故事，至少说出两个。

（3）《三国演义》中诸葛亮有五次精彩"火攻"故事，请至少说出两个。

（4）接龙说和三国有关的成语、俗语、歇后语，看谁说得多。

3. 辨一辨。

有人说，曹操既是"奸雄"，又是"能臣"。你同意这种观点吗？

任务三　拓展延伸

1. 拓宽视野。

思考：清代学者章学诚说《三国演义》是"七分实，三分虚"，你怎么理解这种说法？

点拨：书中大部分事件都是真实的，但也免不了虚构，出现了很多正史里没有的细节或情节。比如，曹操从未献过七星刀；历史上的周瑜才能出众、气度宏大；"草船借箭"的其实是孙权；诸葛亮也没有唱过"空城计"……

2. 延伸阅读。

阅读曹操《蒿里行》《求贤令》及其翻译、李国文《话说曹操》片段、历史故事《曹操起兵》，完成思维导图。

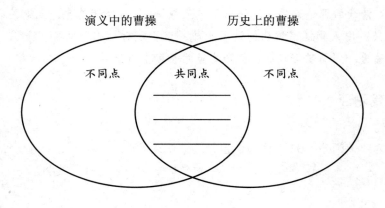

3. 引导提升。

《三国演义》和正史不同，带有明显的尊刘贬曹的倾向。实际上，历史上真实的曹操是"多面"的，看看人们对他的评价吧。

曹操是一个很有本事的人，至少是一个英雄，我虽不是曹操一党，但无论如何，总是非常佩服他。

——鲁迅

曹操是个了不起的政治家、军事家，也是一个了不起的诗人。

——毛泽东

曹操可能是中国历史上性格最复杂、形象最多样的一个人。他这个人聪明透顶，又愚不可及；狡猾奸诈，又坦率真诚；豁达大度，又疑神疑鬼；宽宏大量，又心胸狭窄。

——易中天

可见，曹操身上也有不少可圈可点的地方。同学们不妨像这样，挑选一个自己感兴趣的人物，再去重读三国。边读边查资料，做做比较，看看演义中和历史上的人物有什么异同。

（编写人：冯践知；指导者：王爱华、陆伟）

《水浒传》阅读教学设计与实践

教学解读

　　《水浒传》是中国历史上第一部以农民起义为题材的章回体小说。作者施耐庵以北宋宋江起义的史料为主要依据，在民间传说和说书人、文人创作的基础上，进行了文学加工和再创作。

　　小说中，宋江、林冲、鲁智深等108位"大力大贤、有忠有义"的绿林好汉形象早已家喻户晓、深入人心。他们在分别经历了不同的坎坷磨难后，迫于无奈，在梁山起义。他们宣称顺应天意，除暴安良，并反抗官府，攻占城镇村寨，声势很大，但后来却接受了朝廷的招安，导致了最终全军覆没的悲剧结局。

　　虽说《水浒传》这部长篇小说所涉及的年代已经久远，但章回体的结构、高度口语化的语言，能降低阅读难度，拉近儿童与中国古典文学的距离；小说跌宕起伏的故事情节、栩栩如生的人物形象、波澜壮阔的场景，又能极大地激发儿童的阅读兴趣，让儿童在潜心阅读中感受英雄人物的人格魅力，体悟小说语言的表达艺术，汲取《水浒传》中肝胆相照、忠义相守的中国力量。

阅读目标

　　1. 通过赏读回目、猜读情节，梳理、感知整本书内容，初步体会章回体的特点，产生阅读兴趣。

　　2. 坚持有计划的阅读，将预测、推断、复述、摘要、批注等阅读策略运用于《水浒传》的阅读实践，理清人物关系，理解故事情节，感受人物形象，加深对小说结构、语言的感悟。

　　3. 阅读经典章节，围绕主要人物开展阅读活动，感知人物形象，品味人物刻画的特色，提升语言表达、运用能力和批判性阅读的能力，感受《水浒传》中的真善美，形成正确的"英雄观"。

活动安排

阅读阶段	阅读过程	阅读时间	活动内容
读　前	导读活动	30分钟	1. 阅读回目，把握全书内容与结构。 2. 回顾中国古典长篇小说基本阅读方法，阅读经典章回。 3. 结合相应内容，观看影视片段，产生阅读兴趣。

续表

阅读阶段	阅读过程	阅读时间	活动内容
读　中	自主阅读	2周	1. 选择版本，制订阅读计划，相互督促打卡。 2. 挑选最感兴趣的故事，进行批注式阅读。 3. 记录阅读中产生的问题、解决方法及找到的答案。
	推进活动	4周	1. 通过探究人物绰号、玩人物竞猜、办水浒人物画展等活动，逐步感知人物性格。 2. 利用"时间轴"，梳理情节，分享最喜欢的故事。 3. 品读语言，优化批注，加深对人物形象的感知。
读　后	分享交流 延伸活动	40分钟	1. 畅谈心中英雄，制作"水浒英雄榜"。 2. 采访水浒人物，与《水浒传》作家对话。 3. 水浒知识你问我答。 4. 水浒话题大讨论。

读前：导读活动

任务一　从《景阳冈》到《水浒传》

1. 循关键词，再讲《景阳冈》。

（1）回顾统编教材五年级下册第六课《景阳冈》课后第二题。

（2）按照故事的发展顺序，循关键词，再讲《景阳冈》故事。

2. 赏读回目，了解章回体。

（1）赏读回目。

《景阳冈》选自施耐庵《水浒传》第二十三回——横海郡柴进留宾　景阳冈武松打虎。

《水浒传》共120回。一起读一读这本书的目录，你有什么发现？

小结：回目语言简洁凝练，对仗工整，读者能从回目中对重要人物和重要事件略知一二。

（2）相机介绍章回体

包括《水浒传》在内的中国四大古典名著都是章回体小说，一回或者是若干回组成一个相对完整的故事，最终串成一部长篇小说。

3. 说《水浒传》，知影响力。

（1）学生交流自己对《水浒传》的初步了解。

课后资料袋里向我们简单地介绍了《水浒传》。从一篇课文看水浒故事实在有限。你对《水浒传》还有哪些了解？

（2）教师补充《水浒传》的基本情况。

《水浒传》，中国历史上第一部用白话文写成的长篇小说，开创了白话章回体小说的先河。

世人对《水浒传》的评价：

人有其性情，人有其气质，人有其形状，人有其声口。

——清·金圣叹

中国生活伟大的社会文献。

——［美］赛珍珠（诺贝尔文学奖获得者）

任务二 从说人物到谈期待

1. 聊水浒豪杰，看影视片段。

（1）聊武松的同伴。

武松是《水浒传》的主要人物之一，除此之外，你还知道哪些英雄豪杰呢？

（2）观看影视片段。

2. 谈阅读期待，点燃阅读激情。

小说中的情节将比影视剧里的更加精彩。请同学们现在就将对《水浒传》的阅读期待写下来，一起分享吧。

江苏省南通师范学校第一附属小学五（10）班 吴雨桐　　　江苏省南通师范学校第一附属小学五（10）班 贲昱凯

3. 关注各版本，选择阅读。

同学们可以根据自己的实际情况来选择适合自己的版本阅读，从没有接触过古典名著的同学，可以选择商务印书馆出版的无障碍阅读版本来读；有一定阅读基础的同学，可以尝试选择人民文学出版社出版的"中国古典文学读本丛书"系列来读。

任务三 从阅读方法到阅读计划

1. 回顾《景阳冈》，谈名著阅读。

读过《景阳冈》，说说自己阅读古典名著的方法。

（1）遇到不懂的词语，联系上下文猜一猜。

（2）提炼故事关键词。

（3）在情节中体会人物形象。

2. 自学《语文园地》，名著阅读方法进阶。

出示本单元的"语文园地"，说说从中还了解到哪些古典名著的阅读方法。

（1）借助资料了解书中内容。

（2）结合影视剧加深理解。

3. 制订阅读计划。

（1）赏他人阅读计划。

（2）小组合作，制订自己的阅读计划。

教师引导：制订阅读计划的时候，请结合以下内容：本书共 120 回（见目录）；阅读的同时，还将开展系列阅读探究活动：我是"小圣叹"、有意思的绰号、水浒人物"最"评选、水浒人物你来猜、最爱的故事分享、我是说书人。

读中：自主阅读推进活动

活动时间：每个任务的内容分两次活动，每次 15 分钟，第一次活动侧重指导，第二次活动侧重展示。

任务一　我是"小圣叹"

1. 交流阅读进展，谈近期阅读印象最深的人物或故事。

2. 优化批注式阅读。

（1）老师介绍金圣叹。

同学们在学习《景阳冈》一文时，进行了批注，其中不乏精彩之处。其实读书作批注古已有之，很多文人都为《水浒传》这部著作做过批注，其中被公认为最出色的就是明末清初的金圣叹。

金圣叹（1608—1661），明末清初苏州吴县人，著名的文学家、文学批评家。为人孤高，率性而为，狂放不羁，以才子自居。金圣叹的主要成就在于文学批评，打破常规地将《庄子》《离骚》《史记》《杜工部集》《水浒传》和《西厢记》合称为"天下六才子书"。

（2）学生深入阅读《景阳冈》。

一起品读金圣叹对《景阳冈》片段描写的批注。

1. 请轻声朗读金圣叹的批注，争取读通顺，并尝试理解意思。

2. 有不理解地方请做上记号，讨论时积极提问。

3. 说说读批注的想法和感受。

（3）师生交流、总结批注方法（相机点拨）。

认识生字词。发现有不认识的字要及时查字典，注上拼音，对于生字的解释也要了解。（初读）

理解句子。站在自己的立场，联系上下文，对一些意义深刻的句子写出自己的理解，写出言外之意。（细读）

画出精彩词句。用三角号、圆圈、波浪线、直线等符号将文中用得好的词与句子标示出来，在旁边写出自己的理由（为什么用得好）。也可以对写作方法进行分析（用了什么修辞方法、说明方法等），要写出理由。（细读）

写出感想。可以是推测作者的意图，可以是自己的情感与想法（对人物、景物、事件的看法）。（精读）

写出启发。要联系生活实际、社会背景等谈体会、讲道理，或在文章结尾处写出读完文章后的联想。（精读）

提出疑问。可以是不理解的内容，可以是不赞成的内容，也可以是对文章的修改建议。另外，也可以提出一些较深刻的问题，不一定就能找到答案的问题。（精读）

批注的字体不要太大，字数不宜太多，内容要精练，但语句一定要通顺，意思要完整。批注的位置有眉批（题目旁边）、旁批（正文旁边）、尾批（文章结尾处）。

3. 运用摘要、批注等方法深入阅读《水浒传》。

4. 评选"小圣叹"。

任务二　我为水浒人物画像

1. 交流阅读进展，说说近期阅读给自己印象最深的水浒人物。

2. 谈人物绰号，感受语言魅力。

（1）人物、绰号"对对碰"。

智多星	扈三娘
混江龙	朱　仝
小温侯	吕　方
美髯公	吴　用
一丈青	李　俊

（2）小组讨论并发现绰号的命名方式，合作完成。

有意思的绰号

以武器命名	以（　）命名	以（　）命名	以（　）命名	以（　）命名	……

（3）讨论绰号流传于世并被人喜欢的原因。

（4）通过绰号体会人物特点。

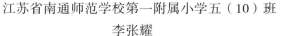

江苏省南通师范学校第一附属小学五（10）班　　　　江苏省南通师范学校第一附属小学五（10）班
　　　　　　李张耀　　　　　　　　　　　　　　　　　　吴雨桐

3. 评水浒"最"人物，感受人物形象。

（1）《水浒传》中，人物众多且刻画生动，边读边记录。

水浒人物"最"评选

最勇敢的人： 因为：	最聪明的人： 因为：
最卑鄙的人： 因为：	最有趣的人： 因为：
最＿＿＿的人： 因为：	最＿＿＿的人： 因为：

江苏省南通师范学校第一附属小学五（10）班
黄烨辰

江苏省南通师范学校第一附属小学五（10）班
茅若愚

（2）为水浒人物画像。

水浒人物你来猜

三言两语话水浒人物
（对人物特点进行三言两语描述，但不能出现人物名）
（水浒人物画像）

（3）观画展，竞猜水浒人物。

江苏省南通师范学校第一附属小学五（10）班
贾昱凯

江苏省南通师范学校第一附属小学五（10）班
吴雨桐

任务三　我最爱的故事分享

1. 交流阅读进展，聊聊阅读至今最喜爱的水浒故事。
2. 制作最爱水浒故事时间轴。
3. 根据时间轴，讲最爱水浒故事梗概。

江苏省南通师范学校第一附属小学五（10）班　　　江苏省南通师范学校第一附属小学五（10）班
秦筱冉　　　　　　　　　　　　　　石沁玥

任务四　我是说书人

1. 回顾近期阅读，聊聊全书最精彩的片段。
2. 听评书。
（1）欣赏单田芳《水浒传》评书片段。
（2）讨论说书注意点（声音洪亮、抑扬顿挫）。
3. 练说书。
（1）课后将最爱的水浒片段试着用说书的形式练习讲述。
（2）评选最佳说书人。

读后：分享交流延伸活动

任务一　问英雄出处，品人物个性

1. 制作英雄榜。
（1）结合作业单二，畅谈心中水浒英雄。
（2）制作"水浒英雄排行榜"。

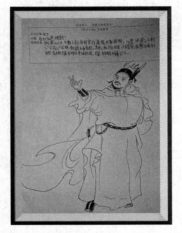

江苏省南通师范学校第一附属小学五（10）班 贾昱凯

2. 采访英雄人物。

（1）小组合作，完成采访提纲。

假设你们是梁山小报的记者，现在有一项采访任务，就是上梁山采访榜单中的一位水浒英雄。你的问题是什么？再预测一下那位英雄可能给出的答案。

江苏省南通师范学校第一附属小学五（10）班　江苏省南通师范学校第一附属小学五（10）班
　　　　　　　　吴雨桐　　　　　　　　　　　　　　　　　贾昱凯

（2）角色扮演，模拟采访。

任务二　与作者对话，立体感知《水浒传》

1. 读施耐庵轶事。

两个月来，我们品水浒人物，读水浒故事，好不痛快。如此经典，一定要好好感谢这本书的作者——施耐庵。

关于施耐庵，历史上流传着不少关于他的小故事。

（一）黄狗变老虎

小说中武松景阳冈打虎，写得栩栩如生。据说当时施耐庵不过是到大宅里村后的后阳冈散步，见有条黄狗睡在松树下，一名庄丁武阿二把黄狗打跑了。施耐庵回家便以此为原型进行创作，把后阳冈改作景阳冈，黄狗变成吊睛白额大虫（老虎），武阿二成了武松。

（二）施耐庵教画

相传施耐庵在大宅里坐馆教学时，还经常教学生画画。他要求严格，每次只教一幅人物画，直到学生画好后再教另外一幅。他前后教学生画了108幅。这些画，张张面孔不一样，个个动作不同，神态各异，个性有别。他刻画的108个人物形象，据说就是《水浒传》里的一百单八将。

（三）拳打恶霸

明朝初年的一天，施耐庵在一座茶山上游玩，正遇见一个恶霸在强夺农夫的茶园。他十分气愤地赶上前去阻止。恶霸见来人理直气壮，只好偷偷地溜了。可是事后，恶霸打听到来人的住处后，便花钱雇了一帮打手，围住施耐庵的居所。施耐庵见此情景，只是微微冷笑，便坦然自若地迈出了门。打手们见他赤手空拳，便一哄而上。其中一个黑脸大汉，手举根铁棒挟着风声朝施耐庵的头顶劈来。施耐庵侧身摆头，一个"顺风扯旗"，让过了棒锋，双手就抓住了铁棒，同时飞起右脚，正好踢在大汉的小腹上，那家伙便滚出一丈多远。施耐庵舞起夺来的铁棒，一阵旋风般的横扫，吓得那帮家伙四处逃窜。

（四）棒打无赖

有一年的元宵节，施耐庵上街观花灯。忽然看见一个恶少在街尾侮辱一名妇女。他怒火顿起，用右手将那家伙提起，然后像摔死狗似的将他摔在地上。恶少吓得连连磕头求饶，施耐庵这才饶了他。谁知第二天，那家伙纠集了七八个无赖前来报复。施耐庵不慌不忙地找来一根粗绳，让无赖们用绳子拴住他的双腿，然后叫他们用力拉。可是，尽管他们一个个累得脸红脖子粗，施耐庵的双脚像生了根，纹丝不动。接着，他取出铁棒，一记"乌龙摆尾"，便将身旁的一棵大杨树"咔嚓"一声打断。无赖们见他有如此功力，才知道是遇上了高手，个个叩头认输了。后来，施耐庵在写《水浒传》时，还将这段亲身经历融进鲁智深在大相国寺降伏众泼皮的情节中去了呢。

2. 给施耐庵写信。

读过施耐庵的轶事，再看水浒，想必你心中有很多话想说吧。现在让我们来一次穿越，给施老先生写一封信吧——

 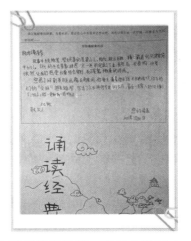

江苏省南通师范学校第一附属小学五（10）班　江苏省南通师范学校第一附属小学五（10）班
　　　　　　贾昱凯　　　　　　　　　　　　　　　　吴雨桐

任务三 自评自测

1. 水浒知识我来答。

（1）学生自制水浒知识题。

（2）集中整理知识题，学生随机抽取题目闯关。

① 《水浒传》的作者_____，朝代_____，它是我国第一部_____小说。

② "景阳冈打虎""醉打蒋门神"等说的是《水浒传》中的一位传奇英雄_____。

③ "花和尚倒拔垂杨柳　豹子头误入白虎堂"中，"豹子头"指的是_____。

④ 《水浒传》中，_____也被称为"赛诸葛"，他的绰号是_____。

⑤ 《水浒传》中，冒充李逵拦路打劫，最终被李逵一刀打翻在地的人是_____。

⑥ 《水浒传》中，吴用与一伙好汉在"黄冈泥上巧施工"，干了一件大事是_____。

⑦ 《水浒传》中，身怀绝技的三位英雄有：_____、_____、_____。

⑧ 《水浒传》中，坚决反对招安的头领是_____、_____。

⑨ 《水浒传》中，主张招安的头领有_____和_____。

⑩ 宋江手下五虎将是指_____、_____、_____、_____、_____。

⑪ 梁山一百单八将中第一个出场的人物是_____，他的绰号是_____。

⑫ 《水浒传》中三位女将分别是_____、_____、_____，绰号分别是_____、
_____、_____。

⑬ 宋江最后是被_____毒死的？

⑭ 武松血溅鸳鸯楼，在墙上写下了八个字_____。

⑮ 《水浒传》中，唯一一位以农家子弟身份入伙的好汉是_____。

……

（参考答案：① 施耐庵、元末明初、章回体小说　② 武松　③ 林冲　④ 吴用、"智多星"　⑤ 李鬼　⑥ 智取生辰纲　⑦ 善盗的鼓上蚤时迁、善射的小李广花荣、善行的神行太保戴宗　⑧ 武松、李逵　⑨ 宋江、卢俊义　⑩ 关胜、林冲、秦明、董平、呼延灼　⑪ 史进、九纹龙　⑫ 扈三娘、孙二娘、顾大嫂；一丈青、母夜叉、母大虫　⑬ 高俅等奸臣　⑭ 杀人者，打虎武松也　⑮ 九尾龟陶宗旺）

2. 水浒故事我来讲。

（1）讲给同学听。

（2）讲给长辈听。

3. 水浒豪杰我思辨。

（1）思辨题1：读过第十二回《梁山泊林冲落草　汴京城杨志卖刀》，体会牛二和杨志的不同表现。想一想，如果把杨志换成武松、李逵或鲁达，又会有怎样不同的表现呢？为什么？

（2）思辨题2：在梁山，武力和智力哪个更重要？

（3）学生自由分组，选择一题，展开讨论。

（编写人：陈烨；指导者：陆伟、王爱华）

《红楼梦》阅读教学设计与实践

教学解读

《红楼梦》，中国古代章回体长篇小说，古典四大名著之一。一般认为前八十回的作者是清代作家曹雪芹（1715—1763）。他年少时锦衣玉食，后曹家获罪被抄家后生活潦倒，最后因无钱治病过早离世。经历家族的由盛而衰，感受世态炎凉、人情冷暖，让他对当时的社会人生有了清醒而深刻的认识。

《红楼梦》又名《石头记》《金玉缘》等，以贾、史、王、薛四大家族的兴衰为背景，以贾宝玉、林黛玉、薛宝钗的爱情悲剧为主线，多角度地刻画了中国封建社会的世态百相，是中国封建社会的百科全书，中国传统文化的集大成者，中国古典小说的巅峰之作，创造了从一本书到一门"红学"的奇迹。

小学生阅读《红楼梦》，能从中初步感受到四大家族从荣华富贵走向破落衰败的历史必然，从宝黛爱情故事中萌发人与人之间的真挚情感，从各具特点的众多人物、错综复杂的人物关系、宏大的叙事结构、环环相扣的故事情节、丰富生动的语言，体会到作者高超精湛的艺术手法，从书中诗词歌赋、礼仪典制、亭台园林、饮食烹调、医药健康等包罗万象的知识感受中华传统文化的博大精深。可引导学生采用预测、速读、联结、比较、批注等阅读策略进行阅读，产生阅读中国古典名著的兴趣，初步掌握古典长篇小说的基本阅读方法。

阅读目标

1. 了解章回体小说的创作特点，借助"回目"猜测每回的主要内容，感受古典名著的艺术魅力，产生阅读兴趣。

2. 自主制订阅读计划，将合理预测、前后联结、借助资料、批注阅读、绘制思维导图等阅读策略运用到《红楼梦》的阅读实践中，养成良好的阅读习惯。

3. 以书中主要人物展开主题阅读，在品读经典故事的过程中，感知鲜明的人物特点，感受人物形象魅力。乐于与同学分享自己的阅读收获与成果。

活动安排

阅读阶段	阅读过程	阅读时间	活动内容
读 前	导读活动	30 分钟	1. 阅读封面，知道书名及其他名称。 2. 了解版本，根据阅读需求、喜好选择合适的版本。 3. 阅读前言、回目，把握全书内容与结构。 4. 回顾古典长篇小说的基本阅读方法，阅读经典章回。 5. 观看《红楼梦》影视片段，结合书中相应内容，产生阅读兴趣。
读 中	自主阅读	1 周	1. 双人结对，制订阅读计划表，相互督促打卡。 2. 了解作家，完善作家卡片。 3. 记录阅读过程中产生的问题、解决方法及找到的答案。 4. 挑选阅读过程中印象深刻的场景，勾画批注。
	推进活动	2 周	1. 小组合作，理清大观园结构图和人物关系图。 2. 交流印象深刻的场景，分享"美在此刻"。 3. 品读语言，感知人物性格。
读 后	分享交流 延伸活动	40 分钟	1. 班级红楼知识闯关。 2. 交流展示阅读成果（红楼文化展板、思维导图等）。 3. 红楼周边产品设计。

读前 导读活动

任务一 初入红楼，感知魅力

1. 观影片，引书名。

（播放 1987 年版《红楼梦》黛玉进贾府的画面）

这段画面你们熟悉吗？它就出自我国古典四大名著之一——《红楼梦》，你对这本书有什么样的了解呢？

2. 聊红楼，谈影响。

（1）了解书名来由及别名。

这本书曾有如下书名：《石头记》《情僧录》《风月宝鉴》《金陵十二钗》《金玉缘》，其中曾经流传最广的是《石头记》，这本书的开头"楔子"部分就写道："原来就是无材补天、幻形入世，蒙茫茫大士、渺渺真人携入红尘，历尽离合悲欢、炎凉世态的一段故事"。

同学们，你们在阅读的过程中还可想想其他书名的来由。

（2）出示后人对《红楼梦》的评价。

关于《红楼梦》，很多人都有过自己的评价，以下是其中一部分：

《红楼梦》乃开天辟地、从古到今第一部好小说，当与日月争光，万古不磨者。

——黄遵宪（清代外交家、政治家）

在古今中外众多的长篇小说中，《红楼梦》是一颗璀璨的明珠，是状元。中国其他长篇小说都没能成为"学"，而"红学"则是显学。

——季羡林（国学大师、文学家、教育家）

《红楼梦》是我们中华民族的一部古往今来绝无仅有的文化小说；是我们中华民族文化的代表性最强的作品；它是我们中华文化史上的一部最伟大的著作。

——周汝昌（红学泰斗）

不仅是中国人，国外的很多著作、知名报刊上也有极高的评价：

《红楼梦》是一部非常高级的作品，它的情节复杂而富有独创性。

——1910 年版《大英百科全书》

这本史诗般的巨著以白话文而非文言文写就。全书中出现了 400 多个人物，以一个贵族家庭中的两个分支为主线，讲述了一个凄美的爱情故事，充满人文主义精神。

——2014 年英国《每日电讯报》

（3）了解《红楼梦》的影响力。

《红楼梦》问世不久，曾经以手抄本的形式流传了 30 年，被人们视为珍品。有资料中提及，当年该书风靡一时，一旦有人抄录好就有多人抢购，售价高昂。活字印刷出版后，《红楼梦》立即流行南北。

《红楼梦》不仅有藏、蒙、维吾尔、哈萨克、朝鲜等多种少数民族文字的译本，且已被翻译成英文、俄文、德文、日文、法文、韩文、意大利文等 30 多种语言，有 100 多个译本，全译本就有 26 个。

历来以《红楼梦》为题材创作的诗、词、戏曲、小说、电影不胜枚举。

两百年来，对《红楼梦》的研究工作一直没有间断，并有大量的研究著作产生，成为一种专门的学问——"红学"，这在中国文学史上是罕有的现象。

总结：这是一本值得我们反反复复去品读，去赏鉴的古典著作。看了对《红楼梦》的评价，了解了它的影响力，你是不是也迫不及待想捧起它了呢？

3. 说作者，知背景。

（1）认识作者，了解生平。

本书的作者有很多争议，比较权威的说法认为前八十回是曹雪芹所著，后四十回是高鹗续写。很多研究也认为这本书是根据曹雪芹为原型创作的，了解他的生平对我们同学的阅读大有帮助。

（2）查阅资料，制作作家卡片。

本书中的很多情节都能与曹雪芹的人生经历相关联，我们可以通过查阅资料，制作作家卡片。与小说可能的联系，我们可以在阅读过程中完善。

《红楼梦》作家卡片

作家姓名：_____　　生卒年月：_____
主要经历：　　　　　与小说可能的联系（边读小说边完善）
_____　　_____
_____　　_____
_____　　_____
作家印象：_____
资料来源：_____

4. 关注版本，选择合适的阅读版本。

《红楼梦》的版本很多，有精简版，如人民教育出版社 2020 年出版的，选取了其中主要的 40 回，让我们对这本巨著有大概的了解；有 120 回全的版本，如人教版 2020 年第 16 次印刷的全版本；也有加入了评论的，如上海三联出版社出版的《脂砚斋评石头记》……同学们可以根据自己的实际情况来选择阅读，以前没有接触过古典名著的同学可以选择精简版来读，如果有一定阅读基础的同学可以选择全版本或评论版来读。

任务二　回顾方法，指导阅读

1. 回顾方法，尝试阅读。

《红楼梦》是一部鸿篇巨制，篇幅比较长，语言与我们平时阅读的白话文有所不同。我们可以怎么提高阅读速度呢？

提示：回顾第二单元语文园地"交流平台"中的解决策略。

（1）联系上下文猜测语句意思。如：宝黛初见时，对黛玉的外貌描写是一段诗词，我们不需要逐字逐句理解，知道大意是写黛玉美貌的就可以。

（2）遇到较难理解的词句，不用反复琢磨。如：《红楼春趣》选自原著第 70 回，其中的"剪子股儿""籰子"等词语比较难理解，只要知道是与风筝有关的物品就可以了。

（3）借助资料了解书中内容。如：《大观园试才题对额》中写到"只见迎面一带翠嶂挡在前面"，查资料可以知道，古典园林中常用这种"障景"方法，既是一种景观，也让人对后面的景色充满期待。有了这样的补充，对中国传统文化，就有了更深的理解。

（4）结合影视剧加深理解。1987 年版的《红楼梦》电视连续剧是经典，对原著的还原度很高，可以在阅读的过程中看看，对阅读大有帮助。

2. 赏读回目，发现特点。

（1）欣赏回目，发现语言特点。

包括《红楼梦》在内的我国四大古典名著都是章回体小说，一回或是若干回组成了一个相对完整的小故事，连起来就串成了一个长篇故事。

小说的每一回都有一个小题目，我们称之为回目。我们来读读这些回目，看看它们的语言具有什么样的特点呢？（男生、女生对读）

交流：这些回目给你留下了什么印象？

小结：回目简洁凝练，对仗工整，也给人艺术的享受。

（2）初读回目，发现主要人物。

《红楼梦》全书出场人物近千人，有些是我们耳熟能详的。再读读回目，看看能不能发现主要人物，有哪些是你特别熟悉的呢？能说说你对这些人物的了解吗？

交流：林黛玉、贾宝玉、薛宝钗、王熙凤、刘姥姥、史太君，等等。

提示：这部小说出场人物众多，初读的时候我们可以先关注主要人物，关注与之相关的主线故事，用思维导图的形式理清他们之间的关系，在以后的阅读中可以再关注其他人物，逐步充实思维导图。

（3）连读回目，猜测主要内容。

看回目就可以知道每一回主要讲了什么，同学们在阅读整本书之前，可以读读回目，快速地从整体上了解全书的经典内容，这也是提高阅读速度的好方法。

除了单独读某一个章节的回目，我们还能怎么读回目呢？

提示：把同一个人物的回目放在一起读一读，也会有所感悟，请同学们现在读读看。

预设（关于林黛玉）：

滴翠亭宝钗戏彩蝶　埋香冢黛玉泣残红

宝玉庆寿夜宴群芳　黛玉感伤提诗五美

人亡物在宝玉填词　杯弓蛇影黛玉绝粒

林黛玉焚稿断痴情　薛宝钗出闺成大礼

总结：将回目前后勾连着读，可帮助我们快速地从整体上初识人物形象，推测人物性格。

3. 运用方法，阅读经典片段。

我们学习了阅读章回体古典名著的方法，在阅读的时候就要有意识地灵活运用，才能够读有所获。（可利用思维导航图帮助思考）

出示《托内兄如海荐西宾　接外孙贾母惜孤女》片段：

一语未了，只听外面一阵脚步响，丫鬟进来笑道："宝玉来了！"黛玉心中正疑惑着："这个宝玉，不知是怎生个惫懒人物，懵懂顽童？"……看其外貌最是极好，却难知其底细。

任务三　私人订制，制订计划

1. 私人订制，赏他人计划。

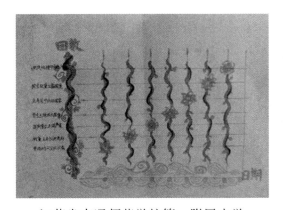

江苏省南通师范学校第一附属小学
五（15）班　陈可瑾、陈可瑜

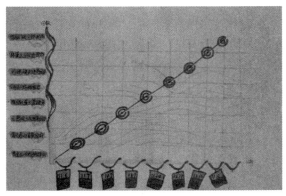

江苏省南通师范学校第一附属小学
五（15）班　王浩睿、韩子睿

2. 小组结对，订共读计划。

双人结对阅读打卡。两人一组，每天聊聊《红楼梦》中事，说说《红楼梦》中人。

请翻一翻目录，预估自己阅读每一章所需的时间，制订一份阅读计划表。出示阅读计划表示例，思考：你看懂了什么？阅读计划又该怎样做呢？与阅读伙伴交流。

阅读书目	《红楼梦》		
阅读时限	月　　日—　　月　　日（共　　天）		
阅读伙伴			
阅读时间	阅读章节（页码）	完成任务的满意度自评	伙伴评价
第一天		☆☆☆☆☆	☆☆☆☆☆
第二天		☆☆☆☆☆	☆☆☆☆☆
第三天		☆☆☆☆☆	☆☆☆☆☆
……		☆☆☆☆☆	☆☆☆☆☆

交流点拨：制订阅读计划不仅要考虑页码，也要考虑章节，每天尽量阅读到一章节结束的地方。每天要与伙伴互相监督，并对自己的阅读情况进行反馈，以保证自己的阅读进度和阅读质量。

读中　自主阅读推进活动

活动时间：每次 20 分钟，一次围绕一个主题

任务一　赏魅力大观园

1. 读文字，了解大观园。

（1）读回目，找具体描绘大观园的章节。

第十七回《大观园试才题对额　荣国府归省庆元宵》。

（2）运用方法，读读具体章节。

了解大观园是因何而建？里面有哪些院落？

在阅读过程中你们遇到了什么困难？运用了什么方法来解决？

2. 小组合作，制作大观园手绘导览图。

（1）出示风景区手绘地图，明晰地图绘制方法。

提示：注意方位，抓住特点，简要标识。

（2）根据文字，制作大观园导览图，标识典型景物。

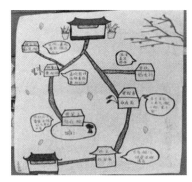

江苏省南通师范学校第一附属小学
五（15）班　蔡俊唯

江苏省南通师范学校第一附属小学
五（15）班　胡熙尧

江苏省南通师范学校第一附属小学
五（15）班　陈增陆睿

江苏省南通师范学校第一附属小学
五（15）班　陆韬毓

（3）知人物，发现人名、园名的联系。

红楼之美让我们流连忘返，难以忘怀，每个院落都有动人的故事，每个主人都有鲜明的性格，从住所也可以窥探出人物特点。

☆潇湘馆

潇湘馆种着许多湘妃竹，林黛玉很喜欢竹子。竹子象征高洁、坚贞，且竹子上有点点泪斑，就像美人在落泪，这与黛玉多愁善感的性情很吻合。

☆蘅芜苑

蘅芜是一种香草，宝钗住处里种着许多奇花异草，飘散着芬芳香味。蘅芜苑室内简约质朴，这与宝钗的性格相近，宝钗追求的就是简简单单的生活。

☆怡红院

它的主人是贾宝玉，这是大观园中最雍容华贵、富丽堂皇的院落。人人皆知，宝玉爱红，爱与女孩子们一起玩，他也很尊重女孩、保护女孩。"怡红"二字恰是把宝玉性情形容得非常贴切了。

☆秋爽斋

这是探春住的地方，种着探春最喜爱的芭蕉和梧桐。芭蕉这种植物，既有北方人的粗豪，也有南方人的精细，正如探春的性格，既有北方的豪放，又有南方的婉约。梧桐，象征着高洁美好的品格，正如探春一样。

☆栊翠庵

是妙玉的住所，种有红梅，妙玉还曾邀请黛玉、宝钗来品"梅花雪"，这也突出了妙玉孤僻高洁的性格。

……

3. 大观园最佳观景胜地评选。

（1）制作大观园最佳观景胜地推荐卡。

大观园最佳观景胜地推荐表	
名称（画）	推荐理由

（2）互读推荐表，投票。

（3）公布最佳观景胜地。

任务二　细说红楼人物

1. 制作主要人物谱。

（1）细读第二回，认识主要人物。

（2）制作思维导图，绘制荣、宁二府主要人物关系图。

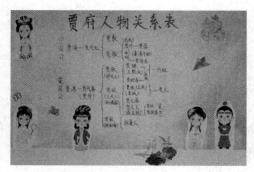

江苏省南通师范学校第一附属小学
五（15）班　李熠陆

江苏省南通师范学校第一附属小学
五（15）班　石陈悦

（3）根据思维导图，讲讲人物关系。

2. 红楼人物秀场。

（1）感受人物形象，完成"红楼人物秀"。

手持花锄感花伤己，饱含着黛玉的悲愁；醉酒之后，在大青石上酣眠贪睡，透露出湘云的英气；完全自然地表达真实的自己，无惧主仆之别，手撕折扇的场面看了真让人畅快淋漓，这是属于晴雯的任性……请你摘抄书中令你印象最深刻的人物描写，自己读一读。

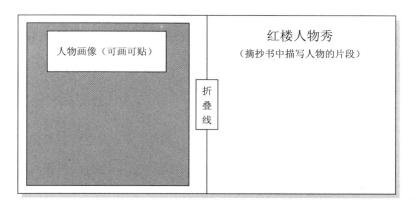

（2）你读我猜，猜猜红楼人物。

和同伴开展"你读我猜"的游戏，将"红楼人物秀"卡片的左半部分折进去，读右半部分的摘抄片段，猜猜这个人物是谁，再请他说说判断的理由。

（3）我眼中的红楼人物，说说人物性格。

猜出人物后，说说自己在阅读《红楼梦》后对这个人物的印象。

任务三　盘点精彩时刻

1. 主要人物大事谱。

（1）按时间顺序梳理人物相关大事件。

（2）交流作家卡片，与相关大事件关联，看看作者经历与这些大事间有何关联。

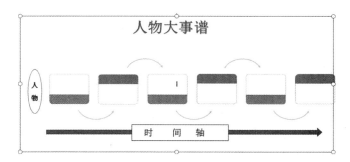

（3）根据人物大事谱，讲讲人物经历。

每个红楼人物都有属于他的精彩时刻，先用简练的语言说一说故事发生的场景，再加上两三句你发自肺腑对人物的赞美，你就捕捉到了人物的精彩时刻！请同学们在人物谱上将你最喜欢的红楼人物的精彩时刻写下来，配上相关插画。大家可以欣赏这几位同学眼中的"精彩时刻"。

江苏省南通师范学校第一附属小学
五（15）班　凌晨宇

江苏省南通师范学校第一附属小学
五（15）班　夏天怡

江苏省南通师范学校第一附属小学
五（15）班　顾萱萱

江苏省南通师范学校第一附属小学
五（15）班　李邹邹

2. 分享"精彩时刻"。

（1）挑选最精彩的大事，读一读。

（2）说说挑选理由。

3. 评点"精彩时刻",立体感知人物性格。

分享过程中,一起完成人物事件图,共同感受人物的立体性格。

（1）薛宝钗专场。

（2）贾宝玉专场。

（3）林黛玉专场。

（4）王熙凤专场。

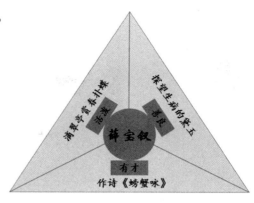

薛宝钗人物事件图

任务四　初探红楼文化

1. 红楼中的文化味。

（1）感知《红楼梦》的文化味。

"记录清代贵族生活的珍贵资料"。

（2）寻找感兴趣的内容,选择研究主题。

人物服饰、风土人情、器物摆设、美食佳肴……

2. 照样子制作小展板。

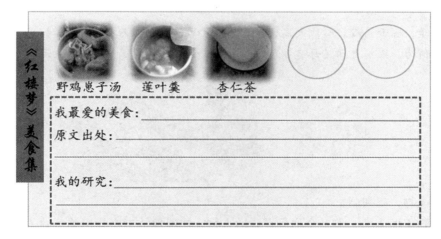

3. 红楼文化品鉴会。

读后　分享交流延伸活动

任务一　读红楼判词,感受语言魅力

1. 判词与人物。

（1）听判词,猜人物(出示判词、人物姓名、人物画像)。

《红楼春趣》一课带我们走进了美好的红楼生活,这段时间我们一起阅读了《红楼梦》,你们觉得怎么样?

《红楼梦》的味道尝不尽、说不完,里面的判词也蕴含深意,我们一起玩"听判词,猜人物"的游戏，第一个答对的同学即可获得同款红楼人物书签。

可叹停机德，堪怜咏絮才。玉带林中挂，金簪雪里埋。（林黛玉、薛宝钗）

凡鸟偏从末世来，都知爱慕此生才。一从二令三人木，哭向金陵事更哀。（王熙凤）
二十年来辨是非，榴花开处照宫闱。三春争及初春景，虎兕相逢大梦归。（贾元春）

霁月难逢，彩云易散。心比天高，身为下贱。风流灵巧招人怨。（晴雯）
富贵又何为，襁褓之间父母违。展眼吊斜辉，湘江水逝楚云飞。（史湘云）

（2）看人物，找判词。

红楼人物美丽多情，选一个你最喜欢的人物，快速地从书中找出关于她（他）的判词，摘抄下来。

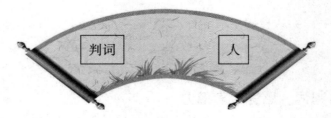

判词　　　人

2. 读判词，感受语言魅力。

（1）联系人物大事谱，感受判词与人物经历关系。

① 读一读。读一读摘抄的判词，用自己的话说一说诗句的意思。

② 想一想。联系人物的经历再读一读判词，你发现了什么？

【可叹停机德，堪怜咏絮才。玉带林中挂，金簪雪里埋。】

"停机德"：符合封建道德标准的女人被称为具有"停机德"。这里是赞叹宝钗。

"咏絮才"：称赞能诗善文的女子。这里喻指应怜惜黛玉。

"玉带林中挂"：倒过来是指"林黛玉"。好好的玉带沦落到挂在枯木上，是黛玉才情被忽视，命运悲惨的写照。

"金簪雪里埋"：是指薛宝钗如金簪一般被埋在雪里，也是不得其所，暗示薛宝钗必然遭到冷落孤寒的境遇。她虽然当上"宝二奶奶"，但好景不长，终在宝玉出家离去后，空守闺房，成了封建礼教的牺牲品。

【凡鸟偏从末世来，都知爱慕此生才。一从二令三人木，哭向金陵事更衰。】

"凡鸟从末世来"：凤姐这么一个能干的女强人生于末世的不幸，"凡鸟"暗指王熙凤。

"一从二令三人木"指的是丈夫贾琏对凤姐的态度变化。

"哭向金陵事更衰"是她被休弃后哭着回娘家的悲哀写照。

……

小结：判词暗示了人物最后的结局，判词也写尽了红楼儿女一生的命运。

（2）品味判词之精妙。

读着这些判词，你感受到什么？

小结：红楼判词朗朗上口，红楼人物多姿多彩，红楼故事熠熠生辉，曹雪芹不愧是大家。判词是一首首精妙绝伦的诗，读起来韵味盎然，从判词中也可以窥探到人物的命运轨迹，读起来意味深远。

任务二 演红楼故事，感知人物性格

1. 红楼故事我来演。

（1）少儿影视看一看。

我们语文课本上还告诉我们：读古典名著时，可以结合影视剧来阅读。几年前，一群和我们同学差不多年纪的小戏骨，饰演了少儿版《红楼梦》，受到了广大观众的欢迎和喜爱，你们想看吗？我们来欣赏一下黛玉进贾府的片段吧！（播放视频）

从视频中你看到了什么？

（2）红楼片段对照读。

快速地翻阅《红楼梦》，在书中找到黛玉进贾府的片段读一读。

黛玉坐着轿子到了荣国府，被婆子搀着进了垂花门，过了穿堂，进到屋内……她们就是贾府的三位小姐迎春、探春和惜春。黛玉和她们一一行礼相认。

（3）回顾书中令你印象最深的画面。

如：刘姥姥逗笑、黛玉葬花、宝玉探望黛玉、湘云醉眠、宝钗扑蝶、晴雯补裘……

（4）小组合作演一演。

找到书中相应章节，小组交流，选择一个最爱的片段，揣摩、练习如何表演。

2. 班级红楼演出会。

各小组依次上台表演，评选出最佳表演奖。

（相关剧照一）　　　　　　　　　　（相关剧照二）

3. 深入感知人物性格，品读人情冷暖。

（1）采访观众感知性格。

如："刘姥姥逗笑"的场面描写可谓小中见大，同中有异，千姿百态，一笑传神。这其乐融融、充满欢笑的场面中，你能感受到人物不同的性格吗？

湘云豪爽大气，毫无拘束，因此会将饭笑喷出来；黛玉体弱多病，因此笑得娇媚，笑岔了气是她身体柔弱的自然流露；宝玉笑时还不忘给他的老祖宗撒娇，贾母对宝玉的撒娇则是慈爱有加，可见宝玉性格的乖张独特；王夫人笑责凤姐的恶作剧，显现出其当家太太的身份；丫鬟则因为地位低下，在主人面前不可随意大笑，因此多半是忍着。

（2）采访演员感知性格。

① 黛玉葬花时，怀着怎样的心情？

黛玉将花的命运与人的命运联系在一起，既有对落花易逝，红颜易老的感慨，也暗含出她对前途未卜的忧心。

② 宝玉在暴风雨之夜探望生病的黛玉，从中你看懂了什么？

宝玉用情至深令人心生温暖；宝玉、黛玉的感情真挚细腻……

小结：《红楼梦》不仅有生动丰富的场景，有鲜明迥异的人物，更饱含着人生百态、人情冷暖，历经百年后读起来依然打动人心。在用提高阅读速度的策略高效率地读完这本书后，建议同学们假期里再细细品读，你又会有不一样的发现。

任务三　自评自测

知识大闯关，争当红楼研究员

1. 红楼知识我来答。

（1）学生自制红楼知识题。

（2）集中红楼竞赛题，随机抽取闯关。

填空题：

①《红楼梦》原名_____，前八十回的作者是_____。

②《红楼梦》中被册封为妃的是_____之女_____。

③ "一个是阆苑仙葩，一个是美玉无瑕"，其中，"阆苑仙葩"指的是_____，"美玉无瑕"指的是_____。

④ "花谢花飞花满天，红消香断有谁怜？……一朝春尽红颜老，花落人亡两不知！"这首诗出自_____之手。

⑤ 金陵十二钗中，才思敏捷，活泼直爽，快人快语，但家道中落后寄人篱下，命运悲

惨的人是_____。

⑥ 贾府的"四春"分别是：孤独的_____，懦弱的_____，精明的_____，孤僻的_____，取"_____"之意。

⑦ 贾宝玉佩戴的是_____，薛宝钗佩戴的是_____，史湘云佩戴的是_____。

⑧《红楼梦》中最长的一首诗是_____写的《芙蓉诔》。

⑨《红楼梦》中结的两个诗社分别是_____和_____，社长是_____和_____。

⑩ 宝玉梦游太虚幻境时，饮的仙茶叫_____，品的酒叫_____，听的歌曲名叫《_____》。

……

（参考答案：①《石头记》或《金陵十二钗》或《情僧录》、曹雪芹　②贾政、贾元春　③林黛玉、贾宝玉　④林黛玉　⑤史湘云　⑥元春、迎春、探春、惜春、缘因叹息　⑦通灵宝玉、金锁、金麒麟　⑧贾宝玉　⑨海棠社、桃花社、李纨、林黛玉　⑩千红一窟、万艳同杯、红楼梦）

选择题：

① "金陵十二钗"中，带发修行的是哪位女子？（　　　）

A. 贾惜春　　　　B. 妙玉　　　　C. 巧姐　　　　D. 史湘云

② 紫鹃是谁的贴心丫头？（　　　）

A. 薛宝钗　　　　B. 林黛玉　　　　C. 王熙凤　　　　D. 史湘云

③ 宝玉给黛玉起的表字是什么？（　　　）

A. 颦颦　　　　B. 潇湘妃子　　　　C. 可卿　　　　D. 宫裁

④ 大观园原名叫什么？（　　　）

A. 省亲别墅　　　B. 怡红院　　　C. 有凤来仪　　　D. 天仙宝镜

⑤ 宝玉挨打的原因，是其父贾政听信了谁的谗言？（　　　）

A. 贾环　　　　B. 贾赦　　　　C. 贾珍　　　　D. 赵姨娘

⑥ 贾府中的奴仆一般有三个来源：买来的，家生子和陪房。下列奴仆中哪一个不是家生子？（　　　）

A. 袭人　　　　B. 鸳鸯　　　　C. 司棋　　　　D. 金钏

⑦ 下列事件发生在藕香榭的是哪个？（　　　）

A. 晴雯撕扇　　B. 螃蟹宴　　C. 刘姥姥吃鸽蛋　D. 平儿理妆

⑧ 下列对联挂在太虚幻境的是哪副？（　　　）

A. 世事洞明皆学问，人情练达即文章

B. 假作真时真亦假，无为有处有还无

C. 烟霞闲骨格，泉石野生涯

D. 勋业有光昭日月，功名无间及儿孙

⑨ 抄检大观园时，唯一没有被抄检的住房是？（　　　）

A. 潇湘馆　　　B. 蘅芜院　　　C. 怡红院　　　D. 稻香村

⑩《红楼梦》中涉及的外国地名中哪一个是虚拟的？（　　　）

A. 暹罗　　　B. 海西福朗思牙　C. 茜香　　　D. 波斯

（参考答案：①B　②B　③A　④A　⑤A　⑥A　⑦B　⑧B　⑨B　⑩C）

2. 成立"红楼小小研究院"。

（1）聘请研究院工作人员。

从来没有一本书能够成为一门学问，《红楼梦》做到了，我们国家还设立了红楼梦研究所，旨在推动我国《红楼梦》研究事业的发展。今天，我们班级"红楼小小研究院"也正式成立了，有请知识大闯关竞赛中取得优异成绩的同学担任院长和研究员。

（2）颁发聘书。

小结：《红楼梦》是一座艺术的宝殿，气象万千，蔚为大观。人物之众多，文化之广博，思想之深邃，令人叹为观止。多读红楼梦，人的精神会变高贵，气质会变高雅，希望同学们继续用心读，成为《红楼梦》小书迷，感悟这部古典名著的无穷魅力。

任务四　做红楼"周边"，探寻文化创意

1. 浏览故宫周边产品。

近年来，庄重高冷的故宫演变成了有温情的故宫博物院，许多设计精美、寓意吉祥的故宫文创产品应运而生，它们呈现了宫廷文化，刷新了故宫印象，俘获了大众芳心。看，这些故宫周边让高冷的故宫开始变得越来越接地气。

2. 设计红楼文创产品。

这样有温度、有故事、接近生活的文创产品，会让我们的生活幸福满满。现在我们小组合作，以红楼文化为基础，发挥创意，一起设计出能彰显红楼特色的、兼具功能、审美和文化价值的文创产品。

红楼文创产品设计方案

☆ 设计意图：

☆《红楼梦》元素：

☆ 设计图：

3. 文化创意展示大赛。

展示设计方案，投票评选出最佳红楼文创奖。

（编写人：顾颖润、陆文琪；指导者：陆伟、王爱华）

第十单元 感人的成长故事

单元导读

含笑带泪的成长之旅

  成长是一段旅程，沿途有鲜花，也有荆棘。在前行的路上，笑中有泪水，泪中有喜悦。本单元"快乐读书吧"推荐的就是由《童年》《小英雄雨来》《爱的教育》等经典小说组成的一组关于儿童成长的故事。通过阅读，引导孩子去了解阿廖沙、雨来、安利柯等主人公艰辛曲折的成长历程，感受小说中鲜明可爱的儿童形象，体会他们在成长过程中所遭遇的挫折与磨难，领略他们身上所拥有的坚强与纯真，分享他们在成长途中收获的成功与欢乐，从而为自己健康成长汲取智慧和力量。

  在这组儿童成长小说中，《童年》这部书以作者自身的经历为素材，主人公童年的苦难历程与顽强的奋斗足迹形成对比，透过人物的语言、动作和心理，可以从字里行间感受到一股坚毅。在《小英雄雨来》一书中，生动精彩的故事情节，机灵活泼的人物形象，英勇无畏的英雄行为，坚定不移的爱国情操相互交织，让我们理解自古英雄出少年的真谛，让英雄的精神引领我们一路前行，茁壮成长。《爱的教育》这本书借助于独特的儿童视角，日记体的形式，通俗简短的语言和一系列的人物刻画等，为我们营造一个充满爱的世界。这三部书都紧密联系儿童的现实生活，凸显儿童成长的主题，读来倍感亲切，倍受鼓舞。

在阅读过程中，我们可以通过制订切实可行的阅读规划，开展丰富多彩的阅读活动，组织形式多样的阅读交流，让含笑带泪的故事陪伴童年。在阅读过程中我们不仅要关注小说的情节、典型的场景、生动的语言、特定的背景，还可梳理人物的关系、设计人物的卡片、制作人物的图谱、讲述人物的故事等，学习人物的品质。在阅读与分享中习得阅读整本书的方法，培养浓厚的阅读兴趣，养成良好的阅读习惯，在成长之路上树立积极的人生态度，勇敢地面对自己所遭遇的挫折和困难，让自己成长的历程也留下含笑带泪的精彩故事……

《童年》阅读教学设计与实践

教学解读

　　《童年》是苏联作家高尔基以自身经历为原型创作的自传体小说，与《在人间》《我的大学》并称"人生三部曲"，是举世公认的珍贵的文化遗产、艺术珍品。

　　小说讲述了三岁丧父的阿廖沙跟着母亲投奔外祖父后，到十一岁的童年生活，真实描写了阿廖沙的满含泪水与欢笑的成长过程和他的所见所闻，生动地再现了 19 世纪七八十年代沙俄统治时期俄国下层人民的生活状况，字里行间涌动着一股生生不息的热望与坚强。

　　小说以儿童纯真无邪的视角，抒写童年的欢乐和初涉人生的艰难苦楚，有利于学生体会与感悟人生哲理与社会意义。小说人物众多，作者用典型化的手法塑造生动的人物形象，可以帮助我们在阅读故事情节的同时理清人物关系，理解一个个性格迥异的人物。小说在现实主义创作中又融入了积极浪漫主义的乐观、自信的特点，给人以强烈的艺术感染力，能帮助我们形成正确的审美取向。同时，本书更是因对疾苦的不屈、对人生的乐观，成了一部激励我国几代青少年成长的经典读物，值得反复阅读。

阅读目标

　　1. 自主规划、阅读小说，了解全书内容，读懂故事，产生阅读更多的国内外著名成长故事的兴趣和愿望。

　　2. 围绕主人公梳理故事中的人物关系，并把人物和情节联系起来记忆，感受作品中主要人物的具体形象和精神品质，体会主人公童年成长中的苦难与欢笑，并联系自己生活有所启发。

　　3. 依托经典情节片段，学习多角度描写塑造人物形象的方法，同时感受环境描写对故事情节及人物形象的烘托作用，产生在日常写作中尝试的热情。

活 动 安 排

阅读阶段	阅读过程	阅读时间	活动内容
读 前	导读活动	1 课时	1. 通过对书名、作者及本书地位的初步感知，产生阅读整本书的欲望。 2. 选取经典桥段，品读人物的行为表现，猜想人物性格。 3. 制订规划，设计阅读记录的相关表格。 4. 了解版本，根据阅读需求、喜好选择合适的版本。
读 中	自主阅读	2 周	1. 根据阅读计划表，自主阅读，并批注。 2. 了解整本书的内容，记住主要人物和情节。 3. 记录阅读过程中的心得、思考及产生的问题。
	推进活动	2 周	1. 绘制图表，梳理人物关系。 2. 完善情节链，对故事的发展心中了然。 3. 纵观全书，重点了解主要人物相关情节，感知人物形象，制作人物名片。
读 后	交流延伸	1 课时	1. 交流对成长的感悟，做到有理有据。 2. 分享自己个性化的读书方法及进步之处。 3. 赏析环境描写的作用与方法，讨论在写作中如何迁移。

读前：导读激趣，习得方法

任务一 整体感知，产生兴趣

1. 读书名，猜内容。

揭示书名《童年》。

我们现在就在度过童年时光。提到童年，你脑子里蹦出了哪些字眼？脑海里出现了怎样的画面？

我们可以观察封面，再由自己的童年生活联想开来猜一猜，书中人物的童年可能是怎样的？

小结：没错，我们很想知道，主人公的童年是怎样的，与我们的有哪些一样的，哪些又是不同的。

2. 读简介，识作者。

这本书是谁写的？写的是谁的童年？仔细阅读封面、扉页、序言部分的文字，圈画、提炼出相关重要信息。

"文学大师以自身经历为原型创作的自传体小说"，封面上这句话告诉了我们哪些重要信息？（作者是位文学大师，写的就是他自己的童年生活，文章体裁是自传体小说）

根据序言的内容简要介绍这位文学大师——高尔基。

高尔基（1868—1936年），俄国伟大的无产阶级作家，"无产阶级艺术最伟大的代表者"（列宁语），社会主义、现实主义文学奠基人，苏联文学的创始人。他原名阿列克赛·马克西莫维奇·彼什科夫，1868年出生于俄国下诺夫戈罗德城（今高尔基城）。他早年丧父，寄居在外祖父家，其童年和少年时代是在旧社会的底层度过的。1892年，以马克西姆·高尔基（意为最大的痛苦）这个笔名，发表了处女作《马卡尔·楚德拉》。1906年，高尔基最优秀的代表作《母亲》发表了。在世界文学史上，它是一部划时代的巨著，开辟了无产阶级文学的新的历史时期。

3. 读背景，知梗概。

（1）小说所描绘的生活图景总是受一定的社会环境制约的。继续读一读本书的序言部分，说说当时的社会背景。

《童年》是高尔基自传体小说三部曲中的第一部。早在19世纪90年代，高尔基就有撰写传记体作品的念头。有一次，列宁对高尔基说："您应当把一切都写出来，老朋友，一定要写出来！这一切都是富有极好的教育意义的，极好的！"高尔基说："将来有一天，我会写出来……"不久，他实现了这个诺言。高尔基在这本书中真实地描述了自己苦难的童年，反映了当时社会生活的一些典型的特征，特别是绘出了一幅俄国小市民阶层风俗人情的真实生动的图画。它不但揭示了那些"铅样沉重的丑事"，还描绘了作者周围的许多优秀的普通人物，其中外祖母的形象更是俄罗斯文学中最光辉、最富有诗意的形象之一。是这些普通人给了幼小的高尔基良好的影响，使他养成不向丑恶现象屈膝的性格，锻炼成坚强而善良的人。

（2）作者为什么会写出这部小说？（"不但揭示了那些'铅样沉重的丑事'，还描绘了作者周围的许多优秀的普通人物""这一切都是富有极好的教育意义的，极好的！"）由此可以想见，作者的童年是充满苦难的，却也是能让他汲取成长的动力的。

（3）迅速阅读目录，完成填空，形成对小说内容的初步感知。

本书主要描写小主人公（　　　　）童年生活中的种种不幸。首先是在三岁时（　　　　），在外祖父家里又遇见（　　　　）导致外祖父让两个儿子分家。当他的母亲回家时不久有了一个不成器的（　　　　），由于他（　　　　）导致家庭不幸。当他到了上学的年龄，在学校又因为（　　　　）学校打算开除他。外祖父和母亲相继（　　　　），他成了一位（　　　　）的儿童。

总结：在读一本书之前快速地进行一番"前阅读"——封面、封底、序言、目录、提要等，做到猜想和阅读结合，理解和联想结合，可以更快地进行阅读，也更期待验证你的猜想，读书就变成一件更有意思的事了。我们可继续猜测：高尔基的童年是怎样的？或说你希望读到的是怎样的童年？读完后，或许你会惊讶地发现：世界上竟还有这样的童年！

任务二 阅读片段，习得方法

我们打开书先睹为快。

1. 关注人物关系。

快速阅读第一章。有关"父亲去世及外婆带我们回去"片段中出现了哪些人物？理清人物关系便于读懂故事。每当一个新的人物出场可以画出人名及身份。

2. 关注情节发展。

出示片段二：

萨沙站了起来，慢慢地脱了裤子，两个手提着，摇摇晃晃地趴到了长凳上。

看着他一系列的动作，我的腿禁不住也颤抖了起来。

萨沙的号叫声陡起。"装蒜，让你叫唤，再尝尝这一下！"

每一下都是一条红红的肿线，表哥杀猪似的叫声震耳欲聋。

姥爷毫不为所动："哎，知道了吧，这一下是为了顶针儿！"我的心随着姥爷的手一上一下。表哥开始咬我了："哎呀，我再也不敢了，我告发了染桌布的事啊！"姥爷不急不慌地说："告密，哈，这下就是为了你的告密！"姥姥一下子扑过来，抱住了我："不行，魔鬼，我不让你打阿列克塞！"她用脚踢着门，喊我的母亲："瓦尔瓦拉！"姥爷一个箭步冲上来，推倒了姥姥，把我抢了过去。我拼命地挣扎着，扯着他的红胡子，咬着他的胳膊。

他"嗷"地一声狂叫，猛地把我往凳子上一摔，摔破了我的脸。

（1）请一位同学绘声绘色地朗读再现当时的情景。

（2）你的脑海有怎样的画面？

（3）你的心中又怎样的疑问？

（萨沙为什么被打？姥爷为什么这么凶？我的命运如何？……）这一切都是有前因后果的。这段话让我们初步感受了主人公苦难的童年（板书：苦难），当然，生活中的他们经历的苦难还远远不止这些，书中像这样的扣人心弦的情节还有很多。

建议阅读到精彩情节及时批注。批注法：在阅读时可以把疑难问题、读书感想等随手批注在书中的空白地方。大概可以从这几方面批注：

① 注释：通过查字典等把难懂的字、词、概念写在行间。

② 提要：用精练的语言把某段的中心意思记在段旁。

③ 批语：随手写下各种感想、见解和疑问。

④ 警语：在特别值得注意的地方批注着重号等。读书是件愉快的事，建议同学们养成随手批注的习惯，即兴写来，可长可短。

3. 关注环境描写。

家里每天都挤满了人，他却很孤独，喜欢一个人坐在幽暗的角落里，晚上就坐在窗前，有时我同他挤在一起，默默地坐在窗前，整整一个钟头，一言不发，心里很愉快。从窗户里望去，能够看见一群群乌黑的寒鸦在晚霞映红的天空里绕着圣母升天教堂的金色圆顶盘旋，上下翻飞，有时飞得很高，又落下来，像一张黑色的网似的，忽然遮蔽了逐步黯淡的天空，随后就消失了，留下一片空寂。

（1）读了这段环境描写，你有哪些疑问？体会这段环境描写表达了一种甜蜜的惆怅。

（2）这段环境描写有什么作用？

提示：环境描写主要有下作用：①为人物活动提供背景。②烘托（渲染）气氛。③推动情节发展。④烘托人物形象，暗示人物的命运。⑤揭示主题，深化主旨。

（3）这本书的环境描写非常出色，阅读中可以标示出来，并简单批注它的作用。

任务三　明确目标，制订规划

1. 制订时间计划表。

读书如爬山赏景，我来过我看过，总要留下点什么在心里。读这本书，我们又认识了哪些性格迥异的人物？对哪些情节印象深刻？我们要边读边记录，在此推荐"人物关系图"和"情节发展链"两种思维导图，它们能帮助我们理清脉络，高效阅读，请纳入你的阅读计划中。

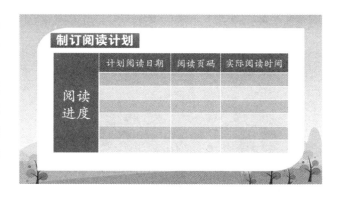

2. 设计阅读记录表（批注）。

本书人物众多，情节繁复，可以以图标的形式记录下来。

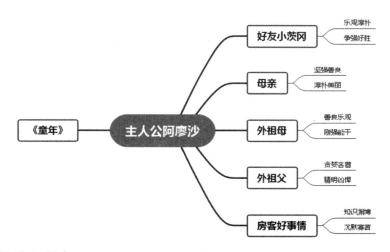

3. 设计阅读心得卡。

不动笔墨不读书。不能阅读了无痕。那些让你赞美的叙述，那些让你流连其中的描写，那些让你拊掌大笑的语句，那些令你沉思良久的议论，可以用"摘抄＋感受／点评"的形式记录下你的心路历程，绽放你思想的火花。

高尔基曾说过，"书籍是人类进步的阶梯！"同学们，就让我们一起畅游在《童年》的书海中吧！

读中：花样阅读，享受过程

任务一　索骥：理清人物关系

1. 数数出场人数。

本书人物众多，关系复杂，织成了一张网，也映射了一个小社会。阅读中可以画出出场的人物名字及身份。

2. 排排亲疏关系。

将全书人物按和主人公的关系排一排，并和已知人物建立关联，这样就会对人物关系形成一个整体的印象。

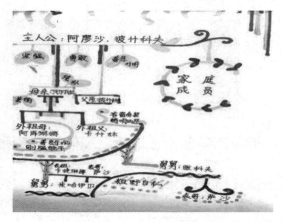

南通师范第一附属小学　陈哲轩

3. 绘制关系图表。

展示你的人物图谱，可以是一张网（网状图），一棵树（树形图）等。

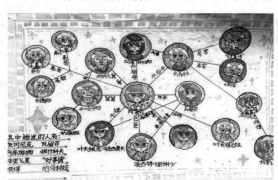
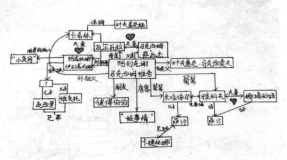

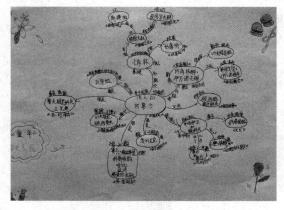
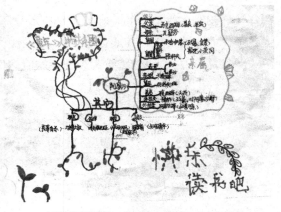

南通师范第一附属小学六（9）班　　　南通师范第一附属小学六（8）班

陈哲轩　　　　　　　　　　　　　顾梓楦

任务二 串联：跟进情节发展

1. 主人公的成长阶梯图。

4到11岁是每个人的黄金成长期。读完整本小说，你发现阿廖沙的成长大致经历了哪几个阶段？试着填一填成长梯。

南通师范第一附属小学六（8）班 顾梓楦

读小说不要走马观花，要细读情节，还能够边读边联系自己的生活，把自己的想法体会批注在空白处，这是有效阅读的好方法。

2. 重要人物相关情节链。

南通师范第一附属小学六（9）班 陈哲轩

在对重要人物画图理清关系后，可以罗列出各自相关的情节，最终会组成一条情节链。再仔细看这情节链，你会发现看似单独的故事中隐含着偶然与必然的辩证关系。比如："染坊起火"这一情节，我们会问：为什么会起火？火被扑灭了吗？后来呢？再比如：读"母子重逢"，可以追问：阿廖沙和妈妈分开了多久？妈妈为什么要离开？妈妈还会离开吗？读"母亲去世"，可以思考：母亲为什么这么年轻就去世了？失去了母亲，阿廖沙的生活会发生怎样的变化？他后来怎样了？

我们可以就这些问题来个小讨论，说说你的问题，再问问小组同学的答案。

3. 社会背景发展迁移块。

人都是生活在一定的社会中的。小说塑造人物，反映社会现实。有没有同学注意到，随着故事情节的推进，相关的社会背景也在变迁？有怎样的变化？这对人物的行为处事有没有影响？

任务三　剥笋：突显人物形象

1. 我喜欢谁（以外婆为例）。

（1）童年的阿廖沙经历了无数苦难，但在如此艰难困苦、令人窒息的环境中，阿廖沙没有被压垮，反而成长为一个坚强、勇敢、善良的人，哪些人对阿廖沙的成长起了积极的引导作用？你能选择书中的一个人物，简单说说他（她）的故事吗？

出示片段："她讲起话来像唱歌似的，特别动听，她说的每一句话都像一朵盛开的鲜花，温柔、鲜艳、清新，很容易存留在我的记忆里，永不忘记。有时候她微微一笑，她那一对像黑樱桃似的眼睛却睁得很大，闪烁着难以言表的快乐的光芒。她那洁白坚固的牙齿也随着她的笑容展露出来，好不快活……只可惜她那只皮肉松弛的鼻子，鼻孔张得很大，鼻尖红红的，损害了这张脸……"

这段外貌描写给我们展示了一个怎样的外婆？还有哪些情节丰满了她的形象，深化了你的印象？

提示：外婆讲述天堂的美好、小鬼的可爱以及她怕蟑螂的有趣，与我的挨打、娜达丽娅舅妈的死形成对比，为沉重的悲剧蒙上天真烂漫的色彩，让人在邪恶中看到善良，在冷酷中看到温暖，在悲剧中看到希望。外婆怕蟑螂的胆小与救火时的沉着镇定、指挥若定形成对比，她是一个有趣的具有超人智慧的人。对外婆的多角度描写，使得这个人物形象极为丰满。

小结：《童年》中的描写，无论是关于外貌、动作、神态、心理，都那么真实、细腻而灵动。寥寥几笔，就把一个个性鲜明的人物活灵活现地展示在我们面前。

（2）继续交流你印象深刻的人物形象，说明理由。

2. 经事识人。

所谓"经事识人"中的事，指的就是情节。丰满的人物形象是小说的一大特点。人物的鲜活不但来自真实灵动的描写，而且来自独具匠心的情节。

出示经典片段：

我们来了不久，在厨房里吃饭的时候，就爆发了一场争吵：两个舅舅忽地一声站起来，把身子探过桌子，冲着外祖父大叫大吼，像狗似的冤屈地龇着牙，哆嗦着。外祖父用羹匙敲着桌子，满脸通红，叫声像公鸡打鸣一样响："叫你们全给我讨饭去！"

外祖母痛苦得面孔都变了样儿，说："全都分给他们吧，你也好落得耳根清净，分吧！""住嘴，都是你惯的！"外祖父喊着，两眼直放光。真怪，别看他个子小，叫起来却震耳朵。母亲从桌子旁站起来，慢慢地走到窗口，背转身去不看大家。米哈伊尔舅舅忽然扬起手对着他弟弟的脸就是一下；弟弟大吼一声，揪住了他，两个人在地板上滚开了，发出一片喘息、呻吟、辱骂的声音。

孩子们都哭了，怀孕的纳塔利亚舅母拼命地喊叫，我的母亲把她拖走了。快乐的麻脸保姆叶夫根尼亚把孩子们撵出了厨房，椅子都弄倒了。年轻的宽肩膀的学徒小茨冈骑在米哈伊尔舅舅背上，格里戈里师傅，这个秃顶、大胡子、戴黑眼镜的人，却平心静气地用毛巾捆着舅舅的手。舅舅伸长了脖子，稀疏的黑胡子摩擦着地板，呼呼地喘得可怕。外祖父绕着桌子乱跑，悲哀地号叫："亲兄弟！亲骨肉！嗨，你们这些人啊……"

（1）两个舅舅是整个文段的中心，也是作者刻画得最精彩的人物。对两个舅舅的刻画分

别用了哪些描写方法？其中你认为写得最出色的是什么？（语言描写、神态描写、动作描写，此处动作描写最出色）

（2）窥一斑而见全豹。圈出动作描写中一系列的动词，说说你认为写得最精彩的是哪些词？它们让你读出了怎样的两个舅舅？（动词：站、探、叫、吼、哆嗦、扬、揪、滚、伸、摩擦、喘。"扬""揪""滚"等读出了舅舅人性中的自私、市侩、冷漠、贪婪、无情无义）

小结：每本书的经典情节都值得我们细细品读。品读的关键是要找出文本中的关键句、语句中的关键词，对关键词句从形象性、表达技巧、表达的作用等方面进行赏析。

3. 横向比较。

俗话说，人比人气死人。认识文中人物还可以运用横向比较的方法。同样上文的情节中，面对两个舅舅争家产，外祖母和外祖父分别是什么样的态度？折射出他们什么性格？纳塔利亚舅母、小茨冈及格里戈里师傅又是怎样的表现？我们可以用列表的形式罗列出来，横向比较主要人物的性格，这样可以使我们对众多的人物有清晰的认识。

人　　物	事例及性格
外祖父	开了家染坊，但随着家业的衰落，他变得吝啬、贪婪、专横、残暴，经常毒打外祖母和孩子们，狠心地剥削手下的工人，还暗地里放高利贷，甚至怂恿帮工去偷东西。
外祖母	慈祥善良，聪明能干，热爱生活，有着圣徒一般的宽大胸怀。
两个舅舅	粗野、自私的市侩，整日为争夺家产争吵斗殴，疯狂虐待自己的妻子。
……	……

读后：交流分享，延伸感悟

任务一　读书，我收获方法

1. 我这样读书

（1）握住时间的沙：规划时间，读出效率。

你是如何规划时间，读完这本书的？

每天可以安排一个固定的时间坚持阅读，周末则可以腾出大块的时间来尽情阅读。读到一些不能理解的地方可以跳过，也可以做记号，留待全班的读书交流提出，还可以停下来查查资料，问一问旁人，疏通后再继续往下读。总之，同学们可以选择适合自己的或者自己喜欢的方式来阅读整本书。

（2）任它时间流去：重复品读，读出享受。

经典片段值得我们重复品读，读出精彩的人物形象，读出精妙的语言描写，一直读到你拍案叫绝，久久回味。你在读书过程中有这样的经历吗？分享对精彩片段的品读体会。

品读法的核心是要找出文本中的关键句、语句中的关键词，对关键词句从形象性、表达技巧、内涵等方面进行赏析。

（3）跳开时间之外：冷静分析，读出思辨。

读书之后，掩卷沉思，有没有一些思考？比如，经过比较发现外祖父年轻时与后来的形象有着很大的差异，这是什么原因造成？或者，你还有什么思考后的发现？

2. 我看见写法

（1）经典情节之所以经典（多角度、重细节）。

选择你喜欢的某个情节，反复阅读，说说你认为有哪些细节的捕捉值得借鉴？

（2）重要人物之所以丰满（重选材、重关联）。

仔细观察你身边的老师或同学，抓住他的外貌或语言特点加以描写，写出人物特点，表达出你对这个人的感情。

（3）环境描写的不可或缺（可烘托、可铺垫）。

你有特别欣赏的环境描写吗？有没有沉醉其中？你认为这些环境描写有什么作用？你学到了一招吗？

任务二　自主测评

1. 选择题。

（1）阿廖沙在外祖父的家中最亲密的人是（　　　）。

A. 外祖父　　　　　　B. 两个舅舅　　　　　C. 外祖母　　　　　D. 茨冈

（2）阿廖沙（　　　）岁开始自食其力 的。

A. 14　　　　　　　　B. 15　　　　　　　　C. 10　　　　　　　D. 16

（3）是（　　　）使阿廖沙的外祖父变得吝啬，专横，残暴。

A. 不幸的童年

B. 生活所迫，为了赚到钱

C. 他性格就是这样

D. 父亲教他变成了这样

2. 思辨题。

（1）阿廖沙的性格中有哪些是你最喜欢的？为什么？

（如：阿廖沙幼年丧父、寄居人下，我们却读到了善良和正义感，读不到不幸）

（2）主人公的童年经历了那么多的痛苦，却没有被苦难摧毁，甚至最后成长为优秀的无产阶级作家，你觉得他童年时成长的养分究竟是什么？

（首先是苦难，是苦难让主人公变得敏感。其次是正直善良的人的影响。在经历苦难之后，有正直善良的人引领，才能拥有向着光明，努力向上的勇气。有人说："环境可以造就一个人，也可以毁灭一个人。"而阿廖沙在这样的环境里也依然如此成功。一个人的性格是本身就拥有的，阿廖沙拥有一颗纯洁、充满光明的心，因此当他看到那样黑暗的社会时，不但没有被影响，还被这样的环境磨炼，从中受益。也正如"经典语录"中说的那样把自己当作蜂窝，虽然这些能丰富自己心灵是常带着肮脏和味苦的，但仍然是蜜。）

（3）比一比你的童年与阿廖沙的童年，你有什么感受？有什么想对自己或者大家说的话？

任务三　读书，我懂得更多

在恶劣的环境中，阿廖沙不但没受不良社会风气的影响，最后还成为一个坚强、勇敢、正直和充满爱心的人，这样强有力的成长值得敬佩与效仿。作者高尔基说，书是人类进步的阶梯，我推荐给你几本优秀的自传体小说，请你选其一阅读，读后再补上最动人的推荐词，推荐给你的同学们。

_____荐书：

《在人间》写了阿廖沙 11 岁时，母亲去世，外祖父破产，他只能走上社会独立谋生。他在轮船上当洗碗工时，结识了正直的厨师斯穆雷，并在他的帮助下开始读书，激发了对正义和真理追求的决心。五年后，阿廖沙怀着进大学的希望准备到喀山去。

你一定会喜欢它，因为：_____

_____

_____荐书：

《我的大学》讲述了阿廖沙在喀山时期的生活。16 岁那年，他背井离乡，到喀山去上大学。梦想破灭后，他不得不为生存而奔波。和形形色色的小市民、知识分子交往，进了一所天地广阔的社会大学。在这所大学里，他经历了精神发展的复杂道路，经受住多方面的生活考验，对人生的意义、对世界的复杂性进行了最初的探索。

你一定会喜欢它，因为：_____

_____

_____荐书：

《呼兰河传》是萧红旅居香港时创作的一本回忆体长篇小说，讲述作者的童年故事，再现了 20 世纪三四十年代呼兰人的生活状态。本书既是作者对身世故土的一次深情的书写，也是对自己童年记忆的一次回眸，她用饱含着土地与生命温度的文字，给中国现代文学史留下了永远的惊鸿一瞥。

你一定会喜欢它，因为：_____

_____

_____荐书：

《城南旧事》是著名作家林海音以其 7 岁到 13 岁的生活为背景的一部自传体短篇小说集。它描写 20 世纪 20 年代，北京城南一座四合院里住着英子温暖和睦的一家。本书透过主角英子童稚的双眼，向世人展现了大人世界的悲欢离合，有一种说不出来的天真，却道尽人世复杂的情感。

你一定会喜欢它，因为：_____

_____

别让童年的欢乐就这样默默地走掉，让我们一起用心珍惜童年的时光，欣赏风，欣赏雨，一路成长起来。

（编写人：陈静；指导者：徐瑞斌、王爱华）

《小英雄雨来》阅读教学设计与实践

教学解读

《小英雄雨来》是一篇儿童题材的中篇小说,讲的是在那战火连天、枪炮轰鸣的抗日战争时期,晋察冀边区的少年雨来游泳本领高强,他痛恨日本鬼子,机智勇敢地掩护革命干部,支持八路军抗战,和日本鬼子斗争的故事。他强烈的爱国精神和一系列的英雄行为,成为一代代全国少年儿童心目中的英雄。

这部小说的作者管桦以儿童的视角和语言讲述故事,便于学生以主人公为中心梳理人物关系;生动有趣的小标题有利于分析情节和概括内容;小说主人公雨来的活泼顽皮、聪明机智、勇敢顽强等特点容易引起孩子的共鸣。雨来热爱祖国、热爱家乡的英雄精神,能激发学生的爱国热情和奋斗精神;书中大量优美的环境描写,使小英雄的故事充满诗情画意,有利于培养学生阅读写作技巧。

阅读目标

1. 做"阅读小侦探",通过阅读目录猜测小说的情节发展,把握小说的脉络结构,产生浓厚的阅读兴趣。

2. 制作人物图谱,围绕主人公梳理人物关系,细读片段,通过对比阅读感受人物特点,学习作者运用不同故事塑造人物形象的写作技巧。

3. 画思维导图,赏析精彩章节,把人物和情节联系起来记忆,体会生动的环境描写,习得阅读的基本方法。

4. 讲英雄故事,学习用自己的语言讲述书中精彩的故事,感受小英雄的爱国精神。

活动安排

阅读阶段	阅读过程	阅读时间	活动内容
读 前	导读活动	40分钟	1. 漫话人物,赏析片段,激发阅读兴趣。 2. 观察封面,了解作品信息。 3. 阅读资料,了解作品写作背景。 4. 阅读目录,把握小说的脉络结构。 5. 制订阅读计划,做好阅读笔记。

续表

阅读阶段	阅读过程	阅读时间	活动内容
读　中	自主阅读 推进活动	3周	1. 按计划自主阅读，边阅读边做好阅读笔记。 2. 画思维导图，赏析精彩章节。 3. 制作人物图谱，梳理人物关系。 4. 读精彩片段，做"心情路径图"。 5. 关注环境描写，进行批注。
读　后	分享交流 延伸活动	80分钟	1. 选择喜欢的英雄，讲一讲英雄故事。 2. 小组合作，演一演情景剧。 3. 拓展阅读，比较作品的异同。 4. 自测自评。

读前：导读活动

任务一　漫话英雄，初识人物

1. 忆英雄。

你知道哪些英雄人物呢？

提示：如古代的民族英雄岳飞、文天祥、戚继光、郑成功、林则徐；现当代的英雄人物董存瑞、黄继光、刘胡兰等。

2. 知英雄。

什么样的人可以称为"英雄"？

提示：不怕困难，不顾自己，为人民利益而英勇斗争，令人敬佩的人。

在古代社会也曾把本领高强、勇武过人的人称为英雄，现在只能说是豪杰、好汉，如林冲等。

3. 说小英雄。

孩子可以成为英雄吗？

提示：自古英雄出少年，在漫长的历史长河中出现了许多小英雄，如抗日战争时期的王二小，社会主义建设时期的草原小姐妹等；在文学作品中也出现了诸多小英雄，如海娃、雨来、张嘎等。

4. 读英雄。

四年级已经学过课文《小英雄雨来》，文中为什么说雨来是小英雄呢？

提示：面对敌人的训斥和盘问，雨来机智勇敢；面对敌人的哄骗与利诱，雨来沉着冷静；面对敌人的威胁与毒打，雨来坚强不屈。

这篇课文只是《小英雄雨来》这本书的开篇故事，后面的情节更精彩，我们今天就去了解这本书。

任务二　多种方式，了解作品

1. 观察封面，了解作品信息。

仔细观察封面，你能获得哪些信息？

（1）题目《小英雄雨来》，作者管桦，这本书是小学语文教材"快乐读书吧"六年级上册的推荐书目。

（2）封面插图是几个小孩侦察敌人的情况，雨来爬在白杨树上张望。

（3）出版社是人民教育出版社。

补充：不同出版社在内容的编排上会有一些不同。例如人民文学出版社出版的《小英雄雨来》目录比较简单，序言是《抗日根据地孩子们的缩影》；人民教育出版社出版的《小英雄雨来》目录详细列出了小标题，没有序言，但是增加了"阅读指导"这一内容。

（4）主编是曹文轩、陈先云。曹文轩是北京大学中文系教授，曾获国际安徒生奖提名奖；陈先云是统编义务教育小学语文教科书执行主编。他们主编的"快乐读书吧·名著阅读课程化丛书"是配合统编义务教育小学语文教科书"快乐读书吧"栏目，作为小学语文教科书的组成部分，供师生在语文课堂上阅读交流使用。

2. 读资料，了解创作原因。

作者管桦，1922年出生在一个农民家庭，幼年在本村小学读书；1940年参加革命工作，在冀东抗日部队作随军记者；1948年因病离开部队后，以抗日战争中所见所闻的那些孩子们为原型，创作了中篇小说《小英雄雨来》。

（1）出示资料：《抗日根据地孩子们的缩影》（管桦），了解创作原因。

谁来说说管桦为什么创作《小英雄雨来》？

提示：管桦从小崇拜英雄人物，参加过冀东地区的抗日战争，得到老百姓的帮助和掩护，亲身经历目睹了儿童团孩子站岗、放哨、带路、送信，有的英勇牺牲。

在伟大悲壮的抗日战争中，连少年儿童都使敌人鲜血横流，也有很多孩子英勇牺牲。作者把在抗日战争中所见所闻的那些孩子们缩写成一个小孩子，就是小英雄雨来。

（2）补充资料，了解作家作品。

出示资料：管桦一辈子爱孩子，除了小说《小英雄雨来》，他同作曲家合作的歌曲《听妈妈讲那过去的事情》《小鸟在前面带路》《我们的田野》《快乐的节日》《森林欢迎我们》为几代孩子所爱。

此外，还有诗集《儿童诗歌选》《管桦叙情诗歌集》，短篇小说集《三只火把》《山谷中》，中篇小说《辛俊地》，长篇小说《将军河》《深渊》，画册《管桦墨竹画选》《苍青集》，作品集《管桦中短篇小说集》《管桦文集》等。

3. 读目录，猜故事情节。

（1）看图片，猜小标题。（图片来源于人民教育出版社出版的《小英雄雨来》）

提示：图片的小标题可以是"夜校""这儿是中国的土地""他们这是到哪儿去呢""放羊的"。

（2）做"阅读小侦探"，猜故事情节。

① 从"我们就是到这儿埋地雷的""这儿是中国的土地""愤怒的土地"这几个标题，你

能猜到故事的大概内容吗?

提示:雨来看到民兵埋地雷,将敌人带进地雷阵里。

② 看到"他们这是到哪儿去""像八路军那样爱自己的同志""我不累呢,我是撒尿来着"这几个标题,猜一猜:雨来和小伙伴们想干什么?最后找到主力部队了吗?

提示:雨来和小伙伴们想去找八路军,但是没有找到,被送回家。

③ 从"钻进网里的小鹰""怎么逃跑呢""就是李大叔"这几个小标题,你能猜到小英雄雨来最后怎么得救的呢?

提示:雨来被敌人抓住,李大叔等人救了他。

任务三 赏片段,订计划

1. 赏电影片段,了解小说特点。

观看电影《小英雄雨来》的片段,比较电影和小说在内容和角度选择上的不同,激发学生阅读整本书的兴趣。

提示:电影选择雨来克服种种困难救出被鬼子抓住的女老师的故事,而这部分内容小说中没有。电影的主角是雨来和女老师,而小说的主角是雨来和他的小伙伴及杜绍英等八路军战士。电影运用搞笑的手法丑化了日本士兵,小说中敌人残忍、凶狠,更真实可信。

2. 赏小说片段,交流感受。

出示《我不累呢,我是撒尿来着》的片段,读一读,交流读后的感受。

提示:这一段通过语言、动作、神态描写,生动地描写出每一个孩子想参加八路军急切的心情和天真可爱的样子。

3. 制订阅读计划,合作共读。

请翻一翻目录,预估自己阅读每一章所需的时间,制订一份阅读计划表。

提示:可以根据页码,也可以根据故事情节及主要人物,设计有创意的阅读计划。

欣赏创意阅读计划表。

江苏省南通市竹行小学六(8)班 石夏菡   江苏省南通市竹行小学六(8)班 黄苏苏

读中：读书交流课

任务一　画思维导图，赏析精彩章节

1. 画思维导图，归纳文章的主要情节。

《小英雄雨来》一共有 41 个小标题，有意思的是每几个小标题合起来就是一个比较完整的故事，全篇大概有 7 个这样完整的故事。可以一边阅读一边用简练的语言概括 7 个故事的主要内容，填在流程图里，也可以自己重新画思维导图，介绍故事的主要情节。（以时间、地点等为坐标设计思维导图等）

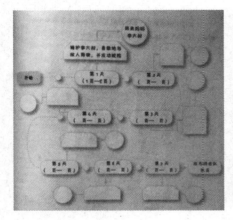
流程图

江苏省南通市竹行小学六（8）班　潘梳灿

2. 列图表，找出雨来从"熊孩子"成为"小英雄"的成长过程。

（1）雨来是怎样从一个乡村小娃娃成长为一名游击队队员的呢？（小组合作，填写表格）

"熊孩子"	"小英雄"
不听妈妈的话，到河里去玩水。	掩护李大叔，被敌人打不屈服。
学军队操练，扎草垛、打树枝……	把敌人带进地雷阵。
夜晚偷偷和小伙伴划船去参军。	报告杜绍英被抓的消息。
与狗不理打架。	用放羊的方法送走受伤的战士。
送信时差点弄丢鸡毛信。	夜里独自勇敢地去送鸡毛信。
打战时钻到敌人那里。	和敌人英勇战斗。
……	……

……

（2）《小英雄雨来》主要写雨来的"英雄"事迹，为什么还要写"雨来不听妈妈的话""与狗不理打架""打战钻到敌人那儿被抓"这些故事呢？

提示：雨来是个孩子，他有儿童的天性、情感和特点，这样写更符合小英雄的形象。

（3）你还能提出哪些问题？

任务二 制作人物图谱，梳理人物关系。

在雨来的成长过程中，有一群可爱的小伙伴，也遇到许多帮助、带领他抗日的人，更受到鬼子、特务的欺负和毒打，请围绕一个主题，进行梳理，制作人物图谱。

1. 找出文中的正面人物与反面人物。

正面人物：二黑、申俊福、杨大娃、杜绍英、李大叔、刘金亭、李民达、魏屯星……

反面人物：孙大瘤子、于大肚儿、紫黑脸宽鼻子特务、扁鼻子军官、鬼子指挥官、佐佐木……

2. 找出文中的主要人物与次要人物。

主要人物：雨来、雨来的妈妈、杜绍英、李四喜……

次要人物：铁头、三钻儿、二黑、爸爸、李大叔、刘金亭、李民达、魏屯星……

3. 找出文中雨来的小伙伴和乡亲们。

小伙伴：铁头、三钻儿、二黑、二妞、六套儿、杨二娃、小胖儿……

乡亲们：老爷爷、老奶奶、婶子……

4. 制作人物图谱。

任选一种人物关系，制作人物图谱，概括人物的特点。

任务三 读精彩片段，做"心情路径图"。

雨来在与鬼子的斗争中，发生了许多跌宕起伏的故事，看得人紧张不已。找出你认为最紧张的故事，做一张"心情路径图"，可以用高低起伏的线条，也可以用不同颜色的图标。

欣赏创意"心情路径图"。

江苏省南通市竹行小学六（8）班　周丽　　江苏省南通市竹行小学六（8）班　周新悦

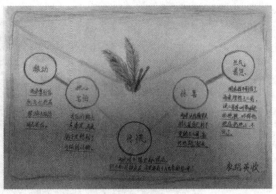

任务四　关注环境描写，体会作用。

　　小英雄雨来的故事发生在抗日战争时期，这是小说的社会环境。战争爆发后，冀东还乡河两岸的人们都以自己的方式保卫家园，与日本鬼子进行顽强的斗争。美丽的还乡河是小英雄雨来生活和成长的地方，书中许多自然环境的描写对故事情节有什么作用呢？这些环境描写与雨来的成长有什么关系呢？

　　1. 回忆环境描写的作用。

　　提示：（1）交代事情发生的地点或背景，增加事情的真实性。

　　　　　（2）渲染气氛，烘托人物的心情。

　　　　　（3）寄托人物的思想感情。

　　　　　（4）反映人物的性格或品质。

　　　　　（5）推动情节的发展。

　　　　　（6）深化作品主题。

　　2. 制作小卡片，摘抄环境描写的精彩片段，并进行批注。

　　太阳已经落下去。蓝蓝的天上飘着的浮云像一块一块的红绸子，映在还乡河上，河水里像开了一大朵一大朵的鸡冠花。苇塘的芦花被风吹起来，在上面飘飘悠悠地飞着。

　　还乡河优美的景色，呼应了小说的开头，烘托了人们以为雨来牺牲了，十分难过的心情。

　　3. 分享卡片，体会环境描写的作用。

　　提示：结合卡片内容，适当指导学生体会环境描写的作用。

读后：拓展阅读课

任务一　多种方式，分享故事

1. 英雄故事会。

《小英雄雨来》中塑造了许多英雄形象，有雨来、二黑、杜绍英、李四喜等，拓展阅读中有柴老师、小瓦匠等英雄人物，选择你最喜欢的一个英雄，讲讲他的故事，语言要生动，讲出他们的爱国情怀。

提示：（1）小组里先评选出代表，然后到班级讲故事。（2）讲故事时，语言要生动，适当加上动作。

2. 情景剧大比拼。

《小英雄雨来》中有许多精彩生动的情节，适合演一演。学生根据自己喜欢的故事，自由组合，排成情景剧，在班内表演。表演完，评一评哪一组演得生动形象。

任务二　自主测评，检验阅读

一、选择题。

1.《小英雄雨来》的作者是（　　　）。

A. 高尔基　　　　　　　　　B. 管桦　　　　　　　　C. 曹文轩

2. 雨来去刘家桥报信，救出的同志是（　　　）。

A. 刘金亭　　　　　　　　　B. 李明达　　　　　　　C. 杜绍英

3. 雨来送的鸡毛信是一封（　　　）。

A. 平信　　　　　　　　　　B. 快信　　　　　　　　C. 急信

4. 雨来最后参加了（　　　）。

A. 儿童团　　　　　　　　　B. 游击队　　　　　　　C. 特务队

5. 我们要向雨来学习他的（　　　）。

A. 机智勇敢　　　　　　　　B. 傲慢自大　　　　　　C. 温柔善良

二、判断题。

6.《小英雄雨来》是管桦的一部中篇小说，故事发生在解放战争时期。（　　　）

7. 雨来非常勇敢，他住在芦花村，小时候游泳的本领就非常高。（　　　）

8. 雨来把受伤的八路军藏在羊群中，利用放羊的机会送走了他。（　　　）

9. 小英雄雨来最后牺牲了。（　　　）

三、简答题。

10.《小英雄雨来》这本书中，你最喜欢哪个故事？请写出理由。

任务三　拓展阅读，比较异同

《小英雄雨来》的拓展阅读部分有短篇小说《上学》《小瓦匠》《滦河上鹰的传说》和歌词

《还乡河上》《听妈妈讲那过去的故事》《快乐的节日》《在红军伯伯身旁》《绿色的祖国》。

1. **请你结合平时的阅读体会，试着说一说管桦这些作品的异同，写在下面的图里。**

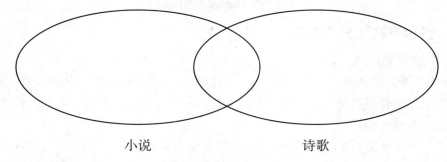

小说   诗歌

提示：可以从篇幅、主题、表现形式等方面比较。

2. **以小组为单位分享，教师进行有针对性指导。**

3. **延伸拓展，推荐阅读。**

阅读徐光耀的《小兵张嘎》、华山的《鸡毛信》，观看同名电影。

《小兵张嘎》是我国儿童文学的经典之作，以一级战斗英雄燕秀峰为原型，讲述了抗日战争时期冀中白洋淀地区，小英雄张嘎与敌人斗智斗勇的故事。小说被改编成电影、电视剧，张嘎血肉丰满、性格鲜明的小英雄形象，影响了几代小观众。

《鸡毛信》讲述了龙门村儿童团长海娃临危受命，去给八路军张连长送鸡毛信，在路途中遇到了鬼子的部队，他冒着生命危险，机智勇敢地与鬼子们周旋，最后顺利完成任务的故事。电影《鸡毛信》是中华人民共和国建立后拍摄的第一部战斗题材的儿童片，海娃也成为中华人民共和国银幕上第一个抗日小英雄，几乎达到家喻户晓的地步。

（编写人：陈张燕；指导者：徐瑞斌、王爱华）

《爱的教育》阅读教学设计与实践

教学解读

    《爱的教育》原名《心》，是意大利作家德·亚米契斯的巅峰之作。它超越了时代和国界，被译成数百种文字，为作者赢得了世界声誉。

    这是一部日记体儿童小说，从一个叫安利柯的四年级小学生的视角，写了他在一学年里的故事。通过一件件平凡的小事，勾勒出一个个鲜明的人物形象，表达了师生之情，父子之爱，同学、朋友之谊和浓浓的爱国之心。此书犹如一把"爱"的钥匙，打开并感动了所有读者的心扉，是一本直抵灵魂深处的绝佳作品。

    这本书结构精妙，每个故事都可以独立成篇，其中一些小故事前后贯通，又组成了一些大故事。大故事的波澜汹涌隐伏在小故事里。这本书语言生动传神，外貌描写、场面描写等尤其精彩，不少句子闪烁着思想的光辉，是一部值得用批注、朗读、制作人物名片、联结等各种方法精读品味、积累语言、习得写作方法、汲取精神养料的佳作。

阅读目标

    1. 阅读一篇篇日记，勾连题目和目录，整体感知这部日记体小说的特点。

    2. 以主人公为中心梳理人物关系，把人物和情节联系起来记忆，感受人物的美好品质，体会师生之情，父子之爱，同学、朋友之谊和爱国之心；关注作品中闪烁思想光辉的句子，汲取成长的力量，不断超越自我。

    3. 品读精彩片段，积累语言，学习外貌描写、场面描写等写作方法，尝试记录学习生活中的所见所闻所感。

活动安排

阅读阶段	阅读过程	阅读时间	活动内容
读　前	导读活动	40 分钟	1. 比较不同版本封面、目录和内文，学会选择合适的译本。 2. 阅读序言、目录，把握全书内容与编排特点。 3. 关注外貌和场面描写的语段，品读感悟，体会写法。 4. 制订阅读计划。

续表

阅读阶段	阅读过程	阅读时间	活动内容
读 中	自主阅读推进活动	2周	1. 共读十月份的日记，梳理人物关系，制作人物名片。 2. 聚焦"每月故事"，梳理人物、情节，评选最有影响力人物。 3. 朗读分享精彩片段，迁移表达，学写外貌和场面。
读 后	分享交流延伸活动	80分钟	1. 初谈读后感悟，猜猜人物。 2. 聊聊那些人，那些事，那些闪光的思想。 3. 联结自我，聊聊未来的我。 4. 写日记，记录所见所闻所感。 5. 为《爱的教育》写推荐语。

读前：导读活动

任务一　引新书，初感知

1. 版本比较，引入新书。

（1）封面比较。

（出示几个版本的《爱的教育》封面）孩子们，看看这些封面，你有什么发现？

引导发现：题目相同，作者（有的作者名字翻译不同）、译者、出版社、封面插图不同。

看外国的作品，要选择信得过的出版社，信得过的译者。你一般如何选择呢？

预设：网上查询，看评论，咨询有经验的人，凭借以往的经验……

（2）内页比较。

① 十月日记目录对比。

```
始业日（十七日）
我们的先生（十八日）
灾难（二十一日）
格拉勃利亚的小孩（二十二日）
同窗朋友（二十五日）
义侠的行为（二十六日）
我的女先生（二十七日）
贫民窟（二十八日）
学校（二十八日）
少年爱国者（每月例话）
                    ——夏丏尊译本
```

```
开学的第一天
我们的老师
不幸事件
卡拉布里亚的孩子
我的同窗好友
宽宏大量的品德
我的二年级女老师
在阁楼上
学校
帕多瓦的爱国少年（每月故事）
                    ——王千卿译本
```

对比目录，你发现了什么？

② 内容对比。

> 这次的先生，身材高长，没有胡须，长长地留着花白的头发，额上皱着直纹，说话大声，他瞪着眼一个一个地看我们的时候，眼光竟像要透到我们心里似的。而且还是一位没有笑容的先生。
>
> ——夏丏尊译本

> 我现在的老师个子高高的，没有胡子，长长的黑发上添了丝丝灰白，额头上有一道笔直的皱纹。他说话的声音很大很大，一直目不转睛地、一个个地上下打量着我们，好像非得要摸透我们心中所有的秘密才罢休似的，脸上没有一丝笑容。
>
> ——王千卿译本

夏丏尊版本是由日文、英文翻译而成，王千卿版本是由意大利文翻译成中文。读一读，你更喜欢谁的译本，为什么？

选书的时候，如果有好几种不同的版本，你可以通过观察封面、对比目录、阅读内文等方式来决定买哪一种。

2. 阅读目录，初步感知。

（出示目录）读了目录，你又发现了什么呢？小组讨论。

预设：日记按照月份编排，从十月写到七月，共 10 个月，每月 4—12 篇日记；共有 9 篇每月故事……

3. 批注序言，圈画重点。

（1）自读。

要求：①默读序言，圈画关键词、关键句，批注感受。②和同桌分享各自的批注。③全班交流重点内容。

（2）全班交流。

① 序言中《爱的教育》主要内容介绍。

出示：六（上）语文教材"快乐读书吧"上的《爱的教育》内容简介。

② 有代表性的中文版：包天笑译本、夏丏尊译本、王千卿译本。

任务二 赏语言，写批注

1. 外貌描写，抓住特点。

（出示例句）

柯阿提老师身材魁梧，一头鬈发长而浓密，蓄黑油油的大胡子，一双褐色的大眼睛圆溜溜的，说起话来嗓门像炮声一样响亮。他时常吓唬孩子们，声称要把他们撕得粉碎，揪脖子将他们送到警察局，要么做出各种狰狞可怕的面孔来。实际他并不惩罚任何人，大胡子下面藏着微笑。（《校长》第 33 页）

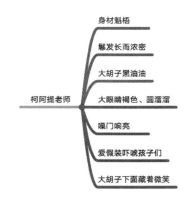

（1）指名朗读，说说这段外貌描写抓住了柯阿提老师的哪些方面的什么特点来写的？（根据学生回答，形成思维导图）

（2）从这段描写，你能读出柯阿提老师是一个怎样的人吗？（爱恶作剧，爱孩子）

（3）朗读品味，感悟人物形象。

（4）浏览本书，再找几处外貌描写的片段，品味，写批注，并朗读给同桌听。

（5）摘抄最喜欢的外貌描写的句子，贴到教室"语言的珍珠"展示区。

2. 场面描写，感受氛围。

（出示例句）圣·卡尔罗广场张灯结彩，装点得绚丽迷人，……一望无际，人人都像疯子一样发狂。（《狂欢节的最后一天》第 121 页）

（1）默读，批注。

（2）朗读，感受场面的热闹，复习点面结合的写法。

（3）找出其他描写场面描写的语段，小组内朗读分享。

（4）摘抄最喜欢的外貌描写的句子，贴到"语言的珍珠"展示区。

江苏省海安市曲塘镇中心小学六（3）班
王家沛

江苏省海安市曲塘镇中心小学六（3）班
陈彧阳

任务三　订计划，促阅读

1. 小组讨论。

这本《爱的教育》，你们准备多久读完，每天读多少？

预设：按照月份阅读或者每天读 10 篇日记……

2. 制订计划。

阅读书目	《爱的教育》		
阅读时限	月　日— 　月　日（共　　天）		
阅读时间	阅读章节（页码）	印象最深的人和事	完成任务的满意度自评
第一天	10 月日记		☆☆☆☆☆
第二天			☆☆☆☆☆

续表

阅读书目	《爱的教育》		
阅读时限	月　　日—　　月　　日（共　　天）		
阅读时间	阅读章节（页码）	印象最深的人和事	完成任务的满意度自评
第三天			☆☆☆☆☆
第四天			☆☆☆☆☆
第五天			☆☆☆☆☆
第六天			☆☆☆☆☆
第七天			☆☆☆☆☆
第八天			☆☆☆☆☆
第九天			☆☆☆☆☆
第十天			☆☆☆☆☆

读中：自主阅读推进活动

活动时间：每次 20 分钟，一次围绕一个任务。

任务一　做示范，学读法

1. **阅读十月的日记，梳理人物关系。**

（1）你最喜欢哪一篇，为什么？

（2）读了十月的日记，包括每月故事，你认识了哪些人，他们有什么特点（外貌特点和内在品质），结合具体的事例说一说。（形成人物图谱）

（3）展示思维导图。

小结：这是我边阅读，边用思维导图 APP 做的笔记，这个软件方便、实用。面对人物众多的书籍，我们可以以主人公为中心梳理人物关系，把人物和情节联系起来记忆。阅读后面的日记，可以继续在笔记上添加重要信息。

2. **聚焦重点人物，制作人物名片。**

（1）读了十月的日记，恩利科的同学卡罗内给我们留下了鲜明的印象，找出描写卡罗内的段落，再读一读，为他设计一张人物名片。

卡罗内人物名片

姓名：卡罗内
身份：主人公恩利科的同学，火车司机的儿子
事例：1. 母亲生日时，给母亲写了长达八页
　　　　的信。
　　　2. 同学欺负内利的时候，见义勇为。
评价：保护弱小、善良、友善、正直、厚道。
　　　很爱自己的母亲。

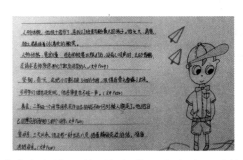

重庆市九龙坡区彩云湖小学六（1）班　魏佳怡

（2）读完全书后，选出你印象最深、最有代表性的几个人物，为他们制作名片，根据人物特点创意呈现。

姓名：罗贝蒂
身份：主人公恩利科的同学，炮兵上尉的儿子。
事例：为救一个小男孩而被车轧断了腿。
评价：勇敢。

江苏省海安市曲塘镇中心小学六（3）班 葛家铭

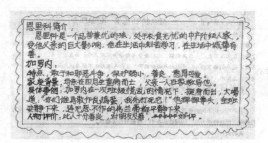

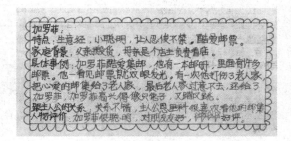

江苏省海安市曲塘镇中心小学六（3）班 陈彧阳

任务二 聚焦"每月故事"

1. 梳理故事人物，交流动人情节。

（1）优秀阅读单展示。

题 目	主人公	事 情	感 悟
《帕多瓦的爱国少年》			
《伦巴第的小哨兵》			
《佛罗伦萨的小抄写员》			
《撒丁岛的少年鼓手》			
《爸爸的看护人》			
《血溅罗马涅》			
《公民英勇行为》			
《寻母记——从亚平宁山脉到安第斯山脉》			
《客船失事》			

（2）指名互评。

2. 漫谈感受，抵达"爱"的主题。

（1）小组交流，人物评选。

每月故事中，你印象深刻的是哪个故事？为什么？你认为最具影响力的人物是谁？

人 物	事 迹	感 悟	影响力指数
			☆☆☆☆☆
			☆☆☆☆☆
			☆☆☆☆☆

友情提醒：填写关键词即可！

（2）大组交流，总结提升。

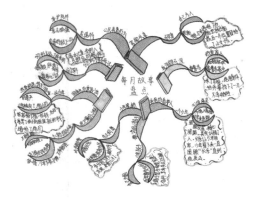

江苏省海安市曲塘镇中心小学六（3）班　于思妍

任务三　品语言，勤练笔

1. 分享片段。

（1）小组合作：朗读分享摘抄的精彩句段。

（2）说说哪些地方写得好，总结写作要点。

要点提示：外貌描写，抓住特点（外在特点、内在精神）；场面描写，点面结合。

2. 仿写练习。

（1）外貌描写。

他是我的同学，耳朵有点大，一双水灵灵的大眼睛，闪烁着狡黠的光芒。他特别喜欢笑，也许是经常笑的缘故，脸上有永不褪色的乐观和阳光。不管是认识的，还是不认识的人，他总能和别人开玩笑。他跑步的速度非常快，比孙悟空的筋斗云还快，像离弦的箭一样。

江苏省海安市曲塘镇中心小学六（3）班　赵奕

他，挺拔的鼻梁上架着眼镜，圆圆的，很像哈利·波特的那副。镜片后面的那双眼睛给人的第一感觉是炯炯有神。脸上白白嫩嫩的，比有些女孩显得还要秀气，这大概是常年闷在家里的缘故。嘴角总带有一丝淡淡的微笑，十分和善。他的手十分厚大，上面有很多老茧，据说，他每天做完作业还要帮妈妈干活。他的双眼十分睿智，里面好像一个无比深渊——知识的黑洞。

江苏省海安市曲塘镇中心小学六（3）班　曹赟

他，曾是我的同桌，长着一张名副其实的"非洲脸"，小小的眼睛，大大的黑眼圈，鼻梁上架着一副小眼镜。他小时候摔了一跤，崩掉了大门牙，每当他笑起来，豁牙就暴露无遗。他痴迷阅读，常常边读边忘乎所以地自言自语。他见识多广、学富五车，课堂上就没有难得倒他的问题。

江苏省海安市曲塘镇中心小学六（3）班　周易

爸爸有一头黑黑的卷发，这是爷爷的遗传。他的手看着令人害怕，都是伤疤。不是在油炸产品时被溅出的热油烫伤，就是在做木匠时被木刺扎破。这些伤疤，一个又一个，旧的好了，新的又来。他看着十分疲惫，可一抹笑容总挂在嘴边，眼神中透露的不是对生活的绝望，而是对未来的向往。他让我和年幼的弟弟品尝了生活的快乐、幸福与希望。

江苏省海安市曲塘镇中心小学六（3）班　史婷婷

外婆是个生意人，年轻的时候天天出去摆摊做生意。她的手很粗糙，像砂纸一样不平滑且磨人。风吹日晒使她脸变得黝黑，与脖子上的肤色形成了强烈的色差对比。她脸上有了许多皱纹，每一道都是岁月走过时留下的痕迹。鼻梁上尤为明显，她不眯眼的时候，那里就有几道晃眼的白痕。虽然她的头发中已夹杂了些许银丝，可她的眼睛总是那样明亮透彻，当你与她对视时，你会认为她不是一个商人，更不是一个农民，你可以看出她心中的愿望和对美好生活的向往与追求。

江苏省海安市曲塘镇中心小学六（3）班　周宇轩

小结：善于抓住人物长相的特点，如果能暗示职业或身份，凸显内在精神就更好了。

（2）场面描写。

大扫除开始了。同学们忙得不可开交、不亦乐乎。小王正在包干区跑来跑去，将那些"犯法分子"捕入"大牢"；小张用扫把将角落中逃之天天的"罪犯"一一请进他们的监狱——垃圾桶；小唐在擦窗户时遇到了麻烦，抹布上的"犯人"逃到了玻璃上。他灵机一动，用报纸用力擦，不一会儿便窗明几净；我被分配到黑板区，黑板上有很多"顽固分子"，我搬来一大盆水，把抹布浸湿，用力一擦，这些"顽固分子"便牺牲了。

江苏省海安市曲塘镇中心小学六（3）班　葛家铭

表演拉开了帷幕，观众们兴奋不已。当主持人说了一句"大家下午好！"，观众席爆发出雷鸣般的掌声。合唱团开唱了，悦耳动听的歌声在大剧院回荡。评委们聚精会神地看着舞台，眼睛里闪着光。歌声伴着钢琴声飞扬，几位大姐姐拉着裙摆，翩翩起舞。坐在我右边的朋友痴痴地凝望着舞台，仿佛音乐已经变成了一幅幅美不胜收的图画，而自己身临其境。几位大哥哥回过神，赶忙拿出手机拍摄，不由自主地轻声赞叹："太好听了！我的耳朵都怀孕了！"左边的老爷爷年轻的时候可能是一位指挥家。他提着自己的"拐杖"轻轻地挥动着。旁边的老奶奶应该是他的老伴，痴痴地笑了，跟在后边轻轻哼唱起来。两位老人偶尔相视一笑，甜蜜温暖。坐在我前面的小弟弟，挥舞着双手，他妈妈也挥动着手里的小旗子。整个大厅洋溢着欢快的气氛。

江苏省海安市曲塘镇中心小学六（3）班　赵怡如

小结：无论是大扫除、运动会，还是看表演……运用点面结合的手法，就能把场面描写得生动细腻，仿佛放电影一般。

读后：分享交流延伸活动

任务一　整体感知，猜猜人物

1. 简要说感受。

我觉得《爱的教育》是一本关于_____的书。

提示：心灵、心、爱、成长、教育……

2. 人物猜猜猜。

（1）小组内互相出题，问答。

（2）全班开展抢答竞赛。

任务二　那些人，那些事，那些闪光的思想

1. 那些人，那些事。

（1）小组交流。

除了每月故事中的人物，还有哪些人，哪些事，也触动了你的心灵，选择有代表性的人物来交流。

与恩利科关系	姓名	感人事迹	深刻感悟
家人			
同学			
老师			
同学的家长			
推论			

（2）大组汇报，抵达"爱"的主题。

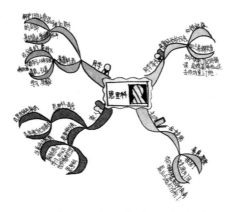

江苏省海安市曲塘镇中心小学六（3）班　于思妍

2. 那些闪光的思想。

例句：一个卡拉布里亚的孩子来读都灵，要像在自己家里一样自由自在地生活，而每一个都灵的孩子到了卡拉布里亚，也能像生活在自己家里一样。我们的祖国为了这一目标奋斗了五十年，有三万意大利人为国捐躯。你们每个人要学会互敬互爱。如果有一天，你们中间有人因为男孩不是我们省里的人，就做对不起他的事，这种人就再也不配在我们美丽的国土上仰望冉冉升起的三色国旗。（《卡拉布里亚的孩子》第7页）

（1）指名朗读，谈谈感受。

（2）找这样的句子，批注感想。

（3）朗读分享。

（4）摘抄最能打动你心灵的句子，贴到"思想的光芒"展示区。

3. 联结自我，超越自我。

（1）自我反思。我是谁？我身上有什么优点和缺点？

（2）全班交流。读了这本书，认识了这么多有着高贵品质的人，你的心灵是否受到了触动？你觉得自己在哪一方面可以做得更好？未来的我会成为什么样子的人呢？（开火车交流）

4. 写日记，吐真情。

江苏省海安市曲塘镇中心小学六（3）班　于思妍、殷佩

江苏省海安市曲塘镇中心小学六（3）班　曹子涵、毛玉成

任务三　自主测评

1. 连一连。

每月故事塑造了九个鲜明的少年形象，你能把下列人物和他们身上发生的感人故事连一连吗？

朱里奥　　　　　　　照顾患病的陌生人

马尔科　　　　　　　偷偷帮父亲完成抄写工作

马里奥　　　　　　　万里寻母

其其乐　　　　　　　轮船遇险时把生的希望留给别人

少年鼓手　　　　　　穿过枪林弹雨完成送信任务

2. 读一读。

找一段你最喜欢的语段朗读给别人听。

3. 说一说。

恩利科说："我觉得学校使大家变得平等，使大家成为好朋友。"

老科列帝说："好同学万岁！学校万岁！是学校让你们那些有钱的和那些没钱的都变成了一个大家庭！"

对"平等"，你是怎么理解的？

4. 讲一讲。

把最能打动你，影响你心灵的故事讲给别人听。

任务四　拓展延伸

1. 我的阅读推荐词。

《爱的教育》是一把打开心扉的钥匙，传播善良与勇气。

——兰州碧桂园小学五年级（2）班　苏艺佳

《爱的教育》教会我们很多：爱，不是自私的，所有人都拥有它，享受它带来的快乐；爱，是无形的，或许你正处在绝望时，它将成为你的希望。

——兰州碧桂园小学五年级（2）班　何宛洁

《爱的教育》就像是我的引路人。

——兰州碧桂园小学五年级（2）班　金雨萱

《爱的教育》是一本充满力量的儿童小说。它并没有许多华丽的语句，但文字中蕴藏着高尚与善良。爱，是暖心的力量，让生病的人变得坚强，让冷漠的人绽开微笑，也让残暴的人学会感恩。《爱的教育》会影响更多的人，会陪伴更多的人走向未来。

——兰州碧桂园小学五年级（2）班　袁颢文

爱，就好像一棵树摇动另一棵树，一朵云推动另一朵云，一颗心感染另一个颗心。《爱的教育》就是茫茫黑夜中闪烁着璀璨光芒的星星，带领我们去日出的地方。

——兰州碧桂园小学五年级（2）班　张绛云

《爱的教育》塑造了很多令人印象深刻的人物形象，有科罗西、卡罗内、罗伯弟等，其中，我最敬佩罗伯弟，他将生死置之度外，勇敢地救了一个陌生人。书中，还有很多人的品质和精神值得我们去学习。

——兰州碧桂园小学五年级（2）班　张琦芝

2. 相同题材拓展阅读。

课内：《童年》《小英雄雨来》

课外：《马列耶夫在学校里和家里》《我要做个好孩子》

结语：读《爱的教育》，心灵受到了震撼，精神受到了洗礼，但愿我们都能成为美好的人，并给这个世界带来美好。

（编写人：吉忠兰；指导者：徐瑞斌、王爱华）

第十一单元
漫步世界
名著花园

单元导读
童年必须有一场游历

　　本单元"快乐读书吧"由《鲁滨逊漂流记》《骑鹅旅行记》《汤姆·索亚历险记》《爱丽丝漫游奇境》四部外国名著组成，分别讲述鲁滨逊流落荒岛后克服困难、改善生存环境的故事，描述尼尔斯骑在鹅背上、跟随大雁周游各地的神奇旅程，介绍汤姆和小伙伴跌宕起伏的冒险经历，记叙爱丽丝掉进兔子洞后的种种奇遇。四部作品是关于历险、奇遇的文学作品，是对六年级下册第二单元外国名著课文的拓展和延伸。

　　在阅读过程中，学生会跟随主人公一起经历旅途、历险中的种种困难和奇遇，体验成长的快乐和艰辛，收获勤劳、善良、正义、勇敢、智慧等精神力量。四部名著大多情节曲折离奇，人物形象鲜明生动，别具匠心的构思和高超的写作技巧，为学生创作童话在选材、组材、语言表达上产生潜移默化的影响。读书吧阅读要素的"沉下心来阅读""了解名著背景、做读书笔记"等阅读策略也为学生提供了读书方法指导。总之，这几部作品文质兼美，特别适合六年级学生阅读，把孩子们送进这样的作品中去看、去听、去思、去品，精神和语言一定会得到成长，人生也会变得无比丰富，无比广袤。

　　阅读这几部作品，力求达成以下目标：产生强烈的阅读兴趣，自主制订阅读计划，主动参与阅读交流，分享阅读收获；了解作品的写作背景，了解名著的主要内容，体会作者通过文字传达的情感；通过摘抄、批注、画人物图谱、情节线索图等做好阅读笔记，就印象深刻的人物、情节交流感受。

《鲁滨逊漂流记》阅读教学设计与实践

教学解读

　　《鲁滨逊漂流记》的作者是英国作家丹尼尔·笛福，他被誉为"英国与欧洲小说之父"。《鲁滨逊漂流记》是他的代表作，他还创作了《辛格顿船长》《杰克上校》《摩尔·弗兰德斯》等小说，这些小说对英国及欧洲小说的发展都起了巨大的影响以及作用。

　　《鲁滨逊漂流记》是一部长篇小说，以当时发生的一段真实故事为蓝本，结合作者自己的经历和想象，采用自述的方式，以鲁滨逊冒险的经历作为线索展开故事，小说结构清晰、紧凑。

　　书中情节曲折、扣人心弦的传奇故事，容易唤起学生的好奇心和探究欲，利于激发阅读游历、冒险类小说的兴趣与热情。作品还十分重视人物性格的塑造、环境和人物心理的描写，第一人称的叙述拉近了读者与小说的距离，细致的心理描写生动地展示了鲁滨逊的思想变化，也揭示了他的性格特点。阅读时，不仅能使学生在峰回路转之中体会小说的精彩所在，而且能感受主人公敢于冒险、不怕困难、乐观积极的精神，收获不少生活的哲理。

　　阅读指导时，应引导学生关注作品的线索，即人物的行进轨迹和成长轨迹，通过绘制各种思维导图和表格来梳理名著的主要内容，感受人物性格的变化和成长。引导学生学会做读书笔记，通过摘抄、批注等，引导学生加深阅读的思考和体会，在积累语言的同时，感受主人公的精神力量，体会作者通过文字传达的情感和思想内涵。

阅读目标

　　1. 对冒险、游历类名著感兴趣，了解不同译本的不同表达，自主规划阅读。

　　2. 了解名著的主要内容；能就印象深刻的情节交流感受，对人物做出简单的评价。

　　3. 通过批注、摘抄、制作人物卡片、绘制情节图等方式学会做读书笔记，能与同学交流阅读收获。

活动安排

阅读阶段	阅读过程	阅读时间	活动内容
读　前	导读活动 （我想阅读它）	40 分钟	1. 趣猜人物，了解外国名著阅读情况。 2. 交流作品由来，了解作家及作品背后的故事。 3. 比较不同译本，了解不同的表达。 4. 回顾课文节选，阅读目录，把握全书内容。 5. 指导阅读方法，学做读书笔记。 6. 自主规划，制订阅读计划表。
读　中	自主阅读 （开始阅读了）	20 天	1. 按计划自主阅读，做好阅读笔记。 （1）边阅读，边圈画精彩的描写。 （2）边阅读，边摘抄使自己有收获的精彩语句，批注。 （3）梳理情节，绘制作品情节图。 （4）了解作品人物，制作人物卡片。
	推进活动 （我们来交流）	2 周	1. 赏析台：阅读笔记，交流精彩语句赏析，含环境、心理描写。 2. 影视厅：影片片段配音。 3. 故事会：精彩情节讲述。
读　后	分享交流 延伸活动 （成果发布会）	120 分钟	1. 阅读成果展示： （1）评论社：鲁滨逊人物评价。 （2）情节汇：结合情节图，说说整本书中自己印象最深刻的情节。 （3）海报展：推荐我喜欢的这本书。 2. 阅读成果检测。 3. 拓展阅读，推荐《手斧男孩》等冒险游历类作品。

读前：导读活动

任务一　引入名著，激发期待

1. 猜猜他是谁。

导语：新的阅读之旅又开始了，我们即将要阅读的是一本外国名著。你读过哪些外国名著？了解外国名著中的人物吗？看看图片，猜猜他（她）的名字，想想原著的题目，快速抢答。

出示外国名著中的人物形象图片（匹诺曹、彼得潘、长袜子皮皮、圣地亚哥、鲁滨逊等）。

2. 说说它的由来。

（1）自由交流对《鲁滨逊漂流记》的了解。

可能有的同学对这本书并不陌生，关于《鲁滨逊漂流记》你有什么要向同学们介绍的？

（2）补充作者简介。

知道谁创作了这部优秀的作品吗？

丹尼尔·笛福（1660—1731），英国小说家，生于商人家庭。晚年发表海上冒险小说、流浪汉体小说和历史小说。代表作有长篇小说《鲁滨逊漂流记》，其他小说有《辛格顿船长》《摩尔·弗兰德斯》《大疫年日记》等。他被称为"英国小说之父"。

（3）了解作品的诞生。

同学们喜欢的儿童文学作家杨红樱称它是"一本男孩子必读的书"，这部作品是怎样诞生的呢？

《鲁滨逊漂流记》一书的构思，来自亚历山大·塞尔柯克的亲身经历。塞尔柯克原是一艘船上的船员。1704 年 9 月，因与船长失和，他被放逐到智利海外荒岛，长达四年四个月之久。他在登岛时带着装有工具的工具箱。1709 年 2 月，他被伍兹罗杰船长所救。笛福受这一事件的启发，创作了《鲁滨逊漂流记》。他在这部作品中丰富了故事情节，突出了鲁滨逊克服困难、制造工具的强烈的求生欲望和抵抗孤独的坚韧性格，深化了作品的内涵，使一段只能引起一时轰动的海员的历险故事，变为一部意义深刻的文学名著。

3. 比比翻译的不同。

同学们现在手上的《鲁滨逊漂流记》，是不同的作家根据笛福原著翻译、编写的，可能会有些不同。比如课文《鲁滨逊漂流记（节选）》的开头，关于鲁滨逊制作日历一事，是这样写的：

在岛上待了十一二天以后，我忽然想到，由于没有本子、笔和墨水，我将没法估算日子，甚至分不清休息日和工作日。为了避免这种情况，我用刀子在一根大木杆上刻了一些字，并把它做成一个大十字架，竖在我第一次登岸的地方，上面刻着："1659 年 9 月 30 日，我在这里登岸。"在这根方木杆的侧面，我每天用刀子刻一道痕，每第七道刻痕比其他的长一倍，每月第一天的刻痕再长一倍，这样，我就有了日历。

找到你的书上关于这一情节的描写读一读，有什么发现？

小结：同一情节，主要内容一样，但细节描写和语言表达风格可能不一样。所以，阅读外国名著时，可以先选择一个情节比一比，然后根据自己的喜好选择不同编译者、出版社的作品阅读。同学们在阅读《鲁滨逊漂流记》的过程中，也可以和身边的小伙伴交换阅读。

任务二 浏览目录，把握内容

1. 回顾选文，激发兴趣。

通过学习，我们知道，课文《鲁滨逊漂流记（节选）》对应的是整个故事的开始部分——荒岛失事。鲁滨逊在荒岛生活了 28 年，还有很多有趣的故事。他是怎样克服一个个困难，又是怎样成功获救的呢？让我们跟着鲁滨逊，一起经历一场神奇的历险吧！

2. 浏览目录，把握内容。

（1）出示目录，连起来读一读，猜猜故事的大概内容。

第一章	不羁的心	第十四章	谁的脚印
第二章	沦为奴隶	第十五章	海边骷髅
第三章	海上遇险	第十六章	防御工事
第四章	初上荒岛	第十七章	不速之客
第五章	荒岛家园	第十八章	野人"星期五"
第六章	荒岛巡视	第十九章	教化野人
第七章	落难日记	第二十章	血染孤岛
第八章	新的发现	第二十一章	绝处逢生
第九章	抗争病魔	第二十二章	夺船大战
第十章	乡间别墅	第二十三章	意外之喜
第十一章	荒岛拓荒	第二十四章	归途遇险
第十二章	丰衣足食	第二十五章	旧地重游
第十三章	环岛航行		

（2）小结。

阅读整本书前，先浏览目录，可以快速了解全书的主要情节，把握主要内容，为深入阅读做准备。

任务三　指导方法，明确要求

1. 交流阅读经历

自由交流：你读过哪些世界名著？阅读的时候用了哪些读书方法？

2. 指导阅读方法

（1）结合作品，明确任务（结合"快乐读书吧"内容）。

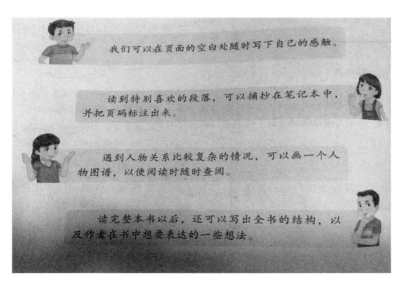

我们可以在页面的空白处随时写下自己的感触。

读到特别喜欢的段落，可以摘抄在笔记本中，并把页码标注出来。

遇到人物关系比较复杂的情况，可以画一个人物图谱，以便阅读时随时查阅。

读完整本书以后，还可以写出全书的结构，以及作者在书中想要表达的一些想法。

（2）范例引路，教给方法。

（1）摘记批注。

① 自主选择最感兴趣的一个章节阅读，圈画好词佳句，写一到两处旁批。

② 小组交流，推选优秀批注。

③ 班级展示，小结批注方法。

示例1：感悟语言特色（修辞生动、动词准确、修饰语精当等）。

我随便吃了几口带的东西，把小船拉到岸边，停在一个有几棵树的小水湾里，就倒在地上睡了。

> 一个"倒"字传神地描绘出主人公当时疲惫至极的身体状况，同时也表现出之前情况的危急。

为了遮住雨水，我们又在船坞上面放了许多树枝，密密厚厚的，好像茅草屋顶。

> 使用了比喻的手法，主人公将他们放的细密的树枝比作是茅草屋顶，更能形象生动地体现出他们对于这支木排的重视，也体现了主人公跟星期五仔细认真的良好态度。

其实，既然有的是时间，工作乏味一点儿又何必介意呢?

> 采用反问的写法，与读者建立互动，不仅增强了句子的气势，更能深刻表现出主人公乐观向上的心态。

示例2：剖析句段写法。

但我还活着，没有像我同船的伙伴们一样被水淹死。

> 通过主人公与同船伙伴的对比描写，从侧面反映出主人公大难不死的心情，同时也描绘出主人公对失去同伴的悲伤。

我现在是侍从成群、生活富足；除了缺乏人与人之间的交往以外，什么都不缺。至于人与人的交往，不久以后我反而觉得太多了。

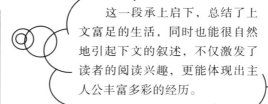

这一段承上启下，总结了上文富足的生活，同时也能很自然地引起下文的叙述，不仅激发了读者的阅读兴趣，更能体现出主人公丰富多彩的经历。

示例 3：联系实际生发联想。

因为我认为，在手边驯养着一批牲畜，就等于替自己建立一座羊肉、羊奶、奶油和酪干的活仓库，无论我在岛上生活多少年——哪怕 40 年——也取之不尽、用之不竭。同时我又认为，我要想一伸手就抓得住这些山羊，就得把羊圈修得极其严密，绝对不让它乱跑。

从这句话可以看出主人公是一个知晓自然规律的人，他懂得循环利用、生生不息，而且这也教育了我们现在的人，要懂得珍惜资源，这样才能长久地在地球上生活下去。

示例 4：猜测质疑。

他突然跳出他们的圈子，用一种难以置信的速度沿着海岸朝我这边，我是说，朝我住的这一带跑来。

野人朝我这边跑来了，结果会怎样呢？这是个怎样的野人？会跟主人公成为朋友还是敌人？

小结：批注可以是感悟语言特色，比如生动的修辞生动、准确的动词、精当的修饰语等；可以是剖析句段的写法；可以是联系实际生活生发的联想；也可以表达阅读过程中的猜测、疑惑。记录下自己阅读过程中的所思、所想、所感，可以帮助我们更好地理解作品。

（2）评价人物。

① 回顾人物印象。

回顾课文《鲁滨逊漂流记（节选）》，鲁滨逊给我们留下了什么印象？

出示：

② 交流人物评价方法。

你是怎么得出这样的印象的?

小结:评价人物要有依据,可以根据作品中的故事情节、人物的细节描写等做出判断。

③ 小组学习。

a. 浏览自己刚才阅读的章节,鲁滨逊还给你留下了什么印象?

b. 找到依据,在小组里交流。

c. 推荐新鲜的观点进行班级交流。

示例:

依据:

　　我清楚地知道,他们并不是明知道这是违背天理的罪行而故意去犯罪,像我们大多数文明人犯罪的时候那样。在他们看来,把我杀掉吃掉,并不是什么罪行,就像我吃掉一只鸽子在我看来并不是什么罪行一样。

人物评价:

　　描写了鲁滨逊对野人吃人行为的态度转变,由之前的消灭到后来的不干涉,展现了他客观、冷静的一面。

依据:

　　这时,我已经一心一意打算同星期五一起到大陆上去了,但还是想试探一下他。

人物评价:

　　在已经确认星期五对自己十分忠诚后,鲁滨逊还是想方设法来试探他,进一步说明鲁滨逊的疑心重和万分谨慎的性格。

依据:

　　我把自己的看法告诉船长,他听后也十分担心。可是,我很快想出了一个把他们引回来的办法,结果证明确实有效。

人物评价:

　　鲁滨逊临危不乱,处变不惊,关键时刻能急中生智,确实具有非凡的智慧和胆识。

依据:

　　现在我们只需要在暗中监视他们,随时准备向他们进攻,把他们打败就可以了。

人物评价:

　　以逸待劳,将敌人一网打尽,说明鲁滨逊计谋老到。

依据：

　　这时，我手下的人恨不得趁着夜色立即向他们扑过去，可是我想找一个更有利的进攻机会，尽可能少杀死几个人。

　　另外，因为对方都是全副武装，所以我很害怕贸然进攻会让我自己的人伤亡。所以我决定等一等，看看他们是否会散开。并且，为了更有把握制服他们，我命令手下的人再向前推进，隐藏起来，还让星期五和船长尽可能地贴着地面匍匐前进，在动手开枪之前，爬得离那几个人越近越好。

人物评价：

　　这段描写凸显了鲁滨逊的耐心、镇定，让读者看到他善于把握有利作战时机的军事才能。

　　小结：每个人都是立体的、多面的，评价人物时要注意多角度。

（3）梳理情节。

① 想一想：回顾课文《鲁滨逊漂流记（节选）》的情节图（出示）。

流落荒岛　回船取物　搭窝定居　畜牧养殖　救"星期五"　回到英国

② 说一说：我们是怎么梳理这一章节的情节的？（自由交流）

归纳方法：先逐小节概括，再提炼小标题，最后选用自己的喜欢的方式，如流程图、树形图、鱼骨图、山形图等绘制情节图。

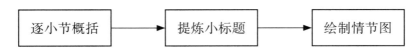

逐小节概括　→　提炼小标题　→　绘制情节图

③ 练一练：再次阅读自己选择的章节，用以上归纳的方法，绘制这个章节的情节图。

④ 评一评：班级展示，评评你喜欢的情节图。

　　小结：用提炼小标题的方式梳理内容，再绘制出情节图，可以使故事情节一目了然，也便于记忆。

任务四　制订计划，做好记录

1. **结合自身，制订计划。**

示例：

《鲁滨逊漂流记》阅读计划表		
本书共（　）页	计划（　）天读完	每天读（　）章
时　间	阅读章节	完成情况
第1天：（　）月（　）日	第（　）章	
第2天：（　）月（　）日	第（　）章	

续表

《鲁滨逊漂流记》阅读计划表		
本书共（　　）页	计划（　　）天读完	每天读（　　）章
时　间	阅读章节	完成情况
第3天：（　　）月（　　）日	第（　　）章	
……	……	

2. 做好记录，准备分享。

（1）阅读，在书上圈画。

（2）用上摘抄批注、人物评价和绘制情节图的方法，完成阅读记录。

（边阅读边记录，为后面制作人物卡片、绘制整本书情节图等做准备）

《鲁滨逊漂流记》阅读记录单	
第1天：（　　）月（　　）日	第（　　）章　标题：（　　　　）
精彩句段：	
人物印象：	依据：
情节图：	

读中：自主阅读推进活动

活动时间：利用晨读、午休等时间，贯穿 3 周。

任务一　赏析台

1. 小组交流每周的阅读记录单。

（1）从阅读批注、人物印象、情节梳理三方面互评优点，提出建议。

（2）修改、完善自己的阅读记录单。

（2）推选优秀的阅读记录单参加班级展示。

2. 班级展示，再次互评优点，提出建议。

3. 进一步修改、完善自己的阅读记录单。

任务二　影视厅：精彩片段配音

1. 视频吧。

利用课余时间，到"视频吧"选择自己喜欢的《鲁滨逊漂流记》电影或动画版本欣赏。

（影视资源：爱奇艺视频、腾讯视频、优酷视频网站）

2. 演播厅。

（1）小组合作：从老师选好的影视精彩片段中选择一个，排练情景配音。

（影视资源：爱看短视频）

（2）班级展演。

（3）评选"最佳配音"小组（分冠、亚、季军）。

评选要求	该项得星 （视情况得三星、两星或一星）	合　计
语音语调标准，语速适中，语言清晰流利。	⭐⭐⭐	
对白富有感情，能够充分体现人物的性格特点和心理特征。	⭐⭐⭐	
表现力强，肢体语言及面部表情丰富。	⭐⭐⭐	
小组成员分工明确，配合默契。	⭐⭐⭐	

任务三　故事会：有趣情节讲述

1. 自主准备：选择自己最喜欢的作品情节练习讲述。

2. 小组交流：在小组内讲一讲，互评、完善，推选优秀代表参加班级展示。

3. 班级展示：评选我是"故事王"。

比一比：谁的故事情节完整，讲述生动。

读后：分享交流延伸活动

任务一　成果发布会

1. 人物卡。

（1）整合阅读记录单，完成整部作品的人物卡。

示例：

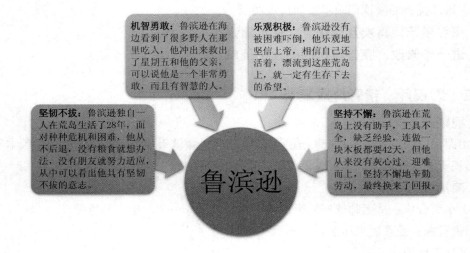

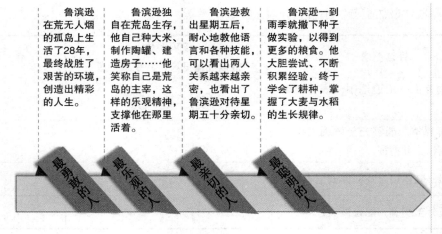

鲁滨逊

开始 渴望自由	发展 乐观坚韧	结尾 知恩图报
英国青年鲁滨逊从小喜欢航海，曾三次离家到南美各地旅行。一日他怀着云游四海的高远志向，告别家人，越过大西洋和太平洋，在惊心动魄的航海中经历无数险情，后来整条船在太平洋上不幸罹难，船上的人都葬身海底，惟有他一人得以奇迹般地活下来，并只身来到一座荒无人烟的岛上。	他从绝望的缝隙中得到了生命的启示，性格坚强的鲁滨逊在岛上独立生活了28年。他在孤岛上劳作生息，开拓荒地，年复一年与孤独为伴，克服了种种常人难以克服的困难。《圣经》成为他的精神支柱，凭着惊人的毅力和顽强不息的劳动，过上了自己的生活。	后来他搭救了一个土人，称他为"星期五"，把他收作仆人。他以非同寻常的毅力和勇气，克服了难以想象的艰难困苦。用勤劳的双手，为自己创造了一个生存的家园。一直到第28个年头一艘英国船来到该岛附近，鲁滨逊帮助船长制服了叛乱的水手，才返回英国。这时他父母双亡，鲁滨逊收回他巴西庄园的全部收益，并把一部分赠给那些帮助过他的人们。

星期五

最有趣的人	最忠诚的人
星期五在遇到熊的时候露出了欢喜万分和精神百倍的神气，并说："我要和它握手，我要叫你大笑一场。"这种开玩笑的口吻让鲁滨逊和读者摸不着头脑，也觉得十分有趣。	星期五和鲁滨逊合作着施展不同的技能在岛上度过了许多年。他的到来让鲁滨逊圆了总督梦，自己则做了鲁滨逊的奴仆。

（2）小组交流，互评完善。

（3）班级展示。

结合自己的作品人物卡，介绍：通过阅读，我觉得鲁滨逊是这样的人——

要求：① 以书中相关内容为依据（从书中找到例子来说明观点）。

② 认真倾听别人的观点，准确理解，有不同的、新的想法，及时补充。

2. 情节汇。

（1）整合阅读记录单，完成整本书情节图。

示例：

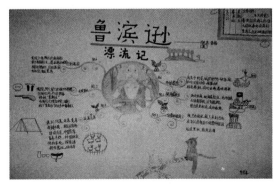

江苏省南通市张謇第一小学六（2）班
除彦睿

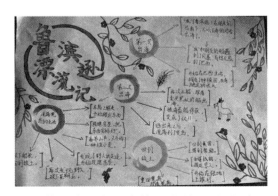

江苏省南通市张謇第一小学六（2）班
李陆瑶

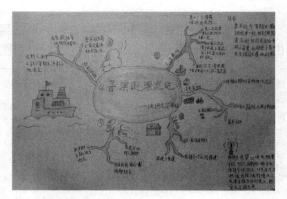

江苏省南通市张謇第一小学六（2）班　马姊君

（2）展示情节图，说说整本书中自己印象最深刻的情节。

先小组交流，再班级交流。

3. 海报展：我喜欢的一本书。

（1）将人物卡、情节图等阅读记录融合，加上作品梗概，制作成海报。

（2）布置海报展（可采用现场展示或线上展示）。

（3）投票评选：我最喜欢的海报。

海报示例：

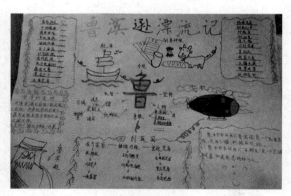

江苏省南通师范学校第一附属小学六（4）班　　江苏省南通市张謇第一小学六（2）班
杨依琳　　　　　　　　　　　　　　张晨曦

任务二　自主测评

1. 填空题。

（1）鲁滨逊在_____买了一块庄园，曾在那儿过了四年安稳的庄园主生活。

（2）在荒岛上，鲁滨逊刚开始主要的食物是_____，由于担心弹药用完，他就把它们捉住饲养起来。

（3）偶然机会，鲁滨逊抖装饲料的袋子，过了雨天，抖袋子的地方长出了_____苗和_____苗。

（4）鲁滨逊在岛上捉到一只鹦鹉，给它起名叫_____。

（5）鲁滨逊在岛上种粮的第一年收获了_____和_____，他把这些粮食碾碎放进自己烧制的瓦罐中烤成_____。

（6）鲁滨逊在岛上还用_____制作了一把伞。

（7）鲁滨逊用近_____年的时间造了一只独木船，还挖了一条_____尺的运河，把船运到了半里外的小河里。

（8）救了星期五，鲁滨逊知道在另一个岛上住着十五个_____人，是海船失事后逃上去的。

（9）鲁滨逊来到岛上第_____年的_____月，突然发现岛上出现了一群_____。两年后，他救下一个俘虏，那天是_____，因此，这个俘虏名叫_____，他成了鲁滨逊的仆人。

（10）____年____月____日，鲁滨逊带着仆人乘船离开海岛，他一共在岛上生活____年。

2. 选择题。

（1）《鲁滨逊漂流记》的作者是谁？（　　）

A. 莎士比亚　　　　B. 雨果　　　　　C. 笛福　　　　　D. 雪莱

（2）《鲁滨逊漂流记》的发行时间？（　　）

A. 1718　　　　　B. 1719　　　　　C. 1720　　　　　D. 1721

（3）鲁滨逊用望远镜看见了多少个野人在会餐？（　　）

A. 19　　　　　　B. 29　　　　　　C. 30　　　　　　D. 20

（4）野人一共抓了几个俘虏？被解救了几个？（　　）

A. 1，2　　　　　B. 2，3　　　　　C. 3，1　　　　　D. 2，1

（5）鲁滨逊离开那个岛时，已在岛上待了多久（四舍五入）？（　　）

A. 27年　　　　　B. 28年　　　　　C. 29年　　　　　D. 30年

（6）鲁滨逊是哪个国家的人？（　　）

A. 葡萄牙　　　　B. 西班牙　　　　C. 法国　　　　　D. 英国

（7）船触礁以后鲁滨逊上船搜寻有用的东西，下列哪一项不是他发现的？（　　）

A. 手枪　　　　　B. 指南针　　　　C. 英镑　　　　　D. 面粉

（8）鲁滨逊上岸后的第一家是（　　）。

A. 一个山洞　　　B. 一座小木屋　　C. 一顶帐篷

（9）鲁滨逊在岛上最危险的是（　　）。

A. 断粮　　　　　B. 遇上野兽　　　C. 落入吃生人番手里

（10）鲁滨逊上岛后最想吃的是（　　）。

A. 饼干　　　　　B. 面包　　　　　C. 面条

3. 判断题。

（1）《鲁滨逊漂流记》的作者是英国作家笛福。（　　）

（2）鲁滨逊在一座无人荒岛上生活多年后，收得一土人为奴，取名"星期四"，后来，这一土人成为他忠实的仆人和朋友。（　　）

（3）小说中描写鲁滨逊在荒岛上的经历是全书的精华。在岛上生活28年后，因帮助一

个船长制服叛变的水手，得以乘船返回自己的祖国，他在成为巨富后派人到岛上继续垦荒，他的名字叫鲁滨逊。（　　　）

（4）《鲁滨逊漂流记》是一部成功的现实主义小说，小说主人公鲁滨逊也因此成为欧洲文学史上的一个著名的文学形象。鲁滨逊，他敢于冒险，勇于追求自由自在、无拘无束的生活，显示了一个硬汉子的坚毅性格和英雄本色，体现了资产阶级上升时期的创造精神和开拓精神。他的名字，已经成为科幻家的代名词和千千万万读者心目中的英雄。（　　　）

（5）鲁滨逊在荒岛上生活了29年，高度浓缩地体现着人的本质和人类进步的历程，他成了一位英雄。（　　　）

（6）鲁滨逊在古巴买了一块庄园，曾在那儿过了四年安稳的庄园主生活。（　　　）

（7）在荒岛上，鲁滨逊刚开始主要的食物是野山羊，由于担心弹药用完，他就把它们捉住饲养起来。（　　　）

（8）偶然机会，鲁滨逊抖装饲料的袋子，过了雨天，抖袋子的地方长出了稻苗和麦苗。（　　　）

（9）鲁滨逊在岛上捉到一只鹦鹉，给它起名叫波儿。（　　　）

（10）鲁滨逊在岛上种粮的第一年收获了两斗大米和两斗大麦。（　　　）

任务三　拓展延伸

1. 阅读推荐。

（1）推荐：用上阅读《鲁滨逊漂流记》的方法，阅读《手斧男孩》等冒险游历类作品，做做阅读记录。

（2）思考：比一比，《手斧男孩》和《鲁滨逊漂流记》有什么异同，和同学交流。

（编写人：秦晓燕；指导者：陈兰、王爱华）

《骑鹅旅行记》阅读教学设计与实践

教学解读

  《骑鹅旅行记》是瑞典女作家塞尔玛·拉格洛芙的代表作，这部书自 1907 年出版以来，先后被译成 80 多种文字在全世界传播，是第一部获得"诺贝尔文学奖"的儿童小说。一百多年过去了，那个头戴红帽子、骑在鹅背上的"小狐仙"，始终翱翔在世界文学的上空，把勇敢、热爱、责任和忠诚播撒在每一个读者的心上。

  全书共 55 个章节，分为上中下三部分。作者以时空的变换为序，以尼尔斯的历险为线，讲述了小男孩尼尔斯因为恶作剧变成了一个拇指大的小人后，跟随雄鹅和雁群进行了一场长途旅行，并最终成长为一个勇敢、善良、有责任心的少年的故事。作品将北欧美丽的自然风物与心灵的陶冶融为一体，成为童话史上迄今难以逾越的佳作。

  小说构思独特，语言平易清新，情节曲折生动，人物形象丰满，尤其是将自然风光、地理环境、文化历史等融入童话、传说和民间故事中，有利于激发学生阅读长篇儿童小说的兴趣，感受瑞典的地理风貌、动物植物、历史传说、风土人情，开阔知识视野，并在阅读中通过画人物图谱、设计瑞典地图图示、绘制尼尔斯飞行路线图等阅读策略，关注人物冒险的旅行，领悟尼尔斯、阿卡等性格鲜明的人物形象，体会主人公在历险中的成长蜕变，从中汲取成长的力量。

阅读目标

  1. 产生阅读长篇故事的兴趣，能自主规划阅读进度，学习概括故事的梗概。

  2. 了解尼尔斯的奇妙经历，品味精彩的故事情节，学习多角度评价人物形象。

  3. 能运用批注、联结、图像化等多种阅读策略，领略瑞典风情，感受人物的成长变化，领悟成长的真正意义。

活动安排

阅读阶段	阅读过程	阅读时间	活动内容
读 前	导读活动	40 分钟	1. 看封面，联系课文猜测人物和书名。 2. 阅读序言和目录，梳理并提取重要信息，初步了解作品和作者。 3. 试读故事第一章，了解尼尔斯最初是个怎样的孩子，激发阅读兴趣。 4. 根据目录和自身的阅读实际编制阅读计划表。
读 中	自主阅读	5 周	1. 按照阅读计划自主开展阅读。 2. 留心书中精彩的故事情节或环境（景物）描写，做好摘录、圈画和批注。 3. 尝试绘制人物关系图和尼尔斯飞行路线图等。
	推进活动	40 分钟	1. 分享尼尔斯的旅行路线图。 2. 对照人物关系图表，开展"历险故事会"，讲讲尼尔斯和他们之间最精彩的历险故事。 3. 结合故事探讨"尼尔斯之变"，探寻其变化的原因，体会成长的意义。
读 后	交流分享 拓展延伸	40 分钟	1. 结合尼尔斯飞行路线图或瑞典坐标图示回顾故事梗概。 2. 以"领头雁阿卡"为例，用"观点＋例子"的方法交流、体会一只领头雁所具备的素质。 3. 谈谈对书中其他印象深刻的人物的评价。 4. 尝试以"历险"为话题，构思一个历险故事，注意设计好人物关系和故事框架，开启想象的历险之旅。

读前：导读活动

任务一　概览全书，整体感知

1. 观察封面，猜测书名。

（1）你可曾幻想过在天空自由翱翔？用什么样的方式呢？

（2）（观察封面）封面上的这个男孩是谁？他的"坐骑"是什么？联系第二单元的课文，我们不难猜出，这个小男孩名叫尼尔斯，他骑着家里的雄鹅去旅行，所以这本书的名字叫《骑鹅旅行记》。当然也有一些译本把它译为《尼尔斯骑鹅旅行记》。这部书自出版以来先后被译成 80 多种文字在全世界广为传播。

2. 阅读序言，提取信息。

读一读序言，可以从中了解不少重要的信息。

（1）了解作家。

作家卡片

姓名：＿＿＿＿＿＿　　国籍：＿＿＿＿＿＿　　出生地：＿＿＿＿＿＿＿＿＿＿＿＿

主要成就：＿＿＿＿＿＿＿＿＿＿＿＿＿＿＿＿＿＿＿＿＿＿＿＿＿＿＿＿＿＿＿＿

代表作品：＿＿＿＿＿＿＿＿＿＿＿＿＿＿＿＿＿＿＿＿＿＿＿＿＿＿＿＿＿＿＿＿

创作经历：＿＿＿＿＿＿＿＿＿＿＿＿＿＿＿＿＿＿＿＿＿＿＿＿＿＿＿＿＿＿＿＿

＿＿＿＿＿＿＿＿＿＿＿＿＿＿＿＿＿＿＿＿＿＿＿＿＿＿＿＿＿＿＿＿＿＿＿＿＿＿

＿＿＿＿＿＿＿＿＿＿＿＿＿＿＿＿＿＿＿＿＿＿＿＿＿＿＿＿＿＿＿＿＿＿＿＿＿＿

（2）了解作品。

　　《骑鹅旅行记》是塞尔玛·拉格洛芙的成名之作，创作于 1907 年，先后被译成 80 多种文字在全世界广为传播。1980 年《骑鹅旅行记》中译本出版以后，立即吸引了大批读者，四十多年过去了，那个头戴红帽子，骑在大鹅背上的身影一直翱翔在蓝天白云之间，也翱翔在世界儿童的心上。读了序言之后，你会对这本书的内容有一个大致的了解。

作品简介

主人公：＿＿＿＿＿＿　　性别：＿＿＿＿　　家庭住址：＿＿＿＿＿＿＿＿＿＿＿

故事内容：＿＿＿＿＿＿＿＿＿＿＿＿＿＿＿＿＿＿＿＿＿＿＿＿＿＿＿＿＿＿＿＿

＿＿＿＿＿＿＿＿＿＿＿＿＿＿＿＿＿＿＿＿＿＿＿＿＿＿＿＿＿＿＿＿＿＿＿＿＿＿

作品特点：＿＿＿＿＿＿＿＿＿＿＿＿＿＿＿＿＿＿＿＿＿＿＿＿＿＿＿＿＿＿＿＿

＿＿＿＿＿＿＿＿＿＿＿＿＿＿＿＿＿＿＿＿＿＿＿＿＿＿＿＿＿＿＿＿＿＿＿＿＿＿

3. 浏览目录，概览全书。

　　读读目录，说说你有哪些了解和发现。

　　提示：全书分成上下两部分，每一章的标题有的以地名命名，有的以主要人物或故事情节命名，使人一目了然。作者巧妙地以尼尔斯的旅行经历为线索，将瑞典的地理风貌——皑皑白雪、莽莽草原、幽幽森林和漫漫海岸，以及各种动物、名人轶事、历史古迹等融入其中，因此，这部书也被作为瑞典的地理、历史教科书。请你试着像这样梳理整本书的目录章节。

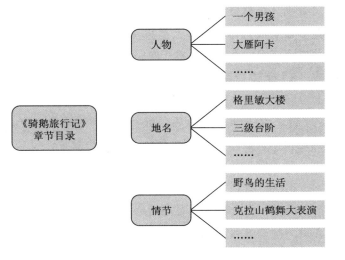

任务二　初读开篇，激发兴趣

1. 试读故事，初识人物。

尼尔斯被变成一个拇指大的小人儿跟着雁群去旅行，那么他为何会被变成这样的小人儿的呢？又是谁干的呢？读读故事的开篇《小狐仙》，你就明白了。

交流：尼尔斯是怎么变成小人儿的呢？

小结：他的调皮和贪心使他受到了小狐仙的惩罚。

2. 品读形象，感受特点。

尼尔斯还有哪些性格上的特点，又有哪些具体表现呢？再次阅读第一章的《小狐仙》《大雁》，边读边批注，然后完成下面的图表。

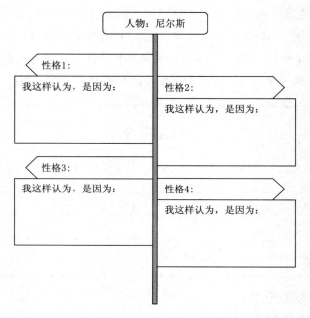

提示：虽然尼尔斯有那么多的缺点，不仅被他欺负过的那些家禽、家畜不喜欢他，就连父母也认为他懒散疲沓、粗野顽皮、不长好心眼。但当雄鹅要跟着雁群一起飞走的时候，你是否注意到尼尔斯为什么要抱住雄鹅的脖子呢？从这个小小的细节来看尼尔斯，你会发现，其实他还是一个怎样的孩子呢？

3. 比较存疑，开启阅读

当尼尔斯旅行归来时，五月玫瑰一眼就看出了他的变化——

春天从家里逃走的尼尔斯·豪尔耶松脚步沉重，动作迟缓，声音无力，两眼呆滞无神，但是回来的尼尔斯·豪尔耶松动作轻快敏捷，说话干脆利落，目光炯炯有神。他人虽然很小，但是有一种令人肃然起敬的风采。尽管他自己面无悦色，而看见他的人却感到高兴。

这次你看到了一个怎样的尼尔斯？

提示：旅行归来的尼尔斯变得目光炯炯、神采奕奕，让人一见就生愉快之情。那么，尼尔斯为什么会有这么大的变化呢？那就赶快打开书，跟随尼尔斯一起去旅行吧！

任务三　制订计划，思考记录

1. 合理规划，长线阅读。

《骑鹅旅行记》是一本内容丰富的书，全书译成中文 46 万余字，将近 600 页。你打算用多长的时间完成这趟阅读之旅呢？你可以根据故事的章节或页码给自己订一个阅读计划（如下表所示）。时间在五周左右哦！

阅读计划表

阅读书目	《骑鹅旅行记》	
阅读时限	月　　日—　月　　日（约　　天）	
阅读时间	阅读章节（页码）	完成情况自评
第一周		☆☆☆
第二周		☆☆☆
……		☆☆☆

当然，同学们也可以根据自己的喜好，制订个性化的阅读计划表哦！

2. 记录批注，阅读留痕。

在阅读的过程中，我们不仅要注意有计划、有速度，还要留意书中精彩的段落或语句，在特别喜欢或有感触的地方写下阅读的批注。如，当春天来到斯戈耐省南部的尼尔斯的家乡时，那里发生了怎样的变化呢？书中是如何描写的？你又有怎样的感受呢？

> 户外春意盎然。虽然刚刚三月二十日，但男孩是住在斯戈耐省南部的西威门荷格教区，那里早已是一派春天景象。树木虽然还没有发绿，但已经抽出嫩芽，散发着清香的气味。沟渠里积满了水，渠边的款冬花已经开放。长在石头围墙上的小灌木也都油光光的透出了紫红色。远处的山毛榉树林一刻比一刻更加茂密，好像在膨胀一样。高高的天空，显得格外蓝。房门半开着，在屋里听得见云雀在歌唱。鸡鹅在院子里散步；奶牛在牛棚里闻到春天的气息，有时也发出哞哞的叫声。
>
> ——第 1 章《一个男孩》

批注：

斯戈耐的春天是这样的烂漫！树木在发芽，鲜花在盛放，鸟儿在歌唱，就连那些家禽家畜也正享受着这无比曼妙的春天！

像这样精彩的句段书中还有许多，在阅读的过程中，我们可以放慢脚步，适时地圈画、批注，这样就能更好地走进书里去！当然，特别喜欢的语段还可以摘抄下来，积累到读书笔记本上哦！

读中：自主阅读推进活动

活动时间： 利用午读和晚读各半小时，持续推进三至四周。

任务一　走进瑞典，感受风情

1. 走近作者，了解背景。

交流作家卡片和作品信息，了解作者是在什么情况下创作了《骑鹅旅行记》，故事中的哪些场景和她的生活经历有关，以及作品的特色、成就是什么。

2. 精彩诵读，感受风情。

《骑鹅旅行记》并不只是一个单纯的童话故事，为了完成这部书，作家塞尔玛·拉格洛芙走遍了瑞典各地，精心搜集当地的地理、历史、风俗、动植物资料。在故事中，随着尼尔斯和雁群一起飞向北方，瑞典各地的地理风貌也生动地呈现在读者面前。因此读这本书，其实就是一次对瑞典的百科全书式地旅行考察。那么，你在书中对瑞典有了哪些了解呢？

交流： 选择一个你最喜欢的片段读给大家听，再说说你的感受。

点拨： 读这本书可以帮助我们了解到许多知识，但这些知识比较零散，这就需要进行一些分类。比如，把地理知识归为一类，动物知识归为一类，还有历史、风俗、传说、植物等。请你像这样试一试吧！

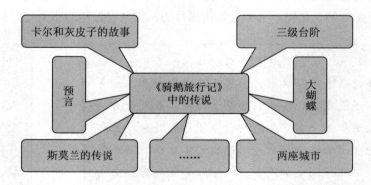

小结： 正如克拉拉·约翰逊所说：在拉格洛芙温柔的手中，学校里的一切科目——地理、历史、植物学、动物学——统统魔术般地变成了传说故事，正如斯诺伊尔斯基的诗句中所歌唱的，在这样的课程中干枯的荒漠里开出鲜花，出现歌声和泉水潺潺声，而且可以确信她教的课程会牢牢地扎进青少年的记忆中。

任务二　走进旅程，共赴历险

1. 关注轨迹，绘制图表。

在尼尔斯跟随雁群旅行的途中，他一路游历了哪些地方才最终回到家乡呢？对照目录，结合故事的内容给尼尔斯画一幅旅行路线图。

如东县双甸小学 605 班　陈思远

如东县双甸小学 605 班　张子橙

点拨：你想用怎样的方式来绘制尼尔斯的旅行路线图呢？课后请大家尝试着画一画，在小组内先交流交流。比一比谁的路线图最清晰、有创意！

2. 交流图谱，理清关系。

在旅行的途中，尼尔斯遇到了许多人，他们和尼尔斯之间构成了一种怎样的关系呢？能不能给他们分分类？

提示 1：我们可以按照主要人物和次要人物、朋友和敌人、帮助尼尔斯的人和被尼尔斯帮助的人等来分类，只要分类有依据都可以尝试哦！

提示 2：了解人物、理清人物关系是读好一部小说的前提，而通过画思维导图能够更清楚地帮助我们理清人物关系，我们以后读书也可以用上这个方法！

3. 分享故事，共话历险。

在尼尔斯的历险之旅中，哪一次经历让你感到最惊险呢？对照人物关系表，讲讲他们之间发生的历险故事。

任务三　走进人物，体悟成长

1. 聚焦人物，发现变化。

一个故事就是一段经历，在这些经历中，我们发现尼尔斯变了，他变成了一个怎样的孩子？

交流：结合故事内容，谈谈尼尔斯的成长变化。

2. 聚焦"选择"，探究变化。

尼尔斯为什么会有这么大的变化？还记得在尼尔斯刚刚变成小人儿的时候，他曾经非常急切地想要变回原来的样子；可是在旅途中，当他先后三次遇到变回原形的机会时，他又是怎样选择的呢，为什么呢？（如下表所示）

三次机会	变回原形的条件	尼尔斯的选择	原　因
第一次			
第二次			
第三次			

（1）小组活动：从书中找到相关的情节，以小组为单位交流讨论，完成表格。

交流点拨：

第一次放弃：尼尔斯不想回家的原因是什么？他不爱任何人，包括自己的父母；他对谁、什么事情都不感兴趣，唯一的态度只有讨厌。所以，他想跟着雁群去享受自由自在的冒险生活。

第二次放弃：尼尔斯认为这是巴塔基对他的考验，你也这样认为吗？尼尔斯能不能与大学生互换身份真的无所谓吗？用批注的方式写写尼尔斯的心理活动。巴塔基说尼尔斯是他见过的"最大的笨蛋"，你怎么认为呢？

第三次放弃：尼尔斯的脑海中会浮现出与雄鹅相处的哪些画面？

这三次放弃有什么不同之处？哪一次让你最感到意外？

（2）小结：善良是最大的美德。

3. 撰写感言，领悟成长。

尼尔斯在这段旅行中变得勇敢、智慧、有责任、有担当，但更重要的是他选择了遵从自己的内心，成为一个善良的人，这样的改变就是——成长。其实，阅读一本好书也是一次旅行，那么你在今天的阅读之旅中收获了什么呢？写写自己的阅读收获。

点拨：怪不得瑞典文学院这样评价这本书："如果说尼尔斯骑鹅旅行是对儿童美德最好的培育的话，那么这本书就是世界上最浪漫的学校了。"

读后：分享交流延伸活动

任务一 分享路标，回顾旅程

1. 结合图示，回顾旅程。

在阅读《骑鹅旅行记》的过程中，我们跟随着尼尔斯一起飞越瑞典的山山水水，经历了神奇的冒险。下面，我们来分享和交流你绘制的"尼尔斯旅行路线图"，并说说你这样画的理由。

2. 精选坐标，概述故事。

选择一处地点，讲讲在这个地点发生的让你最感兴趣的故事，说说这个故事打动你的理由。

任务二 人物赏析，多元评价

1. 聚焦阿卡，提炼观点。

这一路的见闻和磨难使尼尔斯不断地成长和蜕变着。在这段奇异的旅程中，尼尔斯不仅增长了知识，还结识了很多朋友，而这些朋友也不断地影响、改变着尼尔斯。其中，书中有不少描写阿卡的文字，一边读一边批注，你从哪些地方感受阿卡作为一只领头雁的必备素质？请结合具体事例谈谈你对阿卡的认识。

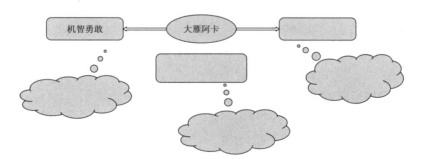

小结：我们可以从不同角度，结合故事情节，提炼出人物性格或品质，对人物进行全面评价。

2. 漫谈人物，各抒己见。

书中还塑造了许多栩栩如生的人物形象，如尼尔斯的死对头狐狸斯密尔，陪伴他一路远行的雄鹅茅帧，总在关键时刻出现的渡鸦巴塔基等，你对谁最感兴趣呢？像刚才那样用"观点＋例子"的方法说说人物给你留下的印象。

任务三 自评自测，阅读拾阶

1. 填一填。

（1）《尼尔斯骑鹅旅行记》的作者是（　　　）。这本书是以（　　　）国家为背景。

（2）《骑鹅旅行记》是唯一一部获得（　　　　　）奖的儿童文学作品。

（3）尼尔斯用（　　）引走了（　　　），从而保护了（　　　）的领地。

（4）尼尔斯被乌鸦抓住时，是一只叫（　　　）的乌鸦救了他。

（5）尼尔斯跟着雁群去旅行，领头雁名叫（　　　），尼尔斯骑的雄鹅名叫（　　　　），在旅行中，它们都成了尼尔斯的（　　　）。

（6）在罗耐毕河，狐狸斯密尔两次运用激将法让（　　　　）和（　　　　）去偷袭雁群，但都被尼尔斯发现。

（7）小卡尔斯岛上的三只狐狸猎杀羊群是为了（　　　），所以最后被尼尔斯设计，摔死在（　　　）。

（8）"大海中的白银"指的其实就是（　　　）。

2. 选一选。

（1）尼尔斯变成了精灵后，雄鹅给他起了一个新的名字叫什么？（　　　）

A. 大拇指　　　　　　　　B. 小不点　　　　　　　　C. 小矮人

（2）阿卡送尼尔斯回去的时候，尼尔斯为什么不愿意回去了？（　　　）

A. 因为他想和雁群一起去拉普兰探险

B. 因为大雄鹅舍不得他走，他要陪大雄鹅

C. 因为他觉得阿卡对不起他，他要留下来报复他

（3）鹤舞表演大会上发生了一个什么意外？（　　　）

A. 下起了倾盆大雨　　　B. 狐狸斯密尔偷袭了雁群　　　C. 鹤的表演失败了

（4）小灰雁身上的伤是谁治好的？（　　　）

A. 尼尔斯　　　　　　　B. 阿卡　　　　　　　C. 莫顿

（5）尼尔斯在旅行中有了很大的改变，以下说法不正确的是（　　　）

A. 善良正直　　　　　　B. 勇于担当　　　　　　C. 欺负动物

（6）对《骑鹅旅行记》这部作品以下理解不正确的是（　　　）

A.《骑鹅旅行记》是瑞典的一部百科全书。

B.《骑鹅旅行记》既是一次历险记，也是一个男孩的成长记。

C.《骑鹅旅行记》是一部童话书，所以内容都是虚构的。

3. 辩一辩。

（1）尼尔斯在旅行中遇到了许多人，有朋友，也有敌人，你认为对他成长帮助最大的人是谁？为什么？

（2）在一个人的成长中究竟是自我的力量更重要，还是他人的帮助更重要呢？

任务四　创编故事，畅游历险

1. 设计人物，构建框架。

尼尔斯跟随雁群在瑞典美丽的风光中游历，也让我们心生向往。那就让我们也像他那样在故事中来一场说走就走的旅行。

（1）你想去哪里"旅行"，"旅行"中会遇到哪些人？先预想一下，也可以列一个人物关

系表。

（2）你在"旅行"中会经历哪些惊险的故事，结果又会怎样呢？先设想出一个故事的框架。

（3）评选最引人入胜的框架：小组里议一议，哪位同学的想法最有意思，最吸引人。

（4）小组讨论、修改选出的最具魅力的故事框架，由小组成员合作完成。

如下表所示。

故事的题目	
故事中的人物	
吸引人的开头	
一波三折的情节	
合情合理的结局	

2. 创编故事，丰满情节。

小组内合作完成故事的创编，注意把主人公如何遇险，又是怎样化险为夷的过程写生动、写精彩哦！

3. 故事分享，精彩对决。

（1）召开班级故事会，分享历险故事，评选出"最佳故事奖""最佳创意奖""最佳文笔奖"等奖项。

（2）小组互评，提出修改建议，完善修改。

（3）编辑成册，共同商定书名。

（编写人：佘娟；指导者：陈兰、王爱华）

《汤姆·索亚历险记》阅读教学设计与实践

教学解读

  《汤姆·索亚历险记》是美国著名作家马克·吐温的代表作品之一，是一部点燃全球孩子英雄梦想的经典长篇儿童小说，被誉为"美国最伟大的儿童文学作品"。作者马克·吐温被誉为"美国文学中的林肯""最具美国本土特色的作家"。

  作品以美国密西西比河上的圣彼得堡镇为背景，描写了渴望建功立业的汤姆和伙伴们冲破家庭、宗教和刻板陈腐的学校教育的束缚，从游戏和冒险中寻找生活中找不到的自由的故事。作品以儿童的视角描绘了一个孩子心中天真烂漫的世界，表达了对自由生活的向往和对社会的讽刺。

  小说贴近儿童阅读心理，情节紧凑有趣，人物塑造鲜活立体，语言表达诙谐幽默而富有地域特色，利于激发学生阅读游历冒险类世界名著的兴趣与热情，值得从精读的角度，引导学生沉心阅读，关注故事情节，从人物的系列冒险经历中感受风土人情，体验人物成长历程，领悟人物形象魅力，体会小说深刻含义，汲取成长的养料。

阅读目标

  1. 产生阅读世界名著的兴趣，自主规划阅读《汤姆·索亚历险记》，了解故事主要内容。

  2. 能沉心阅读，并运用了解创作背景、作批注笔记、摘抄精彩语段、画人物关系图谱、读后回顾全书结构等阅读方法，关注故事情节，梳理冒险历程，从人物的系列冒险经历中领略风土人情，感受丰满复杂的人物形象。

  3. 能做好读书笔记，形成阅读成果，与同学交流分享研究成果。

活动安排

阅读阶段	阅读过程	阅读时间	活动内容
读　前	导读活动	40分钟	1. 回顾课文节选，介绍影响，强化阅读期待。 2. 了解译本，根据阅读需求、喜好选择合适的译本。 3. 阅读序言与目录，把握全书内容与结构。 4. 指导阅读方法，了解作品写作背景。 5. 制订阅读计划，做好阅读笔记。

续表

阅读阶段	阅读过程	阅读时间	活动内容
读　中	自主阅读 推进活动	3周	1. 按计划自主阅读，边阅读边做好阅读笔记。 2. 分享名著精彩片段，共谈体会。 3. 确定研究主题，相同研究主题的同学组成小组 4. 分享阅读笔记，解疑答惑。
读　后	分享交流 延伸活动	40分钟	1. 小组合作，按研究主题多种形式展示阅读成果。 2. 聚焦人物形象，寻找身边伙伴的影子，感悟作品主旨。 3. 自测自评。 4. 为本书写推荐语，小组分享。 5. 延伸拓展，推荐阅读姊妹篇：《哈克贝利·费恩历险记》。

读前：导读活动

任务一　链接课文，了解译本

1. 回顾课文，猜想推测。

（1）（出示课文图片）还记得课文《汤姆·索亚历险记》吗？课文讲了一件什么事？

预设：汤姆和贝琪从迷路的山洞返回家后的故事。

（2）读了课文有没有什么地方觉得困惑，或是感到奇怪？你还想知道些什么？

预设：汤姆为什么听了法官说"把洞口封上"时"脸立刻变得煞白"？

汤姆为什么特别在意"印江·乔埃"？

汤姆所描述的洞中历险过程具体是怎样的？

汤姆还经历了哪些冒险？

……

2. 介绍影响，强化期待。

（1）这部点燃全球孩子英雄梦想的经典长篇儿童小说，被誉为"美国最伟大的儿童文学作品""美国黄金时代的田园牧歌"。

（2）作者马克·吐温曾这样说：

顽皮是因为心怀纯真，叛逆是因为渴望自由，历险是因为勇敢的心不想停歇。顽皮、叛逆、历险，这是成长给予我们的财富，我用文字，记录下这份年少的轻狂与稚气。

——马克·吐温

3. 了解译本，自主选择。

这部作品自出版以来受到了广泛的关注，不同译本呈现出不同的翻译风格。比较出名的版本有以下几种（如下表所示）：

这是这个小镇前所未有的最辉煌的一个夜晚。	满肚子的话想说又说不出，泪水如雨，洒了一地。	译者：俞东明，陈海庆	浙江少年儿童出版社
这天晚上的伟大场面是这个小镇从来没有见到过的。	想说话又说不出来然后像流水似的涌出，到处都像下雨一般掉了满地的眼泪。	译者：张友松	人民文学出版社
这是小镇经历过的最激动人心的一夜。	想说什么但什么也说不出来，一路出去时如下雨似的洒了满地的眼泪。	译者：成时	人民文学出版社
这是小村子前所未有的最重大的一个夜晚。	想说几句，硬是说不出来。出来时已泪如雨下，洒得地上一片湿。	译者：姚锦镕	人民教育出版社

表格中的第一种是我们教材课文节选所采用的版本。

一部外国文学作品，常常会有不同的译本，不同的译本在语言表达上是有差别的。我们可以先进行比较，而后选择自己喜欢的译本来阅读。

任务二　阅读序言，翻看目录

1. 阅读序言，梳理信息。

出示作者序：

本书所叙述的大多数历险故事都实有其事。其中一两件还是我亲身经历过的。有些孩子还是我的小学同学。哈克·费恩这个人物源自生活。汤姆·索亚也同样如此，只是不单取材于一人，而是集中了我所认识的三个孩子的特点综合而成，所以这一形象相当于建筑学上所谓的混合型结构。

书中提到的一些荒诞不经的迷信和习俗，在本故事发生的时期——也就是三四十年前，在西部的儿童和奴隶中非常流行。

虽说本书主要是为少年男女所写，供他们娱乐之用，但我希望成年男女不要因此而冷落了它，因为本书还有一个目的，旨在帮助成年人读了此书能愉快地回忆起自己童年时的情景，回忆起自己当年的所思所感，回忆起自己的言谈和有时出现的怪异举动。

读一读序言，你对这部作品有了哪些新的了解？

提示：这部作品具有自传性质，许多素材来自作者的亲身经历，汤姆就是作者熟悉的人，读来觉得亲切有味。这本书不仅写给儿童，也给成年人以轻松愉快，让成年人想想自己童年的日子。

2. 翻看目录，把握框架。

出示目录：

第一章　汤姆贪玩好斗、东躲西藏	第十九章　自食苦果
第二章　光荣的刷墙手	第二十章　汤姆代贝琪受罚
第三章　忙于打仗和恋爱	第二十一章　朗诵比赛与校长的金漆秃头
第四章　在主日学校里大出风头	第二十二章　哈克贝利·芬引用《圣经》
第五章　老虎钳甲虫和小狗	第二十三章　穆夫·波特获救
第六章　汤姆遇见贝琪	第二十四章　白天上天堂，夜晚下地狱
第七章　赛扁虱与伤心事	第二十五章　寻找地下财宝
第八章　当个胆大包天的海盗	第二十六章　真强盗找到了一箱黄金
第九章　墓地里的悲剧	第二十七章　提心吊胆的跟踪
第十章　狗叫声与不祥之兆	第二十八章　印江·乔埃的老窝
第十一章　汤姆受到良心的谴责	第二十九章　哈克冒险救寡妇
第十二章　猫与止痛药	第三十章　汤姆和贝琪还留在山洞里
第十三章　海盗帮扬帆出航	第三十一章　找到的人又失踪了
第十四章　快乐的海盗生活	第三十二章　"快来看！他们俩被找回来了！"
第十五章　汤姆偷偷溜回家探望姨妈	第三十三章　印江·乔埃的命运
第十六章　第一次抽烟——"我把刀子弄丢了"	第三十四章　好大一堆金币
第十七章　海盗们参加自己的葬礼	第三十五章　体面的哈克加入强盗帮
第十八章　汤姆透露梦的秘密	尾声

（1）读读目录，说说自己的发现。

这部作品写了汤姆系列的冒险经历：墓地、荒岛、鬼屋、山洞等，一次次历险惊心动魄，扣人心弦。

（2）小结。

阅读目录可以从整体上把握全书的结构布局，提纲挈领地了解全书的主要内容。

任务三　指导方法，了解背景

1. 关注阅读经历，了解阅读情况。

你还阅读过哪些外国文学名著？你是在什么时间、怎样进行阅读的？

2. 你在阅读外国文学作品过程中，遇到过哪些困难？

提示：有些名著读起来有些难，不像流行读物那样通俗易懂；不熟悉作品的历史背景和文化氛围；不了解人物思想和行动的原因；时空跨度大，内容上感到生疏；作品太长，需要较多阅读时间等。

3. 结合"小贴士"，明确阅读方法。

（1）外国文学名著是人类文明的宝贵财富，是几千年来各国民族创作的艺术瑰宝。优秀的作品其实就是生动形象的教科书，对一个国家、一个民族的社会风貌、风土人情等的综合反映，是我们了解世界的窗口，更是我们与文学大师对话的阶梯，是精神的享受。

那么，有哪些好的阅读方法能够让我们走进经典的外国文学作品呢？

（2）阅读"小贴士""学习伙伴"，梳理阅读方法。

学生自主阅读，全班交流。

① 能成为经典的书都不简单，是人类智慧的结晶。对于有些难懂的名著要让自己沉下心来，越读越有味。

② 在开始阅读一部作品前，先大致了解它的写作背景，能帮助理解作品的内容和价值。读的时候如果能做一些读书笔记，收获会更大。

③ 阅读中可以在书上页面空白处作一些批注，随时写下自己的感触。阅读后通过写阅读卡或读书笔记留下读书思考的轨迹，并可以与读过这本书的同学、家长、老师进行交流。

④ 看到特别喜欢的段落或精彩的语句，可以摘抄在笔记本中，并把页码标注下来。

⑤ 如果遇到人物关系比较复杂的情况，可以画一个人物图谱，以便在后面的阅读中随时查阅。

⑥ 读完整本书以后，还可以写下全书的结构，以及作者在书中想要表达的一些想法。

教师小结，出示：

读名著，沉下心。知背景，做笔记；勤摘抄，写批注；理结构，绘图谱；明表达，思主旨。

4. 阅读背景资料，促进阅读理解。

（1）搜集资料，交流背景。

《汤姆·索亚历险记》的故事发生在 19 世纪中期，正值美国南北战争前后时期，在南方，奴隶制依然存在，种族歧视严重，黑人社会地位十分低下。对于宗教，人们不再是虔诚地信仰，开始与现实生活联系在一起，以实用主义为目的的宗教不再纯粹，渐渐与迷信混为一谈。同时，欧洲移民不断迁徙到美国新大陆，这些有着不同信仰的人群聚集在一起难免会有磨合和交融。内战后美国经济发展十分迅速，精神文化需求也有所变化，风靡一时的"淘金热"就是那个时代的思想产物。在这样的社会背景下，作者结合自己的童年经历，以南北战争以前的美国密西西比河边的圣彼得堡镇为故事背景，描绘了主人公汤姆的冒险经历。

（2）结合背景，初谈理解。

结合背景，你对这部作品有了哪些新的理解？

提示：马克·吐温在大历史背景下创作了这部作品，具有深远的历史意义。他把自己的童年生活经历浓缩进了这部小说，又注入了他自己的思想和时代缩影，充满了时代的活力。作品既是为了寻找在当时充满痛苦的美国生活中所找不到的愉快的东西，也是对当时社会混乱的一种讽刺。

任务四 制订计划，做好记录

1. 结合自身，制订计划。

我们分享了阅读名著的方法，接下来你准备花多长时间读完这本书呢？

这本书共 35 个章节，大约 23 万字。高年级同学默读要求不低于每分钟 300 字。因此我们建议大约三周左右读完这本书。请同学们结合自身情况，给自己制订一份阅读计划。

示例：

《汤姆·索亚历险记》阅读计划表	
本书共（　　）章	计划（　　）天读完
（　　）月（　　）日	第（　　）章
（　　）月（　　）日	第（　　）章
（　　）月（　　）日	第（　　）章
……	……

2. 做好记录，准备分享。

阅读记录可采取以下形式：

（1）阅读记录卡。

《汤姆·索亚历险记》阅读记录卡	
（　　）月（　　）日	第（　　）章
主要情节：	
人物：	性格：
积累精彩语段：	
我的感受：	
我的预测：	
我的疑惑：	

（2）在书中作旁批。

读中：自主阅读推进活动

活动时间： 利用课前两分钟、晨读时间等，贯穿三周。

任务一　朗读分享，确立主题

1. 朗读片段，共谈体会。

分享名著精彩片段，共谈体会。

2. 确定主题，组成小组。

确定研究主题，相同研究主题的同学组成小组。

示例如下所示。

研究主题	成果展现形式
情　节	情节发展图（全书情节发展图、某一印象深刻的情节结构图、某一关键人物推动情节发展图）、情景表演、读后感等。
人　物	人物关系图谱、人物形象图、读后感等。
写　法	针对风土人情描写、人物语言心理动作描写等方面的摘录赏析或读后感。

任务二　分享笔记，解疑答惑

1. 交流笔记，保持兴趣。

示例 1：阅读记录卡。

《汤姆·索亚历险记》阅读记录卡	
（3）月（20）日	第（2）章
主要情节：波莉姨妈为了惩罚汤姆逃学，命令他干刷墙的"苦活"。汤姆使小聪明让伙伴们替他刷墙，自己则安享舒适与"供品"。	
人物：汤姆	性格：童稚的狡黠与天真
积累精彩语段：他发现了人类行为的一个大法则，自己还不知道——那就是，为了要使一个大人或是一个小孩极想干某样事情，只需要设法把那件事情弄得不易到手就行了。	
我的感受：这一章节作者通过细致具体的描述人物的对话、心理以及动作等，呈现了幽默有趣的内容，原本严苛的惩罚最终发生了戏剧性的变化，使我们不禁哑然失笑。	
我的预测：这狡黠淘气的汤姆还会想出更多鬼点子，和小伙伴一起游戏，一起闯祸，逃避惩罚。	
我的疑问：章节开头为什么说"每颗心灵都有一首歌，遇上年轻的心灵，歌声便从嘴里唱了出来"？	

示例 2：旁批。

　　星期六的早晨到了，夏天的世界，阳光明媚，空气新鲜，充满了生机。每个人的心中都荡漾着一首歌，有些年轻人情不自禁地唱出了这首歌。每个人脸上都洋溢着欢乐，每个人的脚步都是那么轻盈。洋槐树正开着花，空气里弥漫着芬芳的花香。村庄外面高高的卡第夫山上覆盖着绿色的植被，这山离村子不远不近，就像一块"乐土"，宁静安详，充满梦幻，令人向往。

> 小镇夏日的早晨多么美好！

　　有一天回来已是一个大酋长，头上插着各色羽毛，身涂各种吓人的颜色，在某个令人昏昏欲睡的夏日早晨，闯进主日学校，大吼一声，吓得人血液为之凝固，让旧日伙伴的眼珠子全被无法平息的妒火烧为灰烬。

> 采用了夸张手法突出汤姆一声吼威力之大，突出伙伴的嫉妒心理，反衬出汤姆衣锦还乡的荣耀。

2. 解疑答惑，树立信心。

教师针对学生的疑惑与问题进行有针对性指导。

读后：分享交流延伸活动

任务一　小组合作，汇报成果

各小组按研究主题合作汇报，具体如下：

1. 梳理冒险经历，交流印象深刻的情节。

（1）展示情节发展图。

全书情节发展图，示例：

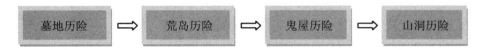

某一印象深刻的情节结构图，示例：

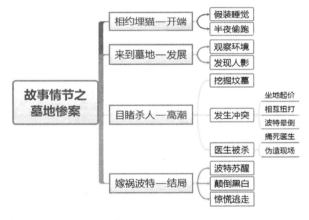

某一关键人物推动情节发展图，示例：

印江·乔埃在书中出现的时机关键而巧妙，推动故事情节发展。

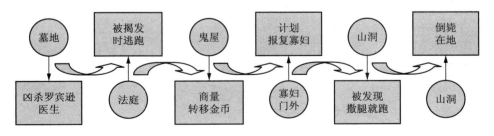

（2）情景表演印象深刻的情节。

小组合作选取感兴趣的故事片段排演情景剧。

（3）展示相关读后感。

示例：

【读后感】

　　在相约保守秘密、没有勇气说出真相的这段时间里，两个善良的孩子时刻受着良心的折磨煎熬，他们经常去安慰牢里的那位无辜者。人生就是这样，成长总是伴随着各种各样的烦恼和快乐，有面对坏人时的恐惧，也有平安时的闲适，有做英雄时的得意，也有抉择时的彷徨，但都会过去。这样的煎熬将会让汤姆成长，也会让我们从他的经历中学习成长。

2. 理清人物关系，感受人物形象。

（1）展示人物关系图。

示例：

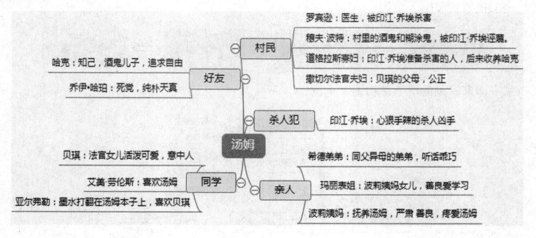

（2）展示人物形象图。

示例：

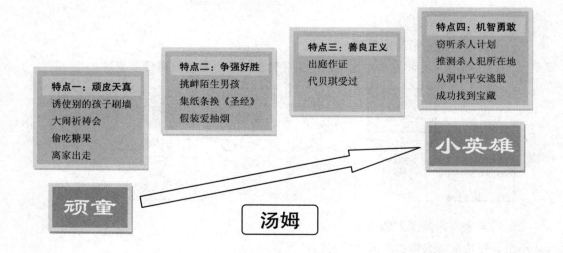

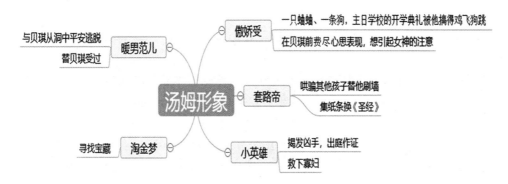

（3）展示相关读后感。

【读后感】

汤姆有很多值得我们钦佩的地方，但我最佩服他的还是他与贝琪在山洞中的那几天。他，竟然可以在又黑又暗又没有食物水源的地方顽强地存活下去。况且这里连白天黑夜都分不清，但汤姆不仅做到了，还带着个娇生惯养的女孩贝琪寻找洞口，回到了圣得彼堡。这是对汤姆的一次严峻考验，他所做的一切，很多正是我们缺失的。汤姆的勇敢镇定深深地打动了我，无论遇到怎样的困难，都要拥有乐观的心态，坚持下去。

3. 领略风土人情，赏析作品表达。

（1）风土人情赏析。

示例1：

【摘录】

太阳在一个宁静的世界上空升起，万道金光照耀在沉静的小山村上，恰似上帝的祝福。早饭过后，波莉姨妈举行了家庭祈祷：那总是以《圣经》中的一段引文作为开始，其中夹杂着她自己的点滴新意；祈祷的高潮是由她诵读一章《摩西十诫》，其严肃气氛不亚于摩西在西奈山顶发布《摩西律法》。

……

大约在十时半的时候，小教堂的破钟敲响了，人们很快就开始聚集起来听下午的布道。主日学校的孩子们被分散开来，和各自的父母坐在教堂的凳子上，这样使他们便于受大人们的监管。

……

这时教区的教众都到齐了，钟声又响了第二遍，为的是提醒一下那些迟到者和走散的人布道即将开始了。然后，教堂内一片肃静，只是偶尔被边座上唱诗班成员的低声嬉笑和窃窃私语声所打破。唱诗班的人在整个布道的过程中，总是这样嬉笑和低声私语。

【赏析】

这几段文字让读者了解到当时美国地方社会的宗教生活。整个布道过程中，人们虚伪地敷衍着，对于宗教人们不再是虔诚地信仰。

示例2：

【摘录】

这是个凉爽的时刻，东方刚刚露出鱼肚白，树林中弥漫着沉寂和肃静，使人有一种宁静祥和的感觉。树叶一动不动，四周没有声音来打破大自然的沉思。露珠儿依然点缀在树叶和青草上。篝火上覆盖着一层白白的灰烬，一缕青烟垂直地飘向天空。……远处的树林里一只鸟叫了起来，另一只鸟应和着，不久又传来了啄木鸟"咚咚"的啄木声。凉爽灰白的晨曦渐渐开始变亮了，各种声音也开始喧闹了起来，树林里充满了勃勃生机。

……

一道道金色的阳光从繁密的树叶缝隙中穿过，远远近近，纵横交错，洒向大地。几只蝴蝶翩翩起舞，把周围的自然景色衬托得更加绚丽多彩。

……

这些大树顶缠绕着一圈圈野葡萄藤，藤上的葡萄像王冠上的珠宝垂向地面。他们不断发现一处处恬静清幽的地方，那里都青草葱茏，百花争妍。

【赏析】

这座密西西比河上的荒岛，景色美丽而恬静。优美的风景衬托了三个少年在摆脱了成人社会的禁锢之后自由自在的快乐生活，也体现了他们在享受大自然时无拘无束的酣畅心境，为小说中的人物提供了美好的生活环境。

（2）人物描写赏析。

① 语言描写赏析。

【摘录】

"天哪，我不愿意一个人跟着他！"

"唉，那是在夜晚，我保证他不可能看见你。就是看见你，他也根本不会往这上面想的。"

"好吧，要是天漆黑漆黑的，我想我会跟踪他，可我不敢保证。到时候试试看吧。"

"要是天那么黑的话，我就会去跟踪他的。嘿，他也许会发现为自己报不了仇，就干脆去取那笔钱。"

"是的，汤姆，是这么回事。我去跟踪他，我一定去，豁出去了！"

"这才像句正经话！可别再害怕呀，哈克，我知道我是不会害怕的。"

【赏析】

这里的人物对话表现了汤姆的胆大心细和哈克的胆小怕事。

---

② 动作描写赏析。

【摘录】

　　于是他屏住呼吸，小心翼翼地向后退去。他先向后退出一只脚，想牢牢地支撑住身子，但是没有站稳，身子向两边晃悠了几下，差点儿栽倒在地上。他努力保持住平衡，小心地站稳了。然后他又向后退了一步，还是冒着同样的风险，费着同样大的劲儿。接着一步，又一步……突然脚踩到了一根小树枝上，树枝咔嚓一声断了！他立刻屏住了呼吸，仔细地听着。没有动静，四周仍然一片寂静。他的感激之情真是难以表达。然后他在两道墙一般密实的漆树林里转过身来。他转得非常小心，好像自己是一艘在掉转船头的轮船。然后他迈开步子赶快走了，但是依然小心谨慎。

【赏析】

　　哈克的慢动作营造出紧张的氛围，气氛也变得凝重。他如此害怕，却想办法解救寡妇，这让我们看到了他的勇敢和正义。

③ 心理描写赏析。

示例1：

【摘录】

　　汤姆只要看见远处有女孩的衣裙飘动的影子，就希望是她。可是到了眼前一看又不是他企盼的人时，他就恨这个倒霉的过路人。最后女孩子的衣裙再也不出现了，汤姆一下子跌入了失望的深渊。……最后又有一个穿女孩衣服的身影飘进了校门，汤姆的心激动得怦怦直跳，接着他便跑了出去，活像一个印第安人那样"登场表演"起来……同时，他还不时地偷偷瞧一下贝琪·撒切尔，看她是否在注意自己。可是她看上去对这一切都毫不在意，根本不看一眼。她怎么可能没察觉到他就在那里呢？他又跑到她附近表演他那些拿手的把戏……她却转过身去，鼻子翘得老高，随后汤姆听到她发话了："哼，某些人觉得他有天大的本事，总想卖弄自己！"汤姆的脸"唰"地变红了。

【赏析】

　　作家细致入微地描写出一个男孩对重新获得友情的渴望以及为引起女友的重新注意而做出种种努力和尝试失败后的羞愧、沮丧等复杂心理，将一个男孩在此情此境下所能有的内心情绪的每个心理细节都惟妙惟肖地描绘出来。

示例2：

【读后感】

　　小说对儿童心理的描写是细腻的。作家仿佛就生活在小说人物的内心中，将人物在不同环境下内心状态、心理变化的每一个细枝末节都看在眼里，写在纸上，展现给读者。比如，对汤姆他们当了"海盗"的一些心理描写：愉快的白天过去了，可是夜幕降临后，"他们就渐渐停止了谈话，瞪着眼睛坐着，望着火里面，心里显然是在别的方面胡思乱想"。他们开始想家，"觉得烦恼和不幸"，不知不觉地叹气，但因为"英雄"的自尊心，谁也不愿或不敢提出回家的问题。乔差一点动摇，而汤姆强装坚定不移。对孩子们的这些心理描写，是那样的真实、生动。

任务二 聚焦形象，感悟主旨

1. 聚焦形象，联系生活，寻找身影。

在汤姆身上，你能找到自己或身边伙伴的影子吗？参考下面的例子，把想到的人物和事件写下来。

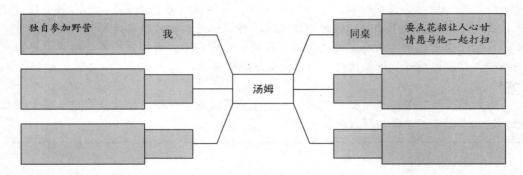

2. 基于背景，结合形象，感悟主旨。

结合汤姆这一立体多面形象及小说创作背景，想想小说主要表达了怎样的情感和思想内涵？

预设：

① 汤姆在学校里的调皮捣蛋显现了当时学校教育的陈腐。

② 汤姆在教堂里的恶作剧，表现了宗教仪式和牧师的布道是怎样的虚假无聊，也反映了以实用主义为目的的宗教不再纯粹。

③ 汤姆所引起的狮子狗和甲虫的那场趣剧与"庄严的"宗教仪式形成了一个绝妙的对照。那些"虔诚的"成年人对这个插曲也同样感兴趣，都把布道和祈祷这些"神圣的"事情置之度外，这是对宗教虚伪的讽刺。

④ 汤姆和哈克深夜在坟场看到那场凶杀案以后，冒着生命的危险，大胆在法庭上作证。这种勇气和行为不是镇上那些"正人君子"所能有的，这也让当地的"有教养的"社会显得毫无光彩。

⑤ 汤姆对钱财的看法和他们周围人对财富的追求心理，也正是当时"淘金热"的思想产物。

任务三 自评自测

1. 填一填。

（1）本书作者是（　　）国的（　　）。

（2）这篇文章的故事发生在19世纪上半叶美国（　　）的一个普通小镇上。

（3）汤姆喜欢的第一个女孩是（　　），第二个女孩是（　　）。

（4）汤姆与（　　）一起在半夜去坟地里埋野猫时，看见（　　）把（　　）医生杀害了，这个杀人者却把罪行嫁祸给了（　　）。

（5）汤姆和（　　）在鬼屋寻宝时，发现了杀人犯和一个装聋作哑的西班牙人，并得知他们获得了（　　）。

（6）郊游时，汤姆和贝琪困在（　　），在里面发现杀人犯也躲进来了。

（7）在险象环生的山洞历险中，汤姆想尽各种办法自救，他找到了很多自救方法，比如：呼喊、节约蜡烛、寻找水源、（　　）、（　　）。

2. 选一选。

（1）"他经常穿着大人丢掉不要的破衣烂衫，全身一年四季都在开花，衣服上绽开的破布条随着他的蹦蹦跳跳而飘舞。他头上戴着一个很大的破帽子，一块弯月亮样的帽边搭拉下来遮住了半边脸，肥大的上衣几乎拖到脚跟，裤子只一根背带挎在肩上，另一根背带不知哪里去了，裤裆像个大口袋吊在两腿之间，一只裤脚卷着，还有一只毛了边的裤脚拖到地上，走一步带起一阵灰尘。"这段话描写的人是谁？（　　）

A. 哈克贝利·芬　　　　B. 乔·哈珀　　　　C. 锡德

（2）下列不属于和汤姆踏上杰克逊岛体验海盗生活的人是（　　）。

A. 贝琪·撒切尔　　　　B. 乔·哈珀　　　　C. 哈克贝利·芬

（3）小说塑造的汤姆是个有血有肉、栩栩如生的人物形象，在姨妈眼里，他是个（　　）。

A. 顽童，顽皮捣蛋　　　B. 足智多谋的人　　　C. 有理想有抱负的人

（4）汤姆身上集中体现了多重特质，以下哪种说法不正确？（　　）

A. 善良正义，聪明机智

B. 一心冲破束缚，过行侠仗义的生活

C. 安与现状，逆来顺受

（5）以下关于作品理解不正确的一项是（　　）。

A. 对伪善的宗教仪式和刻板陈腐的学校教育进行了批判

B. 对美国虚伪庸俗的社会习俗进行了讽刺

C. 劝导少年儿童遵规守纪，做一个体面的人

3. 议一议。

（1）汤姆的一系列历险是单纯的寻求刺激吗？其历险的原因各是什么？

（2）在墓地目睹了杀人过程后，汤姆并没有遵守和哈克的诺言，你认为汤姆是个言而无信的人吗？如果你是汤姆，在正义和诺言面前，你会如何抉择？

任务四　写推荐语，拓展阅读

1. 写推荐语，小组分享。

用几句话为本书写推荐语，可以是自己的阅读收获，内心感受或这本书最吸引人的地方，以小组为单位进行分享。

示例：

● 谁拥有一个灿烂的童年，谁就拥有了世界。《汤姆·索亚历险记》的主人公汤姆在姨妈眼里，他是个顽童；可在孩子们看来，他却是一个英雄。来吧！和汤姆一起到书中去历险吧，从书中你定能找到自己和身边伙伴的影子。

- 他，是一个活泼可爱的孩子；

  他，是一个机智勇敢的孩子；

  他，是一个贪玩调皮的孩子；

  他，也是一个具有男子气概的孩子；

  他，就是汤姆·索亚——

  一个真正的孩子。

2. 延伸拓展，推荐阅读。

（1）推荐阅读姊妹篇：《哈克贝利·费恩历险记》。

《哈克贝利·费恩历险记》是《汤姆·索亚历险记》的姊妹篇，看看书名你能猜一猜这部作品主要写了什么？

预设：作品主人公是哈克贝利，同样写了一系列惊心动魄的冒险经历。

（2）阅读方法提示。

结合《汤姆·索亚历险记》这部作品的阅读经验，你打算怎样阅读这部书呢？

预设：查阅作品背景，沉心阅读，做好读书笔记等。

（编写人：陈怡；指导者：陈兰、王爱华）

《爱丽丝漫游奇境》阅读教学设计与实践

教学解读

　　《爱丽丝漫游奇境》是被誉为"现代儿童之父"的英国人刘易斯·卡罗尔给友人的女儿爱丽丝所讲的童话故事，于1865年正式出版，一经问世即引起轰动，是全球无数孩子的宝藏书。

　　《爱丽丝漫游奇境》主要讲述了小姑娘爱丽丝因追赶一只揣着怀表、会说话的白兔掉进了一个兔子洞，从而来到奇妙的世界并经历了奇幻冒险的故事，启示我们只要坚持自我，梦想一定会在世界的某一个角落为你开花结果。

　　这是一部具有跨时代标杆意义的里程碑式著作。作品想象奇妙，容易唤起阅读的兴趣，学生可以借助卡罗尔创造的奇特人物，创设的新奇场景，设计的精妙情节以及幽默的表达感悟作品的荒诞之美。作品荒诞意象的背后揭露的社会问题、蕴含的哲理更能引发哲学和伦理的思考。书中的爱丽丝在奇境中不断调整自己，凭着好奇心、智慧和勇气战胜了一个接一个的挑战，值得学生运用批注、画人物图谱、人物行进图、比较阅读等阅读策略进行文本细读，感悟成长的力量。

阅读目标

　　1. 产生阅读本书的兴趣，自主规划阅读。能运用"了解创作背景、作批注笔记、摘抄精彩语段、画人物关系图、回顾全书结构"等方法做好读书笔记。

　　2. 能在阅读的过程中，扣住地点变换，构建故事的发展框架，学会抓住线索梳理故事主要内容。

　　3. 交流故事中荒诞的人物和情节，发现爱丽丝在漫游奇境时的前后变化，感受其自我成长的过程。

活动安排

阅读阶段	阅读过程	阅读时间	活动内容
读　前	导读活动	40 分钟	1. 关注作品序言，了解写作背景。 2. 了解主要内容，共读交流感受。 3. 把握作品主线，明确阅读方法。 4. 制订读书计划，做好阅读笔记。

阅读阶段	阅读过程	阅读时间	活动内容
读 中	自主阅读 推进活动	2周	1. 按计划自主阅读，边阅读边做好阅读笔记。 2. 建立阅读小组，交流感受；发挥组员智慧，分享成果。 3. 交流阅读批注，解决困惑；明确奖评机制，保持兴趣。
读 后	分享交流 延伸活动	40分钟	1. 全班汇报成果，丰富阅读收获。 2. 感悟成长内涵，思辨成长力量。 3. 自测自评。 4. 深究作品价值，拓展阅读。

读前：导读活动

任务一　关注作品序言，了解写作背景

1. 阅读序言，了解创作背景。

（1）引新书。

本单元我们一起"漫步世界名著花园"，对《鲁滨逊漂流记》《骑鹅旅行记》《汤姆·索亚历险记》有了初步的了解。今天我们再来共读由商务印书馆出版，吴钧陶翻译的《爱丽丝漫游奇境》。

（2）读序言。

序言写在书籍正文的前面，主要说明这本书的基本内容、写作缘由、成书过程、艺术特色以及学术价值等。从序言中你了解了什么？

出示序言相关内容：

……啊，狠心的你们仨！在此时，如此令人陶醉的天气，竟要求讲一个轻松的故事，轻松得连羽毛都不会动一丝！可叹这贫嘴薄舌如何能反对三张嘴巴一同在坚持？专横的小大王立刻颁发地的发令说："现在开始吧。"二大王比较温和地说话，她希望"故事要天花乱坠"！三大王一分钟里可不止一次打断这故事，要人家作答。

……奇境的故事就这样发展，一段接一段就这样慢慢讲。虚构了种种事稀奇又古怪——现在故事已经说完，于是全体船员把舵掌，夕阳下我们愉快地返航。……

这是卡罗尔在出游的时候为三个孩子讲故事，这个故事就是《爱丽丝漫游奇境》。这个故事天花乱坠、稀奇古怪的。序言告诉我们《爱丽丝漫游奇境》成书的原因以及这本书的艺术特色。作者在创作时始终保持着一颗童心，这种丰富的想象和率真的童心，也许就是作品问世100多年来魅力不减的原因。

2. 介绍作者，提升阅读期待。

认识作者。

本书的作者刘易斯·卡罗尔是英国著名的数学家，卡罗尔除了善于数学逻辑推理外，还热爱文学、摄影和绘画，在小说、童话、诗歌、逻辑等方面都有很深的造诣。课后大家可以利用网络或者其他资源查阅资料，制作作家卡片。

> ### 《爱丽丝漫游奇境》作家卡片
>
> 作家姓名：_____ 国籍：_____
>
> 作家的代表作：_____
>
> 作家的成绩：_____
>
> 作家的文学地位：_____
>
> 我的资料来源：_____

任务二 了解主要内容，共读交流感受

1. 阅读梗概，了解主要内容。

"借助作品梗概，了解名著的主要内容"，是阅读的方法之一。读一读故事梗概，了解《爱丽丝漫游奇境》的主要内容。

你觉得梗概中哪一部分的内容最不可思议？找到梗概所对应的这部分内容，读一读具体的情节，说说自己的预测和故事真相。

目 录	阅读前（我预测……）	阅读后（故事真相是……）

示例：第一章 阅读前我的预测是爱丽丝是做游戏时不小心摔进兔子洞，她重重摔到洞底，害怕极了……阅读后故事的真相是她降落得十分缓慢，有足够的时间东张西望，还有时间猜测下一步会发生什么事。

2. 阅读开头，交流感受。

（1）聊故事起因。

（出示第一章）还要从一个晴朗的秋日里说起，爱丽丝和姐姐正在草地上看书。忽然，一只自言自语、身穿背心的兔子匆匆跑过。这一幕吸引了好奇的爱丽丝，她毫不犹豫地跟着它跳进了兔子洞。就这样，奇妙的漫游开始了……

（2）谈阅读感受。

示例1：一只兔子有背心口袋，还会掏出手表自言自语，不仅仅是爱丽丝感到好奇，所有的读者都会感到好奇，都会有继续阅读的想法。

示例2：爱丽丝掉进了兔子洞，居然没有受伤，还得到了一瓶能变大变小的药水，这个药水太有魔力了，接下来在爱丽丝身上会发生什么故事呢？

示例3：第一章里面的爱丽丝给读者的感觉是性格比较大大咧咧，考虑问题不够周全，这样的性格会给她带来哪些麻烦？她的性格在接下来的旅程中会发生变化吗？

……

任务三 把握作品主线，明确阅读方法

1. 浏览目录，把握行进路线。

浏览目录，结合故事梗概，找到爱丽丝的行进路线，把握全书结构（如下表所示）。

提示：兔子洞、眼泪潭、兔子先生的家、森林里、三月兔家、海边、槌球场、法庭。

目　录	行进路线
1. 掉进兔子洞	
2. 眼泪池	
3. 竞选指导委员会的竞赛和一个长篇故事	
4. 大白兔派来一位小壁儿	
5. 毛毛虫的忠告	
6. 猪娃和胡椒	
7. 疯狂的午茶会	
8. 王后的槌球场	
9. 假海龟的故事	
10. 龙虾四对方阵舞	
11. 谁偷了水果馅饼	
12. 爱丽丝的证词	

2. 结合贴士，明确阅读方法。

上表人物的行进轨迹，帮助我们梳理了情节。结合《鲁滨逊漂流记》《骑鹅旅行记》《汤姆·索亚历险记》阅读方法，回忆一下，我们可以有哪些阅读方法可以使用。可参考书本第40页的相关内容。

提示：阅读中可以在书上页面空白处作一些批注，随时写下自己的感触。看到特别喜欢的段落或精彩的语句，可以摘抄在笔记本中，并把页码标注下来。遇到人物关系比较复杂的情况，可以画一个人物图谱，以便在后面的阅读中随时查阅。读完整本书以后，还可以写下全书的结构，以及作者在书中想要表达的一些想法。

……

总结：写批注、做摘抄、画图谱、说结构……

任务四　制订读书计划，做好阅读笔记

这样一本有趣的书，你准备多久读完？翻一翻目录，预估自己阅读每一章所需要的时间，建议一周内完成。可以按书上的章节顺序，制订一份阅读计划表。

1. 制订计划，认真完成。

《爱丽丝漫游奇境》阅读计划表	
本书共（　　　　）章	计划（　　　　）天读完
（　　）月（　　）日—（　　）月（　　）日	第（　　）章
（　　）月（　　）日—（　　）月（　　）日	第（　　）章
（　　）月（　　）日—（　　）月（　　）日	第（　　）章
……	……

交流点拨：制订阅读计划不仅要考虑页码，也要考虑章节，每天尽量阅读到一章节结束的地方。每天要对自己的阅读情况进行反馈，以保证自己的阅读进度和阅读质量。

2. 做好笔记，写好批注。

《爱丽丝漫游奇境》阅读记录卡		
（　）月（　）日—（　）月（　）日		第（　）章
地点：		
情节：		
遇到的人物：		性格：
爱丽丝的表现：		
积累精彩语段：		
读后感受：		
我的疑惑：		

交流点拨："不动笔墨不读书"，阅读笔记有助于加深对内容的理解，并且可以积累到好词佳句。

读中：自主阅读推进

活动时间： 课前三分钟、午读时间，贯穿两周。

任务一　小组分享，交流收获

1. 交流分享。

（1）交流作家卡片。

示例1：

《爱丽丝漫游奇境》作家卡片

作家姓名：刘易斯·卡罗尔　　国籍：英国

作家的代表作：《爱丽丝漫游奇境》《爱丽丝镜中奇遇》

作家的成绩：数学家、逻辑学家、童话作家、摄影师

作家的文学地位：现代童话之父

我的资料来源：书本前言、百度资料

（2）分享名著精彩片段。

> 出示："行啊！"那只猫说，这一次它相当缓慢地消失，先从尾巴的末端开始，到露齿而笑结束，那张咧开的嘴在其余部分都无影无踪以后还停留了一会儿。

这只柴郡猫的身体消失后笑容还能停留在空中，非常奇特。柴郡猫是整本书中最温顺的一种小动物，其他的动物都显得非常奇特。

2. 展现小组成果。

根据情节、人物和语言，安排相同研究主题的同学组成小组。

关注要素	成果展现形式
情　节	地点变化路线图、故事情节思维导图、片段随感
人　物	人物关系图谱、人物形象图
语　言	感受作者幽默的表达（谐音、俚语、藏头诗……）

任务二　全班交流，答疑解惑

1. 交流批注。

示例 1：

《爱丽丝漫游奇境》阅读记录卡	
（10）月（12）日—（10）月（13）日	第（3）章
地点：眼泪潭	
情节：爱丽丝喝了药水变大，大哭，泪水变成了眼泪潭，大白兔突然又出现，并遗落了小山羊皮手套和扇子，爱丽丝拾得后，扇起扇子，她人变小，一不小心滑进了水池里。	
遇到的人物：大白兔	性格：急性子
爱丽丝的表现：爱丽丝没有考虑充分，喝了药水不能完全掌控自己变大变小，所以她十分恐惧和害怕。	
积累精彩语段：大白兔回来了，穿得好生气派，一只手拿着一副白色的小山羊皮手套，另一只手拿了一把大扇子。它一路非常匆忙，跳跳蹦蹦地跑过来，嘴里还不停地自言自语地咕噜着："哦！公爵夫人！公爵夫人！要是我让她等这么久，她会不会大发雷霆？"	
读后感受：这只大白兔是贯穿整个故事的线索。此时的爱丽丝是口无遮拦的，她在追逐大白兔时遇到了老鼠，明明知道老鼠怕猫，还不停地讲述家里的那只猫，惹得老鼠惊吓不已。	
我的疑惑： 爱丽丝不能灵活地变大变小，她接下来的经历又会遇到什么麻烦呢？	

示例2：

《爱丽丝漫游奇境》阅读记录卡	
（10）月（19）日—（10）月（20）日	第（9）章
地点：海边	
情节：王后让人带着爱丽丝去看假海龟，爱丽丝远远地看见假海龟伤心地坐在一块小礁石上，走近时听见它唤声叹气，仿佛心要碎了。爱丽丝听假海龟讲自己的经历，这使她大吃一惊。	
遇到的人物：假海龟	性格：温顺
爱丽丝的表现：爱丽丝听假海龟聊了关于上课的事情，发现了很多谐音的乐趣，觉得非常新奇。	
积累精彩语段：当然啦，一开头学的是打转转和扭来扭去，然后是各个门类的算术——比如雄心啊，消遣啊，丑化啊，嘲笑啊。	
读后感受：这样的语言听起来荒诞无比，他们到底在学些什么呢。其实是作者在用英文中的谐音字母做有趣的文字游戏。	
我的疑惑： 假海龟和爱丽丝的对话充满了乐趣，但在某种程度上，这是不是也有对学生课程讽刺的意味？	

示例3：

那个婴儿却又咕噜咕噜叫了，爱丽丝非常焦急地盯着它的脸蛋瞧，想弄明白它究竟是怎么搞的。毫无疑问，它长着一个非常上翘的鼻子，很像一个猪鼻子，不大像一个人的鼻子。它的眼睛对于一个婴儿说来也是过分小了。整体看来，爱丽丝一点儿也不喜欢这个家伙的长相。"不过，或许它只不过是在嘤嘤啜泣吧。"她心里想，并且再一次盯着它的眼睛瞧，想知道它的眼睛里是否有泪水。

（批注）婴儿的长相非常奇特。

示例4：

"如果你像我一样对时间很熟悉的话，"那位制帽匠说，"你就不会说什么把它浪费了。该说他才是。"

"我不知道你这是什么意思。"爱丽丝说。

"你当然不知道啦！"那位制帽匠说着轻蔑地把头一甩，"我敢说你甚至从来都不曾跟时间谈过话！"

"也许是吧，"爱丽丝小心翼翼地说，"但是我知道我学音乐的时候不得不打拍子（上一段中"时间"的原文是 time；这里"打拍子"的原文是 beat time，而照这两个词的字面意思，可以说是"打时间"。作者在此处巧妙地做了文字游戏）。"

"啊，原来如此！"那位制帽匠说，"他不会忍受拍打的。瞧，你只要跟他保持良好的关系，他就会在时钟上做几乎你所喜欢的

（批注）这里的时间是具体的事物，而不是抽象的，是个真实的存在。

（批注）批注巧解文字游戏

2. 解决困惑。

学生提出阅读中遇到的问题，教师及时介入有针对性解决，更能激发学生深入阅读的兴趣。

读后：交流分享延伸活动

任务一　汇报成果，丰富阅读收获

根据阅读小组的安排，汇报阅读收获。

1. 交流故事情节，谈读后感悟。

（1）说情节。

示例：

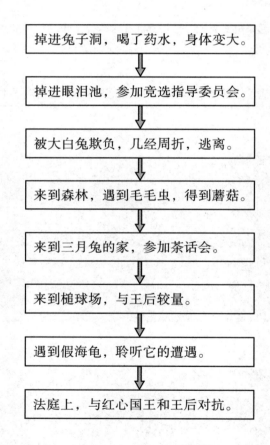

掉进兔子洞，喝了药水，身体变大。

↓

掉进眼泪池，参加竞选指导委员会。

↓

被大白兔欺负，几经周折，逃离。

↓

来到森林，遇到毛毛虫，得到蘑菇。

↓

来到三月兔的家，参加茶话会。

↓

来到槌球场，与王后较量。

↓

遇到假海龟，聆听它的遭遇。

↓

法庭上，与红心国王和王后对抗。

（2）谈感悟。

> 阅读感悟：
>
> 　　爱丽丝不小心掉进兔子洞，并在很深的洞里一直往下掉了许久，但是她一点儿不害怕，反而觉得非常有趣。见到许多奇怪的动物、奇怪的事情，她也并不觉得很惊讶。尤其是遇到红心王后时，并没有像其他人一样非常害怕。我觉得爱丽丝在兔子洞中非常勇敢。

2. 交流成长轨迹，说人物变化。

（1）展示人物成长思维导图。

碰巧变大变小 ══════➤ 自如变大变小

　　口无遮拦 ══════════════════➤ 懂得克制

做事冒失 ══════════════════➤ 做事谨慎

……

兔子洞──➤眼泪潭──➤兔子先生的家──➤森林里──➤三月兔家──➤槌球场──➤法庭

感悟：由成长轨迹可以看出，爱丽丝的行为慢慢发生了变化，这样的变化是成长的过程。

感悟：爱丽丝的行为慢慢发生变化，跟她在兔子洞中的经历有关，吃一堑长一智，她收获了许多。

（2）表演作品精彩片段。

爱丽丝的证词

爱丽丝（_____）：你们把捡来的一首诗当作证词想要治杰克的罪，是不是太离谱了。

国王（_____）：这是迄今为止我所听到的最最重要的证词。现在就让陪审团——

爱丽丝（一点儿都不害怕）：你们中有谁能够解释这首诗，我就同意你们给杰克治罪。

王后（大喊）：太生气了……太窝火了……把她拉出去……拉出去……

国王（怒气冲天）：陪审员、陪审员马上做出裁定。

王后（涨红了脸）：不行，绝对不行。给我先判决——后裁定。

爱丽丝（大声）：多么无聊的废话！居然想得出什么先判决！

王后（脸色发紫）：闭上你的嘴！闭嘴！拉出去！拉出去！

爱丽丝（_____）：我不闭！

王后（嗓子提到最高点，大声嚷道）：砍掉她的脑袋！砍掉她的脑袋！

爱丽丝（_____）：谁把你们放在心上？你们什么也不是，不过是一副扑克牌罢了！

交流点拨：留意人物的语言、动作、神态，可以帮助我们更好地悟出红心王后的性格。也让我们发现了爱丽丝的变化。

3. 感受语言魅力，悟幽默表达。

（1）双关。

> 格里芬说："你可知道它为什么被叫作'牙鳕'（一种鱼，原文是 whiting，这个词又有粉刷或擦白某种物品的意思）吗？"（双关）
>
> "究竟为什么呢？"
>
> "它可以用来擦长筒靴和皮鞋。"格里芬非常严肃地回答。
>
> "皮鞋不是用黑鞋油（原文是 blacking，与上面的 whiting 形成对照）擦的吗？"（双关）
>
> "在海底下，长筒靴和皮鞋是用牙鳕来擦的。"
>
> "那长筒靴和皮鞋是用什么东西做成的呢？"爱丽丝用一种极其好奇的声调问道。
>
> "皮鞋是用鳎鱼和鳗鱼（"鳎鱼"的原文是 sole，这个词又可作"脚底"解。"鳗鱼"的原文是 eel，这个词和 heel【鞋跟】读音相似）做成的啦。"

（2）谐音。

> 格里芬说："你可知道它为什么被叫作'牙鳕'（一种鱼，原文是 whiting，这个词又有粉刷或擦白某种物品的意思）吗？"
>
> "究竟为什么呢？"
>
> "它可以用来擦长筒靴和皮鞋。"格里芬非常严肃地回答。
>
> "皮鞋不是用黑鞋油（原文是 blacking，与上面的 whiting 形成对照）擦的吗？"
>
> "在海底下，长筒靴和皮鞋是用牙鳕来擦的。"
>
> "那长筒靴和皮鞋是用什么东西做成的呢？"爱丽丝用一种极其好奇的声调问道。
>
> "皮鞋是用鳎鱼和鳗鱼（"鳎鱼"的原文是 sole，这个词又可作"脚底"解。"鳗鱼"的原文是 eel，这个词和 heel【鞋跟】读音相似）做成的啦。"（谐音）

（3）戏仿。

> 书第 49 页《你老了，威廉爸爸》戏仿英国诗人骚塞的诗《老人之乐，乐从何来》。除第一句与原诗相同外，都做了改动。（戏仿）
>
> 书第 90 页"是爱，是爱，使这个世界运行不衰。"当时法国流行歌曲中有这样的句子。英国古老歌曲《爱的黎明》中也有类似的句子。英国作家狄更斯的诗中也有。（戏仿）

（4）引用。

> 书第 91 页"羽毛一样儿，鸟聚在一块儿。"这是一句英国谚语，意思为"物以类聚。"（引用）

这位可爱的数学家凭借语言上的天赋，和读者玩起了文字游戏，除了我们刚才所说的双关语，还有生造词，他还擅长改编诗歌等，这些都增加了故事的趣味性。幽默的表达是本书的又一特色。

任务二　自主测评

1. 选一选。

（1）《爱丽丝漫游奇境》的作者是（　　　）。

A. 罗尔德·达尔　　　B. 刘易斯·卡罗尔　　　C. 詹姆斯·巴里　　　D. 安徒生

（2）爱丽丝和小动物们掉进池里都湿了，渡渡鸟说的弄干的办法是（　　　）。

A. 赛跑　　　　　　B. 电吹风吹　　　　　C. 太阳晒　　　　　D. 用力甩

（3）动物们围着爱丽丝要奖品，她掏出了（　　　）。

A. 一盒巧克力　　　B. 一根香肠　　　　　C. 一盒糖果　　　　D. 一块蛋糕

（4）大青虫告诉爱丽丝，吃了（　　　）可以使她变大变小。

A. 蛋糕　　　　　　B. 蘑菇　　　　　　C. 巧克力　　　　　D. 糖果

（5）法庭上，（　　　）是第一个证人。

A. 爱丽丝　　　　　B. 厨师　　　　　　C. 帽匠　　　　　　D. 三月兔

（6）奇怪王国里的士兵们其实就是一副（　　　）。

A. 扑克牌　　　　　B. 象棋　　　　　　C. 玩偶　　　　　　D. 国际象棋

（7）书中的爱丽丝是个（　　　）的小女孩。

A. 凶狠残忍　　　　B. 乐于助人　　　　　C. 敏感易怒　　　　D. 荒诞可笑

2. 填一填。

（1）《爱丽丝漫游奇境》是_____（填国籍）的_____文学名著，是被誉为魔幻、荒诞小说的先驱。

（2）《爱丽丝漫游奇境》讲述了小女孩爱丽丝在_____洞中梦游的奇遇。

（3）爱丽丝再次变小是因为她掉进了自己_____汇成的池塘。

（4）爱丽丝和_____、_____、_____进行了一场疯狂的茶会。

（5）"黛娜"是爱丽丝心爱的_____。

（6）国王在法庭上传召的最后一个证人是_____。

（7）爱丽丝吃了蘑菇，脖子变得很长，被_____误认为是爬上树偷吃鸟蛋的蛇。

（8）三名花匠把红玫瑰种成了白玫瑰，王后非常生气，决定砍掉他们的脑袋。后来还是_____救了他们。

3. 说一说。

（1）你喜欢书中的爱丽丝吗？为什么？

（2）如果你是爱丽丝，你愿意留在兔子洞吗？为什么？

任务三　深究价值，拓展阅读

1. 引发质疑，全班交流。

我们在共读的过程中，一开始觉得这本书生涩、难读，但是读着读着，你会喜欢上它。读着读着，有些读者发现书中居然有自己的影子，还有些读者读出了荒诞背后的讽刺，假如让你再读这本书的话，你想探究些什么呢？

预设：这本书中有没有自己的影子？这本书严密的逻辑性体现在哪里？

作为一部老少皆宜、百读不厌的作品，随着阅读的深入，相信肯定会有仁者见仁，智者见智的读书收获。

2. 拓展延伸，推荐阅读。

（1）推荐阅读《爱丽丝镜中奇遇》，爱丽丝在镜子中又会有哪些奇特的经历呢？

（2）结合《爱丽丝漫游奇境》的阅读方法，认真阅读。

（编写人：杨丽美；指导者：陈兰、王爱华）

第十二单元 诵读古诗词

单元导读

经典永流传

古诗词是中华民族优秀的传统文化。诗经楚辞，唐诗宋词，屈宋李杜，苏辛周柳，无不闪耀着灿烂而夺目的光辉。亲近古诗词，学习古诗词是小学语文教学的重要任务，是小学生陶冶性情，健全人格，接受文化熏陶的重要途径。

统编本小学语文教材最后一项学习内容即为"古诗词诵读"，这一板块共选编了十首古诗词，其中，《诗经》选入一首《采薇》；唐宋诗各有三首，分别为《送元二使安西》《春夜喜雨》《早春呈水部张十八员外》和《江上渔者》《泊船瓜洲》《游园不值》；另选宋词三首《卜算子·送鲍浩然之浙东》《浣溪沙》《清平乐》。我们据此为源头和依据，进行了延伸和扩充，完成了《诗经》《唐诗三百首》《宋词三百首》三部经典的整本书阅读设计。之所以选这三部经典，是因为《诗经》是我国第一部诗歌总集，是诗的发端；《唐诗三百首》和《宋词三百首》则集中了唐宋两代具有代表性的诗篇词作，是后人学习和欣赏唐诗宋词最重要的选本。

阅读这几部经典，要有明确的目标定位。一是坚持"选读"。几百首诗词，学生不可能也没必要在较短的时间内读完，应加强选择，不可贪多。二是强调"亲近"。中国的诗词文化博大精深，小学生如果能通过一些亲密的接触，逐步喜欢它，然后爱上它，这就足够了。三是突出"熏染"。古诗词朗朗上口，音韵悦耳，蕴含着很多的美育元素，要让学生在涵咏中产生感受，接受熏陶。

　　阅读这几部作品，还要重视方法的研究。首先是制订和落实计划，以防一曝十寒。其次是坚持熟读成诵，在内容的理解上不强求一步到位。再次是学会举一反三，学用迁移之法。

《诗经》阅读教学设计与实践

教学解读

《诗经》又称《诗》或者"诗三百",相传为尹吉甫采集、孔子编订。西汉时,《诗经》被儒家奉为经典,故尊称为"诗经"。

《诗经》实有诗305篇,外加只有标题,没有内容的笙诗6篇。《诗经》在内容上分为风、雅、颂三类。"风"指十五国风,是周代各地的歌谣。"雅"是周人的正声雅乐,分《大雅》和《小雅》。"颂"是周王庭和贵族宗庙祭祀的乐歌,分《周颂》《鲁颂》和《商颂》。

《诗经》的选材相当丰富,有唱颂周民族历史的;有反映祭祀活动的;有以诗进言,关心民生疾苦的;有描写天子、诸侯武功的;还有描写燕飨、祈祷、赞颂、朝见、赠别等内容的,涵盖了当时的政治、经济、军事、文化以及世风民俗等社会生活的各个方面,是一幅绚丽多彩的历史画卷。

《诗经》是我国有文字记载的第一部诗歌总集,有着相当高的艺术成就,最为突出的是"赋、比、兴"的大量运用。《诗经》中,这三种手法交互使用,形成了鲜明的艺术风格。

《诗经》称得上是我国传统文化的源头之一,孔子曾教育弟子读《诗经》作为立言、立行的标准。从小诵读《诗经》,不仅可以加深对诗文的理解,还可以陶冶性情,塑造健全人格,提升人文素养,深化对民族文化的感悟,功在长远。

阅读目标

1. 阅读《诗经》作品,选择喜爱的篇章朗读直至成诵;初步体味诗歌的形式美、节奏美。

2. 初步了解《诗经》中"赋、比、兴"等艺术表现手法的特点;积累《诗经》中富有生命力、表现力的语言,加深对诗词意境、语言的感悟。

3. 了解《诗经》的基本知识及其在中国文学史上的地位,阅读《诗经》作品的鉴赏、评论性的文章,产生对民族文化的自豪之情。

活动安排

阅读阶段	阅读过程	阅读时间	活动内容
读 前	导读活动	1 课时	1. 读封面，确定阅读版本。 2. 读目录，理清内容分类。 3. 读《前言》，明确研究内容。 4. 确定研究点，制订研读计划。
读 中	自主阅读	2 周	1. 品读《采薇》，初探艺术特色，赏析语言特色。 2. 以《采薇》为例子，归纳学习方法。 3. 自读《诗经》，积累背诵。 4. 收集对《诗经》的评价，制作阅读卡片。
	推进活动	2 周	1.《诗经》诵读竞赛。 2.《诗经》篇目 5 分钟讲解比赛。 3.《诗经》书法作品展。 4. 研究突破，撰写研究单。
读 后	分享交流 延伸活动	1 课时	1.《诗经》知识竞赛。 2.《诗经》研究成果展示。（研究单、摘抄卡片等） 3. 撰写《诗经》全书阅读推荐词。 4. 评选"十佳阅读者"。

读前：导读活动

任务一　识经典，选版本

1. 引新书。

《诗经》是我国最早的一部诗歌总集，是中国古代诗歌开端，反映了周初至周末约五百年间的社会面貌。关于《诗经》，你了解多少呢？

2. 知发展。

《诗经》的作者绝大部分已经无法考证，传为尹吉甫采集、孔子编订。《诗经》在先秦时期称为《诗》，或取其整数称《诗三百》。西汉时被尊为儒家经典，始称《诗经》，并沿用至今。

3. 读封面。

（1）《诗经》作为一本古籍，有很多版本。上图出示了几个常见的版本。你能从封面上读出哪些信息呢？

（2）为了帮助我们阅读《诗经》，很多学者对《诗经》进行了译注。我们可以利用网络了解这些专家的资料，从而帮助我们选择版本。

（3）你选择哪个版本呢？为什么选择它呢？

4. 小结。

上海古籍出版社、中华书局、商务印书馆、北京大学出版社是较为著名的出版社。学习经典文学著作可以选择这些出版社的版本。程俊英教授是译注《诗经》的资深专家，我们可以选择她译注的版本。

任务二　读目录，明类别

1. 读目录。

仔细观察《诗经》目录编排，说说你的发现（见右图）。

2. 介绍"风""雅""颂"。

《诗经》分为三大部分内容，分别是风、雅、颂。

《风》又称《国风》，一共有 15 组，"风"本是乐曲的统称。15 组国风并不是 15 个国家的乐曲，而是十几个地区的乐曲。国风包括周南、召南、邶、鄘、卫、王、郑、桧、齐、魏、唐、秦、豳、陈、曹的乐歌，共 160 篇。国风是当时当地流行的歌曲，带有地方色彩。从内容上说，大多数是民歌。作者大多是民间歌手。

"雅"是指周朝直接统治地区的音乐。《雅》共 105 篇，分为《大雅》31 篇和《小雅》74 篇。《雅》多数是朝廷官吏及公卿大夫的作品。

"颂"是祭祀时的乐歌。

3. 做内容结构图。

仔细读一读目录，试着做一做《诗经》内容结构图。

（1）宗伽名同学用圈图来显示《诗经》的内容结构。你看懂了吗？

目　录

前言
上册
国风
　周南
　召南
　邶风
　鄘风
　卫风
　王风
　郑风
　齐风
　魏风
　唐风
　秦风
　陈风
　桧风
　曹风
　豳风

下册
雅
　小雅
　大雅
颂
　周颂
　鲁颂
　商颂

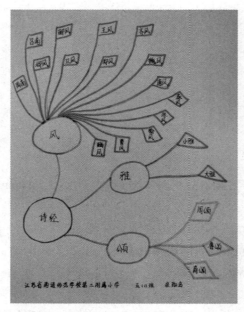

江苏省南通师范学校第二附属小学六（1）班　宗伽名

（2）你觉得还可以用哪些方式来展现《诗经》的结构？和学习小组的同学交流交流吧。

任务三　读题目，知特色

1. 读题目。

（1）出示《国风·周南》中11首诗歌的题目。

> 关雎（jū）；葛覃（gě tán）；卷耳；樛（jiū）木；螽（zhōng）斯；桃夭（yāo）；兔置（jū）；芣苢（fú yǐ）；汉广；汝坟；麟之趾。

（2）仔细读一读诗歌的题目，将字音读准确。

2. 读诗文。

（1）将《国风·周南》中的11首诗读一读，你发现题目有什么特别之处了吗？

（2）在学习小组中交流自己的发现。

（3）出示《国风·周南》中的前三首《关雎》《葛覃》《卷耳》，试着读一读。

> **关雎**
>
> 关关雎鸠，在河之洲。窈窕淑女，君子好逑。
> 参差荇菜，左右流之。窈窕淑女，寤寐求之。
> 求之不得，寤寐思服。悠哉悠哉，辗转反侧。
> 参差荇菜，左右采之。窈窕淑女，琴瑟友之。
> 参差荇菜，左右芼之。窈窕淑女，钟鼓乐之。

葛覃

葛之覃兮，施于中谷，维叶萋萋。黄鸟于飞，集于灌木，其鸣喈喈。

葛之覃兮，施于中谷，维叶莫莫。是刈是濩，为絺为绤，服之无斁。

言告师氏，言告言归。薄污我私，薄浣我衣。害浣害否，归宁父母。

卷耳

采采卷耳，不盈顷筐。嗟我怀人，置彼周行。

陟彼崔嵬，我马虺隤。我姑酌彼金罍，维以不永怀。

陟彼高冈，我马玄黄。我姑酌彼兕觥，维以不永伤。

陟彼砠矣，我马瘏矣，我仆痡矣，云何吁矣。

3. 找特色。

（1）你能以上面这三首诗为例，说说《诗经》中诗歌命名的特色吗？

（2）小节：《诗经》中的诗基本都是没有作者和题目的，几乎所有的题目都是编者后加上去的。编者在命名时大都以诗歌第一句中的字命名，有的是开头两个字，有的是最后两字，也有的是除去助词后的两个字。这就是《诗经》中诗歌命名的特色。

4. 自由选择《诗经》中的其他篇章读一读，体会诗歌命名的特色。

任务四　读前言，订计划

1. 读前言。

不管什么版本的《诗经》，大多有前言。编者大多在前言里对《诗经》进行全面介绍，介绍《诗经》的结构、内容以及艺术特色。请读一读你的《诗经》前言，看看从中有什么收获。

2. 填写前言阅读记录。

《诗经》前言阅读记录卡

版本：＿＿＿＿＿＿＿＿　　编者：＿＿＿＿＿＿＿＿　　记录者：＿＿＿＿＿＿＿＿

信息：1. ＿＿＿＿＿＿＿＿＿＿＿＿＿＿＿＿＿＿＿＿＿＿＿＿＿＿＿＿＿＿＿＿＿＿

　　　　＿＿＿＿＿＿＿＿＿＿＿＿＿＿＿＿＿＿＿＿＿＿＿＿＿＿＿＿＿＿＿＿＿＿＿

　　　 2. ＿＿＿＿＿＿＿＿＿＿＿＿＿＿＿＿＿＿＿＿＿＿＿＿＿＿＿＿＿＿＿＿＿＿

　　　　＿＿＿＿＿＿＿＿＿＿＿＿＿＿＿＿＿＿＿＿＿＿＿＿＿＿＿＿＿＿＿＿＿＿＿

　　　 3. ＿＿＿＿＿＿＿＿＿＿＿＿＿＿＿＿＿＿＿＿＿＿＿＿＿＿＿＿＿＿＿＿＿＿

　　　　＿＿＿＿＿＿＿＿＿＿＿＿＿＿＿＿＿＿＿＿＿＿＿＿＿＿＿＿＿＿＿＿＿＿＿

3. 列问题清单。

我们在阅读的时候，不仅要从书上获得知识，还要学会一边阅读一边提出问题，然后解决问题，这样阅读会更加深入。所以，我们在阅读的时候，要善于及时记录下脑海中闪过的问题。我们可以用列问题清单的方式来做好问题记录。

我的问题	问题出处	解决方式	问题答案

4. 制订计划。

（1）《诗经》这本书，你准备怎么去阅读呢？我们先来欣赏两份阅读计划。

江苏省南通师范学校第二附属小学六（4）班　严星月

严星月同学在阅读前言时受到启发，发现《诗经》中有不少离别诗，所以，她制订了一份关于送别诗的阅读计划，准备进行专题阅读。

曹润雨同学决定按目录顺序阅读全本书。为了将每首诗都读透，他以每首诗的阅读为单位来制订阅读计划，而且还将相近的诗进行比较阅读。

江苏省南通师范学校第二附属小学六（2）班　曹润雨

（2）再将《诗经》的目录和前言读一读，预估下自己阅读所需的时间，制订一份阅读计划表。可以按照书上的章节顺序来设计，也可以根据自己的阅读喜好来安排。

（3）与同桌讨论讨论，完善自己的《诗经》阅读计划表。

5. 提出注意点。

（1）制订阅读计划，不仅要考虑每天的阅读量，还要考虑整本书的结构。在阅读过程中，要及时对自己的阅读情况进行反馈，以保证阅读速度和阅读质量。

（2）《诗经》内容包罗万象，《诗经》对中国文化发展的影响十分深远，很多文学方面的题材和创作手法都可以溯源到《诗经》上来。比如《采薇》就被称为边塞诗之祖。在阅读时，我们可以先提出问题，然后到《诗经》中去找答案。这样会让阅读更有针对性。

读中：自主阅读推进活动

任务一 学习《采薇》，了解诗意

1. 了解背景。

（1）出示《采薇》一诗，观察语文书上的插图。

（2）介绍背景：寒冬，阴雨霏霏，雪花纷纷，一位解甲退役的征夫在返乡途中踽踽独行。道路崎岖，又饥又渴；边关渐远，乡关渐近。此刻，他遥望家乡，抚今追昔，不禁思绪纷繁，百感交集，艰苦的军旅生活，激烈的战斗场面，无数次登高望归的情景，一幕幕在眼前重现。《采薇》就是三千年前这样一位久戍之卒，在归途中的追忆唱叹之作。

2. 读准字音。

（1）读准难字的字音。

玁狁（xiǎn yǔn）；不遑（huáng）；孔疚（jiù）；靡盬（mí gǔ）；四牡（mǔ）；骙骙（kuí）小人所腓（féi）；雨（yù）雪；霏（fēi）霏；载（zài）渴载饥；维常之华（huā）；象弭（mǐ）

（2）学习通假字。

岁亦莫止：莫通暮，句中指年末。

维常之华：华通花，指棠棣花。

玁狁孔棘：棘通急，紧急的意思。

---

3. 理解诗意。

（1）对照注释，小组讨论诗句的意思。

（2）学习重点字词的意思。

不遑启居：遑，闲暇。启居：跪和坐，均为古人家居生活行为，泛指安居。这句是说没有时间安居，写出了战争影响人们的生活。

忧心孔疚：孔，很；疚，痛苦。满怀忧愁，十分痛苦。

君子之车：君子，指将帅。这里指将帅乘坐的战车。

小人所腓：小人，指士兵；腓，遮蔽。这句的意思是兵士用将帅乘坐的战车做屏障。

（3）疏通诗句，弄清每一句诗的意思。

4. 小结。

《采薇》选自《诗经·小雅》，是西周后期作品。当时诸侯相争，周室衰落，外族也经常入侵，周亦兴师反击，造成连年战乱不止。人民特别是出征将士对战争有着复杂的感情。这首诗就是几千年前的古人对战争的描述和认识，积淀着真切复杂的人生百味。

任务二　品读诗句，赏析特色

1. 体会比兴的特色。

（1）"薇"是一种植物，就是野豌豆，在当时是穷苦之人吃的食物。"薇"在诗歌中多次出现，请画出相关的句子。

（2）读读画线的句子，你有什么发现？

（3）小结：诗歌前三小节的开头先说"采薇"，然后再说要描写的事物和要表达的情感，这样的方法，叫作"起兴"。"起兴"一般用在诗章或各节的开头，有激发情感、创造气氛、协调韵律、拈连上下文关系等作用。起兴手法还可使语言咏唱自由，行文显得轻快、活泼。

（4）用来起兴的事物往往跟下文的正题又有一定的联系，思考一下，三处采薇，略有变化，这有什么深意吗？

（5）小结：由"薇亦作止"采薇刚刚冒出薇芽，到"薇亦柔止"薇菜长出柔软的茎叶，到"薇亦刚止"薇菜长得高大坚硬，"采薇采薇"三次起兴，表达出一种时光流逝，戍期漫长，归家无期的情感。所以此处的"薇"不仅是起兴，还有作比，因此叫作"比兴"。

2. 体会重章叠咏的特色。

（1）除了比兴，你还发现了什么语言特色？

同样的话在诗中重复出现。

（2）介绍重章叠咏。

《诗经》基本上是四言诗，章法上最具特色的一点就是重章叠咏。所谓重章叠咏，是指一首诗的各章，不仅句数相等，而且语言几乎完全相同，中间只变动几个字，甚至只变动一两个字，以重复歌咏的一种形式。《采薇》前三章中，文字略有变化，以薇的生长过程，衬托离家日久企盼早归之情，异常生动妥帖。

3. 朗读体会比兴和重章叠咏。

4. 小结语言特色。

比兴和重章叠咏是《诗经》语言的突出特点，与音乐曲调有着密切的关系。我们知道，当人们产生了强烈的感情冲动的时候，"言之不足故嗟叹之，嗟叹之不足故咏歌之"。比兴和重章叠咏形式的运用，对深化意境，渲染气氛，强化感情，突出主题都起到了很重要的作用。同时，它还有效地增强了诗歌的节奏感、音乐感，形成了一种回环往复的美，带给人一种委婉而深长的韵味。

任务三　诵读诗文，领悟情感

1. 读《采薇》，想象画面。

自读诗文，从诗中你看到了哪些画面？

① 采薇思归；② 疆场卫国；③ 风雪归途。

2. 体会画面中的情感。

从这些画面中，你体会到怎样的情感？

（1）忧伤：军旅生活之劳苦，久久不得归家，而产生的悲伤、厌战和对外族的仇恨。

（2）自豪：主人公强烈的自豪感，高昂的斗志，必胜的信念和饱满的爱国热情。

（3）悲痛：近乡情更怯，踏上归途，只有漫天的飞雪，青春不在，年华不在，心中满是对家人命运和自身前景的担忧。

3. 品读名句。

（1）"昔我往矣，杨柳依依；今我来思，雨雪霏霏"，晋人谢玄把这四句评为三百篇中最好的。你觉得好在哪里？

① 借景抒情。诗句含着两个画面，一是春天微风拂柳、依依惜别的画面，一是寒冬季节雨雪纷飞、归途漫漫的画面。诗人没有直接倾诉内心的感情，而是以春天随风飘拂的柳丝来渲染昔日上路时的依依不惜之情，用雨雪纷飞来表现今日返家路途的艰难和内心的悲苦，以景写情，情景交融，含蓄深永，味之无尽。

② 以哀情写乐景。以春风、杨柳组成的灿烂春光反衬离家之悲，以风雪交加的严酷寒冬衬凯旋之乐。

③ 对比。将时序之"今—昔"，景物之"柳—雪"，人生之"往—来"相对比。同一个"我"，但已有"今、昔"之分；同一条路，却已有"杨柳依依"与"雨雪霏霏"之别，而这一切都在这一"往"一"来"的人生变化中生成，创造出超越现实的经典。

（2）小结：拳拳赤子心，悠悠故乡情，这句诗以最真实的词句、最自然的艺术，拨动了人们的心弦，准确地表述了古人心里千变万化的情绪，历经千年而不倒，且愈久弥芳。

4. 诵读全篇，体会情感。

任务四　回顾过程，归纳方法

1. 回顾《采薇》学习过程。

（1）小组讨论：我们在学习《采薇》这首诗的时候，从哪些方面进行学习的？

（2）在研究诗句意思、表达特色和思想情感时，你积累了什么好方法？

2. 交流学习方法。

《采薇》的学习，对你阅读《诗经》全文，有什么帮助呢？

3. 归纳总结阅读方法。

（1）读诗歌，积累背诵。

① 读准字音，读通句子，理解诗句的意思。

② 将诗中的名句或者自己喜欢的部分摘抄在卡片上。

③ 诵读全篇,积累背诵。

(2)读赏析,加深理解。

① 阅读书本上的诗歌赏析,了解诗歌的创作背景和思想情感。

② 拓展阅读关于这首诗歌的其他赏析类文章,收集诗歌在生活中的运用。

(3)读语言,体会意韵。

① 流利地朗读诗歌,体会四言诗句常用的"二二"节奏的韵律美。

② 标注诗歌朗读过程中的轻重缓急,用朗读展现对诗歌的理解。

③ 圈画诗歌中比兴及重章叠咏的部分,通过朗读进一步深化对《诗经》语言特色的认识。

④ 体会诗歌中修辞手法的运用,借助修辞,进一步体会诗歌的思想感情。

任务五 自读《诗经》,积累背诵

1. 自读《诗经》,做好阅读记录。

(1)阅读记录可以摘抄名句,可以摘抄诗文赏析,也可以记录下自己的阅读感悟。

(2)小组间进行阅读记录的交流、学习。

江苏省南通师范学校第二附属小学六(4)班、六(2)班、六(2)班　李依脉、阚兆涵、姜宣名

2. 了解《诗经》地位。

(1)收集古人对《诗经》的评价,做好记录。

 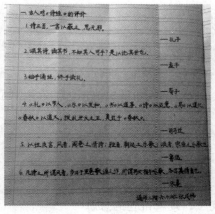 

江苏省南通师范学校第二附属小学六(2)班、六(4)班、六(1)班　高妙、张成祎、周子棠

（2）读懂古人对《诗经》的评价。

3. 小结。

《诗经》是"中国最古老的诗选"，被誉为"东亚最出色的风俗画之一""世界最美的书"。我们要好好读《诗经》，让中国经典诗文滋养我们的人生。

任务六　竞赛推进，内化知识积淀

1.《诗经》诵读竞赛。

（1）自主申报，在《诗经》阅读开始第三周进行。

（2）主要评分标准。

评比内容	表现情况	比赛得分
正确程度	☆ ☆ ☆ ☆ ☆	
流利程度	☆ ☆ ☆ ☆ ☆	
节奏韵律	☆ ☆ ☆ ☆ ☆	
艺术表现	☆ ☆ ☆ ☆ ☆	
综合得分		

2.《诗经》篇目 5 分钟讲解比赛。

（1）自主申报，在《诗经》阅读的第四周进行。

（2）评比标准。

评比内容	表现情况	比赛得分
内容讲解	☆ ☆ ☆ ☆ ☆	
展示课件	☆ ☆ ☆ ☆ ☆	
现场答疑	☆ ☆ ☆ ☆ ☆	
时间安排	☆ ☆ ☆ ☆ ☆	
合计总分		

3. 研究突破，创作《诗经》研究单。

（1）一段时间来，你在《诗经》阅读中有哪些收获？和同学交流交流，互相取长补短，互相启发。

（2）根据自己的阅读所得，试着做一做《诗经》阅读研究单。

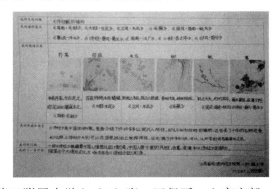

江苏省南通师范学校第二附属小学六（2）班　田俣昕、上官宏毅

　　田俁昕同学研究的是《诗经》中普通民众的生活，上官弘毅同学研究的是《诗经》里的植物，张可心同学研究的是《诗经》中的女性形象。他们的研究单各有特色，值得我们学习。

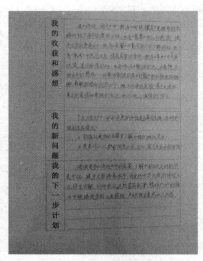

江苏省南通师范学校第二附属小学六（4）班　张可心

　　（3）同学们的研究单对你有什么启发？试着完善自己的研究单。

4. 创作《诗经》书法作品。

　　将自己最喜欢或感悟深刻的《诗经》篇目或名句写成书法作品，在班级中展示。

读后：分享交流延伸活动

任务一　展示成果，分享阅读收获

　　1.《诗经》研究单展示。

　　（1）进行《诗经》阅读研究单展示。

　　（2）全员参与，投票评比十佳研究单。

　　（3）评比标准。

评比内容	表现情况	比赛得分
研究选题	☆☆☆☆☆	
研究过程	☆☆☆☆☆	
报告撰写	☆☆☆☆☆	
综合得分		

　　（4）为优胜者颁发奖状。

　　2.《诗经》书法作品展示。

　　（1）在教室规定区域进行《诗经》书法作品展。

（2）全班投票评选十佳书法作品。

（3）为优胜者颁发奖状。

任务二 自主测评

1. 文学知识。

（1）判断题。

①"与子偕老"中"偕"的意思是"携手"。（　　　）

②《诗经》在古时候又叫《诗三百》。（　　　）

③《诗经》中《陟岵》描写的是父亲如何思念自己。（　　　）

④《君子于役》表现的是对丈夫的怨恨。（　　　）

⑤《诗经》反映了从西周到战国时代社会生活的各个方面。（　　　）

⑥"自求多福"出自《诗经·大雅·文王》，意思是由得你自生自灭吧。（　　　）

⑦"他山之石，可以攻玉"出自《诗经·小雅·鹤鸣》，意思是别的山上的石头，能够用来琢磨玉器。原比喻别国的贤者可为本国效力，后比喻能帮助自己改正缺点的人或意见。（　　　）

⑧《诗经·七月》是一首爱情诗。（　　　）

⑨"高山仰止，景行行之"意思是仰望着高山，效法着大德，表示对德高望重者的敬仰。（　　　）

⑩"黍离之悲"出自《诗经·王风·黍离》，指对国家残破、今非昔比的哀叹。也指国破家亡之痛。（　　　）

（2）选择题。

①"江山代有才人出，各领风骚数百年"中的"风"指的是（　　　）。

A. 风俗　　　　　　　　　　　　B. 文章的风韵

C.《诗经》中的《国风》　　　　　D. 诗作在读者中的风评

②《伐檀》与《硕鼠》都出自（　　　）。

A.《诗经·卫风》　　B.《诗经·魏风》　　C.《诗经·秦风》　　D.《诗经·齐风》

③"硕鼠硕鼠，无食我苗。三岁贯女，_____"填写正确的一项是（　　　）。

A. 莫我肯顾　　　　B. 莫我肯德　　　　C. 莫我肯劳　　　　D. 莫我肯眷

④《诗经》中有目无辞的六篇诗，后人称之为"笙诗"，出自（　　　）。

A. 国风　　　　　　B. 大雅　　　　　　C. 商颂　　　　　　D. 小雅

⑤"死生契阔，与子成说"，"契"的意思是（　　　）。

A. 弃　　　　　　　B. 合约　　　　　　C. 散　　　　　　　D. 聚

⑥《毛诗传》的作者是（　　　）。

A. 郑玄　　　　　　B. 朱熹　　　　　　C. 王逸　　　　　　D. 孔颖达

⑦《诗经》中十五国风是指（　　　）。

A. 十五国的风俗人情　　　　　　B. 十五首优秀民歌

C. 十五个地方的土风歌谣　　　　D. 十五国的宫廷颂歌

⑧《诗经》中《周颂》的全部和《大雅》的大部分创作于（　　　）。

A. 西周初期　　　　　B. 西周末期　　　　　C. 春秋时期　　　　　D. 战国时期

⑨ "青青子衿，悠悠我心。纵我不往，子宁不嗣音？" "嗣音"的意思是（　　　）。

A. 写诗应和　　　　　B. 唱歌回应　　　　　C. 杳无音讯　　　　　D. 捎个口信

⑩ "秋水伊人"这一意象出自（　　　）。

A.《卫风·氓》　　　B.《秦风·蒹葭》　　　C.《小雅·采薇》　　　D.《大雅·生民》

2. 诗文背诵。

（1）将诗句补充完整。

① 求之不得，_____。悠哉悠哉，_____。《诗经·周南·关雎》

② 彼采萧兮，_____，_____。《诗经·王风·采葛》

③ 皎皎白驹，_____，_____。《诗经·小雅·白驹》

④ 有匪君子，_____，_____。《诗经·国风·卫风·淇奥》

⑤ 脸如蝤蛴，齿如瓠犀。_____，_____。《诗经·卫风·硕人》

⑥ 战战兢兢，_____，_____。《诗经·小雅·小旻》

⑦ 知我者，_____，不知我者，_____。《诗经·王风·黍离》

⑧ 桃之夭夭，灼灼其华。_____，_____。《诗经·周南·桃夭》

⑨ 投我以木桃，_____。《诗经·卫风·木瓜》

⑩ 呦呦鹿鸣，食野之苹。_____，_____。《诗经·小雅·鹿鸣》

（2）根据要求回答问题。

①《诗经》中有许多描写真挚友情的诗，请背诵 2 句。

②《诗经》中有许多诗与战争有关，请说出 2 首诗的名字，并背诵 4 句。

③《诗经》中有许多诗用植物来起兴，请说出 2 首诗的名字并背诵 4 句。

④《诗经》常常提及与外族的战争，请说出《诗经》中出现的 2 个外族的名字。

⑤ 请说出出自《诗经》的 6 个成语。

3. 综合题。

（1）"现存先秦古籍，真赝杂糅，几乎无一书无问题，其真金美玉，字字可信者，《诗经》其首也。"这句话是_____对《诗经》的评价。

（2）学术界一致认为《诗经·大雅》中保存了周民族的五大史诗，分别是《生民》《公刘》《_____》《皇矣》和《_____》。

（3）许穆夫人是《诗经》作品中少数留下姓名的作者之一，《诗经·鄘风》保存的她的诗作《_____》，表达对故国卫国灭亡的哀伤，也对阻止她回国吊唁的许国大夫进行了谴责批评。

（4）"四家诗"是指汉代研究《诗经》的四个学派，分别是_____、_____、韩诗和毛诗。

（5）《诗经》农事诗中最优秀和风诗中最长的一篇是《_____》。

任务三　撰写《诗经》阅读推荐词

1. 畅谈《诗经》阅读收获。

（1）通过《诗经》的阅读，你有什么收获呢？

（2）诗教，是中华民族自古以来通过诗教化民众的方法。我们的先人把《诗经》作为五经之首，并探索出一整套通过学诗，写诗来进行启蒙教育、能力训练和道德修养的方法。在《诗经》阅读中，你感受到《诗经》对你成长的帮助了吗？在小组中交流交流。

2. 撰写《诗经》阅读推荐词。

（1）结合自己的阅读收获，撰写《诗经》阅读推荐词。

（2）交流、学习同学的推荐词，互相评价，取长补短。

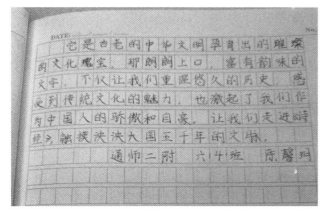

江苏省南通师范学校第二附属小学
六（4）班　陈馨玥

江苏省南通师范学校第二附属小学
六（2）班　陈李澍林

3. 撰写《诗经》座右铭。

同学们可以选择《诗经》中激人奋进的句子做自己的座右铭，从《诗经》中汲取更多成长的力量。

总结：《诗经》是中国诗史的光辉起点，朗朗上口的诗句让人耳熟能详，意趣盎然的曲调像一首天籁之音娓娓动听。孔子说："不学诗，无以言。"读《诗经》可以从中学习优美的文学艺术，从中了解几千年来的民风民俗，还能帮助我们加深对民族文化的感悟。《诗经》犹如除却浮华的泼墨山水，不论时光荏苒，沧海桑田，永远都是追求美好的灵魂最值得寄托的精神家园。希望同学们继续研读《诗经》这部经典，将中华的文化瑰宝吸纳并传承下去。

（编写人：孙晓玲；指导者：刘国庆、王爱华）

《唐诗三百首》阅读教学设计与实践

教学解读

　　《唐诗三百首》为清代学人孙洙编选的唐诗集，是较为精当、传播最广的选本，原作为"家塾"课本，具有普及读物的性质。所选诗篇在上千年的传播过程中历经了读者大众的甄别筛选，有"风行海内，几至家置一编"的美誉。

　　唐代是诗歌创作的极盛时期，诞生了诗圣杜甫、诗仙李白等一大批伟大的诗人。《唐诗三百首》共收集了 77 位诗人的诗作，内容包罗万象，有重大事件的侧影，有回望历史的感喟。春花秋月，高山秀水，相思相忆，谪贬流离，静谧田园，风霜边疆，干谒应试，落第失意等，无一不在唐诗中有栩栩如生的镜现。学生在领略唐诗艺术魅力、积淀语文素养的同时，能树立积极的人生态度，胸怀对自然、生命、对弱者的关爱，涵育质朴的爱国情怀。

　　小学生学习《唐诗三百首》应以"亲近"为主，提倡自主选读，大体把握诗歌大意，想象诗歌描述的情境，体会诗人表达的情感，感受诗句的音韵美、情志美。运用诵读、共情等阅读策略品味唐诗，并在阅读中主动焕发个人的生命体验，乐于以多种方法与他人分享阅读体会。

阅读目标

　　1. 对阅读唐诗感兴趣，自主规划阅读并根据阅读要求做好记录。

　　2. 从本书中选读部分唐诗，初步读懂内容，了解诗歌表达的情感，在涵咏中感受诗句的音韵美、情志美。

　　3. 会运用诵读、共情等阅读策略品味唐诗，并在阅读中主动焕发个人的生命体验，乐于以多种方法与他人分享阅读体会。

活动安排

阅读阶段	阅读过程	阅读时间	活动内容
读　前	导读活动	40 分钟	1. 共读原序，知书名由来。 2. 二次读目录，寻熟悉作品，看卷目分类。 3. 回顾读诗方法，以"共情"为阅读策略，感受兴发的力量。 4. 以时间为轴，标注发展时期及代表诗人。 5. 制订学习计划表。

续表

阅读阶段	阅读过程	阅读时间	活动内容
读　中	自主阅读	3 周	1. 展示、交流不同主题的阅读计划，形成"诗集目录"。 2. 确定诗集主题，尝试写"诗集前言"。 3. 以某诗为例，编写单篇唐诗学习指南。 4. 一以贯之，以一篇带多篇，学写"后记"。
读　中	推进活动	2 个月	1. 观看纪录片《跟着唐诗去旅行》。 2. 制作"诗与远方"明信片，贴在班级板报上。 3. 尝试以古诗中的方式进行游艺或"雅集"。
读　后	分享交流 延伸活动	80 分钟	1. 召开"我喜爱的唐诗"自编诗集发布会。 2. 举行"为你读诗"吟诵会。 3. 开展"盛唐气象"诗歌沙龙。

读前：导读活动

任务一　初识本书，整体感知

1. 共读原序，知书名由来。

《唐诗三百首》是清代蘅塘退士所编写的一部儿童启蒙读物。读百字原序，你了解到哪些信息？（精心选择，终身学习）蘅塘退士简介在本书第 398 页的"资料链接"里。

"熟读唐诗三百首，不会作诗也会吟。"建议大家将此作为阅读本书的座右铭写在书签上，夹进书里，以此激励自己坚持读完这本书。

2. 一读目录，寻熟悉作品。

（1）读读目录，找找熟悉的面孔。哪些诗人是你熟悉的？哪些诗人你曾经听说过？

（2）勾选诗题，回忆学过的唐诗。

《山居秋暝》《宿建德江》《寻隐者不遇》等诗中，至今留在你脑海里的诗句有哪些？背一背，说说为什么印象深刻？

3. 二读目录，看卷目分类。

以前大家读过的诗选很多都是以作者来分类的，看看这本书以什么来分类？阅读并填写以下表格：

《唐诗三百首》目录表			
卷　目	体　裁	简　介	听说或想读的诗题
卷一	五言古诗	"古诗"即古体诗，是汉魏时期形成的诗体。不限拘束，不讲对仗，平仄较为自由。五言即五字一句。	《　　　》《　　　》
卷二	七言古诗		
卷三	七言古诗		
卷四	七言乐府	沿用乐府旧题为诗题或模仿乐府旧题的形式而自拟新题的作品，多七字一句。	

续表

《唐诗三百首》目录表			
卷 目	体 裁	简 介	听说或想读的诗题
卷五	五言律诗	律诗属于近体诗，即初唐以后形成的新诗体，对于句数、字数、平仄都有严格要求。以两句为联，从前到后分别为首联、颔联、颈联、尾联，其中颔联、颈联通常要求对仗。	
卷六	七言律诗		
卷七	五言绝句	绝句属于近体诗，平仄、押韵的规定与律诗相同，但只有四句，对于对仗也没有明确的要求。	
卷八	七言绝句		
我的发现			

同学们也许会发现，我们学过的唐诗以五言绝句、七言绝句为主，这是因为绝句好懂又好记，意义深远、形象生动也不亚于长诗。大家既可以继续选读绝句，也可以读一读其他体裁的唐诗。

你们还会发现，每一种体裁后面又单独有"乐府"，感兴趣的同学可以专门研究乐府。

资料链接：乐府本来是汉代产生的用来配乐歌唱的诗。到了唐代，乐府诗与音乐的关系不像汉代那样紧密，但仍然沿用乐府旧题为诗题，也有模仿乐府旧题的形式而自拟新题的作品，同样都称为"乐府"。《唐诗三百首》的编者将这样的乐府诗打散，分开附在各种诗体之末。

任务二　以旧唤新，品味唐诗

1. 以时间为轴，标注发展时期及代表诗人。

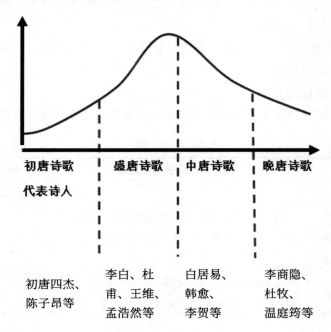

2. 以某诗为例，回顾读诗方法。

出示学生已经完成的导学案，交流读诗方法。

喜欢上唐诗的五部曲					
记忆犹新的诗	用这样的方法了解大意	特别欣赏的词句	了解诗人相关经历	朗读中体味诗人的情感	此情此景想起"她"

粗解诗意，知人论世，体悟诗情，这些都是我们读懂一首诗的过程。我们还会在脑海中浮现出画面，用诗配画的形式表现出来，这样诗歌就更加有声有色了。

3. 以"共情"为阅读策略，感受兴发的力量。

读过的诗让我们记忆犹新，不仅仅因为唐诗本身的艺术魅力，也一定是与读者发生了"化学反应"。在上述"四部曲"中再添加一部——"我曾在何时想起过这首诗"，请大家写一写，在什么时间什么情况下你不由自主地想到过这首诗，甚至轻声吟诵起来。

例：当我们在中秋佳节思念远方的亲人时，会情不自禁地吟诵："每逢佳节倍思亲"；当我们旅游时登上一座高山眺望远方时，会不由自主地赞叹："欲穷千里目，更上一层楼。"

任务三　预估进度，制订计划

1. 学习计划表。

制订计划的过程也是大家通览本书的一个过程。根据目录表，选择感兴趣的主题选读诗目，制订一份《唐诗三百首》初读计划。可以按书上的体裁归类顺序阅读，也可以根据自己的阅读喜好，从自己熟悉的或感兴趣的主题，又或是感兴趣的诗人出发，重新排序阅读。欣赏创意初读计划表。

江苏省南通师范学校第一附属小学六（5）班　陈双宇

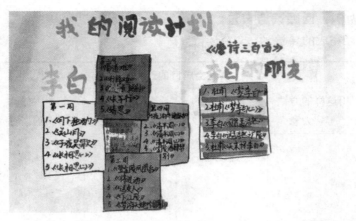

江苏省南通师范学校第一附属小学六〔5〕班　沈炜皓

2. 出示初读计划表示例，思考：你看懂了什么？你准备怎么安排阅读计划呢？与同桌交流。

《唐诗三百首》初读计划表		
阅读时限	月　　日—　月　　日（共　　天）	
阅读时间	阅读的唐诗	阅读自评
第一天		☆☆☆☆☆
第二天		☆☆☆☆☆
第三天		☆☆☆☆☆
……		☆☆☆☆☆

每天要对自己的阅读情况进行反馈。要预估完成的效度，做适时调整，以保证自己的阅读进度和阅读质量。

读中：阅读品悟，编撰"诗集"

任务一　沿着"主题诗集"往前走

1. 展示、交流不同主题的阅读计划，形成"诗集目录"。

（1）作者篇。

围绕熟悉的、感兴趣的诗人如李白、杜甫、王维、孟浩然等，交流他们分别写了哪些内容，表达了怎样的情感？

猜测：不同诗人的诗歌风格和特点。

（2）题材篇。

围绕边塞诗、咏物诗、田园诗、送别诗等比较阅读。

主题内容	群文阅读文本	群文教学目标	议题
边塞诗	《出塞》、《凉州词》(王翰)、《凉州词》(王之涣)、《从军行》、《塞下曲》	诵读边塞诗,体悟边塞诗的写作特点与表达情感。	边塞诗主要表达了诗人们怎样的感情? 边塞诗常用的意象有哪些?
咏物诗	《风》《咏柳》《蜂》《蝉》	诵读咏物诗,体会托物言志在古诗中的运用。	这些咏物诗仅仅只是在写"物"吗?你发现了什么?
田园诗	《村晚》《过故人庄》	诵读田园诗,感受田园生活的清新朴实。	田园诗为我们描绘了一幅怎样的生活画卷?
送别诗	《赠汪伦》《别董大》《芙蓉楼送辛渐》《送元二使安西》《黄鹤楼送孟浩然之广陵》	诵读送别诗,体会送别诗中体现的不同情感。	感受这几首送别诗中体现的不同情感,你最欣赏哪一种呢?说说理由。

(3)意象篇。

围绕月、云、梅、柳、竹、菊等意象。

发现相似点:这一意象大多寄予了诗人们怎样的情感?有着怎样共同的"言外之意"?

发现不同点:同一个意象在不同的唐诗中是否有不同的意蕴?在表达的情感上是否有不同的意味?

发现侧重点:《唐诗三百首》中,哪一种意象出现的频率比较高?哪几位诗人喜欢用意象表达情感?

2. 确定诗集主题,根据交流内容尝试写一段"诗集前言"。

_____主题诗集前言
主编:

任务二 沿着"浸入式学习指南"往前走

1. 以某诗为例,编写单篇唐诗学习指南。

在《唐诗三百首》的 77 位作者中,杜甫入选的古诗最多。以杜甫的《春望》一诗为例,四人学习小组合作，学习分工编写内容。

（1）浸润背景：把久远的时代写亲切。

① 借助"作者介绍"（书第8页），了解杜甫的生平简历，用简单的一段话写一写。

② 借助短视频，走进唐诗的故乡——长安，了解唐王朝的兴衰荣盛。

（2）了解诗意：把陌生的表达写明白。

在有疑问的字词上打问号。

借助看书中注释、查阅网上资料、查古籍字典、向师长同学请教，尝试疏通有难度或不理解的字词意思，并能用自己的话写一写古诗的大意。

（3）再现诗境：把粗疏的情感体验写细腻。

① 借助纪录片《跟着唐诗去旅行》之杜甫篇，了解并体会杜甫晚年作品高产时期的心境变化。

② 重现画面：读完《春望》后，选择一两处印象最深刻的画面，动笔画一画，尝试着带入情境说出来。

③ 角色代入：此时你就是诗人杜甫，看着眼前的景象，你的心情久久不能平静。你想说些什么呢？把它们写下来。体会杜甫深处艰难之境，胸怀家国的强烈情感。

（4）整合微片段：把零星的感受串联完整。

① 借助"评析""辑评"了解他人对这首诗的赏析、评价。

② 用"批注"这个学习方法，在古诗留白处写下自己读完诗后的整体感受，可结合书上评价展开说。

③ 将前面的"浸润背景""了解诗意""再现诗境"三部分内容整合，前后勾连，整体关照。共同完成一份《春望》学习指南。

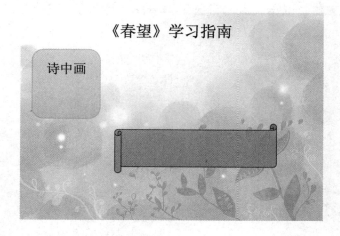

《春望》学习指南

诗中画

（5）一以贯之，以一篇带多篇，学写"后记"。

根据主题诗集的内容，再读所选唐诗，挑选5首完成"唐诗学习指南"。

在"主题诗集"最后附上一段后记，写一写你读完这个主题的唐诗总体的感受和评价。

将诗集前言、阅读计划、学习指南装订在一起，汇编成完整的诗集。

任务三　沿着"诗意人生"往前走

1. 定格旅程，遇见诗与远方。

（1）观看纪录片《跟着唐诗去旅行》，重走杜甫、孟浩然、王维、岑参等诗人的旅程。

（2）出示书中前言。

"在这些平平仄仄、长长短短的诗行间，我们梦回大唐，领略关山月，游遍古长安。我们走过齐鲁大地，走过巴山楚水，走过塞外大漠，走过锦绣江南，走过诗人们曾走过的角角落落。我们看过泰山的雄姿，看过五溪的云雾，看过胡天的飞雪，看过烟雨的楼台，看过诗人们曾看过的壮美山河。"

我们常说，读完书行万里路，人生不止眼前，还有诗和远方。你曾经游历过哪些秀丽风光，与唐诗中的美景不期而遇？分享你的观光见闻。

（3）将风光照和诗句制作成"诗与远方"明信片，贴在班级板报上。

2. 唤醒体验，映照心灵成长。

信笺一瓣：《唐诗照我心》。

初读不识诗中意，再读已是诗中人。在便利贴上写下读诗时自己的感受，或者由生活情景联想到的某一句唐诗，贴在《唐诗三百首》相应的位置上。每周一次集中贴在班级教室墙报专栏，同学间交流，看看谁想到的多、谁的比较妥帖。

3. 贯通古今，寻觅文化传统。

结合学校定期开展的"我们的节日"等德育活动，以小组为单位策划"诗意的节日"专题赛诗会，尝试以古诗中的方式进行游艺或"雅集"。（如报春诗歌游艺会：猜诗，对诗，演诗等）

读后：多元分享，终身阅读

任务一　"我喜爱的唐诗"自编诗集发布会

读中推进课时，老师曾和同学们一起研究了如何从《唐诗三百首》中选择自己最喜爱的诗反复读，制作独特的自选唐诗集。现在是该展现大家学习成果的时候了。

1. "最佳创意奖"评选。

你们觉得哪些诗集比较有创意？

预设：《李白的朋友圈》。

小结：同学们为词句的精妙喝彩，被真挚的情感打动，把自己的生活体验也代入其中，还结合了如今的文化特征，真好！这是一本属于自己的独特唐诗集。

2. "最佳插图奖"评选。

再现《红楼梦》《香菱学诗》中的一段。

"我看王维《使至塞上》一首，那一联云：'大漠孤烟直，长河落日圆。'想来烟如何直？日自然是圆的：这'直'字似无理，'圆'字似太俗。合上书一想，倒像是见了这景的。

若说再找两个字换这两个，竟再找不出两个字来。"

诗歌要配上合适的插图，如果让同学们画一幅插图，我想大家一定会把其中的意境用画笔表现出来。课前，老师特邀美术老师对同学们的插图进行了评点，我们来听一听美术老师怎么说的？播放采访视频。

中央电视台《中国诗词大会》节目中有一个环节就是康震老师绘画，选手猜诗词。课前同学们都看了部分，这对你诗配画有什么启发？

3. "最佳意象奖"。

我们请这位撰写《唐诗中的"窗"——自选唐诗集》的同学来谈一谈他在阅读和制作中的感受。

预设：

思念之窗：春窗曙没九微火，九微片片飞花琐。——王维《洛阳女儿行》

游子之窗：来日绮窗前，寒梅著花未？——王维《杂诗》

永怀愁不寐，松月夜窗虚。——孟浩然《岁暮终南山》

文人之窗：开轩面场圃，把酒话桑麻。——孟浩然《过故人庄》

隐士之窗：草色新雨中，松声晚窗里。——丘为《寻西山隐者不遇》

前言："窗"是中华传统建筑中极具魅力的艺术一角，唐诗中一扇扇寓意不同的窗，表现了不同的人文精神，窗，是家与爱的美好意象。读一读《唐诗三百首》中有关"窗"的诗吧，你会爱上它的。

任务二 "为你读诗"吟诵会

1. 在品读中感受平仄、对仗的音韵美。

以王湾《次北固山下》为例，标注平仄符号，带上手势朗读。

客路青山外，行舟绿水前。

潮平两岸阔，风正一帆悬。

海日生残夜，江春入旧年。

乡书何处达？归雁洛阳边。

2. 于吟咏间得诗韵。

简介叶嘉莹。播放电影《掬水月在手》片头。

叶嘉莹生于北京的一个书香世家，为中华诗词学会名誉会长、加拿大皇家学会院士。这位"诗词的女儿"，一生读诗、释诗、写诗、讲诗，与诗歌结下百年情缘。她一世多艰但热爱诗词初衷不改，还告诉初学诗歌的小男孩，"'诗'就是心在走路"。叶嘉莹先生成为无数人通往诗歌国度的路标和灯塔。

欣赏叶嘉莹先生的吟诵视频，感兴趣者可模仿。

3. 吟唱唐诗。

《经典咏流传》节目大家看过吗？你们最喜欢其中哪一首诗词吟唱？

喜欢《苔花》是因为歌曲音调清新婉转，有如这首诗般的亲切动人；喜欢《赤壁赋》是因为雄浑磅礴，男生吟唱特别有气势。我们来听著名作曲家谷建芬的几首《唐诗新唱》。大家在读《唐诗三百首》的时候，也可以借用现成的曲调，把你喜欢的诗句唱出来。

交流，评价。

任务三 "盛唐气象"诗歌沙龙

1. 想象盛唐诗中的景象。

唐朝是我国古代政治、经济、文化发展的一段巅峰。提到"盛唐"，你的脑海里会浮现出哪些画面？

预设：恢宏的官殿、英武的帝王、辽阔的疆土、勇猛的将士、富丽的牡丹、流光溢彩的唐三彩……

国力最为雄厚的盛唐氤氲着一种恢宏开朗的气氛，一条条充满希望的道路向人们敞开，激励本来就满怀激情与幻想的诗人们积极进取，建功立业，实现理想与抱负。

2. 回顾《唐诗创作发展图》。

盛唐诗歌以其健康向上的风采、雄浑宽远的境界、恢宏豪放的气质，被后世推崇为"盛唐气象"。你们觉得哪些诗句具有"盛唐气象"？我们一起来交流体会。

（1）盛唐诗中的山水。

气蒸云梦泽，波撼岳阳城。——孟浩然《望洞庭湖赠张丞相》

吴楚东南坼，乾坤日夜浮。——杜甫《登岳阳楼》

大漠孤烟直，长河落日圆。——王维《使至塞上》

（2）盛唐诗中的边塞。

校尉羽书飞瀚海，单于猎火照狼山。——高适《燕歌行》

君不见走马川行雪海边，平沙莽莽黄入天。轮台九月风夜吼，一川碎石大如斗。

——岑参《走马川行奉送封大夫出师西征》

（3）盛唐诗中的壮志。

长风破浪会有时，直挂云帆济沧海。——李白《行路难》

黄沙百战穿金甲，不破楼兰终不还。——王昌龄《从军行》

（4）盛唐诗的豪情。

白日放歌须纵酒，青春作伴好还乡。——杜甫《闻官军收河南河北》

天生我材必有用，千金散尽还复来。——李白《将进酒》

3. 小组内朗读这些诗句，你们有什么样的感觉？如果用乐器来演奏这些诗句中的景象，你们会选择什么？

A. 江南丝竹　　　B. 琵琶古筝合奏　　　C. 交响乐　　　D. 编钟合奏

小结：其实，只要乐曲传递的情感、气势与诗句合拍，这些乐器演奏都可以用来演绎唐诗。

4. 中国人的血脉里都有着盛唐文化的基因，朗诵着这些诗句，你的血液在奔涌，自由浪漫的思绪如骏马在苍茫大地奔驰，请你写几句话来歌颂《唐诗三百首》中的"盛唐气象"。

任务四　拓展延伸

1. 比较阅读。

上海文艺出版社出版了一本由复旦大学陈引驰教授编著的《唐诗三百首》，相比较于我们原来读的人民教育出版社的版本，装帧比较精美，诗后所附的赏析更注重寻取唐诗与今人产生的共鸣之处，感兴趣的同学可以比较阅读。

2. 试写送别诗。

六年级同学即将告别母校，告别朝夕相处的老师、同学，可以尝试模仿写诗句。格律不一定严格，有感而发即可。如能与他人唱和更佳。

3. 开设分享电台。

对朗读感兴趣的同学可以尝试在"喜马拉雅"音频分享平台上注册账号，诵唐诗，品唐诗，寻找志同道合的伙伴共同读唐诗。

（编写人：倪莉、姚姝颖；指导者：刘国庆、王爱华）

《宋词三百首》阅读教学设计与实践

教学解读

《宋词三百首》是当代学者吕明涛、谷学彝以清代学者朱祖谋主持编修的宋词断代选本为底本而整理的，是一部凝聚近代和现当代词坛精英心力的扛鼎之作。

该书尊重文献本真，录入了苏轼、辛弃疾等88家词人的代表作。书中所选词作风格不一，有"大江东去浪淘尽"的豪迈慷慨，有"恰似一江春水向东流"的含蓄婉约，有"小桥流水人家"的清新恬淡。词作内容多样，表现手法不一，有的情景交融，感叹流光易逝；有的感时伤怀，抒发爱国情怀；有的托物言志，表达高洁志向，字里行间充溢美好的情感。

该书词作前有词人小传，词作后有字词注释，其中每首词注释一除了介绍词牌外，还有该首词的内容简介、写作手法和艺术特点，可以帮助读者更准确便捷地鉴赏词作；其他注释中的典故，还可以提高读者的审美兴味。阅读《宋词三百首》，可以感受宋词独特的语言形式和音韵节律，丰厚文学阅历，继而获得美好的价值取向。

阅读目标

1. 阅读《宋词三百首》，选择喜欢的词作熟读成诵，积累流传千古的词篇名句。

2. 结合有关的资料、注释，大致了解词的意思，走进词的意境，感受词人的情怀。初步感受"婉约""豪放"等流派的不同语言风格，感受词长短有致的形式美、节奏美。

3. 初步了解宋词的基本常识及其在文学史地位，借助名家对宋词作品的鉴赏与品评，产生诵读宋词的兴趣。

活动安排

阅读阶段	阅读过程	阅读时间	活动内容
读　前	导读活动	40分钟	1. 背诵教材中的宋词，感受宋词之美。 2. 根据阅读需求、喜好，选择合适的版本。 3. 阅读前言，把握全书内容与结构。 4. 浏览目录，找找似曾相识的词人、词牌、名句。 5. 制订阅读计划表，规划阅读进程。 6. 精读范仲淹词一首，习得阅读的方法。

续表

阅读阶段	阅读过程	阅读时间	活动内容
读中	自主阅读	2周	1. 按计划自主阅读。 2. 选读词作，借助注释明词义，查找资料入词境，移情想象悟词情。 3. 制作一份个性化宋词记诵存折，记录自己背诵的宋词。 4. 挑选印象深刻的词作，为后面的"一站到底"出赛题。
	推进活动	1周	1. 小组诵读比赛，比一比谁背诵的宋词多。 2. 小组交流各自的宋词记诵存折，选择相同的宋词分享体会。 3. 以"大美宋词"为主题，选择一首宋词，用绘画、赏析、扩写、书法等方法完成一份个性化记录单。
读后	分享交流延伸活动	40分钟	1. 以竞赛的形式开展班级宋词嘉年华。 2. 交流宋词阅读成果（喜欢的词人、宋词名句我鉴赏、观点记录）。 3. 再次浏览目录，制订未来的诵读计划。

读前：导读活动

任务一　背诵名句，走进典藏

1. 名句竞答，浅说宋词。

（1）出示统编教材中的宋词名句，学生填一填，读一读，说说出处。

① 醉里吴音相媚好，_____？（《清平乐·村居》宋·辛弃疾）

② _____？寂寞无行路。（《清平乐》宋·黄庭坚）

③ 谁道人生无再少？_____。（《浣溪沙》宋·苏轼）

④ _____，听取蛙声一片。（《西江月·夜行黄沙道中》宋·辛弃疾）

（2）小结：这些句子都选自宋词。今天老师就来为大家介绍一本《宋词三百首》。

2. 诗词比较，名言激趣。

（1）诗词比照，温故知新。

① 出示《清平乐·村居》和《村居》。

② 比一比，在过去的学习中你对宋词知道些什么？

③ 预设：有词牌名和题目、分上下阕、长短不一……

（2）名言引路，激发兴趣。

① 出示名言。

一代有一代之文学，唐诗、宋词、元曲，都是一个时代文学的代表。——王国维

② 点拨。可见宋词与唐诗一样，在中国古代文学史上有着极高的地位，值得我们去诵读，去鉴赏。

3. 观察封面，走进新书。

① 阅读封面、封底、侧页、前后勒口，说说发现。

② 交流。

作者：吕明涛、谷学彝编注；出版社：中华书局；丛书名：中华经典藏书。

4. 阅读简介，了解概要。

关于这本书的编排历程、编排顺序、主要内容，前言中有很详尽的介绍，老师浓缩了前言，大家读一读，你又知道了什么？

《宋词三百首》是当代学者吕明涛、谷学彝以清代学者朱祖谋主持编修的宋词断代选本为底本而整理的，是一部凝聚近代和现当代词坛精英心力的扛鼎之作。

该书尊重文献本真，录入了苏轼、辛弃疾等八十八家词人的代表作。书中所选词作风格不一，有"大江东去浪淘尽"的豪迈慷慨，有"恰似一江春水向东流"的含蓄婉约。词作内容多样，表现手法不一，有的情景交融，感叹流光易逝；有的感时伤怀，抒发爱国情怀；有的托物言志，表达高洁志向，字里行间充溢美好的情感。

任务二　阅读目录，规划进程

1. 阅读目录，知编排顺序。

读读目录，你发现了什么？

（1）全书一共收录了 88 位词人的作品。其中晏殊、欧阳修、柳永、晏几道、苏轼、秦观、周邦彦、贺铸、辛弃疾、姜夔、吴文英等词人收录的词作较多。

（2）目录中题目分两个内容，词牌名和首句，括号中的为首句。

2. 问题引导，说计划思路。

（1）学生交流。这本书和以往的书不一样，你准备怎么去读呢？

（2）交流点拨。

① 这里收录的三百首宋词，不可能在一个月内全部精读，我们可以读完其中的一部分最喜欢的宋词。

② 可以先浏览筛选自己要精读的宋词，特别喜欢的宋词可以精读，乃至背诵积累。

③ 根据个人的喜好，可以根据不同的关键词选择要精读的宋词，例如似曾相识的名句、如雷贯耳的词人。

④ 建议先以小组为单位，分工浏览，确定要精读的宋词篇目，一个月内最好每天精读一首，至少背出 15 首宋词。

3. 联系实际，订阅读计划

（1）我们可以先制订计划，订下每一天的阅读目标，就能化难为易，像蚕吃桑叶那样，一点一点地把这本书啃下来。

（2）欣赏阅读小组制作的阅读计划表。

计划表（一）通过名句检索

阅读书目	《宋词三百首》	
阅读时限	月　日—　月　日（共　天）	
阅读时间	精读宋词（页码＋题目＋名句）	精读满意度自评
第一天	第 4 页《渔家傲》（将军白发征夫泪）	☆☆☆☆☆
第二天	第 5 页《苏幕遮·怀旧》（碧云天，黄叶地）	☆☆☆☆☆
第三天	第 8 页《千秋岁》（心似双丝网，中有千千结）	☆☆☆☆☆
第四天	第 16 页《浣溪沙》（无可奈何花落去，似曾相识燕归来）	☆☆☆☆☆
……	……	☆☆☆☆☆

计划表（二）通过词人检索

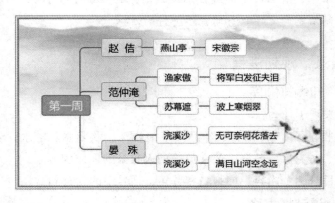

小结：不论是按名句索引，还是按词人索引，这两组同学在筛选的时候，不仅翻看了目录，还大略地浏览了全文，做出了选择。

（3）读读目录，找一找有哪些词人的名字让你如雷贯耳？

（4）翻读正文，搜一搜似曾相识的名句。

（5）想一想：你准备如何制订自己的阅读计划表。

任务三　赏读尝鲜，玩味宋词

1. 先读为快，读通读顺。

（1）出示《渔家傲》。

渔家傲

宋　范仲淹

塞下秋来风景异，衡阳雁去无留意。四面边声连角起，千嶂里，长烟落日孤城闭。

浊酒一杯家万里，燕然未勒归无计。羌管悠悠霜满地，人不寐，将军白发征夫泪。

（2）交流：我们读一首诗词，一般有哪些步骤？

读通读顺——了解作者——读懂大意——体会情感。

（3）学生练读，指名朗读。

2. 读懂注释，帮助理解。

（1）这本《宋词三百首》提供了简单的注释，能够帮助我们读懂词文。我们一起看看注释中有些什么。

（2）交流点拨。

① 每个词人都有简介，简介在他所有作品的最前面。

② 注释在词的后面，注释一是对整首词的介绍。

③ 注释二开始，是对词文中字词的注解。

（3）了解词人。

① 阅读词人简介，搜集有用信息。

② 交流自己关注到的主要信息。

③ 提示：自己觉得重要的信息，可以适当地做一些记号。

（4）了解梗概。

① 对照注释，读懂大意。不会的地方可以互相交流，也可以查词典，适当的时候，还可以借助百度查一查。

② 交流大意。

③ 提示：同桌俩一句词一句意思相和着读。

3. 词中赏画，词中悟情。

（1）想象词境。古人云："诗中有画，画中有诗"，宋词也一样。我们在读词的时候，要把自己当成词人，置身于词的情境中，想一想：你看到了什么？听到了什么？做了些什么？又想到了什么呢？

边塞的秋天风景大为不同，_____。

（2）词画相谐。

出示图片，用词中的语句配图。

（3）批注。注释一除了给我们介绍了"渔家傲"这一词牌名的由来，更是对整首词的简介，你在阅读的时候，给哪些关键词作了记号呢？

（4）交流。出示关键词，对照词文说一说。

描写边塞景物的句子是：_____。

表达爱国激情的句子是：_____。

抒发浓重乡情的句子是：_____。

感觉苍凉悲壮的句子是：_____。

阅读提示：一个了不起的读者善于触类旁通，借助其他古诗词，往往能帮助我们读懂蕴藏在字里行间的情怀。

交流："大漠孤烟直，长河落日圆"与"长烟落日孤城闭"一样，写出了边关的壮阔荒凉，显得悲壮苍凉；"羌笛何须怨杨柳"与"羌管悠悠霜满地"同样流露出浓重的乡思。

任务四　总结回顾，提炼赏读方法

1. 小组讨论，回顾读法。

通过今天的小试牛刀，你觉得应该怎样欣赏宋词呢？

2. 交流汇总，提升读法。

读正确读通顺。

借助注释了解词人，读懂大概的意思，必要的时候查阅资料，重要的地方可以作记号。

借助读过的诗句理解宋词。

读词时要把自己当成词人自己，想象词中的画面，想象词人的所见所为所思所感，甚至写下自己的鉴赏作品。

制作阅读记录表，一边阅读一边做记录。

3. 小结：欣赏宋词时，不仅可以去词中欣赏画面，感悟情意，还可以到词中寻找一个故事，追溯一段历史，感受一种风格。

读中：自主阅读推进活动

活动时间：每次 10 分钟，一次围绕一个主题。

任务一　组内导读，提升读法

1. 小组集中，交流进度。

大家阅读《宋词三百首》已经一个星期了，我们一起来展示一下自己的阅读进度吧！

2. 轮流导读，分享好词。

（1）导读单。

我想推荐的词	
词人简介	
主要内容	
喜欢的理由	

（2）组内导读。

（3）组内点评。

（4）推荐达人，班内导读。

3. 展示提升。

（1）展示计划表。

阅读小达人的计划表，互相对照，调整自己的阅读计划与进度。

点拨：阅读《宋词三百首》跟平时的整本书阅读不同，读起来有一定的难度，可以在暮省时先把词读明白。每天清晨再利用 5 分钟有滋有味地诵读这首词，遇上特别喜欢的词，还可以背一背，默一默。

（2）名言导读，聚焦名句。

（出示）美学大师王国维说："词以境界为最上。有境界，则自成高格，自有名句。"

点拨：读宋词，重在体会词中的意境，对经典的名句，可以摘录下来，背一背，想一想，为什么这一句经久不衰。

任务二　组内竞赛，展示存折

1. 制作存折，记诵积分。

（1）大家阅读《宋词三百首》已经两个星期了，今天我们就来晒晒自己的阅读成果，看谁得到的花朵最多。

（2）填写存折。把自己精读的词题目填写到花瓣上，涂上颜色。

2. 组内挑战，随机抽查。

（1）晒晒各自的阅读存折，比一比谁读的宋词多。

（2）组员根据成员填写的阅读存折题目，随机抽一首，介绍这首宋词，还可以用喜欢的方式朗诵或背诵。

3. 互通有无，名句共赏。

（1）在上一次交流活动中，老师建议大家摘录喜欢的宋词佳句，体会名句的魅力，你摘录了哪些？

（2）哪些名句你也摘录到了，哪些名句你没有发现，现在又引起了你的阅读兴趣？你可以在伙伴的指导下，去读一读这首宋词吗？

任务三　精品斟读，个性赏析

1. 思考讨论，分享趣味。

（1）宋词是祖国古典文学的瑰宝，大家读《宋词三百首》已经第三周了，你觉得宋词的魅力在哪些地方呢？

（2）都说"少年不识愁滋味，为谱新词强说愁"，其实随着我们阅历的丰富、阅读的深入，我们会渐渐懂得词人的那份情怀，会觉得怦然心动。我们可以用不同的方法来记住它的精彩。

2. 欣赏歌曲，唱出词韵。

（1）介绍"经典永流传"，欣赏《定风波·莫听穿林打叶声》演唱视频。

（2）把视频发到共读群，感兴趣的学生可以唱，还可以自己搜索"经典咏流传"的宋词曲目，学唱几首。

3. 欣赏书法，经典留痕。

我们可以把喜欢的宋词写进书法作品。

江苏省海门师范附属小学六（5）班　罗一　　　江苏省海门师范附属小学六（3）班　顾雯

4. 同伴引领，个性鉴赏。

（1）经典宋词是挖掘不尽的宝藏，只要你细细品读，沉醉其间，会有可喜的发现。

（2）欣赏卡片，同伴引领

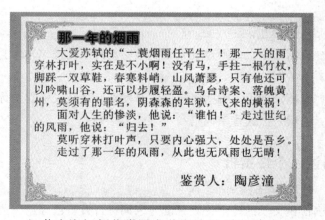

江苏省海门师范附属小学六（4）班　陶彦潼

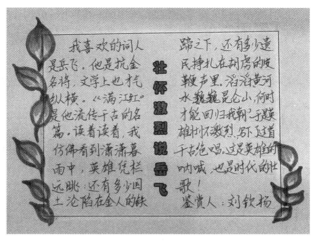

江苏省海门师范附属小学六（4）班　刘钦杨

（3）个性构思，自主鉴赏。

词中有如画的风景，有动人的故事，有真挚的情意，有难忘的历史，有充满魅力的人物，请大家在赏读的过程中，以"风景""故事""情意""历史""词人"为关键词，选择不同的角度，尝试完成一份宋词鉴赏卡。

读后：分享交流延伸活动

任务一　一站到底

1. 小组竞赛。

共读小组成员，每人出 10 道竞答题，做成题签，开展小组竞赛，轮流答题，答对一题得 10 分，答错的依次由下一位答题，得分最高者，参加组际赛。

2. 组际竞赛。

相邻两个共读小组交换题签，由每组胜出的选手参赛，答完对方小组的 40 道题，答对题数高者胜出，参加冠军决赛。

3. 冠军决赛。

（1）活动一：排排坐。

规则：把凌乱的字，排成通顺的宋词佳句，每排对一句得 10 分。时间 3 分钟。

① 似自如飞梦无细愁边丝雨花在轻

② 声月冷荡心无波

③ 争只意香春故有如无苦

④ 里马虎铁吞万戈如金气

⑤ 瘦风花西比黄人卷帘

（2）活动二：词牌令。

规则：① 限时写词牌名，时间 2 分钟，每写对一个词牌得 2 分。② 评委从选手写的词牌中任意抽 3 个词牌，选手从中选两个，分别背一首词，背对一首得 10 分。

（3）活动三：猜一猜。

规则：主持人用简短的语句逐句描述，选手根据提示猜词人名或名句，按抢答器抢答，答错者可以请所在共读小组支援一次。抢答错误且没有支援资格的选手，该题失去再答资格，由其他选手抢答，每先答出一题得 10 分。

【题一：猜一词人】

① 他是"唐宋八大家"之一；② 他的词深婉清丽；③ "庭院深深深几许"是他的名句；④ 他对苏轼父子三人有举荐之恩；⑤ 字永叔，号醉翁，晚号六一居士。

答案：欧阳修。

【题二：猜一词人】

① 他是抗金名将；② 他是豪放派词人之一；③ 歌唱抗金、恢复中原是他写词的主旋律；④ 农村词也写得质朴清新、充满活力；⑤ "蓦然回首，那人却在灯火阑珊处"是他的名句。

答案：辛弃疾。

【题三：猜一佳句】

① 婉约派的一首词；② 女词人写的；③ 此句写的是"愁"；④ 是词中的第一句；⑤ 都是叠词。

答案：寻寻觅觅，冷冷清清，凄凄惨惨戚戚。——李清照《声声慢》

【题四：猜一佳句】

① 豪放派的一首词；② 是一首怀古词作；③ 下阕中的一句；④ 刻画的是三国人物周瑜；⑤ 表现周瑜在赤壁之战中的指挥若定。

答案：羽扇纶巾，谈笑间，樯橹灰飞烟灭。——苏轼《念奴娇·赤壁怀古》

（4）活动四：飞花令。

规则：根据主持人给出的汉字，背诵含有该字的宋词佳句，背出一句，加 5 分。答错者可以请共读小组支援一次。

① 第一令：酒。

把酒祝东风。且共从容。（欧阳修《浪淘沙》）

酒入愁肠，化作相思泪。（范仲淹《苏幕遮·怀旧》）

一曲新词酒一杯。去年天气旧亭台。——晏殊《浣溪沙》

今宵酒醒何处，杨柳岸、晓风残月。（柳永《雨霖铃》）

对酒当歌，强乐还无味。（柳永《蝶恋花》）

昨夜雨疏风骤，浓睡不消残酒。（李清照《如梦令》）

东篱把酒黄昏后。有暗香盈袖。（李清照《醉花阴》）

三杯两盏淡酒，怎敌他、晚来风急。（李清照《声声慢》）

② 第二令：月。

云破月来花弄影。（张先《天仙子》）

明月几时有，把酒问青天。（苏轼《水调歌头》）

人生如梦，一樽还酹江月。（苏轼《念奴娇·赤壁怀古》）

料得年年断肠处，明月夜，短松冈。（苏轼《江城子》）

夜月一帘幽梦，春风十里柔情。（秦观《八六子》）

三十功名尘与土，八千里路云和月。（岳飞《满江红》）

二十四桥仍在，波心荡、冷月无声。（姜夔《扬州慢》）

当时明月在，曾照彩云归。（晏几道《临江仙》）

初将明月比佳期。长向月圆时侯、望人归。（晏几道《虞美人》）

明月如霜，好风如水，清景无限。（苏轼《永遇乐》）

任务二　互动展览

1. 布置场馆，作品展示。

把教室布置成"大美宋词"小型展馆，分区域布置。

区域一：记诵吉尼斯，专门展示大家的诵读存折，比一比谁记诵的宋词最多。

区域二：宋词书画展，专门展示大家写的软、硬笔宋词书法作品和词配画作品。

区域三：宋词鉴赏区，专门展示大家的宋词鉴赏卡片，分"词中风景""词中史料""词中故事""词人风采"四大板块。

区域四：宋词小讲坛，布置一个小型演讲区，以供学生进行个人展示。

2. 卓越口才，魅力夺星。

展示形式一：展示自己的记诵存折，欢迎同学从中任意选择宋词抽背，背出 10 首以上者，每超过一首得一颗星；

展示形式二：根据自己的词配画作品，说说词中的意境之美，有声有色地朗诵这首词，喜欢的小伙伴可以为之加一至两颗星；

展示形式三：为伙伴介绍自己的宋词鉴赏作品，允许伙伴提问质疑，喜欢的小伙伴可以为之加一至两颗星；

展示形式四：为伙伴演唱一首自己学的宋词新曲，喜欢的小伙伴可以为之加一至三颗星；

展示形式五：宋词小讲坛，根据本次阅读《宋词三百首》，引用书中的词作，有理有据地说说宋词"美"在何处，由伙伴们打星，最高可得 5 颗星。

3. 公开投票，收获快乐。

本场展示累计得星最多的学生被评为本次的"宋词小博士"。另外，根据学生各有千秋的展示，评出"宋词鉴赏达人""宋词故事达人""宋词记诵达人""宋词书画大人""宋词歌唱达人"等不同的阅读标兵。

任务三　拓展延伸

1. 提出疑问，总结得失。

（1）想一想：在参与展览的过程中，自己又学到了哪些宋词知识？

（2）记一记：听了别人的介绍，你发现自己错失了哪些美好的宋词，在书上插入书签，写上记号，活动后继续阅读。

（3）学一学：别人阅读《宋词三百首》有哪些好的方法值得你学习？

2. 再读目录，发现未知。

《宋词三百首》我们只阅读了一个月，读到的只是冰山一角，书中还有很多宋词值得我们继续去阅读，去欣赏。大家可以再读目录，已经读过的宋词，可以进一步加强诵读，留在记忆深处，在背出的宋词题目后面给自己画上一颗星。数一数，还有多少宋词等待着与你相会。

3. 展望规划，继续阅读。

《宋词三百首》浓缩了我国宋词的精华，我们可以根据本月的阅读经验，给自己选择接下来要精读的宋词，周计划、月计划都可以，一天读几页，两天背一首，坚持下去。老师相信你目录上的星星会越来越多，你心里的诗情画意也会越来越多。

（编写人：陈凤；指导者：刘国庆、王爱华）

图书在版编目(CIP)数据

快乐读书吧：整本书可以这样教／王爱华主编. —
桂林：广西师范大学出版社，2021.9(2023.12 重印)
ISBN 978 – 7 – 5598 – 4140 – 7

Ⅰ．①快… Ⅱ．①王… Ⅲ．①阅读课－小学－教学
参考资料 Ⅳ．①G623.233

中国版本图书馆 CIP 数据核字(2021)第 163834 号

快乐读书吧：整本书可以这样教
KUAILEDUSHUBA：ZHENGBENSHU KEYI ZHEYANG JIAO

出 品 人：刘广汉
责任编辑：刘美文
项目编辑：伍忠莲
封面设计：李婷婷
广西师范大学出版社出版发行

（广西桂林市五里店路9号　　　邮政编码：541004）
（网址：http://www.bbtpress.com）

出版人：黄轩庄
全国新华书店经销
销售热线：021 – 65200318　021 – 31260822 – 898
山东新华印务有限公司印刷
（济南市高新区世纪大道 2366 号　邮政编码：250104）
开本：787 mm×1 092 mm　1/16
印张：31.75　　　　　　字数：408 千字
2021 年 9 月第 1 版　　2023 年 12 月第 5 次印刷
定价：98.00 元

如发现印装质量问题，影响阅读，请与出版社发行部门联系调换。